텍스트유형론

Text typology and translation

존 벤자민스 통번역 총서 11
한 국 통 역 번 역 학 회

John
Benjamins
Series

11

텍스트유형론

Text typology and translation

Anna Trosborg 편저 | 이혜승 · 권영교 옮김

HU:iNE

발간사

1960년대 캣포드(J. C. Catford)와 니다(E. Nida) 이후 통역학을 포괄하는 번역학은 현대적 본격 학문 분야로 부상하기 시작하였다. 캣포드의 '언어학적 접근'과 니다의 성서 번역을 위한 '소통 효과 중심'의 접근에 이어 '문화 전환(cultural turn)'과 '맥락 전환(contextual turn)'의 패러다임 전환을 거치면서 번역학은 학제적 성격(interdisciplinarity)을 더욱더 공고히 하게 되었다.

번역학이 대표적인 학제적 학문분야인 것은 연구대상인 문제와 현상의 설명을 위해 가져오는 이론 틀(frameworks)과 연구방법론(research methodology)의 다양성 때문이라 할 수 있다. 번역학은 번역 과정과 번역 결과물을 모두 연구 대상으로 삼는다. 번역사의 '블랙박스' 안에서 번역 행위를 둘러싸고 연속적으로 이루어지는 무수한 의사결정 과정과 그 과정에 작용하는 다양한 변수들을 설명하는 한편 이들 작용의 가시적 구현체로서의 번역결과물을 모두 다룬다. 이렇다 보니 번역사의 머릿속에서 이루어지는 과정을 들여다보기 위해 사고발화법(Think-Aloud Protocol), fMRI(functional magnetic resonance imaging, 기능적 자기 공명 영상 기법), 통계처리를 포함하는 코퍼스 분석, 담화분석 및 기능문법 등 다양한 인접학문분야의 연구성과와 분석도구를 차용하기도 한다.

그러나 번역학이 언제까지나 학제성에 만족하고 있을 수만은 없다. 번역학의 학제성은 그동안 어쩌면 번역학의 일방적 '짝사랑'이었을 수도 있다는 문제의식이 필요한 시점에 와있다. 프랑스 번역학자 질(D. Gile)의 이야기는 이런 면에서 시사하는 바가 크다.

> [번역학이] 타 학문 분야와 맺은 파트너십은 균형을 이루지 못한 경우가 대부분 이어서, [우월한] 지위, 파워, 재정능력 및 실제 리서치 능력은 일반적으로 파트너 관계에 있는 학문분야에 있다. 뿐만 아니라 학제성이 패러다임의 확산을 도와 결과적으로 자율적인 학문분야로서의 통번역 연구의 지위를 약화시키고 있다.
>
> (질, 2004: p. 29)

질의 이야기는 학제성을 장점으로 부각시켜온 번역학의 입장에서 다시 한 번 곱씹어볼 만하다. 핌(A. Pym) 역시 대표적 번역학 학술지의 하나인 『Target』의 역할을 돌아보면서, 번역학이 인접 학문분야의 연구 성과를 도입해오고 있는 반면, 정작 번역학의 연구 성과가 인접 학문분야로 전파되는 경우는 상대적으로 드물다는 점을 지적하고 있다. 그만큼 쌍방향의 균형 잡힌 호혜적 지적(知的) 파트너십은 아니었다는 이야기일 것이다.

이런 시점에서 번역학을 연구하는 우리가 해야 할 일은 번역학 자체의 고유 연구영역을 더 분명히 규정하는 한편, 학문적 엄격성(academic rigor)을 갖춘 연구방법론을 확립하는 일일 것이다. 이런 맥락에서 그동안 전세계적으로 번역학의 다양한 연구 성과와 새롭게 개척되는 연구방법론을 선도적으로 꾸준히 소개해온 존 벤자민스(John

Benjamins) 출판사의 통번역 총서의 기여를 인정해야 할 것이다. 번역학 연구자라면 누구나 이 총서 가운데 최소한 한두 권 이상은 읽어보았을 정도로 번역학의 학문적 성과를 집대성하여 소개하였기 때문이다. 『존 벤자민스 통번역 총서』 번역 작업에 누구보다도 바쁘신 교수연구자들이 다수 자원하신 것은 바로 이 총서에 대한 지적 향수(知的 鄕愁) 같은 것이 작용한 때문은 아닐지.

국내 최초의 전문통번역학 연구단체인 한국통역번역학회(KSCI)가 이번에 『존 벤자민스 통번역 총서』 가운데 대표적인 업적들을 선별하여 번역 출간하게 된 것은 특별히 의미가 크다. 1998년 학회 창립 이래 국내 최초의 한국연구재단 등재지 『통역과 번역』, 국제전문학술지 『FORUM: International Journal of Interpretation and Translation』을 발행해오면서 국내외 통번역학의 발전과 소통에 이바지해온 본 학회의 통번역총서 번역 발간이 우리말로 쓰인 번역학 자료에 목말라해 온 연구자들에게 도움이 될 수 있기를 희망한다.

경기침체로 출판계 전망이 장밋빛이지만은 않은 상황에서, "뜻있는 기획출판일수록 대학 출판부에서 맡아야 한다."며 선뜻 『존 벤자민스 통번역 총서』 출판 추진에 합의해주신 한국외국어대학교, 특히 가정준 지식출판콘텐츠원 원장님과 신선호 팀장님께 고개 숙여 감사를 드린다. 학회를 대표하여 출간을 총괄해주신 김대진 서울과학기술대학교 교수님과 실무조정을 도와준 학회 교수님들께도 감사의 마음을 전한다.

2016년 3월 16일

한국외국어대학교 영어통번역학부 교수

존 벤자민스 통번역 총서 기획위원장

정호정

차례

제1부 문학 장르 접근법

제2부 영역 및 장르 특정적 텍스트

역자 서문

21세기 세계는 국가 간 장벽의 의미가 무색할 만큼 다양한 매체와 수단을 통해 소통을 확산시켜가고 있다. 외교 관계나 교역, 협상과 같이 국가나 기관들 사이의 공식적인 교류뿐 아니라 서로 다른 언어를 구사하는 개인들 사이의 접촉도 끊임없이 확대, 심화되고 있다. 모국어로 축적된 정보가 충분하지 않다고 여겨질 때 다른 문화권에서 이미 출판된 전문 서적을 통해 부족한 지식의 공백을 메우고자 하는 노력은 문명의 발전과 함께해온 자연스러운 욕구이다.

학제간 연구로서 인지, 심리, 텍스트 언어학 등과의 연관 선상에서 연구되기 시작한 통역, 번역은 1960년대 이후 새로운 연구 방법을 토대로 독자적 연구 대상으로서 자리를 잡게 되었다. 1990년대 문화적 전환(cultural turn)을 맞이하면서 사회, 문화적 측면에 대한 연구로 그 영역을 넓혀간 통역과 번역 연구는 의미 전달을 중시한 해석이론, 스코포스 이론을 중심으로 발전한 기능주의, 행위로서의 통번역, 그리고 최근에는 통역 및 번역 과정에 개입한 참여자들의 지위와 역할, 역사적 접근 등을 중심으로 그 연구 분야를 다양하게 확대시켜가고 있다. 베이커의 언급처럼 '형성 과정에 있는' 학문으로서 통역학과 번역학이 뿜어

내는 지적 에너지는 풍부한 연구 가능성을 제시하면서 역으로 언어학, 민족학, 문화학, 사회학, 심리학 등 전통적인 학문이라고 할 수 있는 타 분야 연구자들의 관심을 끌고 있다. 국내에서는 2000년대 초부터 일반 및 전문대학원의 전공으로 통역과 번역이 개설되어 전문적 연구가 왕성하게 이루어지기 시작했으며, 학문적 열기는 교육으로도 이어져 많은 대학에서 통역과 번역 관련 교육이 진행되고 있다.

서로 다른 문명, 낯선 문화가 충돌하고 소통하는 곳에는 늘 통역과 번역이 있었다. 큰 변화를 예고하는 제4차 산업혁명에 대해 온갖 추측과 기대, 우려와 설렘이 교차하는 상황에서 우리에게 무엇보다 필요한 것은 인간이기에 할 수 있는 깊이 있는 통찰, 그리고 그것을 바탕으로 한 공감적 소통능력일 것이다. 텍스트 유형에 따른 번역 전략의 차별화, 문화권별로 달라지는 텍스트 및 장르 규범, 장르 특정적 텍스트, 텍스트 유형과 매체적 제약 등을 다룬 본서의 번역은 더 나은 충돌과 소통을 위해 우리가 어떤 성찰을 이어가야 하는지를 계속 고민할 수 있도록 해줄 것이다.

2021년 9월

이혜승, 권영교

저자 서문

번역의 이론과 실제에서 전환이 이뤄졌다. 출발어 텍스트와 도착어 텍스트 사이의 등가에서 도착어 텍스트의 상황과 목적에 맞게 변화시킬 필요성을 인식하는 것으로 관심이 옮겨졌다(스코포스 이론 참조). 대부분의 경우 다른 문화와 언어 간의 번역에서 등가를 달성하기란 어려우며, 바람직한 목표가 되지도 못한다. 따라서 성공적인 번역을 위한 다른 기준이 필요하다.

번역사들은 번역에서 범주화의 필요성에 대해 오래전부터 인식해 왔다. 캣포드(Catford 1965: 83) 이후 언어 내의 변이나 "하위 언어"를 분류하기 위한 범주 틀을 갖고자 하는 욕구가 제기되어 왔다. 장르 분석은 특정 텍스트유형의 특성을 확립하기 위해 노력해 왔지만 전통이 비교적 오래된 문학 분야와는 다르게 비문학 분야에서의 장르 분석은 비교적 최근이 되어서야 관심을 끌기 시작했다(Swales 1990, Bhatia 1993). 장르 분석이 다양한 분야 예컨대 수사학, 담화 분석, 인지과학, 전산언어학, 비즈니스 커뮤니케이션 등으로 확산된 것은 불과 지난 십여 년간의 일이다.

문학을 제외하고 장르 연구가 번역학 분야에 깊이 스며드는 데는 시간이 오래 걸렸고 해당 분야의 연구도 많지 않다. 이문화 간 의사소통이 급증하고 번역의 필요성이 대두되면서 사전이 절실하게 필요해졌고 이에 따라 사전을 만들기 위한 사용역 분석 차원에서 연구가 진행되어 왔다.

그러나 응용 장르 이론이 발전하고 그것이 특수목적언어(LSP)에 적용되기 시작하면서 통번역 이론과 실제 그리고 전문 담화의 해석에 흥미로운 영향을 주게 되었다. 판매원, 변호사, 정치가, 신문의 논설위원 등 전형적 웅변가라고 할 수 있는 LSP 전문가들은 시인, 소설가, 극작가들보다 상황적 요인에 더 많은 제약을 받는다. 번역학의 가치를 탐구할 필요가 있는 만큼 특정 텍스트유형의 제약과 관습에 대해서도 관심을 기울일 필요가 있다.

본고에 수록된 글들은 광범위한 전문적 담화의 번역을 중심으로 포괄적 연구의 가능성과 문제점을 연구한다. 본고는 구어와 문어 담화를 연구하는 수단으로서 넓은 의미에서 장르 분석이 가지는 중요성, 의사소통 기능 및 텍스트유형 분석의 중요성을 강조하고 번역 목적에 있어서 텍스트유형학이 가지고 있는 가치를 증명해 보이고자 한다. 소네트, 사가, 동화, 소설과 영화, 설교, 정치 연설, 국제 협약, 설명서, 업무용 편지, 학술강연, 학술 논문, 의학 연구논문, 기술 브로슈어 그리고 법률문서 등은 이 책에서 다루는 텍스트의 일부일 뿐이다. 장르 분석을 포함한 텍스트유형학은 번역사가 번역 작업을 원활하게 할 전략을 개발하고 더 나아가 제약뿐 아니라 선택 가능한 다양한 대안을 인지할 수 있게 도와준다. 본고에서 '텍스트유형'은 넓은 의미에서 뚜렷이 구별되는 텍스트유형을 가리키며, 장르를 포함한다.

본고의 연구 주제는 번역이 텍스트유형에 의해서 어떤 영향을 받는가 하는 것이다. 두 개의 주요 연구 분야 중 첫 번째는 번역 과정의 이해에 있어서 텍스트유형을 고려할 때 어떤 이점이 있는가이다. 번역사들은 매일 이어지는 실무에서 각기 다른 텍스트유형에 어떻게 대처하는가? 번역사의 전문화는 주제뿐 아니라 텍스트유형에 의해서도 좌우되는가? 두 번째는 텍스트유형은 서로 다른 언어 사이에 얼마나, 어떤 분야에서 일치하는가이다. 원문과 번역문의 텍스트유형에 어떤 유사점과 차이점이 있는가? 이후 이어질 글에서 확연히 드러나는 것처럼 이 문제는 다방면의 고찰을 요하는 광범위한 과제이다.

텍스트는 다양한 방식으로 분류될 수 있다. 시먼스와 아가자리안(Simons and Aghazarian 1986: 11)이 언급한 대로, 마틴 루터 킹의 '버밍햄 감옥에서 쓴 편지'는 "흑인 수사학으로, 남부 수사학으로, 저항의 수사학으로, 공적 편지 쓰기의 일종으로 그리고 아폴로기아(apologia, 변명) 같은 것으로도" 볼 수 있다. 본고에 실린 글들을 나누는 하나의 방법은 없으며, 어떤 한 가지 기준으로만 분류를 하면 특정 텍스트유형이 가지고 있는 고유의 특성을 제대로 파악하지 못하게 할 수밖에 없다고 생각한다.

1부의 글들은 방법론적 가능성을 강조한다. 장르 분석에 대한 관심에도 불구하고 장르 분류 및 식별 기준 등이 아직도 향후 더 많은 논의를 필요로 하는 논란거리인 것처럼 용어의 확장은 다소 당황스러운 측면이 있다. 일부 체계론자들은 장르를 언론 언어, 법률 언어, 과학적 담화 등과 같은 넓은 의미의 사용역 변이를 나타내는 데 사용한다. 다른 학자들은 설명과 논증을 장르라고 부르면서 장르를 수사 방식과 혼용한다. 장르 분류는 어떻게 작동하는가? 장르는 사용역 및 텍스트유형과 어떤 관련이 있는가? 의사소통의 목적과 의사소통 목표 달성을 위해 사용된 텍스트유형의 결정적 수사 전략은 어떤 상관관계를 가지고 있는가? 트로스보그(Trosborg)의 글은 이러한 문제에 대한 탐구를 시작하면서 차별화된 접근을 시도한다.

번역이 되면 텍스트에는 무슨 일이 일어나는가? 번역 특정적 텍스트유형은 어떠한가? 번역의 산물로만 존재하는 텍스트유형이 있는가? 전통적 번역 이론에서는 출발어 텍스트와 도착어 텍스트의 내용 차원에서만 등가를 이야기한다. 세이거(Sager)의 글은 메시지의 내용과 의도 혹은 둘 중 하나를 바꾸는 새로운 번역 전략에 대해 살펴봄으로써 번역에서 등가 개념을 확장한다. 텍스트가 실제로 발생하는 다양한 의사소통 환경에서 보면 우리는 일차 독자, 즉 창작자가 직접 말을 건네는 독자에게 보내는 메시지와 이차 독자, 즉 직접 말을 건네지 않는 독자에게 보내는 메시지를 다루고 있다. 많은 번역은 후자에 속한다. 그러나 의사소통이 효과적으로 이뤄지기 위해, 번역은 가능하다면 번역된 메시지의 수신자가 일차 독자로서 메시지를 전달받도록, 내용이나 의도 차원에서 수정되어야 한다. 번역 특정적 텍스트유형을 포함한 새로운 번역유형론은 이러한 기준을 토대로 만들어진다.

의사소통의 기능은 본고에 참여한 저자 대부분이 어떤 식으로든 관심을 기울이는 주제인 담화의 목적과 관련되어 있다. 노르트(Nord)는 번역의 목적을 중심으로 텍스트를 분류하면서 특히 의사소통의 기능에 관심을 기울였다. 먼저 기능성과 충실성 결합 모델(functionality-plus-loyalty)을 설명한다. 이것은 도착어 텍스트의 기능성 범주와 번역가가 번역 과정에서 상호작용하는 파트너(출발어 텍스트 발신자, 의뢰인, 도착어 텍스트 수신자)에 대한 충실성을 결합한 것이다. 노르트는 샘플 텍스트에 해당 모델을 적용하는 데에 기반이 되는 기능적 번역유형론을 제시한다. 노르트는 기록적 번역과 도구적 번역 중 하나를 선택하는 것이 다른 모든 결정, 즉 출발어 텍스트의 화용적 측면, 규범, 관습 등을 그대로 가져올 것인지, 도착 문화의 기준에 맞게 바꿀 것인지에 대한 결정을 내릴 때 지침이 될 수 있다고 주장한다. 번역사 교육에 있어서 번역유형은 화용적, 문화중개적, 언어중개적 그리고 텍스트 특정적 번역 문제에 대한 유형론에 의해 보완될 수 있다. 세이거가 주로 결과물로서의 번역유형을 다룬 반면, 노르트의 분류는 과정으로서의 번역에 집중한다.

쿠스마울(Kussmaul)은 텍스트유형론의 몇몇 기본 개념, 즉 관습, 문화, 텍스트유형을 명확히 하면서 시작한다. 비즈니스 서신 같은 특정 텍스트 장르를 작성할 때 사람들은 특정한 규칙성과 규율을 따를 것이라는 사실을 예측할 수 있다. 그렇지 않으면 의사소통이 어려워지고 심지어 실패할지도 모른다. 게다가 관습은 서로 다른 장르 사이에서 뿐 아니라 '동일한' 장르 내에서도 문화권에 따라 달라진다. 쿠스마울은 텍스트유형 관습은 화행(speech-act) 규칙 및 상황적 차원과 밀접한 관련이 있다는 점에 주목한다. 상황 차원이 달라지면 텍스트유형이 달라질 수 있다. 쿠스마울은 주로 학술적 글쓰기에서 나타나는 거시 구조를 논하며 그것이 반영하는 상황적 차원을 살펴본다. 이후 메타커뮤니케이션적 발화, 울타리 표현, 지시 화행 등과 같은 다양한 미시 구조를 논하는데, 학술적 글쓰기가 중심이 되지만 설명서 리플릿이나 비즈니스 서신, 규정 등과 같은 다른 텍스트유형들도 살펴본다. 상황적 차원 및 특정 화행의 규칙을 발견할 수 있는가의 문제가 주되게 다뤄진다. 최종적으로 기능주의적 관점에서 거시 구조와 미시 구조의 번역 문제를 상세하게 논한다. 예문이 특정 장르에 국한되기는 하지만 텍스트유형, 문화, 관습의 문제를 전반적으로 다루고 있다는 점에서 쿠스마울의 연구는 문화교차적 관점에서 특정 장르의 번역 문제를 고찰한 2부의 여타 논문들과 연관선상에 있다.

문학에서 장르는 중요한 위치를 차지하지만 발라드, 송가, 소네트, 비극, 희극과 같은 옛 고전 장르의 전통은 관습에서 탈피하고자 했던 20세기의 문학 풍토로 대체되었다. 작가는 새로운 땅을 개척한다. 그러나 새로운 장르는 항상 하나나 여러 장르를 뒤바꾸거나 대체하거나 결합해서 만들어지는 변형이다. 장르에 저항하는 작품도 해당 장르 관습에 대해 독자가 가지고 있는 생각에 의지할 수밖에 없다. 그러므로 장르를 이해하는 것은 문학을 이해하는 데 충분조건은 아니라 해도 필요조건은 된다. 그렇다면 번역 과정에서 문학 장르에는 무슨 일이 벌어지는가? 왜 어떤 유형의 텍스트는 번역에서 살아남지 못하는 반면 다른 텍스트들은 도착어 문화에서 엄청난 인기를 누리게 되는가?

수잔 바스넷(Susan Bassnett)은 텍스트유형과 권력의 문제에 천착한다. 왜 어떤 장르는 번역을 거쳐 문학체계에 수용되는데 왜 어떤 장르는 거부되는가? 바스넷은 출발어와 도착어 문학체계 내에서 텍스트가 가지고 있는 위상의 문제를 다룬다. 바스넷은 장르와 관계없이 도착어 문학체계가 가지고 있는 수요와 관습이 실제 번역 과정에서 무슨 일이 일어날지 그리고 번역된 텍스트가 어떻게 될지를 결정한다고 주장한다. 서로 다른 시기 영문학 체계에서 상이하게 수용된 페트라르카 소네트와 북유럽 사가를 예로 들면서 문학 번역의 패턴을 일반화하기는 어렵다는 점을 지적한다. 두 텍스트유형 모두 영문학에서 혁신적인 존재가 될 수 있었지만 소네트만이 변화를 만들어 내고 영문학 체계에 수용되어 정전이 되었다. 왜, 어떻게 새로운 텍스트유형이 문학체계에 수용되는가를 분석하기 위해서는 고려할 요인이 많지만 해당 체계 내에서 텍스트, 저자 혹은 유형이 가지고 있는 중요성과 상관없이 결정적 요인은 출발어가 아닌 도착어 문학체계에 있다는 점은 확실하다. 수용하는 문학에 의해 부과되는 요구와 제약이 가장 중요하다.

문학 텍스트는 일반적으로 의사소통 목적을 중심으로 한 장르 분류에서 벗어난다. 문학 텍스트 번역은 불가피하게 형식을 중시해야 한다. 비고 페데르센(Viggo Hjørnager Pedersen)은 한스 크리스티안 안데르센의 영어 번역에 대한 연구를 예로 들면서 번역의 기술(description)과 비평(criticism) 간의 관계를 논한다. 도착어 문학으로서 번역에 대한 논의, 원문과 번역문에 대한 언어적 비교, 축약 번역문 분석, 어휘, 구문 및 관용구에 대한 비교 분석 등의 연구 방법이 사용되었다. (아동문학으로의) 장르 변화는 번역을 조작으로 바라보는 관점에서 논의된다. 제대로 된 비평이라면 그것은 번역된 텍스트의 기술을 토대로 해야 하지만 그러한 기술은 비평이 뒷받침될 때에만 흥미로울 수 있다는 결론을 내린다.

텍스트유형이 가지고 있는 문화교차적 측면은 현재 상황에서 특히 중요하다. 구어의 문화 간 변이는 담화 연구에서 확고히 자리를 잡았지만(예컨대 Wierzbicka 1985, 1991, Blum-Kulka 외 1989), 문어 장르에 대한 연구는 많지 않다. 숫자, 색깔, 모양과 관련된 문화적 금기는 잘 알려져 있지만 고맥락(high-context) 문화와 저맥락(low-context) 문화는 접근 방법에 따라 달라질 수 있다. 문화특수적 정보나 단어, 비유적 표현이 가지는 함의를 번역가가 파악하지 못하면 메시지가 완전히 왜곡될 수 있다는 점은 잘 알려져 있다. 그렇다면 텍스트유형은 문화에 의해서 얼마나, 어떤 식으로 영향을 받는가? 비즈니스 서신, 입사 지원서, 일부 법률 장르와 같은 전문 텍스트에서는 문화적 변이와 해당 지역의 사회문화적 제약이 중요한 역할을 하지만 어떤 장르는 보편적으로 관습화되어 있어서 문화에 따라 구현되는 양상에 있어서 큰 차이가 없다. 이러한 분야에서 다양한 지식을 보유하는 것이 번역사에게는 매우 중요하다. 2부의 글들은 실제적 관점에서 전문 장르의 번역에 대한 장르적 접근법의 문제와 가능성을 고찰한다.

사회학적으로 규정된 의사소통 행위에 장르가 어떻게 내재되어 있는가의 문제를 언어학적으로 통찰하는 동시에 사회인지적, 문화적으로 설명해 내는 것이 핵심이다. 보편적이기보다는 문화특수적인 장르 관습이 언어적으로 실현되는 양상이 중심이 된다. 의미가 관습적으로 구현되는 데에 있어서 왜 특정 유형이 특정하게 제도화된 사회문화적 환경에서 적절하다고 여겨지는지에 대한 유용한 설명을 제시하면서, 사용되는 언어를 현실에 기반해 기술하는 것이 목표이다. 특정 유형의 텍스트가 가지고 있는 특성은 무엇인가, 텍스트유형은 언어에 따라 얼마나, 어떤 분야에서 서로 같거나 다른가의 문제가 중점적으로 다뤄진다.

2부의 글들은 분야에 따라 나뉘었다. 이는 자료 구성의 편의를 위해서이며 결코 텍스트를 분류하는 충분한 기준이 될 수는 없고, 주어진 범주는 메타텍스트적 구성으로서 텍스트의 가능한 여러 분류법 중 하나라는 점을 인식하고 한 선택이었다. 정치 텍스트에 관한 연구 외에 의학 논문의 특징을 강조하는 의학적 텍스트에 관한 글, 기술 브로슈어에 관한 글 그리고 법률 문서에 관한 글이 있다.

셰프너(Schaffner)는 특정 장르들 속에서 정치 담화의 경계를 설정한다. 정치의 국제화가 진전되면서 번역의 중요성 또한 점점 커지고 있다. 정치적 장르들은 서로 다른 기능을 수행하며 각기 특유의 맥락적, 텍스트유형적, 화용론적 특성을 보여 준다. 따라서 그에 맞는 서로 다른 번역 전략이 요구된다. 다국어 조약 및 문서, 정치인의 연설과 성명을 예로 들면서 이들 텍스트(독일어와 영어)에서 마주치게 된 몇몇 번역의 문제와 실제 번역(도착어스트)에서 그 해결책으로 사용된 전략에 대해 논의한다. 이러한 번역의 문제들은 정치적 개념과 문화특수적 지식의 이념적 측면은 물론 형식적 제약, 텍스트유형적 관습, 일련의 상호텍스트적으로 연관된 문서들의 전문용어적·통사적 일치 등과 관련이 있다.

셰프너가 언급한 국제적 표준 장르의 발전은 국제적으로 수용된 표준을 만들기 위한 타협의 산물로서의 혼종(hybridisation)을 의미한다. 트로스보그는 이러한 측면을 더 발전시켜 사회인지적 장르론 관점에서 유럽연합(EU)의 문서를 분석한다. 문화특수적 여건이 반영된 정치인의 연설이나 진술과는 달리 EU 문서는 다문화 담화공동체의 산물로서 '유로 용어(Eurojargon)'라고 불리는 특정한 통사적, 어휘적, 텍스트적 자질을 보유한 번역특정적(translation-specific) 혼종 텍스트유형이다. 엄밀한 의미의 출발어 텍스트가 없으며, 번역문은 일차 독자를 대상으로 한다. 이들은 번역의 결과물로 만들어진 텍스트임이 유표적으로 드러나며, 번역에 있어서 출발어 텍스트와 출발어가 속한 공동체의 위상이라는 문제를 다시 생각해 보게 한다.

지식의 보급과 정보의 교환이 더욱 빨라지고 연구가 국제화되면서 의학 번역은 전문 번역에서 급속히 성장하는 분야로 부상하고 있으며 이론과 실제에서 수많은 도전을 야기한다. 필레고르(Pilegaard)의 글은 의학 연구논문 번역과 관련된 최근의 비교 연구들을 선별적으로 보여주고, 독자층에 맞춘 변환, 텍스트 포커스에 대한 주의, 문화적 전제, 도착어 내의 대화 규칙 등 의학 논문과 관련된 번역 전략을 제시하면서 의학 텍스트 작성에 적용되는 원칙과 규칙이 매우 장르 특정적이라고 주장한다. 예를 들어 사례 보고서는 주로 뭔가를 기술하고 설명하지만 연구논문은 문제 제기, 가설 검증에 이어 해답을 제시하고 인과관계를 설명하기 때문에 더 '실험적'이고 수사적이다. 번역에 있어서 화용적 변형은 장르와 문화특수적 관습에 의거해 이뤄져야 하며 국제적 연구논문이 지켜야 하는 관습과 원문 저자 특유의 표현법 사이의 균형은 번역사와 원문 저자 사이의 긴밀한 협업을 통해 유지되어야 한다.

기술 브로슈어에 대한 하르 한센(Hare Hansen)의 글에서 주된 관심사는 비교문화적 관점에서 본 의사소통의 기능이다. 등가의 관련성에 대한 의문을 제기하면서 독일 시장에 맞게 변환하는 과정에서 발생하는 문화특수적 문제들에 특히 주목한다. 그의 연구에 따르면 독일어를 덴마크어로 의미중심적으로 번역하면 지나치게 형식적이고 딱딱해져서 기술 브로슈어가 의도한 판매라는 목적을 달성하는 데 효력이 없는 경우가 많다. 오히려 초점은 화용적 측면에 맞춰져야 한다. 독일어에서 덴마크어로 번역할 때는 진술적 기능에서 명령적, 설득적 기능으로의 전환이 필요하며 도착어 문화권 화자들과 관련 없는 문화적 정보는 생략해야 한다. 의도한 대로의 변형을 가능하게 하기 위해 번역사는 마케팅에 필요한 자질은 물론 문화권에 따라 달라지는 텍스트유형의 관습에 대한 깊이 있는 지식을 보유해야 한다.

바티아(Bhatia)는 번역에서 텍스트유형의 완결성을 유지하는 것이 중요하다고 강조한다. 바티아는 전문적 장르를 만들고 해석하고 활용할 때 생소한 어휘나 문법에 대해서는 비교적 자유로운 입장을 취할 수 있다 하더라도 해당 장르가 가지고 있는 완결성은 반드시 유지되어야 한다고 주장한다. 법률 텍스트를 예로 들면서 그는 도착어 문화권의 장르적 원리를 이해하는 것이 통번역 교육과 학습의 전제 조건이 되어야 한다고 주장한다. 장르적 원리에 대한 이해를 통해 화용적인 측면에서 더 성공적인 번역문을 만들어 낼 수 있을 것이고 '용이화(easification)'라는 관점에서 독자층에 맞게 원문을 바꾸어 줄 것을 제안한다.

3부는 두 부분으로 나뉜다. 첫 번째는 전문용어와 어휘, 두 번째는 매체의 영향으로 구성된다. 첫 두 편은 번역사가 과제를 수행하는 데 도움이 되는 도구를 논의한다. 전문용어와 어휘는 번역사에게 매우 중요하다. 방법론 파트에서 다뤄지고 특정 장르와 관련된 2부에서 더 심화된 바 있는 언어 사용과 관련된 확장된 시각이 전문용어 파트에서도 이어진다.

번역사는 사용되는 언어를 다룬다. 로저스(Rogers)의 언급처럼 번역사의 작업에서 매우 중요한 동의(synonymy)와 등가 관계는 사전에서 어휘소로, 즉 시스템 차원에서 나타난다. 로저스(Rogers)는 문법과 의미론 관점에서 숫자의 문법적 범주와 연어의 의미적 관계에 주목하면서 사용과 시스템이라는 이분법이 가지는 함의를 전문용어, LSP의 전문 어휘와의 연관 선상에서 고찰한다. 유전공학과 관련된 영어, 독일어 이중언어 코퍼스를 토대로 어휘소가 아닌 단어 형태 사이의 관계라는 측면에서 살펴보면 동의와 등가 관계는 어의론(semasiololy)이나 명칭론(onomasiology) 모델이 일반적으로 예측하는 것보다 한층 더 복잡하다는 사실이 드러난다. 각 언어의 네 가지 동의어와 그것들이 한 단어 및 다중 단어 복합어 형성에서 하는 역할에 논의를 집중한 다음, 잠재적 등가어에 대한 고찰을 이어 간다. 텍스트 코퍼스에서 확인된 확률적 경향을 토대로 살펴보면 전문용어 연구의 목표라고 할 수 있는 표준화가 반드시 지켜지지는 않는다는 결론이 내려진다.

피키(Picchi)와 피터스(Peters)는 기계가 읽을 수 있는 코퍼스와 전문화된 어휘 목록을 번역사의 필수 워크스테이션으로 제시한다. 글은 두 부분으로 나뉜다. 첫 번째는 전산사전 편찬 분야 그리고 특정 장르의 번역과 번역 과정의 연구에 직접적으로 관련되는 코퍼스언어학 분야의 최근 동향에 대해 논한다. 두 번째는 저자들이 설계한 전형적 번역사 워크스테이션(Tranlator's Workstation)의 두 가지 주요 구성 요소, 즉 이중언어 어휘 데이터베이스 시스템과 이중언어 텍스트 관리 시스템을 설명하는 데 할애된다. 이 시스템에서 어떻게 질의가 이뤄지고 어떤 결과가 도출될 수 있는지에 대한 예시가 주어지고, 이중언어 어휘 목록, 번역과 언어 학습 등 상이한 언어권 사이의 활동에 다양하게 적용될 수 있는 이 시스템의 잠재력이 기술된다.

'모드'과 '매체'로 인해 생기는 제약이 3부에 실린 마지막 세 편의 주제이다. 텍스트유형은 기본적으로 의사소통을 위해서 사용되는 특정 매체나 수단에 의해서 특징지어진다. 메모, 전보, 이메일 등은 의사소통의 목표나 수사법보다는 의사소통에 사용되는 매체에 의해 구별되며, 더빙과 자막 번역은 번역 특정적 텍스트유형을 만들어 내는 번역 방법이다.

오디오매체적 텍스트유형의 특징은 복합적인 표현 모드라고 할 수 있다. 문어와 구어 매체 사이를 어떻게 중재하는지에 대한 논의가 스넬 혼비(Snell-Hornby)에 의해 이뤄진다. 스넬 혼비는 1971년 카타리나 라이스(Katharina Reiss)가 썼던 '오디오매체적(audio-medial)'이라는 용어를 차용했는데 그것은 큰소리로 말하기 위해 쓰인 텍스트, 즉 오디오를 매개로 수신자에게 전달되는 정치 연설, 학술강연 또는 TV 뉴스의 원고와 같은 텍스트를 가리키는 의미로 제한적으로 사용된다. 수사적 표현과 가화성(speakability)이 중요한 역할을 하는데, 처칠 연설문 일부와 흠정역 영어 성경에 나오는 구절이 분석 대상이 되었다. 영어를 모국어로 하지 않는 연사가 영어를 사용해서 여러 언어권 청중들을 대상으로 학술강연을 할 때, 이것에 대한 번역은 풍부한 연구자료를 제공한다. 길이가 길고 통사적으로 복잡한 문장들을 영어로 번역할 때 가화성은 주로 사후 수정이나 중요한 정보를 문장 끝에 두는 문미 초점과 같은 장치를 통해 얻어진다. 불필요한 중복을 줄이고 학술적 삽입 어구 등을 압축하는 전략을 통해 말하기 좋은 번역을 만들어 내고 청자의 이해를 돕는다.

토마스 헤르프스트(Thomas Herbst)의 글은 영어에서 독일어로 더빙한 텔레비전 시리즈와 영화 코퍼스를 기반으로 한다. 더빙 번역은 양적, 질적 립싱크와 같은 등가 기준으로 인해 여러 제약을 받는 것은 분명하다. 더빙된 영화를 분석한 결과, 텍스트 구조와 관련해서 몇 가지 특징이 나타난다. 그중 가장 중요한 것은 (1) 무의미한 문체 전환, (2) 구어보다 문어에 전형적인 형식적 문체를 쓰는 경향, (3) 결속성의 '부족' 등이다. 이러한 특징들은 더빙을 위한 번역이라는 상황 때문에 나타났다기보다는 번역에 대한 특정한 관점으로 인한 것이라는 점이 드러난다. 이들은 더빙된 텍스트가 가지고 있는 필연적 특징이 아니라 더빙에 대한 잘못된 접근법의 결과이다.

매체에 의해 규정되는 텍스트유형은 번역 전략의 선택에 결정적 역할을 한다. 헨릭 고틀리프(Henrik Gottlieb)는 관용어구 번역에 대한 실증적 연구에서 전문 문학 번역가와 텔레비전 자막 번역가가 사용하는 전략을 비교한다. 거의 동일한 전략이 사용되었지만 문학 번역과 자막은 매체에 따른 제약이 서로 다르기 때문에 사용된 전략의 상대적 빈도는 상당히 다르다. 책은 본질적으로 단일기호적(monosemiotic)이며 글쓰기라는 추상적 매체를 통해서 소통하기 때문에 다중기호적(polysemiotic)인 자막 텔레비전 프로그램과 비교했을 때 관용구 번역 전략의 분포가 다르게 나타난다. 자막 번역은 멀티채널 담화의 의미 내용 가운데 단지 일부만을 전달할 뿐이다. 고틀리프는 관용어구를 극단적인 언어 항목으로 보지만 그것을 번역하는데 있어서 다양한 선택이 가능하기 때문에 그만큼 번역 전략을 전반적으로 이해하는 데, 특히 책과 텔레비전의 차이를 이해하는 데 중요한 함의를 지니는 단위라고 간주한다.

본고에 참여한 저자들은 특정 장르가 문화권에 따라 가지고 있는 차이를 밝히는 것뿐만 아니라 장르와 관련한 일반적, 보편적인 특성에도 관심을 갖는다. 한 문화권 내에서 장르와 관련된 자질이 사회문화적으로 달라지는 모습에 대해 많은 관심이 집중되고 있는 만큼 번역사들은 특정 장르의 언어적 자질이 선택되고 분포되는 기저에 무엇이 있는지에 대한 통찰을 통해 많은 것을 얻을 수 있다. 장르 관습을 아는 것은 출발어 텍스트의 이해와 도착어 텍스트의 생산 모두에 매우 중요하다. 의사소통 기능의 범주와 텍스트유형은 번역 목적을 중심으로 한 담화이론에 중요한 의미를 가진다. 문화에 따라 다르게 실현되는 양상을 보이기는 하지만 수적으로 많지 않고 본질적으로 보편적인 이들은 학문 분야를 총망라한 목록 전체보다는 접근하기가 용이해서 번역사에게 유용한 도구가 된다. 목표는 엄격한 규범을 확립하거나 텍스트유형을 단순화하는 것이 아니다. 문체의 정교함과 다양성을 확보하기 위해 번역사는 의무적 관습과 사회문화적 규칙뿐 아니라 가능한 선택지에 대해서도 알고 있어야 한다.

요컨대 본고는 다양한 텍스트유형에 대한 탐구에 그치지 않고 주요 문제점과 가능성에 관한 이론적 그리고 다소 역사적이라고 할 수 있는 윤곽을 제시하면서 텍스트유형과 번역에 관심을 가진 사람이면 누구나 검토해 볼 만한 실질적 대안을 제시한다. 모쪼록 본고가 '텍스트의 중요성을 인지하고 있는 능력 있는 전문가'를 꿈꾸는 번역사들에게 보탬이 되기를 바란다.

Anna Trosborg.

오르후스 경영대학원, 1997년 3월

참고문헌

Bhatia, Vijay K. 1993. *Analysing Genre. Language use in professional settings* London/New York: Longman.

Blum-Kulka, Shoshana, House, Juliane and Kasper, Gabriele (eds). 1989. *Cross-Cultural Pragmatics: Requests and apologies.* Norwood: Ablex Publishing Corporation.

Catford, J.S. 1965. *A Linguistic Theory of Translation.* Oxford: Oxford University Press.

Reiss, k. 1971. *Möglichkeiten und Grenzen der Übersetzungskritik.* Munich: Ma? Heuber.

Simons, Herbert W. and Aghazarian, Adam A. (eds). 1986. "Introduction". In Herber W. Simons and Adam A. Aghazarian (eds), *Form, Genre and the Study of Politic? Discourse.* South Carolina: South Carolina Press.

Swales, John M. 1990. Genre Analysis. *English in academic and research setting?:* Cambridge, UK: Cambridge University Press.

Wierzbicka, Anna. 1985. "Different cultures, different languages, different spee?acts". *Journal of Pragmatics* 9: 145-178.

Wierzbicka, Anna. 1991. *Cross-Cultural Pragmatics. The semantics of human inte?action.* Berlin/New York: Mouton de Gruyter.

제 1 부

방법론

텍스트 유형학 : 사용역, 장르 그리고 텍스트 유형

안나 트로스보그(Anna Trosborg)
오르후스 경영대학(The Aarhus School of Business)

1. 머리말

모든 텍스트가 다 같은 유형이 아닌 것은 분명하다. 우리는 정치 텍스트, 법률 텍스트, 의학 텍스트를 가려낼 수 있으며, 동화와 장·단편소설은 신문 보도, 에세이, 과학 논문과 다르다. 음식 레시피, 사용설명서, 광고는 비슷해 보일지 모르지만 같지 않고, 설명적 텍스트는 논증 텍스트 등과는 다르다. 이 모든 텍스트유형은 명확하고 직관적으로 서로 다르지만 상세한 분석을 필요로 한다.

언어 및 언어학, 의사소통과 수사학, 의사소통의 민족지학 연구, 화용론, 담화 등과 같은 분야의 발전은 텍스트유형학에 기여하고 영향을 주었다. 지난 십 년간은 특히 장르 분석이 엄청난 인기를 누렸다. 문학 연구자, 수사학자, 사회학자, 담화분석가, 기계 번역자, 전산언어학자, ESP 전문가, 비즈니스 커뮤니케이션 전문가, 어학 교사 등이 장르 분석 연구에 주목했다(Bhatia 1993: ix 참조).

그러나 이러한 인기가 용어의 의미에 대해 일반적인 합의가 이뤄졌다는 것을 뜻하지는 않는다. 몇 가지 의문이 수그러들지 않는다. 장르는 사용역(register), 텍스트유형과 어떤 관련이 있는가? 한 장르는 다른 장르와 어떻게 식별되고 차이가 나는가? 그것을 결정하는 것은 텍스트 내적 기준인가, 텍스트 외적 기준인가 아니면 둘 다인가? 단일 기준 혹은 다중 기준 분류체계가 필요한가? 특정 장르의 특징은 무엇인가? 그러한 특징은 문화마다 다른가? 만약 그러하다면 어떤 방식으로 다른가? 이외에도 특정 장르에 대한 우리의 지식은 여전히 많이 부족하다.

본 논문의 목적은 담화 유형을 효과적으로 범주화하고 설명하는 방법 뿐 아니라 각각 (또는 함께) 분류에 사용될 수 있는 여러 범주를 제시하는 것이다. 텍스트와 담화, 사용역, 장르 그리고 텍스트유형, 담화 목적, 의사소통 목적 또는 의사소통 기능 등 용어적으로 제기되는 문제들과 여타 고려할 부분들이 다뤄진다. 물론 이 짧은 개요에서 모든 내용을 다 설명하기는 어렵다. 영역(field), 관계(tenor), 양식(mode)이라는 담화의 틀 안에서 핵심적 범주인 '의사소통 기능', '텍스트유형'과 더불어 '사용역'과 '장르'를 분류하는 틀이 제시될 것이고, 이러한 틀은 언어의 관습과 기능을 식별하고 생성하는 가이드라인이 될 것이다. 이어 번역에 있어서 그것이 가지는 함의 또한 논의할 것이다.

2. 텍스트와 담화

어떤 학자들은 텍스트(text)를 문어로 담화(discourse)를 구어로 간주한다. 어떤 학자들은 텍스트를 하나 이상의 생산자가 있는 문어 혹은 구어로 여긴다(Virtanen 1990: 447 참조). 할리데이와 하산(Halliday and Hasan 1976), 쿼크(Quirk et al. 1975) 등은 텍스트를 말하지만 그라임스(Grimes 1975), 싱클레어와 쿨사드(Sinclair and Coulthard 1975) 및 그 추종자들은 담화를 이야기한다. 용어는 달라도 이들이 말하는 것은 다

같은 것일까? 지난 이십 년 동안 문헌에서 텍스트, 담화가 어떻게 사용되었는지를 살펴본 연구[비르타넨(Virtanen 1990)]는 이 문제를 조명한다.[1)]

별개의 용어인 텍스트와 담화는 사실 언어에 관한 서로 다르지만 상호보완적인 두 가지 관점과 관련이 있다. 텍스트는 구조로 여겨지기도 하고 과정으로 간주되기도 한다. 이러한 두 가지 접근법에 따라 텍스트는 흔히 과정의 산물이라는 정적인 개념으로 쓰인 반면, 담화는 텍스트 생산과 텍스트 이해라는 역동적 개념을 나타내기 위해 사용되었다(Virtanen 1990: 453).

하지만 텍스트는 상황적 요인을 포괄하게 되면서 기술적(descriptive)인 구소 개념에서 과정의 개념으로 확장되었다. 이러한 발전 과정에서 보았을 때 텍스트언어학과 담화분석을 엄격하게 구분하는 것은 다소 자의적으로 느껴진다. 결과적으로 별개의 두 용어인 텍스트와 담화는 상반되는 정의가 제시되지 않는 경우라면 혼용되기도 한다.[2)]

텍스트와 담화는 언어의 목적이나 종류 또는 실체를 나타내기도 하며, 시, 희극, 스포츠 해설, 정치 연설, 인터뷰, TV 광고 등이 될 수도 있다.

3. 사용역

'총체적 언어(whole language)'라는 개념은 너무 방대하고 이질적이어서 언어학적 목적으로는 효과적으로 활용되지 못하며, 언어학적 분석의 적절한 목표는 의사소통의 상황과 사건을 기술(description)하는 것으로 인식된다.

인류학과 언어학 두 분야에서 특히 영향력 있는 연구를 살펴볼 수 있는데, 말리노프스키(Malinowsky 1923,1935)와 퍼스(Firth 1935, 1951)의 연구가 그것이다. 말리노프스키의 맥락 이론은 원래 번역자를 염두에 두고 발전되었다. 멀리 떨어져 있는 문화를 그려 내는 작업에 부딪히자 그는 문화적 통찰을 정확히 전달하기 위해 상황의 맥락에 관심을 갖게 되었다. 말리노프스키는 일상생활의 의례적인 부분에서 좀 더 실질적인 부분에 이르기까지 다양한 요인을 포함하는 문화적 맥락이 메시지 해석에서 중요하다고 여겼다.

퍼스의 연구는 우리의 언어 및 인지 세계를 결정하는 문화와 관련이 있다. 문화적 요인은 언어적 선택에 영향을 주고 언어적 선택을 결정한다. 언어에 대한 이러한 관점은 말리노프스키의 연구를 토대로 한 것이며 상황과 문화를 강조했다. 맥락적 요인은 의사소통의 민족지학 연구에서 말하는 발화 사건(speech event)의 구성 요소, 즉 장소, 화자와 청자의 역할 관계, 경로, 장르, 어조 등을 뜻한다(Bauman and Scherzer 1975 참조).

언어가 기능에 따라 달라진다는 견해는 곧 '사용역'이라고 하는 언어 사용의 '변이형'에 대한 기술로 이어졌다(Reid 1956, Halliday, McIntosh and Strevens 1964). 할리데이, 매킨토시 그리고 스트레벤스(1964)는 언어를 방언(Corder 1973)으로 지칭되는 사용자 관련 변이와 사용역이라는 사용 관련 변이로 나누었다. 사용자 관련 변이에는 지역 방언, 시간 방언, 사회 방언, 표준/비표준 방언 그리고 개인어 등이 포함되며, 사용역에는 직업 분야에 전형적으로 나타나는 언어 변이(또는 문체)가 무궁무진하게 포함된다. 종교 언어, 법률 언어, 신문 보도 언어, 의학 언어, 전문어 등이 이에 해당한다. 사용역은 기능적 언어 변이로서 "언어적 자질(linguistic features)을 반복되는 상황적 특징에 따라 나누는 맥락적 범주"이다(Gregory and Carroll 1978: 4). 특정 언어의 하위 코드는 특정 텍스트 변이의 어휘-문법 자질의 빈도를 기반으로 구별된다(Crystal and Davy 1969, Gregory and Carroll 1978 참조). 통사적 자질의 빈도에 관한 연구(Barber 1962, Crystal and Davy 1969, Gustaffsson 1975 참조)는 다양한 언어 변이에서 특정 통사적 자질이 높고 낮게 나타나는 빈도를 직관적이고 포괄적으로 기술할 수 있도록 경험적 증거를 제공해주었다.

문법적 선택과 수사학적 기능(즉 의사소통 기능)간의 관계에 대한 연구는 락스트롬, 셀린커, 트림블(Lackstrom, Selinker and Trimble(1973), 스웨일스(Swales 1981), 트림블(Trimble 1985) 등에 의해 과학기술 관련 문어 영어를 중심으로 이루어졌다. 과학적 의사소통에 있어서 특정한 언어 자질이 어떻게 제한된 가치를 취하는가를 연구했다는 점이 흥미로웠다.[3] 이런 연구를 통해 상황 유형에 대한 인식이 생겨났다. 특정 사용역의 정체성은 고립된 어휘 항목에 의해서가 아니라 두 개 이상의 연어로 결정된다는 사실을 인식하게 된 것은 또 하나의 중요한 성과였다.

언어 변이에 대한 이해는 언어 사용자의 의식적인 문체적 선택을 설명할 수 있는 길을 열어주었다. 이러한 선택에 영향을 미치는 요인들이 관심의 초점이 되었다.

> 사용역 범주는 사람들이 자신의 언어로 무엇을 하는지를 설명할 수 있게 한다. 다양한 맥락에서 일어나는 언어활동을 관찰하면 서로 다른 유형의 상황에 어울리도록 서로 다른 언어유형이 선택된다는 것을 발견한다(Halliday 외. 1964: 87, Hatim and Mason 1990: 46에서 인용).

문제는 서로 다른 유형의 상황이 무엇을 의미하는가이다.[4] 사용자로 하여금 관습적 상황 유형을 알게 함으로써 효과적이고 적절한 의사소통을 가능하게 하는 것이 목표라면 사용역은 너무 넓은 개념이다. 주로 특정 분야의 언어(과학 보도 언어, 신문 보도 언어, 관료적 언어, 법률 언어 등등)에 초점을 맞추면서 사용역 분석은 분야 안의 이런저런 장르 간의 차이를 묵살한다.

설령 과학, 의료, 법률, 심지어 신문 영어와 같은 명칭을 유지함으로써 얻게 되는 편리함이 있다 하더라도, 실제로는 이러한 용어들이 조직적으로 오해를 불러일으킬 수 있다. 이 용어들은 의사소통 목적, 화자와 청자의 관계, 장르 관습 등의 차이를 포기하면서 내용의 동질성을 지나치게 부각시킨다(Swales 1990: 30). 텍스트가 정보나 수사, 문체적인 면에서 어떻게 자신을 구조화하는지를 파악하기 위해 텍스트를 사용할 수는 있지만, 전반적으로 텍스트적 지식은 장르를 완전히 설명하기에 충분하지 않다. 관계(tenor)에 초점을 맞춘 '고용주 사용역(employer register)'(Werlich 1976)이나 양식(mode)에 맞춰 만든 '문어 사용역(written register)'(Schleppegrell 1996)과 같은 용어는 혼란을 더 가중시킨다.

4. 장르

장르는 성숙한 언어 사용자에 의해 쉽게 구별되는 텍스트 범주이며 심지어 장르의 '민속 유형론(folk typology)'에 대한 논의도 가능하다. 특별한 목적을 위해 특별한 상황에 사용되는 텍스트는 안내서, 동요, 시, 업무용 편지, 신문 기사, 라디오극, 광고 등의 명칭으로 분류될 수 있다. 이러한 범주를 장르라고 한다.

사용역 자체의 분석으로는 장르의 본질을 밝히기 어렵기 때문에 사용역은 사회적 목적이 수행되는 방식을 반영하는 장르들로 나누어진다. 바티아(Bhatia 1993: 17)가 지적했듯이 과학 연구논문은 화학 실험 보고서의 초록과 마찬가지로 과학 영어의 예로 적합하다. 학문적 대화는 이런저런 가벼운 복도 한담, 강의, 교실 안팎의 선생과 학생 간 대화, 이메일, 메모, 학술논문, 책 등에서 드러난다(Bhatia 1993: 11). 법률 사용역은 법률 문서(입법 텍스트, 계약서, 증서, 유언장)의 법률 언어, 법정 언어(예컨대 법을 선포하는 판사, 판사와 변호인 간의 의사 교환, 변호인과 증인 간의 의사 교환), 법 교과서의 언어 그리고 변호사와 다른 변호사 또는 비전문가 사이의 의사소통 등을 포함한다(Trosborg 1991: 4). 단지 제한된 사용역의 경우에만 사용역과 장르 사이에 긴밀한 관계를 형성한다(예를 들면 일기예보).

장르 개념을 활용하면 담화 네트워크 혹은 시스템 내의 의사소통 행위로서 거시적 차원의 텍스트에 접근할 수 있다.

> 반복되는 상황(인사말에서 감사 인사, 수락 연설 및 과학 또는 학술 조사에 대한 본격적인 서면 설명에 이르기까지)에서 나타나는 전형적이고 사회적인 반응을 알지 못하면 사회적 세계에 사는 것 자체가 불가능하기 때문에 우리는 장르를 사용하여 우리의 말을 포장하고 긴급한 상황에 대처할 수 있게 만든다. (Berkenkotter and Huckin 1995: 7)

스웨일스(1990)의 장르에 대한 포괄적 연구는 민속학 연구, 문학, 언어학 그리고 수사학 분야에서 장르 개념의 발전을 분석한다(Swales 1990: 34~45 참조). 문학 연구에서 장르 분석은 오랜 전통을 가진다. 장르를 텍스트의 종류로 구별하는 아리스토텔레스(Aristotle)까지 거슬러 올라가는데, 그러한 견해는 여전히 널리 퍼져 있다. 예전에는 장르라는 용어가 '문예 작품의 독특한 유형 또는 범주'(웹스터 사전)로 사용되었으나 오늘날에는 문학적 열망이 있든 없든 말이든 글이든 모든 형태로 된 담화의 독특한 범주를 가리키는 데 흔히 사용된다.

그러나 언어학 안에서 사용역과 장르를 구분하는 연구는 거의 없었다. 스웨일스는 사용역을 언어학의 흔들림 없는 중심 개념이라고 말하면서 장르에 대해서는 '텍스트 구조에 대한 중요한 연구 결과 최근이 되어서야 필요한 것으로 밝혀진 부속물'정도로 표현한다.[5] 근래에 와서야 체계학파에서 장르가 사용역에서 분리될 수 있었다. 예를 들어 프라우(Frow 1980: 78)는 '담화 장르 또는 사용역'이라는 용어를 사용한다. 사전 편찬과 같은 목적으로 언어변이 연구에 대한 투자가 이루어짐으로써 나름 입지가 강화되기는 했지만 여전히 이차적일 수밖에 없는 지위로 사용역이라는 개념을 끌어내리기 싫었기 때문에 텍스트를 장르로 인식하는 것, 즉 '텍스트가 공동체 구성원에 의해 어떻게 인식되고 분류되며 사용되는지' 살펴보는 것에 상대적으로 별 관심을 보이지 않은지도 모른다(Swales 1990: 42).[6)]

귀납적 접근법을 선호하는 수사학자들은 맥락을 중시하고 장르를 더 중심에 두는 경향이 있었으므로 장르 생성에서 유사한 형태의 반복을 강조하면서 수사학적 상황과 수사학적 장르를 구분 짓는다. 최근 장르에 관한 수사학적 연구는 비문학 형태의 글쓰기 및 말하기의 사회역학과 사회적 규약에 더욱 집중하고 있다. 1980년대에 특수목적 언어 및 전문직 담화 분야의 연구와 더불어 법률적, 과학적 의사소통과 같은 학제적 장르의 사회문화적 기능에 대한 관심이 증가하고 있으며, 의학 영어에 관한 마허(Maher 1986)의 연구, 법률 영어에 관한 바티아(1987)의 연구처럼 핵심 직업 분야에 관한 연구가 다수 나타났다.

장르의 역동적인(변화를 받아들이는) 측면을 인식하면서 연구자들은 이제 전문 언어 장르를 확립하느라 분주하다. 공동체 내의 발화 사건을 규정하는 것이 매우 중요해졌고, 공동체가 사회언어학적으로 가장 중요하게 여기는 언어 행위의 요소를 밝혀내기 위해, 공동체에서 의사소통이 일반적으로 어떤 유형으로 나뉘고 어떻게 불리는지에 관심을 보인다. 이것은 십 년 넘게 민족지학자들의 관심사였다(Saville-Troike 1982 참조). 데이터를 나누고 정렬하며 설명하는 데 사용되는 단위는 공동체의 범주이지 연구자의 선험적 범주가 아니라는 것은 민족지학의 기초이다(Saville-Troike 1982: 34). 그 연구 과정은 공동체가 어떻게 범주를 지칭하는지를 보여주는 경험적 조사와 관찰을 토대로 하며, 그렇게 귀납적으로 만들어진 범주를 발전시키는 것이어야 한다.

스웨일스는 여러 연구자들[(Todorov(1976), Fowler(1982))]의 견해를 검토하는데, 이들은 장르를 다소 비슷한 텍스트적 대상의 조합이 아니라 사회적 의사소통 과정 안에 놓인 기호화되고 부호화된 사건으로 본다.

그러한 기호(code)와 부호(key)는 이해, 작문 및 번역에 있어서 중요한 역할을 한다.

밀러(Miller 1984: 151)는 "장르에 대한 수사학적 정의는 담화의 내용이나 형식이 아닌 담화를 통해서 성취하고자 하는 행위에 주목해야 한다"고 주장한다. 마틴(Martin 1985: 250)이 보기에 장르는 문화 대부분을 구성하는 언어적으로 구현된 개개의 활동 유형을 아우르는 것이다. 장르는 언어적 수단을 써서 사회적 목적을 성취하기 위한 체계로 인식된다. 장르는 "계획되고 목적이 뚜렷한 사회적 과정을 의미하며 이 과정을 통해 문화가 언어로 구현된다(Martin and Rothery 1986: 243)."

5. 의사소통의 목적 - 장르를 정의하는 기준

그렇다면 장르는 어떻게 식별되고 분류되며 기술되는가? 하나의 장르는 다른 장르와 어떻게 구별되는가? 이와 같은 문제들이 지난 십 년간 학자들의 관심을 끌었다. 신문 기사는 신문 뉴스 면에 나오고, 학술 논문은 학술지에 나오는 것처럼 주로 외부 기준을 토대로 장르를 정의하는 학자들도 있지만(Biber 1989: 6 참조), 다른 학자들은 의사소통의 목적이나 언어적 내용과 형태에 주목한다.

장르 개념을 설명할 때 스웨일스는 장르의 사회수사학적(socio-rhetorical) 맥락을 주목하며, 정의할 범주는 공동체의 범주이며 정의를 내리는 결정적 기준은 의사소통의 목적이라는 점을 강조한다. 그는 의사소통 사건(communicitive event)으로서의 장르에 초점을 맞추는데, 의사소통 사건의 집합을 장르로 만드는 기본적 자질은 공유된 의사소통의 목적이다. 담화공동체가 중요한 통찰의 근거가 되는 장르를 어떻게 명명하는가에 따라서 구체적인 장르의 사례들은 그 원형성에 있어서 차이를 보인다(Swales 1990: 49-52 참조). 핵심적 요소는 의사소통의 목적으로 함께 얽힌 담화 공동체, 장르 그리고 과제이다. 담화 공동체의 언어활동을 움직이는 것은 의사소통의 목적이다. 장르 정체성의 전형적 기준은 바로 의사소통의 목적이며 의사소통의 목적은 과제의 주된 결정 인자로 작동한다(Swales 1990: 10).

최근 연구 중에는 바티아(1993) 그리고 버켄코터와 허킨(Berkenkotter and Huckin 1995)에 주목할 필요가 있다. 바티아(1993)[스웨일스(1981, 1985, 1990)에 이어서]는 장르를 특징짓는 것은 달성하고자 하는 의사소통의 목적(들)이라고 본다. 장르를 형성하고 거기에 내적 구조를 부여하는 것은 이러한 공유된 의사소통의 목적(들)이다. 의사소통 목적(들)에 중대한 변화가 생기면 그 결과로 장르가 바뀔 수 있지만 작은 변화나 수정은 하위 장르의 특징이 되며, 장르와 하위 장르를 명확하게 구분하는 것은 가능하지 않다(Bhatia 1993: 14).[7)]

또 한가지 중요한 점은 장르는 사회적 행위의 근거를 구분한다기 보다 그것을 명확히 하고 설명한다(Fowler 1982: 286을 참조). 장르 개념은 한층 폭넓은 사회수사학적 맥락 안에 놓인 사회적 행위로서 의사소통의 목표를 이루기 위한 메커니즘으로서만이 아니라 이러한 목표가 무엇인지를 분명히 하는 수단으로도 작동한다(Swales 1990: 44).

장르의 본질에 영향을 주는 내용, 형식, 목표 청중, 매체 또는 경로 등의 요소들이 존재한다는 것을 인정하면서 바티아(1993: 13)는 특정 장르의 의사소통 목적과 그 전형적 인지 구조화 사이에 밀접한 관련이 있다고 본다. 실례로 그는 일반적인 뉴스 보도와 신문의 특집 기사를 비교한다. 담화 양식(경로 및 참여의 성격을 포함)과 담화 관계(지위 및 참여자 간의 사회적 거리감을 포함)는 동일하지만 뉴스 보도는 객관적 전달을 목적으로 하는 반면 특집 기사는 흥미롭고 논쟁적인 이슈에 대한 균형 잡힌 분석을 목적으로 하기 때문에 그 의사소통의 목적이 변화한다. 이렇게 의사소통의 목적이 다르면 두 장르에 사용되는 전략도 달라질 필요가 있다. 이처럼 장르-텍스트의 의사소통 목적이 상당히 다르고 서로 다른 인지 구조화가 필요한 경우 두 텍스트는 서로 다른 장르로 여겨진다(Bhatia 1993: 21-22).

스웨일스의 입장에 동의하면서 바티아는 장르 분석을 언어적 기술(description)에서 설명(explanation)으로 이동시킨다. 그는 언어 분석에 대한 접근법으로서 동기의 중요성을 강조했다. 그는 "전문가 집단에 속한 사람들은 왜 그렇게 글을 쓸까(Bhatia 1993: 1)"에 대한 답을 찾는 것을 목표로 한다. 이와 같이 장르 분석은 설명을 시도해야 하며 장르 구축 및 해석의 관습적 측면을 합리화하는 것에서 더 나아가야 한다.

버켄코터와 허킨(1995)은 그들의 담화 분석 분야 전문 지식과 인지 기반의 수사적 연구를 결합해 이른바 '장르의 사회인지 이론(sociocognitive theory of genre)'을 개발했다. 두 사람의 이론은 본고의 트로스보그 논문에서 다루고 있는데, 혼종의 정치 텍스트로서 유럽연합 문서 번역 문제를 논의하기 위해 장르의 사회인지 이론이 활용된다.

6. 장르에 대한 다차원적 접근법

지금까지 장르는 사용역에 내재한 체계로 여겨져 왔다.[8] 사용역을 직업 영역의 좁은 의미에서 보면 계약서는 법률 사용역에 속하게 될 테고, 설교는 종교 사용역에 포함되겠지만 특정 장르는 여러 사용역을 넘나들기도 한다. 스웨일스(1981)는 화학 연구논문은 사회학 연구논문과 별반 다르지 않을 수 있다는 것을 보여 준다. 이런 연구 결과는 장르가 사용역에 종속된다는 가정에 의문을 던진다. 장르는 하나의 사용역이 여러 장르를 통해 구현될 수 있다는 의미에서만 사용역에 종속된다. 반대로 하나의 장르가 여러 사용역을 통해 구현될 수도 있다. 장르가 특정 사회에서 영역(field), 관계(tenor), 양식(mode)이라는 사용역 변수가 결합되는 방식을 제약하기 때문이다. 어떤 주제는 강연에 더 알맞고 또 어떤 주제는 동등한 사이의 허물없는 대화에 적절하다.

두 개념을 모두 헤아릴 필요가 있다. 사용역은 언어의 어휘 및 통사론 층위에 제약을 주지만 장르 제약은 담화 구조의 층위에서 작동한다. 게다가 장르는 텍스트의 시작과 구성, 끝을 명시하기 때문에 사용역과 달리 완성된 텍스트에서만 실현될 수 있다(Couture 1986: 82를 참조). 따라서 나는 장르를 사용역 또는 분야에 종속된 것으로 보지 않는다.[9] 대신 장르가 상호보완적인 사용역을 가진 것으로 보며, 텍스트를 통해서 의사소통이 성공하려면 장르 및 사용역 체계와 적절한 관계를 가져야 한다(Coture 1986: 86 참조). 이런 점에서 특정 사용역에 종속되는가의 여부와 상관없이 장르 자체에 대해 기술할 필요가 있다.

의사소통의 목적은 장르를 식별하는 기준으로 애매할 수 있다. 바티아의 경우 이 기준을 사용해 광고와 입사지원서를 동일한 장르로 분류한다. 물건이건 사람이건, 무언가의 가치를 홍보하기 위한 장르라는 것이다.[10] 목적이 장르의 주요 기준이 되기에 부적합한 장르가 있는데, 예를 들면 언어의 즐거움을 주고자 하는 시적 장르는 의사소통의 목적에 귀속될 수 없다. 매체가 결정적 기준이 되는 여러 텍스트유형도 마찬가지인데 예컨대 메모, 이메일, 팩스 등은 의사소통의 매체에 의해 특징지어지고 매체의 영향을 받는다.

우리에게 필요한 것은 분야의 좁은 기준에 따른 분류도 아니고, 의사소통의 목적에 집중하는 단일 기준 모형도 아니다. 그보다는 관련된 모든 차원을 헤아리는 다기준 모형이 필요하다.

언어를 텍스트(문장 이상)로 보거나 의사소통 상황에 내포된 사회적 행위로 보는 최근의 언어접근법에 의해 이러한 모형이 가능해졌다. 1960~70년대 영국의 마이클 할리데이(Michael Halliday)와 동료들이 개발한 접근 방식은 번역학에 새로운 관점을 제시했다. 그들은 언어에 대한 기능적 접근을 시작했는데, "언어가 우리 삶에서 일정한 역할을 한다, 언어가 어떤 보편적 형태의 요구에 복무하게 된다는 점을 토대로 언어 구조와 언어 현상을 설명(Halliday 1971: 331)"하고자 한다. 언어에 대한 이러한 사회 이론은 영역, 관계, 양식이라는 세 가지 분류와 함께 체계 기능적 모형으로 잘 알려져 있으며 전 세계적으로 언어학, 사회언어학, 의사소통 연구, 응용언어학 등의 분야에서 인정받고 있다. 이 모형을 번역에 적용한 것은 페르미어(Vermeer)와 노르트(Nord)의 위대한 업적이다(또한Hatim and Mason 1990, Baker 1992를 참조).

장르는 영역(field), 관계(tenor), 양식(mode)이라는 세 변인의 확장을 통해 여러 겹의 기준을 사용해 정의할 수 있다. 즉 언어의 내용을 다루는 관념적 요소인 영역, 송수신자 역할 관계와 관련한 의사소통 기능을 다루는 대인적 요소인 관계 그리고 마지막으로 매체를 포함하는 텍스트적 요소인 양식, 이 세 가지 변인의 발전을 통해 가능하다. 장르는 영역, 관계, 양식을 특정하고 텍스트의 관념적, 대인 관계적, 텍스트적 요소에 구현된 언어적 자질을 기술하는 것을 통해서만 온전히 설명될 수 있지만(좀 더 진전된 내용은 Eggins 1994 참조) 관심의 대상이 된 두드러진 자질을 통해서 인식될 수도 있다. 한 가지 변수의 변화가 어떻게 장르의 변화를 불러오는지에 대해 폭넓게 알고 싶다면 본서의 쿠스마울도 참조하기 바란다.

7. 사용역과 장르를 넘나드는 텍스트유형

담화 구조에 대한 최근의 관심은 수사학 분야의 가장 오랜 쟁점 중 하나로 관심을 돌려놓았다. 텍스트 분류의 두 가지 전통은 2400년 역사의 수사학을 관통하며, 아리스토텔레스의 '수사학'에 뿌리를 둔다.[11] 하나는 텍스트를 '목적'에 따라 분류하고, 다른 하나는 '유형'[또는 '양식', Kinneavy(1980), Faigley and Meyer(1983) 참조]에 따라 분류한다. 담화는 의사소통 기능의 관점에서 특징지어질 수 있다. 즉, 정보를 알리는 것, 태도를 표현하는 것, 설득하는 것, 논쟁을 유발하는 것 등 무엇을 의도하는가의 문제와 관련이 있다. 담화는 또 텍스트유형에 따라 묘사적, 서사적, 설명적, 논증적, 도구적인 것 등으로 분류될 수 있다. 초점은 수사적 전략이라고도 불리는 기능적 범주에 있으며, 이는 규범적인 것이 아니라 추상적 지식이며 텍스트 생성의 기본이다.[12)]

장르 구분이 영어의 기본적 텍스트 기능을 적절히 담아내지 못한다는 의미에서 장르 분석에 대한 비판이 시작되었다. 특정 장르 안의 텍스트는 언어적 특징에 따라 크게 달라질 수 있다. 이를테면 신문 기사는 그 형식에 있어서 매우 서사적이고 구어적일 수도, 또 매우 정보 제공적이고 정교할 수도 있다. 한편 서로 다른 장르들이 언어적으로 유사한 경우도 있다. 예를 들어 신문 기사와 대중 잡지의 기사는 형식 측면에서 거의 같을 수 있다.

장르 개념은 완성된 텍스트를 가리키지만 텍스트의 속성이 되는 의사소통 기능과 텍스트유형은 장르를 넘나든다. 그래서 정보 제공적 텍스트에 신문 보도, TV 뉴스, 교과서 등이 포함될 수 있고, 논증적 텍스트에 토론, 정치 연설, 신문 기사 등이 들어갈 수 있다. 장르와 텍스트유형은 확실히 구분되어야 하는데, 하나의 장르에서 언어적으로 뚜렷이 구별되는 텍스트가 서로 다른 텍스트유형일 수도 있고, 서로 다른 장르이지만 언어적으로 유사한 텍스트가 하나의 텍스트유형일 수도 있다 (Biber 1989: 6).

8. 의사소통 기능, 언어 행위(speech act) 그리고 텍스트 행위(text act)

담화의 목적을 결정하는 데에 있어서 과거 많은 이론들은 암시적이든 명시적이든 언어 과정이라는 요소를 고려했다. 흔히 말하는 언어적 과정의 네 요소는 화자, 청자, 말해진 것 그리고 언어적 재료이다.[13] 아리스토텔레스와 뷜러(Bühler)를 토대로 하면 텍스트는 의사소통 과정에서 어떤 구성 요소가 주요 초점을 받느냐에 따라 특정한 유형으로 분류된다. 만약 주요 초점이 발신자에게 있다면 그 담화는 표현적일 테고, 수신자에게 있다면 설득적일 것이며 언어적 코드에 있다면 문학적일 것이다. 그리고 만약 그 목표가 세계의 현실을 나타내는 것이라면 지시적인 담화가 될 것이다(Jakobson 1960, Kinneavy 1971 참조). 『언어학과 시학(Linguistics and Poetics)』(1960)에서 로만 야콥슨(Roman Jakobson)은 언어 생산물을 즐거움이라는 목적 그 자체로서 강조했고(시적 기능 참조), 여기에 다른 두 가지 용도를 덧붙였다. 하나는 메타언어(metalanguage)로 언어에 대해 이야기하기 위해 사용되는 언어를 말하며, 다른 하나는 교감적(phatic) 의사소통으로 도입부나 대화를 시작하기 위한 표현의 경우처럼 의사소통의 경로를 열어 두기 위해 사용된다. 야콥슨의 기본 모형은 델 하임즈(Dell Hymes 1974) 같은 몇몇 중요한 인류학자들에 의해 받아들여지기도 했다. 좀 더 최근의 설명을 원한다면 키니비(Kineavy 1980: 65)를 참고할 수 있다. 그는 아리스토텔레스, 아퀴나스(Aquinas), 카시러(Kassierer), 모리스(Morris), 밀러(Miller), 러셀(Russell), 라이헨바흐(Reichenbach), 리처드(Richards), 뷜러, 야콥슨 등의 성과를 인정하면서 그들의 범주를 자신의 범주와 비교한다. 의사소통의 기능을 토대로 번역자의 선택과 결정을 설명하는 데에 활용되는 유형학에 대해서는 라이스(Reiss 1976)를 참고할 수 있으며, 기능적 번역 유형론 확립에 있어서 의사소통의 기능을 중요하게 다룬 본고의 노르트 논문도 참고할 수 있다.

의사소통의 목적과 관련한 또 하나의 연구는 언어를 의사소통 행위로 이뤄진 행동으로 본 화행이론(speech act theory)이다(Austin 1962, Searle 1969, 1976 등 참조). 설(Searle, 1976)은 발화 행위를 진술(representatives), 지시(directives), 표현(expressives)[그리고 평가

(evaluatives)][14], 약속(commissives), 선언(declarations)의 다섯 가지로 크게 구분한다. 각각의 범주는 세부적인 여러 화행으로 나뉘는데, 예를 들어 화자가 애원하는지, 요청하는지, 명령하는지 또는 협박하고 있는지를 구분한다. 청자에게 미치는 영향이라는 측면에서 발화수반 목적(illocutionary point)은 다르지 않은데, 발화수반력(illocutionary force)은 상이하게 표현되기 때문이다. 트라우고트와 프랫(Traugott and Pratt 1980)의 연구를 토대로 하팀과 메이슨(1990)은 번역에 이 방법론을 적용했다.

발화수반력(또는 의사소통 효력)은 의사소통의 역동적 요소이며 그것을 개별적 발화 하나하나의 발화수반력으로 별개로 다뤄서는 안 된다. 연속되는 화행이 가지고 있는 상호간의 관계는 텍스트의 발화수반 구조라는 개념으로 연결된다. 전반적인 목적은 텍스트 차원에서 발화수반력의 등가성을 이루는 데 있을 것이다. 예컨대 광고는 지시적인(referential) 면이 두드러지며, 정보적(그리고 표현적)인 말로 이루어져 있기는 하나, 여전히 그 목적은 소비자로 하여금 물건을 사도록 설득하는 것이다. 전형적 패턴 형성의 차원에서 분류하기 어렵지만 광고는 모두 상품의 판매 촉진이라는 동일한 기능을 공유한다. 즉 텍스트 차원에서 광고는 지시(directive) 행위이다.

실제 텍스트는 유형 면에서 하나 이상의 자질을 보일 것이다. (이러한) 다기능성은 예외라기보다 규칙이며 유용한 텍스트유형론이라면 그러한 다양성을 담아내야 할 것이다(Hatim and Mason 1990: 138). 글쓴이가 드러낸 의도는 실제 의도가 아닐 수 있다. 많은 경우 이렇게 중첩이 될 때 목적 중 한쪽은 지배적이며 다른 한쪽은 수단이 된다. 광고에 들어간 정보는 설득력을 높이기 위해 있는 것이므로 설득이 우선적인 목표다. 일부 문학의 경우 설득은 이차적 목적이 되기도 한다. 의견을 표현할 때에는 평가적 판단뿐만 아니라 사실적 지식도 도움이 되다. 전체 연속되는 화행이 어떻게 텍스트 구조에 대한 기대를 토대로 평가되는지, 응집성 있는 마이크로 텍스트가 연속되면서 그것이 어떻게 텍스트의 전반적 결속성(coherence)에 기여하는지 등에 대한 연구는 텍스트 화용론의 궁극적 목표가 되었다(Ferrara 1985: 140).

번역을 하는 목표가 꼭 언어 행위에 언어 행위를 일치시키는 것은 아니다. 독자(의뢰인 또는 소비자 등)의 관심을 끊임없이 출발어 텍스트(source text) 생산자가 목표한 의사소통 의도와 맞춰 봐야 한다. 예를 들어 ST 생산자의 의도가 제품을 판매하는 것이라면, 광고로서의 텍스트 번역은 자잘한 언어의 비교가 아니라 얼마나 그 목적(즉 설득적 텍스트 행위)에 잘 부합하느냐 하는 측면에서 평가해야 한다. 한편 만약 광고 문안의 번역이 순전히 정보를 얻는 데 필요하다면 번역자의 생산물은 그에 맞춰 조정될 것이다.

연속된 언어 행위의 지배적인 발화수반력, 즉 '텍스트 행위'를 인식해야 한다(Hatim and Mason 1990: 78-82를 보라, Horner 1975 참조). 텍스트 행위를 인식하지 못하면 메시지의 의사소통 의도를 전달하는 데 걸림돌이 될 수 있고, 오해를 불러일으킬 여지가 많다(예를 들어 Hatim and Mason 1990: 78-79 참조). 따라서 텍스트 행위를 인식하는 것은 번역과 통역의 중요한 전제 조건이다.

9. 텍스트유형과 텍스트유형 초점

담화의 다양성은 사용역 분석에서 확립되었으며 장르 분석에서 자세한 설명이 이뤄졌다. 저마다 고유한 특성을 가진 특정 장르들이 사용역 안팎에서 논의되어 왔다. 신문 보도는 반드시 첫 문장에 주요 내용을 제시하고 뒤이은 문장과 문단에 상세한 내용을 작성해야 하며[뉴스 피라미드(the news pyramid) 참조], 법률 문서의 유효성은 정형화된 문구의 표현에 달려 있다. 업무용 편지는 간단명료해야 하지만 개인적 서신은 글을 쓴 사람 자신의 일을 담고 있다. 다른 한편으로 어떤 담화 유형들은 비슷하다. 동화, 장·단편 소설은 모두 다 이야기하기(storytelling)의 유형이고, 일인칭 소설과 비격식적인 일인칭 서술 사이에는 공통점이 많다. 일인칭 서술, 뉴스 보도 그리고 역사 기술은 사실성을 요구한다. 설교, 격려의 말, 일부 정치 연설 등이 공통점을 가지고 있듯이 소론(essay)과 과학 논문은 많이 유사하다. 음식 레시피와 설명서 역시 공통되는 부분이 있다(Longacre 1982 참조). 어떤 담화 유형은 다른 유형과 비슷한 점을 가지고 있다. 따라서 우리의 분류는 사용역과 장르로 분류하는 것과 텍스트유형으로 구성된 담화의 '양식(modes)'을 구별하는 것 모두를 포함할 필요가 있다.

의사소통 목적은 텍스트 전체의 목표를 나타내지만 반면에 수사적 목적은 텍스트유형으로 실현된 담화 양식을 구성하는 수사적 전략으로 이뤄진다. 텍스트유형은 '수사적 목적에 기여하는 의사소통의 의도라는 측면에서 텍스트를 분류할 수 있게 하는 개념적 체계'(Hatim and Mason 1990: 140)로 정의된다. 장르는 열린집합(open-ended set)을 형성하는 반면(Schubert and Spolsky 1986), 텍스트유형은 오직 한정된 수의 범주를 가진 닫힌집합(closed set)을 형성한다.[15] 아리스토텔레스를 기반으로 하여 키니비(1971, 1980)는 양식(mode)의 관점에서 텍스트유형 분류 이론을 제시하는데, 이는 현실이 어떻게 조명될 수 있는가 하는 철학적 개념에서 비롯된다. 그는 가장 큰 구별점을 정적인 것과 동적인 것, 특정한 시간에 무언가를 바라보는 것과 그것이 시간이 지나면서 어떻게 변하는지를 보는 것 사이에 두고, 서사(narration), 분류(classification), 묘사(description), 평가(evaluation)라는 네 가지 범주에 도달한다. 현실을 정적인 시각에서 보고 개별 존재에 초점을 두면, 우리는 '묘사하고(describe)', 집단에 초점을 맞추면 '분류한다(classify)'. 현실에 대한 동적인 시각에서 변화를 바라보면 우리는 '이야기하고(narrate)', 현실이 달라질 가능성을 보면 우리는 '평가한다(evaluate)'. 이처럼 이 텍스트유형들은 세계를 개념화하고 인식하고 표현하는 방식을 제공하는 인지적 범주이다.

베를리히(Werlich 1976)의 유형론은 묘사(description), 서사(narration), 설명(exposition), 논증(argumentation), 지침(instruction) 등 다섯 가지의 이상적인 '텍스트유형(text type)' 또는 '양식(mode)'을 포함한다. 이를 나중에 하팀과 메이슨(1990)이 번역에 적용하여 지침을 다시 두 개의 하위 범주, 즉 선택 사항이 있는 지침(instruction with option)(예: 광고, 설명서, 조리법 등)과 선택 사항이 없는 지침(instruction without option)(예: 법률 텍스트와 계약서)으로 나누었다. 이 유형론은 '공간' 지각의 차별화 상호 관계(묘사), '시간' 지각의 차별화와 상호 관계(서사), '분석'이나 '종합'에 의한 차별화를 통한 일반 개념의 이해(설명), '판단'(judging), 즉 유사점 추출, 대조, 변환을 통한 개념들 간의 관계에 대한 평가(논증), 미래 행동의 '계획'(지침) 등 텍스트유형의 인지적 속성을 토대로 한다. 차별화와 이들 범주에 대한 더 자세한 설명을 원한다면 하팀과 메이슨(1990: 153-160), 알브레히트(Albrecht 1995: 117)를 보기 바란다. 예를 들면 설명은 상황 설정자(scene-setter)에 의해 확립된 사실성을 근거로 하여 논증과 구별되지만 반면에 논증은 논조 설정자(tone setter)를 통해 평가적 담화로 확립된다. 형식 언어학적 기준에 기반한 분류에 대해서는 바이버(Biber 1989)를 참고할 수 있다.

텍스트유형은 종종 장르 범주화를 넘나든다. 장르와 텍스트유형의 관계는 간단치가 않다. 하지만 이러한 결론이 장르 분석을 무효화하지는 않는다. 장르와 텍스트유형의 범주화는 이론적 기반이 서로 다르며, 둘 다 뚜렷한 텍스트 구성체로서 유효하다. 장르는 성숙한 성인 화자가 인식하는 텍스트 구분과 일치하며 외적 형식과 사용 상황의 차이를 반영한다. 장르의 이론적 토대는 텍스트유형의 이론적 토대와는 무관하다. 장르는 체계적인 비언어적 기준을 토대로 정의되고 구분되며, 그런 점에서 유효하다. 텍스트유형은 인지적 범주(위에서 설명) 또는 철저히 언어적인 기준[공기하는(co-occurring) 언어적 자질 사용의 유사성, 바이버(1989)의 유형론을 참조]을 기반으로 정의된다. 이전의 많은 연구 결과와 대조적으로, 바이버의 유형은 언어적 측면에서 유효하며 영어 텍스트들 사이의 핵심적인 언어적 차이를 포착한다.

담화 양식에 관한 어떤 이론도 분류에 엄격하지 않다. 대부분의 담화는 현실에 대한 다중적 시각을 취하기 때문에 그 유형이 다중적이며(Kinneavy 1980: 37) 순전한 서사, 묘사, 설명 그리고 논증은 찾아볼 수 없다. 다양한 표현 양식을 활용할 수 있지만 장르는 그중 하나를 지배적 유형으로 삼는다. 기능이라는 개념을 모리스(1946: 75)는 '지배적' 양식이라고 부른다. 오늘날 '텍스트유형 초점(text type focus)' 또는 '맥락 초점(contextual focus)'은 거시적 수준의 텍스트유형, 즉 텍스트에 드러나거나 그 기저에 있는 텍스트유형의 지배적 기능을 말한다(Werlich 1976, Hatim and Mason 1990 참조).[16] 만약 텍스트가 다른 전체적 목적을 가진 더 큰 텍스트에 통합되면 그 통합으로 인해 합쳐진 텍스트의 수행 효과는 달라질 수 있다. 이것은 미시적 수준의 언어적 자질이 맥락 초점의 특성과 동형이 아니어도 되는 이유를 설명한다. 똑같은 원리가 언어 행위의 사용에 적용된다(위의 지배적 의사소통 기능 또는 '텍스트 행위'를 참조).

따라서 단일 수준의 유형보다 (의사소통 기능은 물론) 텍스트유형에 관한 이단계의 유형론이 필요하다. 거시적 차원에서 담화를 이해할 때 텍스트유형은 텍스트 전략적 선택보다 앞설 것이고, 따라서 텍스트의 전체 전략에 영향을 미칠 수 있다. 반면 미시적 수준에서 텍스트유형을 선택하는 것은 텍스트화 과정과 관련되며, 텍스트 생산자의 텍스트 전략에 의해 결정된다. 특정 텍스트(또는 장르)에 사용된 텍스트유형이 맥락 초점과 일치할 필요는 없다. 논증적 텍스트유형의 초점은 서사를 통해 실현될 수 있고 지침은 묘사의 형태를 띨 수 있다. 다양한 텍스트유형의 혼합물이라는 측면에서 볼 때 지배적 텍스트유형이 무엇인지는 식별이 가능하다. 하팀과 메이슨(1990: 146-148)은 '혼종화(hybridisation)' 유형을 설명하면서 번역자가 이런 측면을 인식할 필요가 있다고 강조한다.

매우 흥미로운 점은 의사소통의 목적과 수사적 목적(텍스트유형) 간의 상호작용이다. 설득을 하기 위해 이야기를 할 수도, 묘사를 할 수도, 논박을 할 수도 있는 것과 마찬가지다(Hatim and Mason 1990: 145). 의사소통의 목적 그리고 의도한 의사소통 목표를 이루기 위해 사용된 텍스트유형(들)을 결정하는 수사적 전략 간의 상호 관계는 보다 큰 관심을 기울일 만한 연구 대상이다.

10. 맺음말

2400년 수사학의 역사에서 줄기차게 목적과 양식에 따라 텍스트를 분류해 왔다는 사실은 이러한 분류가 담화의 어떤 근본적인 특성을 반영한다는 것을 나타낸다. 하지만 담화 체계는 결정적인 것이기 때문에 우리는 담화 상황과 장르로 되돌아간다. 한편에서 담화 상황과 장르 간 상호작용, 다른 한편에서 텍스트유형과 의사소통 기능 간의 상호작용은 언어와 문화 안팎에서 향후 연구의 아주 중요한 목표이다.

장르 지식 그리고 의사소통 기능 및 텍스트유형의 형태-기능 관계에 대한 지식은 의사소통, 수사학, 과학사회학 분야의 학자와 연구자들에게, 특수목적영어(ESP)와 특수목적언어(LSP)에서 가르치고 연구하는 언어학자에게, 그리고 그 분야에서 글을 쓰거나 번역하는 전문가들에게 중요하다. 오늘날 수사적 목적을 가늠하고, 정보 구조를 해석하고, 통사·어휘적 선택을 설명하는 것에 대한 관심이 늘어나고 있다. 게다가 그러한 연구의 결과물이 문체의 적절성과 관련해서만 나오는 것이 아니라 의사소통의 유효성과 타당성에 도움이 될 수 있을지에 대한 연구가 많아지는 추세이다. 갈수록 담화의 의사소통적 성격이 많이 다루어지고 있다.

자신의 영역에서 문서로 이루어지는 의사소통(written communication)의 장르를 이해하는 것은 전문가로 성공하는 데 매우 중요하다. 효과적으로 일을 해내기 위해 사용역과 장르의 지식에 기대야 하는 작가나 번역자의 관점에서 장르의 기능을 이해해야 한다. 그러나 개념적 지식의 습득은 도구 사용법을 익히는 것과 마찬가지로 "활동을 하면서 꾸준히 발전하게 되며", 이는 마치 "전문가의 도구 사용법을 배우기 위해 도제처럼 그 집단과 문화에 들어가는 것"(Brown, Collins, and Duguid 1989: 33, Berkenkotter and Huckin 1995: 12)과 같다. 학문별, 직업별 담화 장르를 배우려면 그 문화에 깊이 파고들어 오랜 수습 기간과 문화화 과정을 거쳐야 한다(Freedman 1993). 다른 문화를 받아들일 기회가 없는 상황에서 도구를 사용하도록 요구받게 될 때 번역의 문제가 발생할 수 있다. 이를 메우기 위해서는 텍스트유형론 및 관습에 대한 비교문화적 차이점과 유사점을 아는 것이 유용하다.

특정 장르는 고도로 구조화되고 관습화된 의사소통적 사건(communicative event)이다. 이런 특별한 구조와 관습이 번역자에게는 대단히 중요하다. 의도, 포지셔닝, 형태와 기능적 가치 등의 측면에서 도움을 받을 수 있는 가능성이 제한되면 특정 장르의 테두리 안에서 표준 관행을 따라야 하는 번역자는 제약을 받을 수밖에 없게 된다.

표면적 자질과 부분적 결정이 작업 결과에 크게 영향을 미치지만 참여자가 수용과 생산 양 측면에서 텍스트유형학의 기본 논리나 근거를 숙지하고 있으면 일이 수월해진다. 이러한 점은 방향을 이끌어 줄 언어적 특징이 확인되지 않는 경우에 더욱더 그러하다.

번역자는 어떤 맥락에서 보면 텍스트의 '공식적' 기능이 다뤄지는 방식에 특히 주의를 기울여야 할지 모른다. 앞서 말한 대로, 텍스트 행위의 상위 의사소통적 의도뿐만 아니라 단일 발화의 발화수반력을 파악하지 못하면 담화의 목적을 규명하는 데 큰 걸림돌이 되어 결국 잘못된 번역이 나올 수 있다. 비슷한 문제가 텍스트유형에도 일어난다. 번역을 지도하면서 하팀과 메이슨(1990: 149)은 열두 명의 교육생 중 대다수가 텍스트유형 초점을 잘못 해석해서 번역한 것을 발견했다. 텍스트 행위와 텍스트유형 초점을 파악하는 것은 번역에서 중요한 목표다.

담화공동체의 구성원에 의해 관습적으로 사용되는 장르를 활용할 때 텍스트 생산자는 공동체를 구성하며 동시에 그것을 재생산하는 것을 돕는다. 관습을 잘 아는 번역자도 똑같은 역할을 한다. 의사소통 기능과 텍스트유형은 보편적인 것이지만 실현 전략과 텍스트 구성에 반영된 문화적 규범보다는 부차적인 것이다. 장르, 의사소통 기능, 텍스트유형 그리고 문화에 대한 지식이 부족하면 왜곡된 번역으로 이어질 수 있다.

장르 관습을 포함한 텍스트유형학, 그리고 어떻게 의사소통 기능과 텍스트유형이 장르 내에서 혹은 그것을 넘나들면서 서로 다른 언어로 실현되는지에 관한 지식은 번역자 교육과 번역 그 자체에 유용하다.

미주

1) 텍스트와 담화의 정의에 관한 최근 조사는 Vitacolonna(1988)의 글에서도 볼 수 있다.

2) 예를 들어 롱에이커(Longacre 1982)는 "Discourse typology in relation to language typology"에 관한 논문이 있고, 바이버(Biber 1989)는 "A typology of English texts"에 관한 논문이 있다. 두 저자 모두 고전적 수사 방식 분류인 서사(narration), 묘사(description), 설명(exposition), 논증(argumentation) 에 관심이 있다.

3) 예를 들어 스웨일스(Swales 1990: 26)는 글쓴이가 예시를 들어 보이는지 아니면 일반화하는지에 따라 전치 수식하는 en-분사가 화학 텍스트를 어떻게 두 가지 다른 측면으로 텍스트화하는지를 보여 주었다.

4) 하팀과 메이슨(Hatim and Mason 1990: 48)의 경우 '상황 유형'에는 일반적 유형의 비슷한 상황(토큰)이 얼마든지 포함된다. 예를 들어 당신이 치과 의사의 접수 담당자와 다음번 예약을 잡는 것은 인식된 상황 유형의 특정한 토큰이다.

5) 언어학은 전반적으로 Martin(1985), Martin and Rothery(1986), Couture(1986) 등을 제외하고 장르를 소화하기 힘들다고 보는 경향이 있었다(Swales 1990:41).

6) 사실 특수목적 영어(the English for Specific Purposes) 분야에서 예컨대 의학 저널의 사설과 논문(Adams Smith 1984) 간의 차이 또는 법적 산문, 법률 교과서 그리고 법률 소송 보고서(Bhatia 1983) 간의 차이에 대한 인식이 더디게 발전한 이유는 주로 사용역 개념의 영향이었다(Swales 1990: 3 참조).

7) 장르를 하위 장르로 나누는 것은 범주의 특수성 정도에 달려 있다. 편지/업무용 편지/웨스트민스터 은행에 보내는 서신(letter/business letter/letter to The Bank of Westminster).

8) 장르와 그보다 이전에 확립된 개념인 사용역 사이의 관계는 늘 명확하지 않다(이러한 불확실성에 관한 논의를 위해서는 Ventola(1984) 참조).

9) 하팀과 메이슨(Hatim and Mason 1990: 75)은 장르를 분야에서 발전한 개념

으로 본다.

10) 바티아는 상품 판매 광고와 입사지원서를 같은 장르로 보는데, 두 종류 텍스트의 수신자가 서로 다르다는 점을 간과한다. 한쪽은 제품에 관심이 없을지도 모를 사람들 그리고 다른 한쪽은 이미 홍보 대상인 사람에 대한 필요와 관심을 명확히 한 특정 회사.

11) '수사학'은 전통적으로 (그리고 영문학과에서 한 세기가 넘는 동안) 언어 사용의 모든 영역을 나타낸다. 좀 더 구체적인 의미는 텍스트유형(서사, 묘사, 설명, 논증 등)으로 실현된 담화 양식을 나타내는 수사학의 사용, 즉 유형에 따른 텍스트 분류(Kinneavy 1980: 3-4를 참조)이다. 문제를 더 복잡하게 만들며, 일부 학자들은 의사소통 기능을 수사적 전략이라고도 말한다(Trimble 1985 참조).

12) 롱에이커(Longacre 1976, 1982), 스미스(Smith 1985), 바이버(Biber 1989) 등은 모두 텍스트유형을 '기본적으로 공유된 의사소통 기능'이라고 부른다. 여기서 우리는 의사소통 기능을 키니비(Kinneavy) 등이 제시한 유형학에 따른 발화 행위의 분류에 미뤄 두고, 텍스트유형을 담화의 양식으로 한정한다. 여러 언어학 저자들에게 '기능'은 각기 다른 것을 나타냈다. 즉 언급된 현실의 종류(Cassirer 1944: 171 이하, Urban 1939: 134 이하), 해당 담화의 사회적 격식의 수준(Kenyon 1952: 215 이하), 문법의 비형태론적 단어 분류(Fries 1952) 등이 그것이다. 분명, 이 중 어느 것도 이 글에서 의미하는 바는 아니다.

13) 사실 아리스토텔레스는 그가 말한 '대상과 관련한 언어'와 '청자에게 하는 언어'를 제안했다. 삼차원의 의사소통 모형은 소위 의사소통 삼각형(communication triangle)으로 이어지는데, 뷜러(Bühler 1933: 74)가 처음 제안했다.

14) 원래 오스틴(Austin)이 따로 구분했던 표출과 평가를 설은 한 가지로 뭉뚱그린 반면, 트라우고트와 프랫(Traugott and Pratt 1980)은 원래의 6가지 분류를 유지한다.

15) 체이프(Chafe 1982)도 참조하기 바란다. 그는 '참여-분리(involvement-detachment)', '통합-세분화(integration-fragmentation)'라는 변수를 기준으

로 텍스트의 네 가지 분류를 제안한다.

16) 비르타넨(Virtanen 1992)은 '담화 유형(discourse type)'이라는 이름으로 거시적 수준의 텍스트유형을 나타내고, 텍스트유형은 미시적 수준의 분석을 위해 남겨 두었다. 하지만 텍스트와 담화는 서로 대체 사용할 수 있도록 정의되어 왔기 때문에(담화 유형과 텍스트유형의 대체 사용 또한 비교하라), 미시적 수준에서 텍스트유형을, 거시적 수준에서 담화 유형을 대조적으로 사용하는 것은 혼동을 주는 듯하다. 이런 이유로 나는 거시적 수준의 텍스트유형을 나타내기 위해 담화 유형이라는 용어를 쓰는 대신 '텍스트유형 초점'이나 '맥락 초점'을 쓴다. 이 용어들은 베를리히(1976)가 쓰고 하팀과 메이슨(1990)이 차용한 용어로서 지배적 텍스트유형을 나타낸다.

참고문헌

Adams Smith, Diana E. 1984. "Medical discourse: Aspects of author's comment". *The ESP Journal* 3: 25-36.

Aristotle. 1960. Rhetoric. (L. Cooper, trans.) New York: Appleton-Century-Crofts.

Albrecht, Lone. 1995. *Textual Analysis.* Copenhagen: Samfundslitteratur.

Austin, John L. 1962. *How to Do Things with Words.* New York: Oxford University Press.

Baker, Mona 1992. *In Other Words: A coursebook on translation.* London and New York: Routledge.

Barber, C.L. 1962. "Some measurable characteristics of modern scientific prose". In *Contributions to English Syntax and Phonology,* 1-23. Stockholm: Almquist & Wiksell.

Bauman, R. and Sherzer, J. 1975. "The ethnography of speaking". In B. Siegel (ed), *Annual Review of Anthropology* 4: 95-120.

Berkenkotter, Carol and Huckin, Thomas N. 1995. *Genre Knowledge in Disciplinary Communication: Cognition/culture/power.* Hillsdale, New Jersey: Lawrence Erl baum Associates, Publishers.

Bhatia, Vijay K. 1983. "Simplification vs. easification: The case of legal texts". *Applied Linguistics* 4(1): 42-54.

Bhatia, Vijay K. 1987. "Textual-mapping in British legislative writing". *World Englishes* 6(1): 1-10.

Bhatia, Vijay K. 1989. Nativization of job application - a microethnographic study. Paper presented at the International Conference of English in South Asia. Islamabad, Pakistan, 4-8 Jan., 1989.

Bhatia, Vijay K. 1993. *Analysing Genre. Language use in professional settings.* London New York: Longman.

Biber, Douglas. 1989. A Typology of English Texts. *Linguistics* 27:3-43.

Brown, J.S., Collins, A., and Duguid, P. 1989. "Situated cognition and the culture of !earning". *Educational Researcher* 18: 32-42.

Bühler, Karl. 1933. "Die Axiomatik der Sprachwissenschaften". Berlin: *Kant-Studier.* 38: 19-90.

Cassirer, Ernst. 1944. *An Essay on Man.* New Haven: Yale University Press.

Chafe, W.L. 1982. "Integration and involvement in speaking, writing, and oral literature". In D. Tannen (ed), *Spoken and Written Language: Exploring orality and literacy.* Norwood, NJ: Ablex, 35-53.

Corder, S. Pit. 1973. *Introducing Applied Linguistics.* Harmondsworth: Penguin.

Couture, Barbara (ed). 1986. *Functional Approaches to Writing: Research perspectives.* Norwood, NJ: Ablex.

Crystal, David and Davy, Derek. 1969. *Investigating English Style.* London: Longman. Eggins, Suzanne. 1994. *An Introduction to Systemic Functional Linguistics.* London: Pinter.

Faigley, Lester and Meyer, Paul 1983. "Rhetorical theory and readers' classifications of text types". *Text* 3(4): 305-325.

Ferrara, A. 1985. "An extended theory of speech acts: appropriateness conditions for subordinate acts in sequences". *Journal of Pragmatics* 4: 233-252.

Firth, J.R. 1935. "The technique of semantics". *Transactions of Philological Society*, reprinted in Firth (1951), 7-33.

참고
문헌

Firth, J.R. 1951. *Papers in Linguistics: 1934-1951.* Oxford: Oxford University Press.

Fowler, Alastair 1982. *Kinds of Literature.* Oxford: Oxford University Press.

Freedman, A. 1993. "Show and tell? The role of explicit teaching in the learning of new genres". *Research in the Teaching of English* 27: 222-251.

Fries, Charles Carpenter. 1952. *The Structure of English.* New York: Harcourt, Brace & World, Inc.

Frow, John. 1980. "Discourse genres". *The Journal of Literary Semantics* 9: 73-79.

Gregory, M. and Carroll, S. 1978. *Language and Situation: Language varieties in their social contexts.* London: Routledge & Kegan Paul.

Grimes, J.E. 1975. *The Thread of Discourse.* The Hague/Paris: Mouton.

Gustafsson, M. 1975. Some syntactic properties of English law publication (Publication no. 4). Turku, Finland: University of Turku, Dept. of English.

Halliday, M.A.K. 1971. "Linguistic function and literary style: An inquiry into the language of William Golding's *The Inheritors*". In S. Chatman (ed), *Literary Style: A Symposium.* New York: Oxford University Press.

Halliday, M.A.K. and Hasan, R. 1976. *Cohesion in English.* London: Longman.

Halliday, M.A.K., McIntosh, A. and Strevens, P. 1964. T*he Linguistic Sciences and*

Language Teaching. London: Longman.

Hatim, Basil and Mason, Ian. 1990. *Discourse and the Translator.* London

New York: Longman.

Horner, W.B. 1975. Text act theory: A study of non-fiction texts. Unpublished PhD thesis, University of Michigan.

Hymes, Dell. 1974. *Foundations in Sociolinguistics: An ethnographic approach.* Philadelphia: University of Pennsylvania Press.

Jakobson, Roman. 1960. "Linguistics and poetics". In Thomas E. Sebeok (ed), *Style in Language.* M.I.T. Press: Cambridge, Massuchusetts, 350-378.

Kenyon, John S. 1952. "Cultural levels and functional varieties of English". In Harold B. Allen, *Reading in Applied Linguistics.* Appleton-Century-Crofts, Inc.

Kinneavy, James L. 1971. *A Theory of Discourse: The aims of discourse.* Englewood Cliffs, NJ: Prentice-Hall International.

Kinneavy, James L. (1980) *A Theory of Discourse.* New York: Norton.

Lackstrom. J. E., Selinker, L. and Trimble, L. 1973. "Technical rhetorical principles and grammatical choice". TESOL *Quarterly,* 7.

Longacre, Robert E. 1976. *An Anatomy of Speech Notions.* Lisse: P. de Ridder.

Longacre, Robert E. 1982. "Discourse typology in relation to language typology". In S. Allén (ed), *Text Processing. Text Analysis and Generation. Text Typology or Attribution.* Stockholm: Almqvist & Wiksell.

Maher, John. 1986. "English for medical purposes". *Language Teaching* 19: 112-45.

Malinowsky, B. 1923. "The problem of meaning in primitive languages". Supplement 1 to C.K. Ogden and I.A. Richards, *The Meaning of Meaning.* London: Kegan Paul.

참고
문헌

Malinowsky, B. 1935. *Coral Gardens and Their Magic,* vol. 2. London: Allen & Unwin.

Martin, James R. 1985. "Process and text: two aspects of human semiosis". In James D. Benson and Greaves, S. William (eds), *Systemic Perspectives on Discourse,* vol.1. Norwood, NJ: Ablex, 248-274.

Martin, James R. and Rothery, Joan. 1986. "What a functional approach to the writing task can show teachers about 'good writing'". In Barbara Couture (ed), *Functional Approaches to Writing: Research perspectives.* Norwood, NJ: Ablex. 241-265.

Miller, Carolyn R. 1984. "Genre as social action". *Quarterly Journal of Speech* 70: 151-167.

Morris, C.W. 1946. *Signs, Language, and Behaviour.* Englewood Cliffs, N.J.: Prentice-Hall, Inc.

Quirk, R., Greenbaum, S., Leech, G., Svartvik, J. 1985. *A Comprehensive Grammar of the English Language.* London/New York: Longman.

Reid, T.B.S. 1956. "Linguistics, structuralism and philology". *Archivum Linguisticum* 8.

Reiss, K. 1976. *Texttyp und Übersetzungsmethode.* Der Operative Text. Kronberg: Scriptor.

Saville-Troike, Muriel. 1982. *The Ethnography of Communication.* Oxford: Basil Blackwell.

Schauber, Ellen and Spolsky, Ellen. 1986. *The Bounds of Interpretation.* Stanford, Cal: Stanford University Press.

Schleppegrell, Mary J. 1996. "Conjunction in spoken English and ESL writing". *Applied Linguistics* 17(3): 271-285.

참고
문헌

Searle, John R. 1969. *Speech Acts.* Cambridge: Cambridge University Press.

Searle, John R. 1976. "A classification of illocutionary acts". *Language in Society* 5: 1-23.

Sinclair, John McH. and Coulthard, Malcolm. 1975. *Towards an Analysis of Discourse: The English used by teachers and pupils.* London: Oxford University Press.

Smith, Edward L. 1985. "Text type and discourse framework". Text 5(3): 229-247.

Swales, John M. 1981. Aspects of article introductions. Aston ESP Research Report No. 1, Language Studies Unit, University of Aston in Birmingham, Birmingham, UK.

Swales, John M. 1985. "A genre-based approach to language across the curriculum". Paper presented at the RELC Seminar in Language Across the Curriculum, at SEAMEO Regional Centre, Singapore, April 1985. In M.L. Tickoo (ed) (1986), *Language Across the Curriculum,* Singapore, SEAMEO Regional Language Centre.

Swales, John M. 1990. *Genre Analysis. English in academic and research settings.* Cambridge, UK: Cambridge University Press.

Todorov, Tzvetan. 1976. "The origin of genres". *New Literary History* 8: 159-170.

Tragott, E. C. and Pratt, M. L. 1980. *Linguistics for Students of Literature.* New York: Harcourt Brace Jovanovitch.

Trimble, Louis. 1985. *English for Science and Technology: A discourse approach.* Cambridge: Cambridge University Press.

참고
문헌

Trosborg, Anna. 1991. "An analysis of legal speech acts in English Contract Law". *Hermes* 6: 1-25.

Urban, Wilbur Marshall. 1939. *Language & Reality.* New York: The Macmillan Company.

Ventola, Eija. 1984. "Orientation to social semiotics in foreign language teaching". *Applied Linguistics* 5: 275-286.

Virtanen, Tuija. 1988. Discourse functions of adverbial placement in English: clauseinitial adverbials of time and place in narratives and procedural descriptions. Unpublished Licentiate thesis. Turku: University of Turku.

Virtanen, Tuija. 1990. "On the definitions of text and discourse". *Folia Linguistica* XXIV/3-4: 447-455.

Virtanen, Tuija. 1992. "Issues of text typology: Narrative - a 'basic' type of text?" *Text* 12(2): 293-310.

Virtanen, Tuija and Wårvik, B. 1987. Observations sur les types de textes. In J. Härmä and I. Mäkinen-Schwanck (eds), *Rencontre des professeurs de francais de l'enseignement supérieur: Communications.* Publications du Département des Langues Romanes 6, Université de Helsinki, 91-114.

Vitacolonna, L. 1988. "'Text'/' Discourse' definitions". I J.S. Petöfi (ed), *Text and Discourse Constitution: Empirical aspects, theoretical approaches.* Berlin/New York: de Gruyter, 421-439.

Werlich, E. 1976. *A Text Grammar of English.* Heidelberg: Quelle & Meyer.

Wierzbicka, Anna. 1985. "Different cultures, different languages, different speech acts". *Journal of Pragmatics* 9: 145-178.

Wierzbicka, Anna. 1991. *Cross-cultural Pragmatics. The semantics of human interaction.* Berlin/New York: Mouton de Gruyter.

텍스트 유형과 번역[1)]

J. C. 세이거(J.C. Sager)
맨체스터 대학교 University of Manchester

1. 들어가는 말

최근 '번역 생산물' 개념은 출발어와 도착어 간의 문화적 차이와 번역된 메시지의 목적에 대한 고찰을 포함하는 것으로 확장되었다. 텍스트 유형은 텍스트의 전체 목적을 결정하는 요소로 여겨져 왔기 때문에 최근의 번역 논의에는 목표로 삼아야 할 주요 등가 중 하나로 텍스트유형의 등가 또한 포함되었다. 하지만 이중언어 요약, 요점정리 그리고 요점번역 등과 같이 등가의 패러다임에 쉽게 들어맞지는 않지만 이미 전문가들에 의해 정립되어 이루어지고 있는 행위들도 있다. 번역 이론에서 현재의 모든 전문적 작업을 보여 주기 위해서는 이런 유형의 번역 과정 및 생산물을 받아들일 수 있도록 등가 개념을 수정해야 한다.

2. '등가'의 해석

지금까지 번역 이론은 대체로 등가 개념을 둘러싸고 진화했다. 이 개념이 중심에 놓이게 된 것은 번역에 대한 정적인 시각에서 생겨난다. 그러한 시각은 출발어 텍스트를 시작점으로 삼아 출발어 텍스트와 도착어 텍스트 사이의 '흥미로운' 차이점, 즉 단순히 해당 언어들의 언어 구조에서 비롯된 결과가 아닌 차이점이 무엇인지, 무엇을 매개로 나타나는지를 고찰한다.

역사적으로 출발어 텍스트와 번역물 사이의 '등가' 개념은 정확성, 충실성, 적합성 그리고 기타 허술하게 정의된 가치들을 기준으로 평가되었다. 최근 들어 이 개념에 대해 다양한 규정이 내려졌는데 이를 시간 순서대로 나열하면 다음과 같다. '가장 근접하고 자연스러운 등가', '형식적 등가 대 역동적 등가'(Nida 1964), '내용 층위의 번역 불변성 유지'(Kade 1968), '화용적 등가'(Wilss 1980), '번역충분성'(Reiss 1984), '용인성'(Toury 1980, Nord 1991), '충실함, 성실성, 충실성'(Nord, 1991) 그리고 마침내 '화용적 등가'(Baker 1992, Koller 1992)로 다시 돌아간다. 빌스(Wilss 1995)가 번역은 '모종의 등가'를 목표로 삼는다고 말할 때 그는 이 개념의 모호함을 알아차린다.

똑같이 모호한 표현이 현재 널리 쓰이는 '기능적 등가(functional equivalence)'라는 말인데 원문과 번역문의 목적을 고려한다는 것을 의미한다. 그래서 라이스와 페르메르(Reiss & Vermeer)(1984: 101)는 "die Translate variieren in Abhängigkeit von den vorgegebenen Skopoi"(번역 생산물은 명시된 '스코포스들(skopoi)'에 따라 달라진다)고 말한다.

여태껏 번역을 다뤘던 접근법은 원칙상 번역되는 텍스트는 언어 형식과 의미 내용으로 이뤄지고 번역 작업은 동일한 내용을 유지하면서 언어 형식을 바꾸어야 하는 것으로 상정하면 충분했다. 이제 이러한 정적인 시각이 도전을 받아 번역 논의들이 역동적 접근법을 취한다. 이는 번역을 의사소통 과정에서 발생할 수 있는 하나의 단계로 여긴다는 의미다. 이렇게 넓어진 범위에는 저자와 독자가 포함되며, 번역자는 그 둘을 잇는 매개의 역할을 한다. 이 역할에서 번역자는 번역에 대한 요구에 따라 생성된 상황의 기능 안에서 층위의 등가 또는 비등가 유형을 선택할 수 있다. 이러한 선택은 주로 번역을 요청하거나 의뢰한 사람의 요구 조건과 관련해 수행된다. 번역 의뢰인은 다른 문화의 어느 한 사람 또는 여러 사람에게 말을 건네고 싶은 저자일 수도 있고, 번역 소설을 팔고 싶은 출판인이거나 모르는 언어로 쓰인 과학 논문에서 새로운 것을 알아내야 하는 개인 독자일 수도 있다.

기계 번역의 출현으로 번역 사용자, 즉 번역을 맡기는 저자 또는 독자는 이제 인간 번역자를 건너뛰고서 다양한 품질 수준의 번역을 기계로부터 직접 얻을 수 있다. 번역자도 기계를 이용해 작업에 도움을 받거나 기계 번역의 생산물을 편집해 고객에게 제공할 수 있다. 이러한 제품 다양화의 결과로 사용자들은 한결 선택의 폭이 넓어졌으며 사용자는 이제 사상 처음으로 인간 번역자의 개입 없이 곧장 번역에 접근할 수 있게 되었다. 그러나 이렇듯 달라진 상황에서는 번역자 또한 일을 처리하는 방법에 대한 좀 더 구체적인 지침이 필요하다. 이제는 번역자에게 직무 명세서 비슷한 것이 필요하다는 인식이 생겨나고 있다. 거기에는 납품 날짜와 가격 같은 일상의 문제뿐만 아니라 번역물의 장래 독자의 성격, 그들이 번역된 텍스트에 거는 기대 그리고 그것을 활용하는 것에 대한 내용 등도 포함된다.

따라서 등가 개념을 지금까지보다 훨씬 더 상대적으로 바라보고 사용자 요구와 기술적 가능성 둘 다를 고려하면서 출발어 텍스트와 도착어 텍스트 간에 존재하는 관계를 연구하는 새로운 접근법을 개발하는 것이 유용하다.

3. 의사소통 이론을 기반으로 한 번역에 대한 접근법[2)]

출발어 텍스트와 도착어 텍스트의 관계를 재정의하기 위해, 번역 이론은 의사소통 이론에서 몇 가지 유용한 개념을 받아들일 필요가 있다.

메시지 - 문서 - 텍스트 (Messages - documents - texts)

정보 과학자들은 문서를 의사소통 기능이 있는 텍스트의 단위라고 말한다. 형식과 내용을 갖추고 있는 텍스트이며, 문서에 필수적인 저자의 의도를 포함하고 있다면 문서는 번역에서 지극히 중요한 개념이다. 메시지는 저자와 독자 사이에 화용적 의사소통 상황에 있는 문서이다. 단지 형식과 내용의 단위인 '텍스트'와 문서의 차이점은 문서는 기호화된 저자의 의도이며, 저자가 염두에 두지 않았던 누군가에게 전달될 때 요약하는 사람이나 실상 번역자와 같은 정보 중개자에 의해 새로운 의도가 주어질 수 있다는 점이다. 의도는 언어적으로 텍스트유형의 선택이나 텍스트의 수사적 구조, 단어의 선택 등을 통해 표현되고 상황, 즉 문서가 처음 만들어질 때의 특별한 제작 환경, 수용 양상에 대한 기대 등을 통해 표현된다. 예를 들어 시간이 흐르면서 원래의 존재 이유를 상실한 메시지의 경우 그것이 후일까지 어떻게 보존이 되었다고 하더라도 그 메시지의 의도는 후일의 독자에게 더 이상 유관하지 않다. 그 메시지는 단순한 텍스트일 뿐인 것이다. 하지만 이런 텍스트는 그것을 꺼낸 사람에 의해 새로운 의도가 주어질 수 있다. 그 사람은 옛 교구 기록을 살펴보는 조사원, 판례를 찾아보는 변호사 그리고 고문서를 밝혀내는 학자일 수 있다.

독자의 행위에 영향을 미치는 저자의 의도는 메시지의 생산에 동기를 부여하고 방향을 제시한다. 최적의 효과를 내는 메시지에서 저자의 의도는 독자의 기대와 일치한다. 하지만 이것은 오직 저자가 독자를 알고 그 역 또한 성립할 때에만 일어난다. 번역에서 이런 경우는 드물고 번역자가 저자를 대체하게 된다. 따라서 번역자는 주로 문서, 즉 원래의 화용적 의사소통 상황 바깥의 메시지를 다루며, 원래의 메시지를 완전히 이해하기 위해 그들은 그것을 재구성해야 한다.[3)]

번역자는 번역할 문서를 받으면 그것이 분명한 저자의 의도를 포함하고 저자가 마음속에 둔 독자층이 확연하게 특정되어있는 문서인지, 아니면 단순히 번역 의뢰인이 수신인, 발신인은 누구이며 어떻게 활용될 것인지를 명시해주는 텍스트인지를 파악해야 한다. 번역자에게 문서의 역사가 주어지지 않기 때문에 번역자는 종종 이런 비언어적으로 표현된 의도를 알지 못한다. 그러한 외적 근거 없이 번역자는 문서를 완전히 이해하기 위해 의도를 재구성하는 시도를 해야 한다.

문서와 마주하면 번역자는 원본 텍스트에 내재된 의도가 도착어 텍스트의 의도와 같은지 아니면 번역 의뢰인에게 받은 번역명세서에 새로운 의도가 명시되었는지를 파악해야 한다. 만약 의도가 똑같이 유지된다고 명시되면—예컨대 문학 번역의 경우 대체로 그렇다—, 번역자는 출발어 텍스트의 문화적 함의 및 전제를 번역문 독자가 이해할 수 있는지를 판단하기만 하면 된다.

만약 의도가 다른 것으로 명시되면 번역자는 제안된 의도의 변화에 출발어 텍스트가 적합한지 아닌지를 결정하고 그에 따라 의뢰인과 상호작용해야 한다.

텍스트를 접하게 될 때 번역자는 도착어 텍스트의 의도를 특정하기 위해서 의뢰인에게 의존하게 되며 독자가 어떠한 기대를 가지고 있는지에 대한 지식이 없이는 일을 수행할 수 없다.

3.1. 이차 독자와 일차 독자

정보과학에서 빌려온 또 하나의 유용한 개념은 일차 독자와 대비되는 이차 독자의 개념이고, 이 구분은 메시지와 텍스트 간의 차이와 연결되기 때문에 번역에서 특히 중요하다. 일차 독자는 저자가 메시지를 생산할 때 마음속에 둔 사람이다. 저자가 애초에 생각한 독자의 범위에 들지 않는 사람은 모두 이차 독자이다. 독자의 기대에 대해 저자가 상정한 바와 저자의 의도에 대해 독자가 짐작한 바가 맞아떨어질 때 의사소통은 최대의 효과를 낸다. 이차 독자는 본인이 읽고 있는 텍스트를 그들이 합당하다고 생각하는 대로 평가해야 한다. 왜냐하면 독자를 안내할 유의미한 저자의 의도는 없으며 그들이 접하는 언어적으로 드러난 의도의 신호들은 도움이 되기보다는 혼동을 줄 수 있기 때문이다. 일차 독자는 메시지를 받지만 이차 독자의 손에서 그러한 메시지는 단순한 텍스트로 전락한다.

이러한 정의에 따르면 번역의 독자는 대부분 이차 독자이다. 이들이 일차 독자가 되는 경우는 오직 저자가 번역자에게 자신을 대신해 말해줄 것을 지시할 때 또는 저자가 제 언어를 독자들이 이해한다고 잘못 추정해 번역자가 개입해야 하는 때에 한하며 때때로 편지에서 그런 경우가 생겨난다. 만약 한 독자가 또 다른 독자나 독자 집단에게 전달된 메시지의 번역을 요청하면 그 문서는 즉시 그를 정의상 이차 독자로 만드는 텍스트가 된다.

일상 업무에서 번역 사용자들은 심각하게 불리한 처지에 있다. 왜냐하면 그들은—문서의 내용도 원저자의 의도도 알 수 없고—문서가 자신의 필요와 관련되는지 항상 판단하지도 못하고 특정 번역자가 그들이 찾는 정보에 접근하는 데 적절한 도움을 줄 수 있을지 없을지 평가하지도 못하기 때문이다. 그러므로 번역에 착수해야 하는지 여부를 결정하기 위해 사용자는 우선 문서를 둘러싼 외적 근거, 예를 들면 학술지에서 논문의 위치, 저자의 이름, 다른 최신 정보와 관련한 게재 날짜 그리고 종종 번역된 형태로 찾아볼 수 있는 핵심어와 초록 등에 의존한다. 작업의 명세에 대해 독자는 번역이 이뤄지기 전에 정보 조언자의 역할을 할 수 있는 다국어 정보 전문 학자나 번역자를 통해 알 수 있을 뿐이다.

이 작업 단계에서 인간 번역은 기계 번역보다 절대 우위를 보인다. 기계는 단지 의도의 조정 없이 텍스트를 번역할 뿐이지만 번역자에게는 두 가지 선택권이 있다. 번역자는 원래의 의도를 가지고 텍스트를 번역함에 따라 독자를 이차 독자의 역할을 맡게 할 수 있고 또는 텍스트를 수정해 독자를 일차 독자에 적합하도록 만들 수 있다. 이 중 어느 하나의 목적을 위해 출발 문서의 의도를 변형하는 능력은 얼마간은 출발 문서의 의도를 해석하는 번역자의 기술에 또 얼마간은 독자의 요구에 대한 그들의 이해력에 달렸다. 독자의 특정한 요구를 신경 쓰지 않고 이뤄진 번역, 즉 독자가 명백히 이차 독자의 위치에 있는 번역에서 독자는 일차 독자에게 보내는 의도 신호와 씨름해야 할 것이다.

이차 독자를 위한 의사소통의 성공에 저자가 기여하는 바는 줄어들지만 독자의 기대를 해석하고 언어적으로 표현된 의도 신호를 변경해 그 기대에 부응하는 번역자의 기술은 점점 중요성이 커진다.

3.2. 정보 중개자로서 번역자

일차 및 이차 독자라는 개념을 번역자 자신의 기능으로 확장하면 번역자들은 손안의 문서와 자신이 생산하게 될 문서에 대한 이중의 책임에서 요구하는 대로 둘 중 어느 한쪽의 역할을 택함으로써 두 기능을 동시에 수행한다고 말할 수 있다. 내용과 의도를 이해하기 위해 문서를 읽을 때 그들은 일차 독자의 역할을 맡지만 실상 번역자들은 언제나 그리고 처음부터 이차 독자이다. 실제 번역 과정이 이뤄지는 동안 그들이 새로운 문서의 작가일 때 원본의 메시지가 도착어 독자에게 적합한지 또는 의도의 변경이 필요한지 평가한다. 예를 들어 일부의 번역가들은 전체 텍스트를 번역하는 대신 특정 고객을 위해 과학 논문의 요약문, 토론의 요약문, 비즈니스 서신의 요약 번역 또는 출발어 문서에서 뽑아낸 최신 관심 정보 등을 정기적으로 생산하기도 한다. 이러한 사례는 요약 작업을 통한 내용의 수정 또한 번역 이론에서 설명할 수 있어야 한다는 것을 보여준다.

다른 언어로 쓰인 문서를 정기적으로 다루면서 대부분의 전문 독자(professional reader)는 의례 직무명세서를 통해 자신들이 번역자에게 기대하는 바를 전달하게 된다. 정보 중재자로서 독자와 번역자 사이의 상호작용을 통해 적절한 정보 전달이 가능해진다.

3.3. 텍스트유형

정보 중개자의 임무를 수행하기 위해 번역자는 의도를 알아내는 분명한 수단이 필요하며 그에 못지않게 그 의도를 표현하는 수단 또한 필요하다.

의도를 표현하는 가장 뚜렷한 수단은 관습적 텍스트유형을 선택하는 것이다. 텍스트유형은 특정한 의사소통 상황에 대한 메시지의 패턴으로 진화해 왔다. 메시지를 작성할 때 우리는 경우와 내용에 어울리는 텍스트유형을 먼저 생각하고 그에 따라 텍스트를 만들어 낸다. 특정한 상황에서 메시지가 규칙적으로 반복되면서 식별 가능한 구조적, 수사적 특징에 대한 기대를 형성했으며 그러한 기대는 우리가 메시지를 읽는 방식에 영향을 미친다. 메시지를 받으면 우리는 먼저 텍스트유형을 확인하는데, 그렇게 함으로써 적절한 수신 방식에 우리를 맞출 수 있기 때문이다. 예를 들어 매뉴얼과 문법책은 지시적 의도가 있고 반복해서 읽고 참고하기 위한 것임을 우리는 안다. 신청서는 미리 구조화되어 쓰는 사람은 빈칸을 채우기만 하면 되고 읽는 사람은 선별해서 읽기만 하면 된다. 손으로 쓴 서신에서처럼 글쓴이가 문서를 바로 잘 알려진 독자에게 보내면, 글쓴이의 원래 의도는 독자의 기대와 일치한다. 문서가 복수의 저자 그리고 엄청난 교정과 수정의 결과로 생산되는 경우가 잦은 산업 환경에서 텍스트유형들은 다양한 의사소통의 상황에서 대체적으로 사용되면서, 또 다양한 목적에 적합하도록 변경되면서 서로 관련을 맺는다. 선적 서류는 복합적인 문서가 맞춰야 하는 다양한 목적의 좋은 예이다. 비전문가는 텍스트유형이라고 하면 늘 내용과 연관시켜 예컨대 진료 보고서, 경찰 보고서, 서평(책에 대한 보고서), 요리법(지침) 등을 떠올리지만 많은 경우 동일한 내용이더라도 다양한 텍스트유형을 가질 수 있다. 다양한 주제에 대해 쓴 매우 다양한 종류의 보고서들이 동일한 텍스트 구조를 가지고 있는 경우도 많다.[4] 지식 내용은 또한 비언어적 수단으로도 표현될 수 있으며, 많은 메시지가 텍스트와 그래픽, 표, 차트, 삽화의 조합으로 이뤄진다.

요약하자면 텍스트의 범주는 관습화된 의사소통의 상황에서 생겨난다고 말할 수 있다. 그 범주들은 저자와 독자 사이의 공통된 사회 및 지식 관계에서 비롯하기 때문에 정보를 명확하게 전달하는 데 대단히 효과적이다. 게다가 그것들은 보고서의 수많은 하위 범주에서처럼 주제와 표현 양식으로 그 특징이 규정되며, 많은 경우 어느 정도 엄격한 지침에 따라 쓰인다.

번역은 다양한 국가기관이 요구하는 대로 달라지는 구성 방식 때문에 텍스트유형을 한 차원 더 복잡하게 만든다. 번역학은 텍스트유형 분석에 대한 필요성을 인정했다. 노이베르트(Neubert 1985: 125)는 텍스트유형에 대한 흥미로운 정의를 제시한다. 그에 따르면 텍스트유형은 '사회적으로 효과적이고 효율적이며 적절한 주형이며 그 주형 안에서 언어 체계에서 이용할 수 있는 언어 재료가 재구성된다'. 빌스(Wilss 1997: 135-9)는 번역 이론에서 점점 커지고 있는 텍스트유형의 역할에 대해 살펴봤지만 여전히 텍스트유형은 주로 번역 방법이나 번역 가능성의 정도를 결정하기 위해 연구되어 왔다는 점을 지적했다.

3.4. 독자의 기대와 텍스트유형

메시지가 독자에게 미칠 수 있는 영향 중 가장 첫번째가 바로 텍스트유형이기 때문에 특정 텍스트유형의 인식은 메시지에 대한 독자의 반응을 좌우한다. 텍스트유형을 알아채는 가장 일반적인 방법은 상황과 텍스트의 구성적 특징을 통해서이다. 독자는 일정표, 보고서, 에세이 등과 같은 넓은 범주 혹은 열차 시간표, 일기예보, 신문 스케치와 같은 좀 더 구체적인 범주를 텍스트 구조와 상황 둘 다를 통해 인식한다. 텍스트유형은 개인이나 집단으로서 누가 그들에게 말하고 어떻게 말하는지 독자에게 알려 준다. 메시지를 일정표라 인식하면 독자는 그 의도가 순전히 정보 제공적이며 일반적으로 그런 폭넓은 텍스트유형의 표현 관습에 어느 정도 미리 익숙해야 한다는 것을 안다. 일반 독자는 서두에 설명된 많은 기호를 미리 살펴보지 않으면 항공 운항 시간표를 참고하기 어렵다. 한편 보고서는 결론과 결과 부분을 선택적으로 읽고 번역할 수 있는데, 왜냐하면 보고서의 주요 부분이 독립된 구성단위로 쓰일 수 있다는 관습을 가지기 때문이다. 메모를 읽는 사람은 그 하위유형에 따라 의도가 지시적이거나 교육적이거나 단순히 정보 제공적이라는 점을 안다. 소론(essay)을 읽을 때 독자는 그 의도가 이론을 전개함으로써 독자를 설득하고 독자에게 영향을 미치는 데 있다는 것을 안다. 독자는 그들이 받은 문서에 대해 두 가지 다른 입장에서 반응할 수 있다. 독자가 문서를 개인적 메시지로 간주하면 그들은 글쓴이 그리고 발신자와 얽힌 자신의 개인적 배경과 연관 지어 문서를 받아들이게 된다. 특정 발신자가 특별한 의도를 부여했고, 수신자는 의사소통을 이루기 위해 텍스트와 일정한 기대를 결부했기 때문이다. 반면 특정 메시지가 독자에게 직접 전달되지 않으면 그것은 독자에게 단순한 텍스트에 지나지 않는다. 텍스트가 저자와 독자로부터 분리되면 그것은 원래의 화용적 정황 바깥에 놓여서 다른 저자나 아무 독자, 발신자나 수신자 또는 번역자가 다른 의도로 재사용할 수 있는 그저 글쓰기의 한 항목일 뿐이며 그들에게 그것은 문서 초안에 불과하다. 기원과 원래 의도에 대한 정보가 거의 없고 우리가 원래의 의도를 짐작 정도만 할 수 있는 역사적 문서들이 많이 존재한다. 그런 문서들에 대한 관심은 원래 의도와는 다른 기대에 의해서 촉발되고 이로 인해 역사적 기록에 대한 잘못된 해석이 빚어지기도 한다. 그러한 문서는 원래의 메시지 기능을 잃어버리고 우리는 그것을 정적인 대상, 즉 텍스트로서 연구할 수 있을 뿐이다.

번역가가 항상 상황을 재구성할 수는 없기 때문에 의사소통이 효과적으로 이뤄진 번역은 독자가 자신의 기대를 조정하도록 확실히 텍스트유형을 쉽게 식별하게 할 것이다.

이번 절의 예비적 결론은 이렇게 내릴 수밖에 없다. 번역 독자에게 일차 독자와 다름없는 이점을 주기 위해서는 번역 과정의 역동적 시각에서 언어적 코드의 변경뿐만 아니라 내용의 수정(추가 또는 생략)과 목적 변경(저자의 의도와 독자의 기대)에 대한 가능성까지 받아들일 필요가 있다.

4. 새로운 유형의 번역과 번역 관련 연구

이러한 견해에 따라 우리는 번역 이론을 구성하는 토대의 범위를 확장하지 않을 수 없다. 번역을 위한 원본 자료가 내용, 언어 형식 그리고 목적(저자의 의도와 독자의 기대)으로 이뤄진다고 보면 우리는 이제 필수적인 언어 형식의 변화 말고도 다른 두 요소 또한 번역에서 수정될 수 있다고 받아들인다.

내용과 의도의 변화 가능성을 전문 번역의 전 분야에 적용하면 여태껏 이론적 문헌에서 충분히 인식하지 않았던 새로운 번역 전략 몇 가지를 선택할 필요가 있어 보인다.

전통적인 번역 개념은 내용과 의도 둘 다를 보존하는 번역전략을 통해 이해할 수 있다. 편지를 편지로 번역하고 기술 매뉴얼을 또 다른 기술 매뉴얼로 번역하는 경우가 이에 해당한다. 이중언어 체제인 나라들의 이중언어 문서는 물론 과학기술 분야의 학술 논문과 기타 의사소통 같은 경우에는 이 전략으로 충분하다.

내용과 의도가 번역에서 그대로 전달됐는지는 번역문이 번역문 독자에게 미친 영향과 원문이 원문 독자에게 미친 영향을 비교해봄으로써 알 수 있다. 이런 경우 두 언어공동체는 유사한 문화를 공유하고 있을 것이다. 이런 유형의 번역에서 텍스트가 번역된다는 사실은 인식되지 않을 수도 있지만 인식될 필요도 없다. 왜냐하면 그 사실은 중요하지 않기 때문이다.

4.1. 내용을 변경하는 번역 전략

우리가 주석 번역, 언어간 요약(translingual abstract) 그리고 요점 번역과 같은 번역 생산물을 받아들인다면 출발어 텍스트의 내용 층위는 더는 불변의 것이 아니다. 새 독자의 요구 조건을 아는 순간 번역자는 출발 문서의 어느 부분이 관련되고, 어느 부분이 손쉽게 요약되거나 축소되거나 생략되는지 전체적으로 판단할 수 있다. 출발어 텍스트 내용의 보전이 번역 품질의 유일한 기준이 더는 아니라는 점을 인정하고 동시에 번역자에게 중재자의 역동적 역할을 부여하면, 번역자가 작업을 이차 독자의 요구에 좀 더 가깝게 맞추고 적절한 경우 확실히 최종 사용자를 일차 독자의 수준으로 끌어올리리라고 기대할 수 있다.

번역에서 일어나는 텍스트의 누락을 일반 원칙으로 격상시키는 것은 위험하다. 번역자의 부주의나 건망증 또는 어려운 단락에 대한 회피 때문에 자주 일어나는 누락을 옹호한다는 인상을 주고 싶지도 않다. 그러나 특정 상황이나 특정 용도로 출발어 텍스트의 일부를 빼는 것이 독자를 위해서 문서의 질을 나아지게 하는 측면이 있다는 점은 인정해야 한다.

따라서 내용의 보전을 목적으로 하되 내용의 축소나 추가에 대한 필요성을 받아들이며 때로는 내용의 수정도 얼마간 포함하는 번역 전략을 새로운 유형으로 인식하자는 제안을 하게 된다. 이런 전략을 토대로 만들어진 번역의 전형적 형태가 주해, 주석이 달린 번역, 다양한 형태로 내용을 축소하거나 집약한 번역이다. 이론적으로 이런 작업은 축소나 확장 후에 번역이 뒤따르는 두 단계로 이뤄진다. 출발어 텍스트를 먼저 축소할 수 없다면 번역자는 그것과 번역을 동시에 진행한다. 축소를 결정하는 데에는 번역 과정에서 전형적으로 나타나는 문장 재구성이 개입하기 때문이다. 내용 수정의 새로운 특정 형태는 '요점 번역(gist translation)'으로 예컨대 번역자가 내용을 요약하기만 한 편지의 경우다. 요점은 메시지의 핵심을 즉석 발췌하는 형태로 구두로 전달될 수도 있다.

텍스트 자체에 주석이나 추가설명을 넣는 확장된 번역은 새로운 독자가 텍스트를 충분하게 이해할 수 있도록 사전 지식을 보완하는 목적을 가지고 있다면 텍스트의 의도 자체를 달라지게 하지 않는다. 엄밀히 말해, 출발어의 문화특수적 항목에 대한 설명이 들어 있는 수많은 문학 번역 역시 확장된 번역의 범주에 들어가지만 이러한 개입의 필요성은 너무나 널리 인식되어 내용을 수정한 것으로 여겨지지 않는다.

내용의 많은 변화는 의도의 변화를 수반하기 때문에 아래에서 내용 수정에 대해 좀 더 자세히 예를 들어 설명해 보겠다.

4.2. 의도를 변경하는 번역 전략

번역을 위해 받은 문서의 의도가 자명하지 않으면 번역자는 새로운 화용적 의사소통 상황을 밝히고 규정해 적절한 텍스트유형이 선택될 수 있도록 한다. 번역자가 사용할 수 있는 텍스트유형 가운데 다음 두 가지를 우리는 구분해야 한다. 하나는 도착어에서 알려진 유형으로 번역을 거쳐 언어 안으로 들어왔지만 지금은 진정한 형태로 완전히 수용된 유형이 여기에 포함되며, 다른 하나는 새로운 번역 행위를 통해 도착 문화에 소개되어 계속 그 지위를 유지하는 텍스트유형이다.

의도가 변화하고 따라서 텍스트유형이 변화하는 가장 큰 원인은 출발어 텍스트의 의사소통 상황과 도착어 텍스트의 상황 사이의 거리에 있다. 예를 들어 과학 논문에서 뽑은 구절의 구두 또는 즉석 번역은 야외 집회의 청중을 대상으로 쓰인 정치 연설의 원고를 문어로 번역하는 것만큼이나 의도를 바꾸어 놓는다. 텍스트의 의도가 바뀌면 같은 내용이 두 가지 다른 텍스트유형으로 표현될 수도 있다. 예를 들면 출발어로 된 설명서에 도착어의 특정 독자를 위해 장황한 도입부가 따라와야 할지 모른다. 똑같은 내용이 정보를 주는 전단지에 표현될 수도 있고, 규칙이나 규정 또는 지침으로 표현될 수도 있다.

흔히 '참조용(for information only)' 번역—즉 회사 내부용이나 고객 개인 용도로 작업 문서를 제공하는 것으로 산업계와 과학계에서 널리 받아들여진다—으로 이해되는 것은 이 범주에 들지만 서로 다른 텍스트유형과 그것의 번역에 적용되는 이 느슨한 정의에 대해 다양한 해석이 존재한다. 의도의 변화가 일어나는 대표적인 경우가 시의 산문 번역인데 이 경우 어떤 한 부분을 보존하기 위해 텍스트의 미학적 기능 중 일부를 파괴한다.

그러므로 번역자는 도착어 메시지에 출발 문서와 같은 의도를 부여해야 할지 다른 의도를 부여해야 할지를 알아야 한다. 만약 의도가 바뀌면 출발어 텍스트유형에서 파생될 수 있는 도착어 텍스트유형에 일정한 제한이 생긴다. 예를 들어 출발어 텍스트가 상황에 크게 얽매인 경우일 때 그 의도는 번역을 통해 생성된 새로운 의사소통 상황으로 옮겨지기 어려울지 모른다. 이것은 텍스트를 '번역 불가능한(untranslatable)' 것으로 선언하게 되는 이유가 될 수 있다.

우리가 인식해야 하는 두 번째 새로운 번역 전략은 의도의 변화와 관련된 번역 전략이다. 번역된 텍스트가 지시보다는 정보제공을 의도할 수 있다. 그러한 변화에는 대체로 텍스트유형의 변화가 필요하고 그와 함께 내용과 그 내용이 제시되는 구조에도 많은 변화가 요구된다. 예를 들면 학회 발표 논문이 보고서로 전환될 수 있고, 보고서는 요약본이 될 수 있으며, 회의록은 보고서에 합쳐질 수 있다.

단일언어 텍스트에서는 일어날 것 같지 않은 유형의 행위에 이르기까지 우리는 그 자체의 관습과 품질 기대치에 의해 지배되는 새로운 번역 특정적 텍스트유형도 다룬다.

의도의 변화를 수반하는 번역은 두 단계로 진행된다. 출발어 텍스트와 같을 수도 혹은 다를 수도 있는 적절한 텍스트유형을 선택하는 작업을 먼저 하고 나서 번역을 진행하게 되는 것이다. 적합하지 않은 텍스트유형을 선택하는 경우 그 내용 또한 재구성해야 하기 때문이다.

4.3. 내용과 의도를 변경하는 번역 전략

논리적으로 세 번째 새로운 번역 전략은 의도와 내용 둘 다의 변화와 관련된다. 이를 확연히 보여 주는 예는 출발어 문서의 도착어 요약, 번안 그리고 주석이다. 이런 복합적 행위가 일상화된 경우가 언어간 요약으로 지시적 요약, 평가적 요약, 편향적 요약 등과 같은 하위 범주를 통해 그 의도를 알 수 있다. 내용을 선택하기 위해서 번역자는 전문적 주제 지식을 가지고 있어야 한다. 그러한 많은 형태들은 텍스트의 상대적이거나 절대적 길이의 축소와 내용 처리를 위한 기타 규칙을 규정해 놓는 정도까지 관습화된다. 결국 텍스트 내용의 변화는 그 의도의 변화로 이어질 수 있다. 예컨대 단순한 정보 제공 텍스트가 특정 독자 집단에게는 긴급한 내용이 될 수 있으며 그리하여 지침의 형태로 표현해야 할 수도 있다.

이 범주에는 다국어 모임에서 행해지는 언어간 보고서, 회의록, 구술 내용의 기록 등이 들어간다. 구어로 된 출발어 메시지를 문어의 형태로 변환할 때는 가능한 원본에 가깝게 표현하되 구어 담화를 문어 문장구조로 변환할 때 지켜지는 관습 안에서 이뤄지도록 해야 한다.

의도와 내용 둘 모두에서 변화가 일어나는 상황은 다음과 같은 경우다.

(1) 출발어 문서가 특정 환경에 깊이 배어들어서 그 문화 특유의 것일 때 새로운 독자층에게 수용되기 위해서는 변화를 거쳐야 한다. 먼저 출발어 문서에 새로운 의도를 부여해 관련성을 갖도록 해야 한다. 여기서 텍스트유형의 변화가 수반될 수 있다. 예를 들면 오직 출발어 문화에만 적용되는 법안에 순전히 정보제공의 의도를 부여해 다른 문화의 관심거리가 될 수 있다. 둘째, 도착어 독자의 기대를 충족하도록 번역 과정에서 문서에 주석을 달고, 편집하고, 고쳐 써야 한다. 이는 두 가지 방식으로 행할 수 있으며, 전통적인 저자-독자 지향 문제와 비슷하다. 독자를 출발 문서의 원래 목적을 이해하는 쪽으로 데리고 가거나 새로운 문서를 전적으로 독자의 현재 요건과 연관되도록 하는 것이다.

(2) 출발 문서가 누군가에게 더는 메시지가 되지 못할 때 그 텍스트를 다른 문화의 누군가가 어떤 목적으로든 사용하도록 할 수 있다. 예를 들면 역사적 기록은 지금 그것이 우리의 현 상황에 대해 알려 줄 수 있는 것을 위해 연구된다. 고트어 성경과 같은 고대의 텍스트 조각들은 지금 그 언어의 문법책을 쓰는 데 사용되며 더는 종교적 텍스트로 사용되지 않는다.

4.4. 컴퓨터가 번역에 개입해 생겨난 새로운 텍스트유형

기계 번역의 출현으로 텍스트유형에도 영향을 미치는 새로운 번역 상황이 만들어지는데, 인간 번역자가 생산한 언어와 컴퓨터가 생산한 언어가 꼭 같다고 볼 수는 없기 때문이다. 우리는 이제 전적으로 컴퓨터에 의해 만들어진, '기계 번역'이라고 부르는 것과 구별하기 위해 번역 전 과정을 인간이 처리해 나온 결과물을 '인간 번역'이라고 불러야 한다. 인간 번역자가 사용하는 언어는 '자연 언어(natural language)'이다. 컴퓨터가 만들어 낸 언어는 '인공 언어(artificial language)'의 한 형태다. 영국표준협회 문서화 용어 해설집(BS5408)의 정의에 따르면 인공어는 '사용하기 전에 명시적으로 규칙을 세운 언어'이다. 이 규칙들은 단지 문장 층위에서만 만들어지기 때문에 텍스트유형이라는 보다 큰 구조의 층위에서 구별하기에는 비효율적임이 틀림없다. 따라서 인간 번역과 기계 번역의 근본적 차이는 품질에 상관없이 그것들이 쓰인 언어의 본질이라고 인식할 수 있다.

기계 번역의 또 다른 주요 특징은 그런 모든 생산물을 종류가 다른 텍스트유형으로 만들어 버리는 것으로, 기계는 문서에 나타난 의도의 변화를 알아채지도 표현하지도 못한다는 사실이다. 오직 인간 번역자만이 문서의 의도를 다룰 줄 안다. 따라서 컴퓨터는 의도가 빠진 '텍스트'를 생산한다고 말할 수 있으며, 컴퓨터가 만들어 낸 번역의 독자는 그런 텍스트를 제 기대에 따라 해석해야 한다.

기계 번역과의 비교를 통해 컴퓨터 프로그램으로 대체하지 못하는, 번역자가 수행하는 모든 범위의 복합적 작업이 드러난다. 단순히 말해, 인간 번역자는 문서를 '이해하지만(understand)' 컴퓨터는 그저 언어 정보를 처리한다고 할 수 있다. 특히 인간 번역자는 문서에 들어 있지 않은 암시적 정보를 다뤄야 하지만 컴퓨터는 언어 자료의 입력에서 '명시적으로' 드러난 것만 다룰 줄 안다. 인간 번역자는 사전이나 문법책에 나오지 않은 지식도 갖추고 있는 반면, 컴퓨터는 프로그램으로 작동하도록 충분히 코드화되어 있는 사전, 문법책 상의 정보만을 참고할 수 있다.

달리 말해, 자연어에서 어떤 기계 번역 체계의 산물인 인공어로 전환하는 일 역시 기능적이고 화용적인 범위에서 제약을 가진다. 특정 텍스트유형에 최적으로 효율적일 수 있도록 기계 번역 체계의 미세 조정이 가능할지 모르지만 아직은 제한된 범위의 일이다. 왜냐하면 텍스트 유형의 특징에 대한 우리의 지식이 컴퓨터 프로그램의 형태로 충분히 체계화할 만큼 진보하지 않았기 때문이다.

따라서 컴퓨터가 생산한 번역은 또 하나의 번역 특정적 텍스트유형이다. 이는 시스템 설계자가 자연어의 한정된 모형을 기반으로 하여 개발한 인공어 코드로 작성된다. 기계 번역 생산물에도 그 하위 유형들이 있지만 이것들은 하나의 기계 번역 체계를 다른 것과 구분하는 인공어 코드들의 차이에서 온 결과이다.

대체로 이러한 이론적인 논의에서 우리는 다종다양한 기계 보조 번역을 고려하지 않는데, 이 모든 경우에 인간 번역자가 통제권을 가지며 결국에는 편집을 거쳐 기계 출력을 다시 자연어로 전환할 수 있기 때문이다.

5. 번역유형론

여기에서 논의된 모든 범주의 번역 생산물을 설명하기 위해 우리는 번역 개념을 좀 더 폭넓게 정의할 필요가 있다. 여기서 좀 더 포괄적인 정의를 제시해 보고자 한다.

번역은 도착어로 파생된 문서를 생산하는 것으로, 그 문서의 내용은 출발어로 된 또 다른 텍스트나 메시지에 의존하며 파생된 도착어 문서에 들어 있는 핵심 지식(core knowledge)은 본질적으로 출발어 문서에 들어 있는 지식을 뛰어넘을 수 없다는 제약을 갖는다. 어떤 문서도, 심지어 파생된 문서 자체도 번역물의 개요, 번역된 개요 등과 같은 또 다른 파생 문서의 원본이 될 수 있다.

확실히 이러한 정의는 '핵심 지식'을 무엇으로 볼지에 대해 여전히 논의의 여지를 남기지만 번역을 아래 몇 가지 측면으로 다시 나누는 상위 개념으로 다루는 것이 바람직함을 보여 준다.

(1) 생산 방식(인간-기계. 자연어로부터 인공어 출력으로 전환이 수반됨)
(2) 내용의 변화(전체-축소나 추가에 의한 수정. 의도 및 가능한 텍스트유형의 변화가 수반됨)
(3) 의도의 변화(같음-다름. 텍스트유형의 변화가 수반됨)

모든 경우 번역자는 자신이 변경하고 있는, 달리 말해 언어 코드와 내용 또는 의도를 변형하고 있는 출발어 텍스트를 새로운 독자에게 맞춘 새로운 생산물을 위한 초안으로 간주해야 한다. 이렇게 하게 되면 일종의 '등가'가 개입되는 충실성, 정확성 등의 기준에 따라서가 아니라 최종 독자가 의도한 바에 적합한가를 중심으로 번역을 평가할 수 있게 된다.

우리는 텍스트유형이 의도의 변화 및 번역 전략의 선택과 밀접한 관련이 있다고 밝혔다. 이러한 관계는 번역 특정적 텍스트유형으로 이어지는 전략에서 가장 분명하게 드러난다. 우리는 번역 생산물을 그 생산 전략을 토대로 새롭게 분류할 것을 제안한다.

(1) 저자의 바뀌지 않은 의도를 전달하고 다른 언어와 문화로 확장함으로써 일차 독자의 범위를 넓히고자 하는 번역. 이 경우 번역자는 저자와 기능에 부합

해 그의 대변자 역할을 하거나 독립적으로 계약을 맺고 '독자의 저자 언어를 읽는 능력에 대한 저자의 오해'라 부를 수 있는 것을 바로잡는다고 상정할 수 있다. 이 번역 전략은 대부분의 문학 번역에 적용되며, 설명적이고 지시적인 텍스트에도 적용된다.

(2) 독자의 기대를 충족하도록 조정된 번역. 이 경우 저자는 이차 독자의 가능성을 몰랐거나 모른다고 추정할 수 있으며, 번역은 그 문서를 특정 이차 독자 집단에 맞게 고친다. 이 주요 유형 내의 기본 전략은 언어적 코드를 바꾸는 것이다. 하지만 이차 독자의 기대가 일차 독자의 기대와 다를 때 번역은 문서의 내용이나 텍스트유형에 기타 필요한 수정을 가한다. 이러한 번역의 예로는 요점 번역, 요약, '참조용' 텍스트 등이 있다.

번역 전략에 영향을 미치는 또 다른 것은 도착어 문화에 완전히 정립된 도착어 텍스트유형과 번역 생산물에만 한정되어 번역의 결과로만 만들어진 텍스트유형을 구별하는 것이다. 아래의 두 가지를 참고할 수 있다.

5.1. 기존의 도착어 텍스트유형

특정 텍스트유형으로 쓰이고 특정 일차 독자에게 건네지는 문서는 도착 문화에 잘 알려진 평행 텍스트유형(parallel text types)으로 번역되어 똑같은 의도를 전달하는 데 사용될 수 있다. 하지만 사용자가 필요로 하면 도착 문화에 알려진 다른 텍스트유형으로도 번역될 수 있다. 예를 들면 한 문화의 농민을 대상으로 한 환경 보건 규정은 그런 건강 문제가 알려지지 않고 그런 규제가 존재하지 않는 다른 문화에서 똑같은 영향력을 행사할 수 없다. 하지만 적절한 주석을 달아 정보 제공적 문서로 번역하게 되면 독자는 그것을 이해하기 어렵거나 적용하기 힘든 지침이 아니라 하나의 정보로 인식할 수 있다.

5.2. 번역 특정적 텍스트유형

서로 다른 문화는 서로 다른 의사소통 패턴을 발전시켜 왔기 때문에 텍스트유형의 집합도 서로 다를 수 있다. 그런 차이의 원인은 서로 다른 문해력, 시적 전통, 행정 조치, 법률적 절차 등에서 찾아야 한다. 원문의 내용, 의도, 텍스트유형이 번역문에서 변하지 않는 경우의 번역 전략은 등가 및 평행 텍스트유형이 있다는 것을 상정한다. 그런 경우가 아니라면, 출발어 텍스트와 도착어 텍스트 간의 등가 개념은 오직 전체 문서보다 더 작은 텍스트 단위에만 유효하게 적용될 수 있다. 그리고 완성된 번역은 도착어에 내재한 텍스트유형이 아니라 도착어 공동체 내에서는 새롭다고 간주되는 형태의 독자적 생산물, 번역유형이다. 편집되지 않은 기계 번역이 이 경우에 해당한다.[5] 요점 번역의 경우처럼 긴 원본 문서를 줄임으로써 만들어진 텍스트들이 하나의 새로운 번역특정적 텍스트유형이라고 할 수 있겠다.

많은 문화에서 번역을 통해 텍스트유형을 들여왔으며, 이제 그중 많은 유형이 도착 문화에 완전히 융합되어 미래의 번역이 그 해당 유형으로 만들어질 수 있게 되었다. 가장 대표적인 예는 선교사들이 진행한 언어 계획(language planning) 노력을 통한 문어 형태의 도입이다. 성경 번역이 필요해지면서 상이한 문화권의 구어들이 성문화되었고, 이로써 최초의 문어 형태가 마련됨과 동시에 그것을 규정하는 사전과 문법서도 함께 갖추게 되었다. 이후 문어 전통을 가지고 있는 나라들과 상업적으로 접촉하게 되면서 많은 기능적 텍스트유형이 소개되었고, 이로써 의사소통의 특정 수준에서는 서로 적절하게 맞는 병행 텍스트유형을 발견할 수도 있게 되었다. 물론 다른 문화와 통합되기 보다는 그 차이를 드러내는 역할을 하는 혁신 문학의 경우는 예외일 수 있다.

미주

1) 이 글의 초기 버전이 Sager 1996 pp.43-53에 실렸다.

2) 번역과 관련한 의사소통 이론에 대해서는 Sager(1994)의 3, 4장에서 충분하게 다루었다.

3) 반면에 통역사는 언제나 메시지를 다룬다. 왜냐하면 그 작업이 의사소통 과정을 중단시키는 번역자와 달리, 그들은 의사소통 과정에 직접 관여하는 참여자이기 때문이다.

4) 100여 개의 텍스트유형에 대한 상세한 분석은 세이거 등이 쓴 책(Sager J.C. et al. 1980) 6, 7장에서 찾아볼 수 있다.

5) 기계 번역이 성장하고 한층 더 발전하면 더 많은 번역 특정적 텍스트가 생겨날지 모른다. 컴퓨터가 생산한 번역을 식별하는 일은 이미 일반적이어서, 독자는 제가 얻고 있는 바를 알고 그에 따라 자신의 기대를 조정할 수 있다.

참고문헌

Baker, M. 1992. *In Other Words: A Course Book on Translation.* London: Routledge.

BSI 5408 1976. *BSI Glossary of Documentation Terms.* London: British Standards Institute.

Jäger, G. 1975. *Translation und Translationslinguistik.* Halle: Niemeyer.

Kade, O. 1968. Zufall und Gesetzmässigkeit in der Übersetzung. In Beiheft *Fremdsprachen I. Leipzig:* Verlag Enzyklopädie.

Koller, W. 1992. *Einführung in die Übersetzungswissenschaft.* Heidelberg: Quelle & Meyer.

Neubert, A. 1985. *Text und Translation.* Leipzig: Verlag Enzyklopädie.

Nida, E. 1964. *Toward a Science of Translation.* Leiden: Brill.

Nord, M. 1991. *Text Analysis in Translation. Theory, methodology and didactic*

implications of a model for translation-oriented text analysis. Amsterdam: Rodopi.

Reiss, K. 1976. *Texttyp und Übersetzungsmethode.* Kronberg: Skriptor.

Reiss, K. 1984. "Adäquatheit und Äquivalenz". In W. Wilss and G. Thome (eds), *Translation Theory and its Implementation in the Teaching of Translation and Intepreting.* Tübingen: Narr. pp.80-89.

Reiss, K. and Vermeer, H.J. 1984. *Grundlegung einer allgemeinen Translationstheorie.* Tübingen: Niemeyer.

Sager, J.C. 1996. "Stretching the limits of translation". In *Übersetzungswissenschajt im Umbruch,* Tübingen: Gunter Narr, pp. 43-53.

참고
문헌

Sager, J.C. 1994. *Language Engineering and Translation.* Amsterdam: John Benjamins.

Sager, J.C. et al. 1980. *English Special Languages – Principles and Practice in Science and Technology.* Wiesbaden: Brandsletter.

Toury, G. 1980. *In Search of a Theory on Translation.* Tel Aviv: Tel Aviv University.

Wilss, W. 1977. *Übersetzungswissenschajt: Probleme und Methoden.* Stuttgart: Klett.

Wilss, W. 1980. "Semiotik und *Übersetzungswissenschajt". In W. Wilss (ed),* Semiotik und Übersetzen. Tübingen: Narr, pp. 9-22.

Wilss, W. 1995. *Knowledge and Skills in Translator Behaviour.* Amsterdam: John Benjamins.

기능적 번역유형론

크리스티아네 노르트(Christiane Nord)
힐데스하임 대학교(University of Hildesheim)

1. 머리말: 등가의 쟁점

메리 슈넬-혼비(Mary Snell-Hornby)는 저서 『번역학: 통합적 접근(Translation Studies: An integrated approach)』에서 "현재 유럽 학계를 지배하는 번역 이론의 두 주요 학파"(Snell_Hornby 1988: 14)를 구분했는데, 그중 하나는 번역에 대한 언어적 접근법을, 다른 하나는 기능적 접근법을 나타낸다고 할 수 있다. 몇 가지 예만 들더라도 기술적, 여성주의적, 문학 비평적 접근법 또는 번역과 권력 접근법 등등 오늘날 상당히 많은 접근 방식이 있지만 언어적 접근과 기능적 접근 사이의 근본적 대립은 여태껏 해소되지 않은 듯하다.

언어적 번역이론은 등가 개념에 전적으로 의존하는데, 등가 개념은 번역학이 생긴 이래로 가장 모호한 개념 중 하나이다. 결국 이 개념은 출발어 텍스트와 도착어 텍스트의 어떤 측면이 번역 과정에서 변화하지 않고 남아 있어야 하는지, 즉 "언어적 요소"(Oettinger 1960: 110), "텍스트 재료"(Catford 1965: 21), "메시지"(Nida and Taber 1969: 12), "의사소통적 등가"

(Neubert 1985: 138ff.)인지에 따라 매우 다양한 방식으로 해석되어 왔다.

이미 1947년에 유진 A. 나이다(Eugene A. Nida)는 "역동적 등가"("형식적 등가"의 반대)라는 용어를 만들어서, 등가는 언어 체계 요소 간의 정적 관계가 아니라는 점을 분명히 했다(Nida 1964: 159). 1979년에 콜러(Koller)는 등가의 유형을 외연적, 내포적, 텍스트 규범적, 화용적 그리고 형식적 등가(Koller 1979: 187ff.)라는 다섯 가지로 명시했다. 그리고 몇 년 뒤 노이베르트(Neubert)는 "텍스트 간 등가(text-bound equivalence)"(Neubert 1984: 68, 1986: 87ff.)에 대해 이야기하는데, 번역자는 이를 실현하기 위해 끊임없이 노력해야 하고 이를 통해 낮은 층위(예컨대 단어나 구의 차원)의 비등가 번역을 보완할 수 있다고 말한다. 슈넬-혼비(1986: 13ff.)는 독일 번역학에서 말하는 "Äquivalenz(등가)"의 58가지 다른 유형을 찾아냈으며, 'Äquivalenz'를 영어 번역학에서 사용하는 "equivalence"와 같은 용어로 간주하면 안 된다고 주장한다(그 문제에 관해서는 "équivalence"나 "equivalencia"도 마찬가지다).

핌(Pym 1992: 37)은 최근 들어 "등가는 모든 이론가들에게 있어서 모든 것이 될 수 있다"는 표제 아래, 자신의 등가 개념을 경제 용어인 "가치"에 기반해 설명한다. 그는 "교환이 이루어지는 것, 그리고 특정 독자가 이상적으로 원하고 수용하는 것은 결국 특정 상황에서 가치가 있다고 간주되는 Y 부분(= 전환된 텍스트, 노르트)을 표현한 것이라는 점을 고려하면", 등가는 "번역문은 전환을 거쳐 만들어진 텍스트일 뿐이라고 간주되는 어떤 상황에서든 이런 저런 층위에서 여전히 일어나고 있는 것"(강조 표시는 노르트)이라고 주장했다.

내 경험으로 이러한 재정의가 개념에 내재한 흐릿함의 문제를 해결하지 않으며, 모든 이들이 각자 자체적인 등가 개념을 쓰게 놔두는 것은 번역학자들이 서로를 이해하는 데에도 사실 도움이 되지 않을 것이다. 등가 모형의 근본적 문제점은 일반적으로 이해하듯이 다음과 같은 특성에서 찾아볼 수 있다.

(1) 경우에 따라 화용적 측면(기능이나 의사소통의 효과 따위)이 언급되긴 하나, 등가 모형은 의사소통적 상호작용의 텍스트 외적(즉 상황적) 요인과 텍스트 내적(즉 언어적) 요인 사이의 고유한 관련성을 희석시키면서 출발어 텍스트의 구조적 특성에 치중한다.

(2) 비록 언어가 문화의 고유한 부분으로 여겨질 수 있고, 언어 사용자는 문화적으로 특수한 방식으로 행동할 수밖에 없지만 문화적 측면이 충분히 고려되지 않는 것은 이러한 이유 때문이다.

(3) 그 기본 개념에 대한 갖가지 정의를 생각해 보면 등가 모형에는 일관성이 부족하다. 어떤 학자들은 등가를 얻어 내는 가장 좋은 방법으로 '축자주의(literalism)'를 찬양한다(Newmark 1984/85: 16). 콜러를 비롯한 다른 학자들은 구체적이고 목적이 확실한 일부의 경우에 어느 정도 조정하는 절차나 바꿔쓰기 또는 다른 비직역적 절차를 허용하는데, 그러한 경우는 "출발어 텍스트에 내재한 가치를 전달하거나 대상 독자의 이해도를 높이고자 하는" 것이다(Koller 1993: 53, 노르트 번역). 이러한 다소 자의적인 두 가지 기준은 때로 내재적 가치는 드러나지 않은 채 남아야 하며 이해 가능성은 모든 텍스트나 텍스트유형이 다 같이 추구하는 보편적 목적이 아니라는 사실을 고려하지 않는다.

(4) 더욱이 흥미로운 점은 모든 비직역적 번역 절차는 문학 번역보다 실용적 텍스트의 번역에서 한층 쉽게 받아들여진다는 것이다. 따라서 전환 과정을 선택하는 데에 있어서 서로 다르거나 심지어 모순되는 기준이 상이한 장르나 텍스트유형에 설정되어 이 모형에 대해 갈피를 잡기가 더 어려워진다.

(5) 일견 '보편적'인 개념에 기반하기 때문에(이 또한 앞서 지적한 대로 오해인 듯하지만), 등가 모형은 번역 개념에서 문화적으로 특수한 차이를 설명하지 않는다. 하지만 특정 문화공동체의 경계 안에서 일어나는 인간 활동이니 만큼 번역은 특정 문화의 규범과 관습을 따르기 마련이다. 어떤 문화 집단 사이의 차이가 뚜렷하지 않거나 '평균적 서구 문화'와 같이 문화권 자체의 범위가 더 큰 경우라 할지라도 말이다.

(6) 등가 모형은 등가의 기준을 충족하지 않는 도착어 텍스트, 즉 행 대응 번역, 주해적 번역, 이력서 번역이나 조정 등을 "엄밀한 의미의 번역"에서 제외하며(Neubert 1985: 162 그리고 최근의 Koller 1993 참조), 이러한 것들을 "비번역(non-translation)"이나 각색(adaptation)으로 간주한다(Jäger and Müller 1982: 55f 참조). 하지만 전문적 번역 실무에서 이런 형태들이 요청된다는 것은 잘 알려진 사실이다.

(7) 등가 모형에서는 출발어 텍스트와 그 '가치(들)'(?)가 유일한 기준으로 여겨지며, 번역자는 번역 과정의 모든 결정을 이 기준에 따라 내려야 한다. 결과적으로 등가 모형은 번역가의 활동을 "다른 것의 생육을 돕는 직종(nurturing profession)"으로 전락시키고 사회적으로 낮은 번역가의 지위를 영구화하는 것으로 보여진다(Pym 1993: 55).

2. 대안 모형: 기능주의(functionalism) + 충실성(loyalty)

등가 모형은 확실히 현대사회에서 전문적 번역이 요구하는 바에 부합하지 않기 때문에 대안을 찾을 필요가 있다. 우리에게 필요한 것은 다음과 같다.

(1) 화용적 모형(pragmatic model): 의사소통 상호작용의 상황적 조건과 그에 따른 도착어 텍스트의 청자 또는 (예상되는) 수신인의 요구와 기대를 고려한다.

(2) 문화 지향적 모형(culture-oriented model): 번역과 관련된 (언어적이고 비언어적인) 행위의 문화특수적 형식을 헤아린다.

(3) 일관된 모형(consistent model): 어떤 유형이나 형태의 번역에서든 번역자의 결정을 상호 주관적으로 정당화하는 근거가 되는 일관된 이론적, 방법론적 틀을 세울 수 있다.

(4) 포괄적 모형(comprehensive model): 모든 텍스트유형, 그러니까 문학과

비문학 텍스트 그리고 외국어로 번역하는 것과 외국어로부터 번역하는 것 모두에 적용할 수 있다.

(5) 반보편주의 모형(anti-universalist): 번역 개념에서 문화특수적 차이를 헤아린다.

(6) 실제적 모형(practical model): 전문적 번역 실무에서 요구되는 모든 형태의 초문화적 의사소통(transcultural communication)을 설명할 수 있다.

(7) 전문가 모형(expert model): 번역가에게 파트너에 대해 모든 책임을 지며 목적에 부합한 결정을 내릴 역량이 있는, 제 분야의 전문가라는 위엄을 부여한다.

3. 스코포스 모형(skopos model)

나는 한스 페르메르(Hans J. Vermeer)의 기능주의적 '스코포스 이론(skopos theory)'이 이러한 요건을 대부분 충족한다고 본다(Vermeer 1978, Reiss and Vermeer 1984 참조). 그의 이론은 번역이 인간 상호작용의 한 형태이며 따라서 그 목적이나 스코포스(skopos)에 의해 결정된다는 관점에서 출발한다. 의사소통 행위의 스코포스에서 주요 요인 중 하나는 특정 의사소통의 요구를 지닌 (목표) 청자 또는 수신인이다(Nord 1996 참조).

이것은 출발어 텍스트(ST)와 도착어 텍스트(TT) 모두에 적용된다. 명확히 원천 문화의 청자를 대상으로 삼아 그들을 위해 특정한 의사소통 기능을 하도록 의도되었기 때문에 ST와 그 언어적, 준언어적 그리고 비언어적 특성은 원천 문화(source culture, SC)의 일반적인 규범과 관습에 따라 결정되지만 TT는 목표 문화의 독자나 청자에게 이야기를 건네고 그들에게 의미 있고 기능적이게 의도되었기 때문에 당연히 목표 문화(target culture, TC)의 규범과 관습을 따라야 하며 목표 문화의 구성원이 해당 주제에 대해 알고 느끼리라고 예상되는 바를 고려해야 한다.

따라서 초점은 출발어 텍스트로부터 도착어 텍스트와 그 의사소통 기능 또는 기능들로 옮아 간다. 번역 과정에서 번역자가 내리는 결정의 기준을 정하는 것은 더는 ST가 아니라 번역의 의도된 수신인이며 그들의 수용은 전적으로 목표 문화의 기대, 관습, 규범, 모형들, 현실 세계의 지식, 전망 등에 따라 이뤄진다.

이 모형은 목표 지향을 중요하게 여기고, 나아가 목표 수신인을 번역 결정에서 가장 중요한 결정 요인으로 삼는다는 점에서 화용적이다. 이 모형이 문화 지향적인 이유는 번역을 "문화교차적(cross-cultural) 사건"으로 보기 때문이다(Snell-Hornby 1987: 82).

> 번역은 단어나 문장을 한 언어에서 다른 언어로 코드 전환하는 일이 아니라 새로운 상황과 변화된 기능적·문화적·언어적 조건 속에서 텍스트(출발어 자료)에 관한 정보를, 형식적 측면을 가능한 한 가깝게 유지하면서 제공하는 복잡한 형태의 행위다(Vermeer 1986: 33, 번역 Snell-Hornby 1987: 82).

더욱이 기능주의적 모형은 기능적 도착어 텍스트로 이끄는 어떠한 번역 절차도 허용하기 때문에 일관된 것이며, 목표 기능이 모든 번역 과정의 가장 중요한 기준으로 간주되기 때문에 포괄적이다. 이 모형은 전문적 번역 실무에서 일어나는 어떤 과제에도 적용 가능하므로 실제적이다. 마지막이지만 중요한 것은, 이 모형이 전문가로서 번역가의 역할에 대해 온당한 관심을 둔다는 점이다.

마지막 이 부분은 특히 번역가 교육의 측면에서 중요하다. 우리는 출발어 텍스트가 시키는 대로 일하는 고분고분한 '종'을 키우고 싶은 것이 아니라(사람들에게 뭔가를 하도록 '시킬' 수 있는 텍스트는 무엇인가), 동등한 관계에서 상호 협력하는 온전히 책임질 파트너를 교육하고자 할 뿐, 그 이상도 그 이하도 아니다.

4. 기능성과 충실성 결합 모형

여기에 제시한 형태의 스코포스 모형과 관련해 다만 두 가지 유보 조항을 달고자 한다. 하나는 번역 모형의 문화특수성과 관련되고, 다른 하나는 번역자와 원저자 사이의 관계와 연관된다.

등가 개념과 마찬가지로 스코포스 이론은 일반 모형임을 내세운다(Reiss and Vermeer 1984의 제목 참조). 그런데 페르메르에 따르면 '일반적으로' 우리는 ST와 TT 사이에 유추 또는 유사성의 관계가 있을 것으로 기대하며 이것을 그는 '텍스트 간 심층결속성(intertextual coherence)'또는 '충실도(fidelity)'라 부른다(Vermeer 1978: 59). 하지만 충실도에 대한 요구는 스코포스 원칙에 종속된다. 만약 스포코스가 기능의 변화를 요구한다면 필요한 기준은 ST와 TT 사이의 텍스트 간 결속이 아니라 스코포스와 관련한 적절성 혹은 적합성이 될 것이다(Reiss and Vermeer 1984: 139).

스코포스 모형의 요지를 바꾸어 말하면 "번역 스코포스가 번역 절차를 결정한다"라고 표현할 수 있다. 이제 이것은 번역 스코포스가 원저자의 의사소통 의도와 일치할 때면 언제나 받아들여질 듯하다. 그러나 주어진 번역 과제에서 의사소통의 목적이 저자의 의견이나 의도와 어긋나거나 대립되는 번역을 요구하면 어떻게 되는가? 이 경우 위에서 언급한 표현은 "목적이 수단을 정당화한다"라는 뜻으로 해석할 수 있으며, 가능한 '목적'의 범위에는 제한이 없을 것이다.

'일반 이론'에서는 이것이 받아들여질 수 있는데, 왜냐하면 일반 이론이라는 것은 반드시 실제에 적용되어야 하는 것이 아니기 때문이다. 하지만 번역은 '일반적인', 문화가 없거나(a-cultural) 초문화적(supra-cultural)인 환경에서 행해지지 않는다. 번역자나 통역사는 특정 문화공동체 안에서 활동하게 되므로 어떤 일반 이론을 실제로 적용할 때에는 이 점을 고려해야만 한다.

번역이 무엇인지 또는 무엇이어야 하는지에 대한 (일반적으로 함축적인) 문화적 개념에 따라, 사람들(즉 발주자, 독자, 원저자)은 사실 ST와 TT 사이에 특별한 관계를 유지할 것으로 기대하며 이는 종종 해당 텍스트의 유형에 따라 달라진다. 예를 들어, 사람들은 TT가 저자의 생각을 정확하게 제공하기를 기대하기도 하고, ST의 형식적 특성을 '성실하게' 복제하기를 바라기도, 때로는 성실한 복제가 아니어도 이해할 수 있고 읽을 수 있는 텍스트가 되기를 기대하기도 한다. 이런 기대를 번역자는 염두에 두어야 한다. 그렇다고 해서 번역자가 늘 독자가 기대하는 바대로 정확히 좇아야 한다는 뜻은 아니지만 독자를 속이지 않는 도덕적 책임이 존재한다(Nord 1991: 94f. 참조).

번역적 상호작용 속에서 번역자가 파트너에 대해 갖는 이러한 책임이 바로 내가 얘기하는 '충실성(loyalty)'이다. 충실성은 번역자를 원본과 번역본 양쪽으로 보낸다. 충실성을 '충실도(fidelity)'나 '성실함(faithfulness)'과 혼동하면 안 되는데, 그 말들은 대체로 텍스트 또는 텍스트 표층구조들 간의 유사성 관계를 나타내며, 충실성은 개인 간의 사회관계를 나타내는 대인 관계 범주에 속한다.

이 모형에서 충실성은 일종의 비어 있는 '틈(slot)'이며 이 틈은 특정 번역 작업에서 해당 문화의 특수한 번역적 개념이 요구하는 바에 의해 채워진다. 예를 들면 목표 문화에서 번역이 원본의 축자적 복제이기를 기대한다면(비록 원천 문화의 관점에서 기능적 번역은 아닐지라도), 번역자는 목표 청자에게 그들이 무엇을, 그리고 왜 그렇게 했는지를 알려주지는 않으면서 무작정 비축자적인 번역 방식을 고집할 수는 없다. 두 문화 사이에서 '중재하는' 것이 번역자의 일이며 중재는 '문화 제국주의'(즉 A 문화에서 그들의 개념이 우월하므로 B 문화는 그것을 채택해야 한다는 듯이 구는 경우)를 의미해서는 안 된다.

충실성의 원리를 스코포스 모형에 끌어들이면 내가 생각하는 '급진적' 기능주의의 두 번째 문제 또한 해결될 것이다. 그것은 ST 저자와 번역자 사이의 관계와 관련된다. 저자들은 대개 번역의 전문가가 아니기 때문에 ST 표층구조를 '성실히' 옮길 것을 고집하기 쉽다. 그들이 번역자의 충실성을 믿을 때에야, 도착어 텍스트가 목표 문화 내에서 '작동'하도록 하는 데 필수적일 변화나 조정에 동의할 것이다. 그리고 이러한 신뢰는 또한 책임 있고 신뢰할 만한 파트너로서 번역자의 사회적 지위를 높여 줄 것이다.

따라서 여기에 제시한 기능적 모형은 두 개의 기둥 위에 세워진다. 바로 '기능성'과 '충실성'이다(Nord 1991: 28ff. 와 1993: 17ff. 참조).

5. 기능의 개념

5.1. 일반적 고찰

기능성은 이러한 번역 개념에서 두 가지 핵심 문제 중 하나이기 때문에 '기능'이 의미하는 바가 무엇인지 따져 볼 필요가 있다.

텍스트는 "소통적 발화체(communicative occurrence)"(de Beaugrande and Dressler 1981:3)이다. 소통적 발화체를 위한 필수 전제 조건은 무엇보다 '상황'의 존재이며 상황은 시간과 공간에 고정되며, 특정 목적을 위해 텍스트(즉 의사소통 기호의 결합)를 이용해 서로 소통할 수 있고 기꺼이 소통하고자 하는, 최소 두 명의 참여자로 이뤄진다. 텍스트는 적절한 채널이나 매체를 통해 전송되며, 상황의 일부로 여겨지고, (이상적으로) 발신자가 의도한 의사소통의 목적을 수행하는 기능을 갖는다.

텍스트를 발신자와 수신자 간에 주고받는 의사소통 기호의 결합으로 간주하면 발신자 또는 수신자의 관점에서 텍스트 기능을 분석할 수 있다. 발신자는 일정한 목적을 이루고자 하므로 목적에 부합한다고 여겨지는 텍스트 생산 전략을 선택해, 제 의도를 구조적 특질을 이용해 청자에게 '신호한다'. 그러나 알다시피 좋은 의도가 항상 좋은 결과를 가져오는 것은 아니다. 텍스트를 특정한 기능으로 받아들이기로(즉 이용하기로) 함으로써 의사소통 행위를 '완료'하는 것은 수신자이다. 내가 '기능'을 언급할 때는 언제나 '기능 또는 일련의 기능들'을 의미하는데, 한 가지 기능만을 하도록 의도한 텍스트는 거의 없기 때문이다. 통상 다양한 기능들은 기능과 하위 기능 등으로 위계 구조를 이룬다.

수신자의 텍스트 사용은 상황 표지어에 대한 수신인 각자의 해석과 텍스트에 대한 기대에 달려 있다. 이를 결정하는 것은 일반적 배경지식, 의사소통의 욕구, 텍스트가 수용되는 의사소통의 상황이며 마지막이지만 중요한 것은 텍스트에서 발견된 발신자의 의도를 알리는 신호들이다. 발신자의 의도와 수신자의 기대는 동일할 수 있지만 반드시 일치할 필요도 조화를 이룰 필요도 없다.

따라서 텍스트 기능은 특정 상황에서 수신자가 텍스트에 부여한 실용적 성격이지, 텍스트에 따라붙거나 텍스트에 내재한 무엇이 아니다. 그러므로 유일하게 타당해 보이는 설명은 이렇다. 출발어 텍스트의 기능은 원본 상황에 특정된 것이며 번역 과정을 거쳐 변하지 않고 살아남거나 '보존'될 수 없다. 한편 도착어 텍스트의 기능은 번역본의 상황에 특정된 것으로, 도착어 텍스트가 기계적으로 원본과 '똑같은' 기능을 가져야 한다는 것은 착각이다.

5.2. 기본적 텍스트 기능 모형

기능 분석을 위한 지시 틀(frame of reference)로 이용할 수 있는 텍스트 기능 모형이 몇 가지 있다. 번역자 교육의 편의를 위해, 독일 심리학자 카를 뷜러(Karl Bühler)(1934)와 체코의 기능주의자 로만 야콥슨(Roman Jakobson)(1960)이 정교하게 다듬은 모형을 결합해 기본적 텍스트 기능을 네 가지로 제시하고자 한다(다양한 하위 기능을 포함하며 그중에 야콥슨의 메타언어적 기능과 시적 기능이 있다).

5.2.1. 지시적 기능(Referential function)(즉 세계의 대상과 현상을 지시).

하위 기능들: 정보 제공 기능(대상: 예: 교통사고), 메타언어적 기능(대상: 예: 특정 언어의 사용), 설명 기능(대상: 예: 올바른 세탁기 사용법), 교수 기능(대상: 예: 지리학) 등등.

보기 1: 과일 병조림 만드는 방법

(1) 깨끗하고 따뜻한 유리병을 끓는 물이 담긴 큰 그릇에 놓는다.

(2) 유리병 입구까지 과일을 가득 넣은 다음, 포갠 천이나 손바닥으로 병을 톡 톡 두드려 내용물이 꼭꼭 눌러 담기도록 한다.

(3) 병 입구에서 6mm 정도만 남기고 병을 끓는 물이나 시럽으로 채운다. [···]

5.2.2. 표현적 기능(Expressive function)(즉 발신자가 텍스트에서 다루는 대상과 현상에 대해 취하는 태도나 감정을 표현).

하위 기능들: 정서적 기능(감정의 표현, 예: 감탄문), 평가 기능(평가의 표현, 예: 정치 논평).

보기 2: 시몬 드 보부아르(Simone de Beauvoir): 『Une mort très douce(아주 달콤한 죽음)』 - 영어 제목: 『A Very Easy Death(아주 편안한 죽음)』. 두 제목 모두 표현적 기능을 갖는다. 원래의 프랑스어 제목은 죽어 가는 사람의 내면에서 본 개인의 정서를 표현한다('douce(달콤한)'). 반면에 영어 번역은 평가를 표현한다. 죽음이 '편안한(easy)' 것인지 아닌지는 외부에서 이를테면 의사의 관점에서 판단할 수 있다.

5.2.3. 호소 기능(Appellative function)(즉 수신자에게 특정 방식의 반응을 유도하기 위해 그 또는 그녀의 경험, 감정, 지식, 감성 따위에 호소).

하위 기능들: 설명적 기능(의도한 반응: 알게 된 것에 대한 인식), 설득 기능(의도한 반응: 발신자의 견해를 취한다), 명령 기능(의도한 반응: 발신자가 요청한 일을 한다), 교육 기능(의도한 반응: 어떤 형태의 행동을 배운다), 광고 기능(의도한 반응: 제품을 산다).

보기 3: 해외에 거주하는 미국인이고 통화 정보를 파악하고자 한다면 AT&T 카드는 꼭 필요합니다. 우선 매달 항목별 요금 청구서를 받습니다. 새 옵션을 선택하시면 AT&T 카드 통화를 아메리칸 익스프레스 카드 계좌로 청구할 수 있습니다. […] AT&T 카드 신청을 원하시면, 수신자 요금 부담으로 816 654-6004, 내선 번호 60으로 전화하거나 AT&T 카드사로 신청서를 보내 주세요. 보내실 곳: 캔자스시티 우체국 사서함 번호 419395(신문 광고)

5.2.4. 친교적 기능(Phatic function)(즉 친분을 맺고 유지하거나 끊는 기능).

하위 기능들: 인사 기능, '가벼운 대화(small-talk)' 기능, '페그(peg) 기능'(즉 아래 보기처럼 속담에 빗대어 말하는 텍스트 도입부).

보기 4: 호텔 목록

HERZLICH WILLKOMMEN IN BREMEN!

Wie man sich bettet, so schläft man, sagt ein Sprichwort. Dabei wollen wir Ihnen, lieber Gast, mit dieser Hotelliste behilflich sein.[…]

WELCOME TO BREMEN!

There is proverb[!] which says "As you make your bed so you must lie on it". That is why we hope that this Hotel List will be of service to you for your stay in Bremen. […]

브레멘에 오신 것을 환영합니다!

“자기가 편 잠자리에 자기가 누워야 한다”는 속담(!)이 있습니다. 바로 그런 이유로 귀하가 브레멘에 머무는 동안 이 호텔 목록이 도움이 되기를 바랍니다.

이 영어 번역은 친교적 기능을 달성할 수 없다. 인용한 구절은 영어 속담이 아니라 ‘당신이 만든 잠자리에 당신이 누워야 한다’(= ‘자기가 저지른 일의 나쁜 결과를 받아들여야 한다’, DCE 1978)라는 관용적 표현에 기반한 ‘유사 속담’인데 마치 독자에게 브레멘에 오는 것은 좋은 생각이 아니었다고 알려 주는 것 같다. ST 발신자가 의도한 (그리고 어쩌면 독자가 기대한) 친교적 기능 대신 영어 TT에는 발신자의 (관습적) 의도와는 들어맞지 않는 정보 제공 기능과 부차적인 호소 기능(= ‘최선을 다하라!’)이 들어 있다. 기능적 관점에서 볼 때, ‘긴 하루의 관광을 마친 후 휴식을 취할 멋진 곳이 필요하다’와 같은 의미론적 말 바꾸기나 다른 속담, 인용문, 도입구 등이 위와 같은 ‘가짜 친구(false friend)’(문법상의 실수는 물론이고)보다 나았을 것이다.

5.3. 기능적 번역유형론

원본의 기능은 지시 대상 및 상황과 관련해 정의되지만 번역본의 기능은 먼저 출발어 텍스트와 관련해 정의해야 한다. 여기서 번역 ‘유형’을 두 가지로 구분할 수 있는데, 이는 키케로 이후 번역 이론가들을 두 진영으로 나누어 왔다(유형론에 대한 상세한 설명은 노르트(Nord)의 1989년 책을 참조). 번역은

(1) ‘기록’, 즉 SC 발신자가 출발어 텍스트를 통해 SC 수신자와 소통하며 텍스트의 하나 또는 여러 측면에 초점을 맞추고, 그런 다음 도착어로 재현되는 상황의 기록이 될 수 있다. 그리고,

(2) '도구', 즉 출발어 텍스트를 일종의 모형으로 사용해 TT 환경에서 생산된 도착어 텍스트를 통해 ST 발신자가 TC 수신자와 소통하는 새로운 TC 상황의 도구가 될 수 있다.

'기록적 번역(documentary translation)'은 (예컨대 원문과 번역자 모두 혹은 둘 중 하나를 언급함으로써) 번역으로 표시되는 일종의 메타텍스트인 반면, '도구적 번역(instrument translation)'은 번역되지 않은 일반 텍스트가 가진 기능을 수행할 수 있는 텍스트이다.

기록적 번역		도구적 번역	
행 대응 번역		지시적 기능	동질 기능적 번역
축자적 번역	메타텍스트적 기능	표현적 기능	이질 기능적 번역
주해적 번역		호소 기능	상동적 번역
이국화 번역		친교적 기능	

이러한 텍스트 기능에 대한 일반적 고려 사항들은 원본 텍스트와 도구적 번역에 모두 적용될 수 있지만 기록적 번역은 보통 메타텍스트적 기능을 가지고, 도착어 텍스트 독자에게 출발어 텍스트의 특정 측면과 의사소통의 상황에 대해 알려 준다. 이제 몇 가지 보기를 가지고 기능적 번역유형론에 관해 설명해 보겠다.

기록적 번역에서 출발어 텍스트 상황 속의 특정 측면은 목표 수신자를 위해 재생산되며, 이때 그 수신자는 제가 속하지 않은 의사소통의 상호작용을 '관찰한다'는 자각을 갖는다. 만약 출발어 체계의 형태적, 어휘적, 통사적 특성에 초점이 맞춰지면, 이를 단어 대 단어 번역(word-for-word translation) 또는 행 대응 번역(interlineal version)이라고 하는데, 빌헬름 부슈(Wilhelm Busch)의 유명한 책 『막스와 모리츠(Man und Moritz)』에서 그 예를 찾아볼 수 있다.

보기 5: 단어 대 단어 번역

Durch den Schornstein mit Vergnügen	Through the chimney with pleasure
sehen sie die Hühner liegen,	see they chickens lie
die schon ohne Kopf und Gurgeln	which already without head and necks
lieblich in der Pfanne schmurgeln.	nicely in the pan spatter

기록적 번역이 통사 구조와 어휘의 관용적 사용을 도착어 규범에 맞게 조정하면서 원본의 단어들을 재현하는 것을 목적으로 할 때, 우리는 그것을 축자적 혹은 문법적 번역이라고 한다. 외국어 교육에 주로 사용되지만 뉴스 텍스트에서 외국 정치인의 발언을 글자 그대로 옮길 때도 사용된다. 위에서 인용한 『막스와 모리츠』의 구절을 축자적으로 번역하면 이렇게 될 것이다.

보기 6: 축자적 번역

Durch den Schornstein mit Vergnügen	Peeping through the chimney,
sehen sie die Hühner liegen,	they notice with pleasure that the
die schon ohne Kopf und Gurgeln	chickens, without heads and necks, are
lieblich in der Pfanne schmurgeln.	spattering already nicely in the frying-pan.

만약 도착어 텍스트가 출발어 텍스트를 얼마간 축자적으로 재현하지만 필요한 문화적 정보나 (메타)언어적 정보를 각주나 용어 해설에 추가한다면 이는 주해적 또는 학술적 번역이라고 한다. 이 형태는 흔히 고전 텍스트에서 사용된다. 닭의 머리와 목을 미리 잘라 내지 않고 튀기는 것에 익숙한 목표 문화의 구성원을 위해, 번역자는 다음과 같이 덧붙였을지도 모른다.

보기 7: 문화적 설명

*In Germany, the head and neck of a chicken is usually chopped off before frying.

(독일에서는 보통 닭을 튀기기 전에 머리와 목을 잘라낸다.)

또 하나의 기록적 번역 형태는 오늘날 많은 문화에서 문학 번역의 관습적 형태가 되는 것으로, '이국화 번역(exoticizing translation)'이라 불린다. 왜냐하면 출발어 텍스트 독자로 하여금 텍스트에 반영된 자신의 문화를 발견할 수 있게 해준 이야기의 '배경'이 변하지 않고 남아서, 도착어 텍스트 독자에게 '이국적' 효과를 자아내기 때문이다.

보기 8: 문화적 표지로서 고유명사

『막스와 모리츠』의 영어 번역은 두 소년의 이름을 독일어 형태로 놔두지만(=이국화 번역), 이탈리아어 버전에서는 『Pippo e Peppo』라 부른다(등가 효과를 내기 위해 문화적 각색을 한 도구적 번역). (Nord 1993a를 참조)

도구적 번역 또한 여러 형태로 나타난다. 도착어 텍스트의 기능이 출발어 텍스트의 그것과 동일하다면 이를 '동질 기능적 번역'이라 말할 수 있다. 이 형태는 보통 기술 텍스트, 컴퓨터 매뉴얼, 사용 설명서 따위의 텍스트에 사용된다. 다음과 같은 관용구에서 가장 잘 나타난다.

보기 9: 동질 기능적 번역

Zutritt verboten! No entry. Défense d'entrer. Prohibido entrar. (출입금지)

기능 또는 기능들이 전체로서 또는 동일한 기능의 위계 구조로 재현되지 못할 때 이를 '이질 기능적 번역'이라 할 수 있다. 아래에 나오는 『막스와 모리츠』의 번역은 새로운 청자의 기호에 부합하는 라임과 말장난으로 재미난 텍스트를 만들어냈다는 점에서 도구적 번역이라고 할수 있다. 본래 텍스트에서 'ohne Kopf und Gurgeln'(without heads and necks)라는 요소는 의성어 동사인 'schmurgeln'과 라임을 이루는 것이 주요 기능이었지만 의미론적으로 번역되지 않고 번역자가 'reckless'를 덧붙였으며, 원문 텍스트와 등가를 이루지 않음을 알 수 있다. 그러나 번역된 결과는 운문 양식에 어울리는 원문의 라임을 만들어 내는 기능을 한다.

보기 10: 이질 기능적 번역

Through the chimney, gay and reckless,
They can see them, plump and neckless,
Browning nicely in their batter,
Grace the frying pan and spatter.
(Arndt 1981)

그리하여 지시적 기능은 다소 달라졌고, 오락적 기능―우선순위에 두었음에 분명한―은 출발어 텍스트와 도착어 텍스트에서 거의 달라진 점이 없다. 번역에서 고유명사를 그대로 쓰면서 독일 배경을 유지하기 때문에 원문이 그 독자에 대해 가지는 동일시(= 호소적) 기능은 재현되지 않는다. 따라서 이 기능은 '독자 자신의 문화적 경험에 호소하는' 기능으로부터 '독자 자신의 문화와 좀 닮은 구석이 있는 낯선 문화에 대한 정보를 알려 주는' 기능으로 변화했다.

도구적 번역의 세 번째 형태는 내가 '상동적 번역'이라고 부르는 것이다. 출발어 텍스트가 자신의 SC 문학적 맥락(또는 복합체계(polysystem))에서 수행하는 기능을 TC 문학적 맥락에서 재현함으로써 상동의 효과를 거두고자 하는 것이다. 이 형태는 흔히 시 번역에서 찾아볼 수 있다. 이를 루즈카노프(Ludskanov)는 '기호적 변형(semiotic transformation)',

야콥슨은 창조적 치환(creative transposition)이라고 부른다(Bassnett 1991: 18).

보기 11:

Catullus, Poem 13, An invitation to dinner
Cenassi bene, mi Fabulle, apud me
paucis, si tibi di favent, diebus,
si tecum attuleris bonam atque magnam
cent, non sine candida paella
et vino et sale et omnibus cachinnis. [...]

To night, grave sir, both my poor house, and I
Doe equally desire your companie:
Not that we thinke us worthy such a ghest,
But that your worth will dignifie our feast,
With those that come; whose grace may make that seeme
Something, which, else, could hope for no esteem.

[벤 존슨(Ben Johnson), 바스넷(Bassnett 1991: 84ff.)의 책에서 재인용]

도구적 번역을 읽을 때 독자는 번역된 텍스트를 읽고 있다고 생각하지 않는다. 따라서 텍스트의 형태는 보통 TC 규범과 텍스트유형, 장르, 사용역, 담화 관계 등의 관습에 맞추어 조정된다.

5.4. 번역의 한계

이러한 유형론에서 번역의 범위는 조정이 이루어지는 절차의 양과 질에 의해 분명히 드러난다. 텍스트 또는 텍스트 일부를 그대로 베끼거나 단순히 음역하는 것을 '번역한다'고 말할 수 없다. 충실성의 원칙을 준수하지 않는 옮기기 역시 '번역'으로 받아들일 수 없다.

보기 12:

니카라과의 신부 에르네스토 카르데날(Ernesto Cardinal)은 피델 카스트로(Fidel Castro)의 혁명을 기리며 주관적으로 그리고 정치적으로 찬사를 보낼 의도로 『쿠바에서』를 썼다. 1972년의 독일어 번역(『In Kuba. Bericht einer Reise』)은 오히려 저자의 쿠바 여행에 대한 객관적인 보고서라는 인상을 주며, 독자는 반짝인다고 해서 모두 금은 아니라는 말을 끊임없이 상기하게 된다. 독일어 독자는 저자가 카스트로의 쿠바에 대해 비판적 태도를 취했다는 결론에 도달하게 된다. 이 결론은 글쓴이의 의도와 일치하지 않는다. 이 번역은 70년대 초 독일의 독자들을 '공산주의 작가'와 만나게 놔둘 엄두를 내지 못했을 편집자의 입장에서 보면 기능적이라고 간주될 지 몰라도 충실한 번역이 아니다. 번역가는 윤리적인 이유에서 이러한 '번역'을 내는 것을 거부했어야 한다.

기능성과 충실성 결합 모형의 틀 안에서 도구적 번역은 발신자나 저자의 의도가 SC 수용자만이 아니라 TC 독자들에게도 전달될 수 있는 경우에만 선택될 수 있다(에르네스토 카르데날의 책에서 보는 바와 같다). 그런 경우가 아니라면 번역은 텍스트 환경 내에서 출발어 텍스트가 어떤 상황에 놓여 있는지에 대한 정보를 제공하고(예컨대 도입부 몇 줄로), 도착어 텍스트 청자에게 그들이 번역된 텍스트를 읽고 있다는 암시를 주면서 기록적 기능으로 실현되어야 한다.

6. 번역 과정 계획

텍스트는 의도된 기능 또는 기능들을 수행할 때 '기능적'이며 텍스트 기능은 그 텍스트가 소통의 도구가 되어야 할 상황의 요인들로 결정된다(곧 시간, 장소, 수용의 목적 및 동기, 전달 매체 그리고 이야기를 듣게 될 청자. Nord 1991a를 참조). 그러므로 '기능적' 도착어 텍스트를 생산하는 과정은 목표 상황을 분석하는 데서 시작해야 한다.

6.1. 스코포스(the skopos)

TT 기능(스코포스)은 발주자가 내주는 번역 과제에 따라 결정되거나 번역작업의 조건을 기반으로 (전문) 번역자에 의해 추론되며, 이전 경험에 따라 해석된다. 번역 실습생은 그런 경험이 부족하기 때문에 각 번역 작업에는 '번역 브리프(translation brief)'가 수반되어야 하며(Nord 1996 참조), 학생들은 번역 브리프에서 예상되는 TT 기능(들)에 대한 필요한 정보를 얻을 수 있다.

따라서 번역 브리프에는 다음 항목들에 관한 (명시적 또는 암시적) 정보가 포함되어야 한다.

(1) 발신자의 의도(들)
(2) 수신자(들)
(3) 텍스트 수용의 (예상) 시간과 장소
(4) 텍스트가 전송되는 매체
(5) 텍스트 생산 또는 수용의 동기

다시 예를 들어 보도록 하자.

보기13:

JUBILÄUM

AUS TRADITION IN DIE ZUKUNFT

„Aus Tradition in die Zukunft". So lautet das Leitmotiv des Jubiläumsjahres 1986, in dem die Ruperto Carola 600 Jahre alt wird. Im Bewußtsein ihrer jahrhundertealten Tradition formt sich ihre künftige Funktion in Wissenschaft und Gesellschaft zum Auftrag von heute. Langfristige Jubiläumsprojekte sind das „Internationale Wissenschaftsforum Heidelberg", in dessen Rahmen Heidelberger Wissenschaftler mit auswärtigen Forschern zu Symposien zusammenkommen werden, ein Tiefmagazin für die wertvollen Bestände der Universitätsbibliothek und ein Rechnernetz zur intelligenten Informationsverarbeitung für alle Fakultäten. [...] (First paragraph of a folder published on the occasion of the sixth centenary of Heidelberg University)

SIX-CENTIEME ANNIVERSAIRE

TRADITION ET MODERNISME

„Tradition et modernisme": C'est sous ce double signe qu'est placée l'année 1986, année du six-centième anniversaire de la fondation de l'université Ruperto Carola. Forte de sa tradition séculaire, Heidelberg vit déjà à l'heure du future et a choisi d'anticiper sur les taches qui lui incomberont dans la science et la société de demain. Parmi les projets de longue haleine mis en oeuvre à l'occasion de cet anniversaire, citons le „Forum International des Sciences" qui fera de Heidelberg un lieu de rencontres et d'échanges entre scientifiques de toutes nationalités, la construction d'archives souterraines destinées à abriter les trésors de la Bibliothèque Universitaire et enfin l'installation d'un réseau informatique.

SIXTH CENTENARY
FROM TRADITION INTO THE FUTURE

„From tradition into the future" is the motto for 1986, the 600th anniversary of Heidelberg University. 1st present and future role, in academic and public life, is rooted in this tradition. Forward-looking projects to mark the occasion include the Heidelberg University International Forum (a conference centre for local and visiting scholars), the construction of underground archives for valuable University Library stacks and the establishment of a computer network available to all faculties.

VI CENTENARIO
DESDE LA TRADICION HACIA EL FUTURO

„Desde la tradición hacia el futuro" es el lema bajo el que se conmemora en 1986 el VI Centenario. Se trata de resaltar la tradición secular de la Universidad Ruperto Carola. Su función actual y futura en la ciencia y en la sociedad surge como una misión que tiene su origen en esta tradición. Proyectos del VI Centenario a largo plazo son: el Foro Científico Internacional de Heidelberg, en el que se reunirân, en simposios, científicos de Heidelberg con investigadores de otras universidades; un almacén subterrâneo para los fondos valiosos de la Biblioteca Universitaria y una red de ordenadores para el procesamento inteligente de datos destinada a todas las facultades.

독일어 텍스트가 원본이다. 번역 과제는 다음과 같이 작성되었을 것이다.

텍스트를 (유럽식/미국식) 영어/스페인어/프랑스어로 번역한다. 각 언어(일본어 추가)로 텍스트와 사진 배치가 똑같이 편집된 별도 책자가 나올 것이다. 이 문서는 1986년 하이델베르크 대학교에서 배부될 예정이며 그 목적은 모든 방문객과 관계자에게 기념행사와 추가 프로젝트에 대한 정보를 제공하고 하이델베르크 대학교에 관한 긍정적 이미지를 심어 주는 데 있다.

이 과제에는 아래의 번역 브리프가 포함된다.

(1) 의도된 기능: 지시적(정보), 호소(이미지)
(2) 수신자: 영국/미국(스페인/라틴아메리카, 프랑스) 출신의 학술 기관에 관심 있는 사람들
(3) 수용 시간: 1986
(4) 수용 장소: (주로) 하이델베르크
(5) 매체: 컬러사진과 짧은 텍스트가 담긴 단일어 책자
(6) 텍스트 생산 및 수용 동기: 600주년 기념

도착어 독자에게 의도한 기능을 실현하려면, 도착어 텍스트는 TC 텍스트유형과 문체 관습 그리고 다소 형식적인 사용역을 따라야 하고, 긍정적 이미지를 확실하게 제시하면서 정보를 제공해야 한다. 전제가 되는 목표 독자의 문화특수적 지식 역시 고려되어야 한다. 해외 여행객들은 보통 이런 책자가 비치된 대학 건물을 방문하지는 않으므로 수신자는 대학과 학교 생활에 특별히 관심있는 사람들이라는 추측이 가능하다.

6.2. 출발어 텍스트 분석과 번역 전략

한편 ST 기능은 원본의 텍스트 외적, 내적 요소를 모두 고려하는 분석을 통해 끌어낼 수 있다. 이 경우 대부분의 텍스트 외적 요소들은 ST와 TT에서 동일하게 나타난다는 것을 분석을 통해 알 수 있다. 차이점은 수신자 집단이다. 독일어 원본의 경우 대학과 학업 생활에 관심을 두고 하이델베르크를 방문한 독일어 사용자(즉 독일, 스위스, 오스트리아 사람)뿐만 아니라 잠재적 후원자나 미래의 대학생들이다.

스코포스와 ST 기능의 비교를 통해, 번역자는 (a) 충실성 원칙을 따르지 않고 과제가 완수될 수 있는지 그리고 (b) 그 과정에서 어떠한 번역 문제가 생기며, 그 문제를 풀기 위해 어떤 종류의 전환 절차가 사용되어야 하는지를 파악하게 된다.

원본과 여러 번역본이 정확히 동일한 상황(시간, 장소, 매체, 동기 관련)에서 기능해야 하므로 동질 기능적 도구 번역이 요구된다고 할 수 있다. 필요하다고 입증되는 모든 조정은 이야기를 듣는 청자의 차이(문화적 지식, 사회문화적 배경, 도착어 텍스트 수신자의 관심사 등)와 텍스트적, 문체적 관습 그리고 언어 사용 등의 차이에서 비롯한다. 번역문이 원문보다 더 길어지기 쉽다는 점은 다 아는 사실이므로 번역자는 레이아웃으로 정해진 공간 제한을 넘지 않도록 주의를 기울여야 한다.

6.3. 번역 문제의 분류

우리가 든 사례에서 스코포스와 출발어 텍스트의 비교를 통해 번역 지침과 충실성 원칙이 상호 양립될 수 있다는 것이 드러난다. ST와 TT 청자 간의 차이 그리고 SC와 TC 관습과 언어 규범 간의 차이라는 관점에서 이제 독일어 원문을 위에서 말한 언어 중 하나로 번역하는 과정에서 일어나는 번역의 문제를 몇 가지 범주로 나누어 볼 수 있겠다.

교육의 목적으로 나는 번역 문제를 다음 네 가지 범주로 나누었다(Nord 1987 참조). 화용적 번역 문제, 문화 간 번역 문제, 언어 간 번역 문제, 텍스트 특정적 번역 문제 이렇게 네 가지다. 일반화 가능성의 정도에 따라 나열된 이 범주들이 번역 교육에 대단히 도움이 된다는 사실이 입증되었다. 그래서 대학 설립 600주년 기념 텍스트(보기 13)에서 따온 몇 가지 예를 가지고 네 가지 범주에 관해 설명하고자 한다.

6.3.1. 화용적 번역 문제(Pragmatic translation problems, PTP)

모든 출발어 텍스트는 다양한 목적을 위해 어떠한 도착어로도 번역될 수 있다. 그리고 각각의 경우 번역자는 두 개의 의사소통 상황(ST 상황과 TT 상황)과 맞닥뜨리게 된다. 두 가지 상황의 대비는, 심지어 개별 요인들이 다르지 않은 경우에도 화용적 번역 문제를 일으킨다(보기 4 참조).

보기 14: 번역 기능

번역자가 내려야 할 첫 번째 결정은 번역의 기능과 관련한 결정이다. 우리의 사례에서 번역은 동질 기능적이어야 하고 주요 기능은 지시적 기능이라는 사실을 확인했다. 원문과 프랑스어 번역에서 대학의 미래 지향성과 장기 프로젝트 사이의 연결은 아주 분명하다. 스페인어와 영어 버전에서는 그 문단의 첫 번째와 두 번째 부분 간에 결속 구조가 빈약하다.

그리하여 슬로건 또한 '작동하지' 못하는데, 이는 독일어 텍스트의 전치사 'aus'는 중의적이지만('전통으로부터'와 '전통에 의해서'라는 뜻을 동시에 나타낸다), 영어와 스페인어의 슬로건은 시간적 확장만을 나타낸다는 사실에서도 기인한다.

보기 15: 문화 관련 어휘(수신자 지향)

문화 관련 어휘의 번역은 늘 화용적 번역 문제를 야기하는데, 도착어 텍스트 독자는 종종 원천 문화에 대해 알지 못하기 때문이다. 그러므로 'Ruperto Carola'를 영어판에서 'University of Heidelberg'로 옮긴 번역은 오래된 대학의 라틴어 이름을 사용하는 독일의 습관에 관해 영어 사용권 독자 대다수가 알지 못하는 점을 고려한 것이다. 프랑스어와 스페인어 버전은 이러한 습관에 익숙하지 않은 독자에게 약간 앞뒤가 맞지 않아 보일지 모른다.

보기 16: 공간 제약(매체)
앞서 말한 공간의 제약은 또 다른 화용적 번역 문제를 일으킨다. 이런 의미에서 놀랍게 짧아진 영어 버전은 주어진 공간을 '채우지' 않음으로 인해서 '제대로 기능을 못할' 수도 있다.

6.3.2. 문화 간 번역 문제(Intercultural translation problems, CTP)

각 문화에는 언어적, 비언어적 행동에 관한 고유의 습관, 규범 그리고 관습이 있다. 문화 간 번역 문제는 관련한 두 문화 사이의 관습이 다른 데서, 이를테면 측정 관습, 형식적 관습, 텍스트유형 관습, 연설과 인사말 공식의 관습적 형태 등이 서로 다른 데서 생겨난다. 번역 브리프에 따르면 샘플 텍스트는 TC 관습에 맞게 번역해야 하기 때문에 CTP의 두 가지 예만 언급해보고자 한다.

보기 17: 텍스트유형 관습
슬로건은 제목과 표제처럼 하나의 텍스트유형으로 간주할 수 있다(Nord 1993 참조). 따라서 'Aus Tradition in die Zukunft'라는 슬로건의 번역은 비록 의미적 내용을 정확히 재현할지라도(스페인어 버전에서는 그렇지 못하지만), TC 슬로건처럼 '들리지' 않는다면 즉 TC 슬로건의 관습에 따르지 않는다면 제대로 기능하지 못할 것이다. 그러려면 출발어 텍스트의 표현을 완전히 재구성할 필요가 있음을 프랑스어 버전이 보여 준다.

보기 18: 문체의 일반 관습

CTP는 SC와 TC에서 특정한 문체 패턴을 선호하는 데서 발생한다. 만약 도착어 텍스트 수신자가 번역이 제 문화에서 '좋은' 문체의 일반 관습을 따를 것으로 기대한다면 번역자는 이러한 요구에 맞춰 ST 구조를 바꾸어야 한다. 샘플 텍스트의 몇 가지 예를 보면 독일어에서는 명사적 문체를, 그와 대조적으로 로망스어에서는 동사적 문체를 선호한다는 점을 알 수 있다. 'ihre künftige Funktion in Wissenschaft und Gesellschaft' vs. 'les tâches qui lui incomberont dans la science et la societé de demain'(이러한 점은 스페인어 문체 관습에도 존재하지만 스페인어 번역 버전은 이 원칙에 들어맞지 않는다) 또는 'ein Tiefmagazin für die wertvollen Bestände…' vs. 'la construction d' archives souterraines destinées à abriter les trésors….'

6.3.3. 언어 간 번역 문제(Interlingual translation problems, LTP)

어휘, 구문 그리고 두 언어의 초분절적 자질에 나타나는 구조적 차이 역시 번역 문제를 야기한다. 비교문법 그리고 교육적 번역 문법에 대한 몇몇 접근법은 이러한 문제를 해결하는 데 큰 도움이 된다. 샘플 텍스트에서 한두 가지만 예를 들어 보겠다.

보기 19: 복합어

독일어와 관련한 번역에서 종종 일어나는 문제는 복합명사의 번역이다. 이를테면 'Jubiläumsjahr', 'Jubiläumsprojekte', 'Tiefmagazin', 'Rechnernetz', 'Informationsverarbeitung' 등의 경우이다. 번역 교육을 위해서는 가능한 전환 절차들, 즉 변조('se conmemora en 1986 el VI centenario'), 치환('1986, the 600th anniversary of Heidelberg University'), 바꿔 말하기('projects to mark the occasion', 'projets… mis en oeuvre à l'occasion de cat anniversaire') 또는 심지어 축소('Rechnernetz zur intelligenten Informationsverarbeitung' vs. 'réseau informatique' 또는 'computer network')까지도 포함해 논의하는 것이 바람직하다. 위의 예에서 축소는 세세한 모든 내용을 길고 복잡하게 옮기는 것보다 훨씬 기능적일 수 있다.

보기 20: 형용사 기능
'archives for valuable Library stacks'라는 표현은 기록 보존소가 귀중한 서고만을 위해 만들어졌다는 추측을 낳지만 독일어 형용사 'wertvoll'은 그저 덧붙인 형용어구이다. 따라서 프랑스어 번역('trésors')은 제대로 기능하지만 스페인어 버전에서 형용사의 후치('valiosos fondos' 대신 'fondos valiosos'라고 씀)는 해당 특성을 제대로 나타내지 못한다.

보기 21: 초점
독일어 표현 'So lautet das Leitmotiv…'에서 앞서 나온 말을 가리키는 'so'는 슬로건을 그다음 문장과 연결하고 'Leitmotiv'는 문장의 강세를 가져가는데, 프랑스어 번역자는 전형적 초점 구조인 'C' est sous ce double signe que…'로 옮겼다. 스페인어 버전에서 관계사절 'el lama banjo el que se commémora…'는 동일한 효과를 내지만 영어 번역에서는 억양 곡선(intonation contour)이 자동적으로 '1986'에서 가장 높아진다.

6.3.4. 텍스트 특정적 번역 문제(Text-specific translation problems, TTP)

TTP는 특정한 텍스트에서 발생하는 문제이며 기능주의적 기준에 기반할지라도 그 해결책을 일반화하기는 힘들다. 이 범주에는 은유, 직유, 언어유희, 수사적 표현 등의 번역이 들어간다. 샘플 텍스트는 관습적 텍스트유형에 속하기 때문에 TTP는 찾아볼 수 없다. 그래서 『이상한 나라의 앨리스』의 말장난을 인용해 보고자 한다.

보기 22: 말장난
"How funny it'll seem to come out among the people that walk with their

heads downward! The Antipathies, I think" (she was rather glad that there was no one listening this time, as it didn't sound at all the right word). (Carroll 1946: 4)

"Das kann ja lustig werden, wenn ich bei den Menschen herauskomme, die mit dm Kopf nach unten laufen! Die "Antipathien" sagt man, glaube ich" - und diesmal war sie recht froh, daß ihr wirklich keiner zuhörte, denn das Wort klang ganz und gar nicht richtig. (Carroll 1973: 13)

"¡Qué divertido será surgir de golpe por donde vive toda esa gente que anda sobre la cabeza! Los antipáticos, según me parece…" (Esta vez sí que se alegró de que no hubiera nadie escuchando, porque algo no le sonaba bien en lo que había dicho) (Carroll 1970: 34)

원본의 언어유희는 'antipodes'와 'antipathies'의 발음이 유사한 점에 근거하며 이는 단어의 '소리'를 참조해야 확인이 되지만 보기 22. 두 번역본의 독자들은 앨리스가 그저 어려운 두 단어를 혼동해서 그러려니 여겨야 한다. 출발어 텍스트의 특정한 포인트, 즉 독자가 앨리스의 머리에서 무슨 일이 일어나고 있는지를 이해하게 하는 '기능'은 사라져 버린다.

6.3.5. 번역 문제의 기능적 위계 구조

특정 출발어 텍스트를 특정 도착어로 번역할 때 '일반적' 절차는 출발어 요소에서 시작해 텍스트를 한 문장씩 더 자주는 한 구절씩 또는 가능하다면 심지어 한 단어씩 전환해 일종의 초벌 번역을 만드는 것이다. 그 번역 품질은 번역자의 능력에 따라 달라질 수 있다. 그런 후에 (번역자의 개인적 관점에 비추어) 요구되는 의사소통 상황에 수용될 만할 때까지 문체를 다듬는다.

이러한 '상향식' 과정은 언어적 텍스트 표층구조(제1단계)에서 출발해 다음 단계인 관습(제2단계) 그리고 마지막 단계인 화용론(제3단계)으로 단계를 밟아 올라가는 식으로, 번역자 자신의 문체적 선호와 언어 및 번역 능력에 많은 여지를 내주는데, 이러한 과정은 번역 작업에서뿐만 아니라 특히 번역 교육의 측면에서도 몇 가지 문제점을 드러낸다. 이를 정리하면 다음과 같다.

(1) 학생들은 가능한 한 출발어 텍스트 구조에 가까이 있으려는 유혹을 받으며, 이는 모국어로 번역할 때조차 언어 간섭과 실수를 불러일으킨다.
(2) 번역은 코드 전환 작업으로 여겨지며, 어휘적 또는 통사적 등가가 가장 중요한 역할을 한다.
(3) 관심의 초점은 더 작은 언어 단위로 기울고, 종종 의사소통 상황 속의 전체 텍스트는 사라져 보이지 않는다.
(4) 결정은 개인의 직관에 기대어 내려지기 때문에 그것을 상호주관적인 근거를 토대로 정당화하기는 어렵다. 예를 들어 번역 작업 중인 번역자가 고객이나 교열 담당자에게, 교육받는 학생이 선생에게 제 결정을 정당화하지 못하며 또한 그 역도 마찬가지다.
(5) '더 낮은' 단계에서 내린 결정은 종종 그다음 단계에 이르러 수정해야 할 필요가 있다. 다음 보기에서 이에 대해 살펴볼 것이다.
(6) 때로 번역 과정은 명백한 '번역 불가능성'으로 인해 완전히 막혀 버리기도 한다(번역자가 자신이 고른 관용구의 뜻을 제대로 알고 있었더라면 아마도 보기 4.의 영어 번역이 이 경우에 해당했을 것이다).

보기 23: 상향식 결정 과정

번역자는 'Rechnernetz zur intelligenten Informationsverarbeitung für alle Fakultäten'을 'computer network for intelligent data processing for all faculties'로 옮기기로 했다(제1단계). 그녀는 텍스트유형과 문체 관습을 확인한다(제2단계). 그러고 나서 뜻이 모호하다는 점 외에도, 이 구절로 인해 문장 전

체가 이런 유형의 관습적 텍스트에 용인되지 않는 어색한 명사 구조를 띤다는 점을 알아챘다. 그리하여 그녀는 1단계로 돌아가 끝부분을 'which is available to all faculties'로 바꾼다. 이제 의사소통 상황을 살펴보고(제3단계), 이 방법을 쓰면 주어진 공간에 비해 텍스트가 너무 길어진다는 점, 또 문단 끝에서 해당 요소가 너무 강조되어서 열거되는 여러 요소들 중 하나로서 그저 부수적 기능을 수행하는 역할을 할 뿐인 본래의 기능에 맞지 않는다는 점을 발견한다. 그래서 번역자는 다시 제1단계로 내려가서 모든 과정을 다시 시작해야 한다.

그러므로 기능적 번역에서 문제들은 하향식 위계 구조로 다뤄져야 한다.

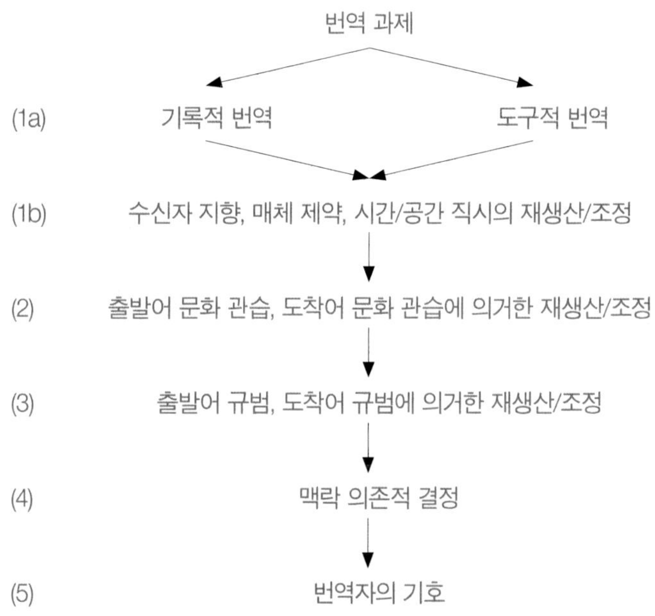

이는 곧 기능적 번역과정이 번역의 (의도되고, 부과된) 기능에 대한 결정을 내리는 화용적 층위에서 시작된다는 것을 의미한다(1a: 기록적 번

역 vs. 도구적 번역). 이 결정으로 그다음 단계(1b)를 위한 길이 나타난다. 즉, 출발어 텍스트의 어떤 기능적 요소들이 '그렇게' 재현되어야 할지 또 수신자의 배경 지식, 기대, 의사소통의 요구 그리고 매체 제약, 직시어 요건 등에 맞게 고쳐야 할 것은 무엇인지 등을 알게 된다.

선택된 번역유형은 번역 텍스트가 번역(번역 관습에 대해서는 Nord 1991b를 참조)과 문체 모두에 있어서 원천 문화 관습을 따라야 할지 아니면 목표 문화 관습을 따라야 할지 결정한다(제2단계).

위 과정을 거친 이후에야 필요한 경우 언어 체계의 차이를 고려하게 될 것이다(제3단계). 만일 해당 시점에서 여전히 선택의 여지가 있다면 (덜 관습화되거나 관습적이지 않은, 즉 문학적인 텍스트에서) 맥락적 측면(제4단계)이나 번역자의 기호(제5단계)가 최종적 결정에 영향을 주게 될 것이다.

7. 맺음말

이 글에서 제시한 기능적 접근은 두 개의 기둥에 기댄다. 소통 지향의 텍스트성 개념이 한편에 그리고 협력 파트너에 대한 충실성 원칙을 기반으로 한 목표 지향적 번역 개념이 다른 한편에 있다. 이 모형은 말과 글을 통한 문화 간 의사소통의 모든 영역 그리고 모든 문화 및 언어쌍에 유효하다. 이 모형을 (문학 텍스트를 포함한) 다양한 텍스트유형에 적용함으로써 일반적인 방식으로 다룰 수 있고 또 다뤄야만 하는 번역의 문제가 많다는 것을 알 수 있다.

참고문헌

Arndt, Walter W. 1981. *The Genius of Wilhelm Busch.* University of California Press. Translation published in Wilhem Busch. 1982. und *Max und Moritz polyglott.* Munich: dtv.

Beaugrande, Robert A. de and Dressler, Ulrich W. 1981. *Introduction to Text Linguistics.* London-New York.

Bassnett, Susan and Lefevere. André (eds). 1990. *Translation, History and Culture.* London New York: Pinter.

Bassnett, Susan. 1991. *Translation Studies.* Revised edition. London/New York: Routledge.

Bühler, Karl. 1934. *Sprachtheorie.* Jena: Fischer.

Carroll, Lewis. 1946. *Alice in Wonderland and Through the Looking Glass*, New York: Grosset and Dunlap.

Carroll, Lewis. 1970. *Alicia en el País de las Maravillas.* Transl. Jaime Ojeda. Madrid: Alianza.

Carroll Lewis. 1973. *Alice im Wunderland.* Transl. Christian Enzensberger. FrankfurtM.: Insel.

Catford, John C. 1965. *A Linguistic Theory of Translation. An Essay in Applied Liguistics* (Language and Language Learning). London: Oxford Universitiy Press.

Dictionary of Contemporary English (DCE). 1978. London: Longman.

Holz-Mänttäri, Justa and Nord, Christiane (eds). 1993. *Traducere navem. Festschrift für Katharina Reiss zum 70. Geburtstag.* Tampere: Universitätsverlag. Distributed by University of Tampere Sales Office. P.O. Box 617. FIN-33101 Tampere, Finnland.

Jäger, Gerd and Neubert, Albrecht (eds). 1982. *Übersetzungswissenschaftli-*

che Beiträge 5. Leipzig: Enzyklopädie.

Jäger, Gerd and Müller, D. 1982. *Kommunikative und maximale Äquivalenz von Texten.* In Jäger and Neubert (eds). 43-57.

Jakobson, Roman. 1960. "Linguistics and poetics". In Thomas A. Sebeok (ed). *Style in Language.* Cambridge/Mass, 350-377.

Koller, Wemer. 1993. *Einführung in die Übersetzungswissenschaft.* 4th ed. Heidelberg: Quelle & Meyer.

Koller, Werner. 1993a. "Zum Begriff der 'eigentlichen' Übersetzung". In Holz-Mänttäri & Nord (eds). 49-63.

Neubert, Albrecht. 1984. "Text-bound translation teaching". In Wilss & Thome (eds.). *Die Theorie des Übersetzens und ihr Aufschlußwert für die Übersetzungs- und Dolmetschdidaktik.* Tübingen: Narr, 61-70.

Neubert, Albrecht. 1985. "Maximale Aquivalenz auf Textebene". *Linguistische Arbeitsberichte* 47 (1985), 12-24.

Neubert, Albrecht. 1986. "Translatorische Relativität". In Snell-Hornby (ed). 85-105.

Newmark, Peter. 1984/85. "Literal translation". *Parallèles* 7: 11-19.

Nida, Eugene A. and Taber, Charles. 1969. *The Theory and Practice of Translation.* Leiden: Brill.

Nida, Eugene A. 1964. *Toward a Science of Translating.* Leiden: Brill.

Nord, Christiane. 1987. "Ubersetzungsprobleme - Übersetzungsschwierigkeiten. Was in den Köpfen von Ubersetzer vorgehen sollte..." *Mitteilungsblatt für Dolmetscher und Übersetzer* 2: 5-8.

Nord, Christiane. 1989. "Loyalität statt Treue. Vorschläge zu einer funktionalen Übersetzungstypologie". *Lebende Sprachen* 34 (3): 100-105.

Nord, Christiane. 1990. "Ausgangstextanalyse und Translatfunktion. Zur Rolle des Ausgangstexts in der funktionalen Translation". *Fremdsprachen* 3: 161-169.

Nord, Christiane. 1991. *Text Analysis in Translation. Theory, Methodology and Didactic Applications of a Model of Translation-Relevant Text Analysis.* Amsterdam/ Atlanta GA: Rodopi.

Nord, Christiane. 1991a. "Scopos, loyalty and translational conventions". *Target* 3 (1): 91-109.

Nord, Christiane. 1993. *Einführung in das funktionale Übersetzen. Am Beispiel von Titeln und Überschriften.* Tübingen: Francke.

Nord, Christiane. 1993a. "Alice im Niemandsland". In Holz-Mänttäri and Nord (ed), 395-416.

Nord, Christiane. 1996. *Translating as a Purposeful Activity. Functionalist Approach es Explained,* Manchester: St. Jerome(= Translation Theories Explained 1) (in press).

Oettinger, Anthony G. 1960. *Automatic Language Translation.* Cambridge/ Mass. (= Harvard Monographs in Applied Science, 8).

Pym, Anthony. 1992. *Translation and Text Transfer.* An Essay on the Principles of Intercultural Communication (Publikationen des Fachbereichs Angewandte Sprach- und Kulturwissenschaft der Johannes Gutenberg Universität Mainz in Germersheim, 16). Frankfurt a. M. etc.: Peter Lang.

Pym, Anthony. 1993. *Epistemological Problems in Translation and its Teaching. A Seminar for Thinking Students.* Calaceite (Spain): Editions Caminade.

Raabe, Horst. 1979. "Didaktische Translationsgrammatik". In Bausch, Karl-Richard (ed.). *Beiträge zur didaktischen Grammatik. Probleme, Beispiele, Perspektiven.* Königstein/Ts. 239-256.

Reiss, Katharina and Vermeer, Hans J. 1984. *Grundlegung einer allgemeinen Translationstheorie.* Tübingen: Niemeyer.

Snell-Hornby, Mary (ed). 1986. *Übersetzungswissenschaft – eine Neuorientierung.* Tübingen: Francke.

Snell-Hornby, Mary. 1986. "Übersetzen, Sprache, Kultur". In Snell-Hornby (ed). 9-29.

Snell-Hornby, Mary. 1987. "Translation as a cross-cultural event: Midnight's Children – Mitternachtskinder". *Indian Journal of Applied Linguistics* 2: 91-105.

Snell-Hornby, Mary. 1988. *Translation Studies: An Integrated Approach.* Amsterdam/Philadelphia: Benjamins.

Snell-Hornby, Mary. 1990. "Linguistic transcoding or cultural transfer? A critique of translation theory in Germany". In Bassnett and Lefevere (eds), *Translation History and Culture.* London New York: Pinter, 79-86.

Vermeer, Hans J. 1978. Ein rahmen für eine allgemeine translationstheorie. In Hans J. Vermeer (ed). 1983. *Aufsätze zur Translationstheorie.* Heidelberg: Vermeer 48-61.

Vermeer, Hans J. 1986. "Übersetzen als kultureller Transfer". In Snell-Hornby (ed). 30-53.

텍스트유형 관습과 번역 : 방법론적 쟁점 몇 가지

파울 쿠스마울(Paul Kussmaul)
마인츠/게르메르스하임 대학교(University of Mainz/Germersheim)

1. 머리말

영국 대학의 젊은 강사이던 시절, 나는 막 전달받은 독일 교수의 논문에 대한 토론에 참석했다. 나와 내 독일인 동료는 둘 다 논문에 크게 고무되어 토론에 적극적으로 참여했다. 다음 날, 독일인 동료가 와서 연장자인 영국인 동료가 그에게 한 말을 전해 주었다. "어젯밤에 좀 무례했어요."

우리는 꽤 당황스러웠고 어떻게 된 일인지 이해하려 애썼다. 평소에 하듯이, 우리는 상반된 의견과 독일인 교수의 논문에 관한 비판적인 견해를 자유롭게 표현했다. 영국인 동료들은 어떻게 했는지 기억을 더듬어 보니 그들은 완전히 다른 방식으로 행동했다는 것을 깨닫게 되었다. 그들은 직접적인 비판을 하지 않았고, 다만 다음과 같이 질문했다. "동료 X의 접근 방식에 대해 어떻게 생각합니까?" "동료 Y가 최근에 낸 책에 관한 의견을 들려주시겠습니까?" 해당 주제에 익숙한 전문가들에게 이런 식의 질문은 질문자가 내용을 제대로 이해하지 못하고 있다는 인상을 줄 수도 있다. 하지만 이런 질문을 함으로써 해당 교수는 자신이 빠트린 점이나 지식이 부족하다는 점을 감출 수 있고 결과적으로 체면을 잃지 않아도 된다.

학술 담화에는 독일식과 영국식 두 가지 형태가 존재하는 것처럼 보였다. 독일 학자들은 보다 직설적으로 자신의 비판적 태도나 상이한 의견을 표현했고, 영국 학자들은 돌려서 말하는 경향이 있었다. 그렇다고 영국 학자들이 비판적이지 않았던 것은 아니다.

이는 한낱 일화일 뿐일까 아니면 어떤 전형을 보여 주는 걸까? 갈퉁(Galtung 1985)은 이 일화와 매우 비슷한 지적 담화의 문화적 원형을 제시했다. '색슨족' 담화(영국과 미국)에서 발표나 강의에 대한 언급은 대개 몇 마디 찬사로 시작한 다음, '그런데(however)'로 서두를 떼며 친절한 말로 비평을 이어 간다. 반면 '튜턴족' 담화(독일)에서는 제기된 주장의 가장 큰 약점을 바로 겨냥해 이를 격추시킨다(Galtung 1985: 157f.).

이러한 사례를 들면서 시작한 이유는 이를 통해 관습, 문화 그리고 텍스트유형이라는 개념을 잘 설명할 수 있기 때문이다. 이 사례에서 묘사된 담화 유형은 언어학에서 사용되는 용어인 텍스트유형과 밀접한 관련이 있으며, 적절한 행동이 무엇인가를 규정하는 특정 규칙이나 관습에 의해서 지배된다. 그리고 이러한 규칙들은 문화에 따라 다르다.

2. 기본 개념 몇 가지

2.1. 관습

먼저 관습(convention)과 관습적(conventional)이라는 말을 살펴보도록 하겠다. 이 용어들은 언어학에서 다양한 의미로 쓰인다. 이 말들은 임의적(arbitrary)[동기부여된(motivated)이라는 말과 대조]이라는 말과 거의 같은 뜻으로 사용될 수 있고 그리고 개념과 음상(sound-image) 사이의 관계를 나타낸다. 우리가 여기서 이런 유형의 관계에 관심을 기울이진 않지만 관습적이라는 말의 이러한 사용은 텍스트유형을 설명하는 데에 있어서 핵심적인 개념을 함축한다. 관습은 순응과 기대라는 뜻을 내포한다(Lewis 1969: 78). 사람들은 단어를 사용할 때 보통 다른 사람이 쓰는 것과 같은 의미로 사용할 것으로, 즉 일반적으로 합의된 규칙성을 따를 것으로 기대된다. 마찬가지로 사람들이 비즈니스 서신과 같은 특정 유형의 텍스트를 생산할 때에는 특정한 규칙성과 원칙을 다를 것으로 기대된다. 그리하지 않으면 의사소통이 어려워지거나 실패할 수 있다.

화행(speech-act) 이론에서 관습과 관습적이라는 말은 발화수반행위(illocutionary act)의 적절한 수행을 위해 충족해야 하는 조건들에 사용된다(Wunderlich 1972: 11ff.). 설(Searle)은 이러한 맥락에서 규칙을 두 유형으로 나누어 설명한다. 구성적 규칙(constitutive rules)은 화행을 생성하고 규정하며 "X를 C의 맥락에서 Y로 간주한다"라는 형식을 취한다. 그리고 규제적 규칙(regulative rules)은 독립적으로 기존의 행위를 규제하며 "Y이면, X를 하라"는 형식을 취한다(Searle 1969: 33ff.). 두 유형의 규칙 모두 관습의 적용을 받는다고 할 수 있지만 텍스트유형의 성격을 설명하기 위해서는 특히 두 번째 유형이 도움이 될 것으로 보인다. 예컨대 앞서 말한 사례의 언어적 행동을 기술할 때 영국 문화에는 "학술 담화에서 비판하고 싶으면 질문을 활용하라!"라는 규칙이 있다고 할 수 있다. 독일 문화에서는 "학술 담화에서 비판하고 싶으면 동료의 약점을 지적하는 게 좋다"라는 규칙이 있다고 하는 것과 같다. 그러나 특정 텍스트유형 내의 규제적 규칙과 화행에 관해 논하기 이전에, 문화와 텍스트유형에 대해 좀 더 자세히 살펴보는 것이 우리의 목적에 더 유용하겠다.

2.2. 문화

'문화'는 매우 복합적인 개념이다. 번역 교육을 위한 강의 계획서에는 '문화 연구'가 항상 중요한 부분을 차지한다. 강의 계획을 세우는 데에 있어서 사람들은 과연 어떤 주제를 이 분야에 넣을 것인지를 정해야 하는 악명높은 과제를 마주하게 된다. 주로 정치 제도, 교육, 역사 그리고 시사 문제가 포함된다. 그렇다면 역사의 어느 시기에 집중해야 하나? 종종 한 나라의 문학이 포함되는데, 그렇다면 어떤 책이 문화유산에 속하는가? 다른 형태의 예술, 가령 한 나라 사람 대부분이 알고 보는 영화나 텔레비전 프로그램은 어떠한가? 문화는 확실히 상식으로 통하는 사실적 지식(factual knowledge)과 관련이 있다. 하지만 행동적 지식(behavioral knowledge) 또한 존재하며 나는 상호문화 능력(intercultural competence)과 실제 번역 능력을 훈련하기 위해서는 바로 이런 유형의 지식이 중요하다고 강조한 페르메르(Vermeer)에 동의한다. 그는 우리 행동의 실행 원칙을 형성하도록 도와주는 문화적 규범, 관습 그리고 의견의 중요성을 지적한다(Vermeer 1986: 11). 내가 보기에 번역가 훈련에서 행동적 지식은 별로 드러나지 않는데, 아마도 사실적 지식보다 변화가 일어나기 쉽기 때문일 것이다. 텍스트를 다루는 데에는 이런 유형의 지식이 몹시 중요하다. 이런 문화적 규범을 지키지 않으면 우리는 제재를 받을 수도 있으며, "나는 외국인입니다"라는 말은 핑계가 되지 않는다. 첫 번째 사례에서 내 독일인 동료가 영국의 행동 규범을 따르지 않았다는 이유로 연장자인 영국인 동료에게 핀잔을 들은 일을 기억할 것이다.

2.3. 텍스트유형

텍스트유형은 모호한 용어다. 이것은 독일어에서 Texttyp라고 일컬어지는 것으로, 텍스트유형을 정보적(informative), 표현적(expressive) 그리고 작용적(appellative) 텍스트유형으로 나누었던 라이스(Reiss)에 의해 알려진 좀 더 일반적인 개념이다. 더 나은 단어가 없기에 텍스트유형은 독일어 Textsorte의 등가어로 쓰일 수도 있는데, 이는 매뉴얼, 안내 책자, 상용 서신, 일기예보, 계약서 또는 우리의 첫 사례에 이름 붙일 수 있는 학술 담화 등과 같은 것들을 나타낸다. 특정 유형의 의사소통을 위한 언어에 이름이 있다는 사실 자체가 그것들에 공통된 자질이 있어야 한다는 표시라고 할 수 있다.

상황과 텍스트유형 사이에는 밀접한 관계가 있다. 크리스털과 데이비(Crystal and Davy 1969)는 상황 차원의 모형을 제시하면서 개인성(INDIVIDUALITY), 방언(DIALECT), 시간(TIME), 매체(MEDIUM), 참여(PARTICIPATION), 분야(PROVINCE), 지위(STATUS), 양상(MODALITY), 특이성(SINGULARITY)을 구별한다. 그들은 텍스트의 면밀한 분석을 통해, 이런 차원들이 텍스트를 글로 쓰고 실제 말하는 것과 어떤 관련이 있는지 보여 준다. 이 모형은 번역에 적용되었으며, 하우스(House 1977)에 의해 몇 가지 측면에서 더욱 상세히 명시되었다. 이 모형을 우리의 첫 번째 사례, 즉 '학술 담화' 텍스트유형의 표본에 적용하면 우리는 텍스트유형이 상황 차원의 패턴을 반영한다는 사실을 알게 된다. 매체와 관련해, 위의 사례는 글쓰기에 반대되는 말하기로 규정된다. 참여 차원에서는 독백에 반대되는 대화가 특징이다. 지위의 경우는 서로 대등한 사회적 역할 관계(SOCIAL ROLE RELATIONSHIP)가 그 특징이다. 참여자들은 모두 학계의 동료로서 학술 토론에서 그들의 역할은 동등하다. 사회적 태도(SOCIAL ATTITUDE)(하우스가 추가한 용어 1977: 45ff.)의 측면에서 참여자 간의 친밀도를 따져 봤을 때 우리 사례의 상황은 보통 정도로 나타난다. 즉 토론의 참가자들은 전혀 모르는 사람은 아니며, 동료이지만 필시 친한 친구 사이도 아닐 테다. 마지막으로 분야(PROVINCE) 차원은 문학 연구로 기술할 수 있다. 참여자들은 예컨대 이 분야의 특정 어휘를 사용했을 것이다.

이러한 차원들이 언어학적 의미에서 어느 정도 차별성이 있다는 것은 그것들을 바꾸어 보면 알 수 있다. 예를 들어 우리 사례에서 매체 차원을 말하기에서 글쓰기로 바꾸면, 다른 텍스트유형이 나온다. 이제 더는 학구적 구두 토론이 아니라 편지 왕래 같은 것, 학술지 편집자에게 동료의 논문에 관한 논평을 써 보내는 편지가 될 수 있다. 만약 참여 차원을 대화에서 독백으로 바꾼다면 학회에서 발표되는 논문이 될 것이다. 지위 차원을 대등한 위치에서 위에서 아래로 향하는 관계로 변경하면 교수가 학생에게 연구에 대해 조언하는 대화가 될 수 있다. 사회적 태도 차원을 바꾸면 토론이 스스럼없는 대화가 될 수 있고, 그때에도 여전히 우회적 형식이 필요한지 살펴보는 일은 흥미로울 것이다. 분야 차원에 변화를 주면 다른 직업 분야의 토론을 하게 될 것이고, 이와 함께 어휘와 구문 모두의 측면에서 문체도 달라질 것이다.

게다가 하나 이상의 차원에서 변화를 주면 또 다른 텍스트유형이 생겨나게 된다. 예를 들어 매체를 글쓰기로 그리고 참여를 독백으로 동시에 변경하면 서평이나 동료의 학문적 수준에 대한 평가가 된다. 하지만 참여 차원을 독백으로 그리고 지위 차원을 위에서 아래로 향하도록 동시에 바꾸면, 학생에게 하는 강의가 될 것이다. 이러한 텍스트유형에 대한 명칭이 '매뉴얼'이나 '일기예보'와는 사뭇 다르게, 매우 길고 복잡하다는 주장이 간혹 있을지 모른다. 그러나 우리는 기본적으로 명칭에 관심이 있지 않고 개념에 유의한다는 점을 명심해야 한다. 나는 대부분의 사람들이 학회에서 발표하는 논문과 학생에게 하는 강의 사이에 문체상 어떤 차이가 있는지 아주 잘 알 것으로 생각한다.

다음에서는 텍스트유형을 분석하면서 상황적 차원이 어떻게 텍스트유형 관습에 반영되는지 보여 주고자 한다.

3. 거시 구조

거시 구조의 확고한 기반을 언어 모형(linguistic models)에 두기는 어렵다. 이런 목적으로 주제와 평언(theme-rheme) 구조를 사용하려는 노력이 이뤄졌지만(Gerzymisch-Arbogast 1986, 1987 참조), 번역의 실용적 목적을 위한 지침으로 사용될 정도로 단순하게 많은 텍스트를 설명하기는 어려울 것 같다. 텍스트언어학자는 거시 구조를 다룰 때 대개 텍스트의 일반적 사고의 흐름과 그 텍스트유형에 전형적인 단락의 배열을 검토한다. 그리하여 괴페리히(Göpferich 1995)는 기술과 과학 텍스트에서 거시 구조의 유연성은 구체적인 텍스트유형에 따라 달라진다는 점을 확인했다. 예컨대 특허 명세서는 완전히 경직된 거시 구조를 이루는데, 이는 개별 단락들이 앞뒤로 늘 같은 순서로 이어진다는 것을 의미하며 반면에 기술 저널의 학회 보고서와 논문은 한결 유연한 거시 구조를 보인다. 대체로 그녀는 텍스트에 기술적 속성이 적을수록 거시 구조는 더 유연하고 이런 면에서 영어와 독일어 텍스트 사이에 큰 차이가 없음을 발견했다(Göpferich 1995: 299ff.). 아마도 과학과 기술이 국제적 분야이기 때문일 것이다. 기술 생산품은 전 세계에서 팔리며 대개 개별 문화에 영향을 받지 않는다.

개별 문화에 보다 확고히 내재한 텍스트라면 상황은 다르다. 클라인(Clyne 1981, 1987, 1991)은 '학술 텍스트'를 조사해 독일과 앵글로색슨의 문화에 차이가 있음을 발견했다. 영어 텍스트는 선형성을 특징으로 하는 반면, 독일어 텍스트는 주제에서 벗어나기(digression)를 그 특징으로 한다. 그는 이러한 유형의 텍스트 구조와 학교에서 가르치는 에세이 작성법 사이에 관련성이 있다고 보는데, 앵글로색슨 국가에는 엄격하고 선형적인 논증과 관련해 명확한 규칙이 존재한다. 그 결과, 앵글로색슨의 학술적 글에는 각주가 훨씬 적고 인용과 참조 사항은 종종 본문 안에 포함된다.

이제 우리의 실행 지침으로 돌아가서 어떤 상황 차원들이 이러한 거시 구조적 관습에 나타나는지 알아보도록 하자. 분야에 관한 한, 영어로 쓰인 학교 에세이와 학술 논문은 둘 다 문체면에서 덜 기술적이라는 측면에서 유사하다고 할 수 있지만, 독일어의 학술적 글쓰기는 그 자체만의 문체를 가지고 있다. 참여 측면에서 영어 텍스트는 지엽으로 흐르는 경향이 덜하기 때문에 더 독자를 지향하는 반면, 독일어 텍스트의 독자는 종종 온갖 여담과 각주를 하나하나 읽어 나가는 노력을 특별히 기울여야 한다. 클라인은 또 영어 텍스트에는 보다 많은 메타커뮤니케이션적 발화(metacommunicative utterance)가 있으며, 이것이 논증의 구조와 전개 방법에 드러난다는 것을 발견했다(Clyne 1991: 279).

이런 종류의 관찰들은 번역에 어떤 영향을 미치는가? 우리는 문화적 거시 구조를 보존해야 하는가 아니면 바꿔도 되는가? 위에서 나는 문화적 규범을 따르지 않으면 제재를 받을 수 있고, 만약 우리가 목표 문화의 학술적 텍스트유형에 대한 관습을 지키지 않으면 텍스트가 수용될 가능성을 잃어버릴 수 있다고 말했다. 클라인은 그 모든 여담과 각주가 달린 독일어 학술 텍스트를 영어로 번역한 글에 관해 쓴 서평을 인용한다. "독일의 학술적 산문에 아주 밝지 않은 독자에게 이 작품의 구조는 가독성을 제한한다"(Clyne 1991: 376). 반대로 영어 학술 텍스트를 독일어로 옮길 때 우리는 여담과 각주를 넣어야 하는가? 언젠가 한번은 영국인 친구가 쓴 음운론에 관한 책을 독일어로 번역한 적이 있다. 원고를 받고 나서 출판사에서는 정말로 학술적인 텍스트라면 갖춰야 할 각주가 충분치 못하다는 답신을 보내왔다. 그래서 독일 독자의 기대를 충족하고 출판사를 기쁘게 하기 위해 우리는 여러 개의 각주를 추가로 집어넣었다. 여기에 몇몇 이론에 대한 보다 상세한 참고문헌이나 간략한 역사적 개요와 같은 여담을 더 삽입해야 할까? 나는 어떤 문화에서건 텍스트의 가장 중요한 자질은 가독성이며 다른 모든 고려 사항들은 이 목적에 따라야 한다고 생각한다.

4. 미시 구조

4.1. 메타커뮤니케이션적 발화

거시 구조는 텍스트에서 주로 정보적인 요소와 내용을 중심으로 한 요소를 다루지만 텍스트에는 정보를 제대로 이해하도록 도와주는 요소도 들어 있다. 이러한 요소를 일반적으로 메타커뮤니케이션적 발화(metacommunicative utterance)라고 한다(Göpferich 1995: 381ff.). 이러한 미시 구조의 형태는 편리하게 화행(speech-act) 모형의 틀 안에서 분석될 수 있다. 얼마 전 나는 문학 연구 및 언어학에 관한 독일어와 영어 학술 텍스트의 메타커뮤니케이션적 발화를 코퍼스에 기반해 분석했고(Kussmaul 1978), 그 결과는 아마 다른 주제 영역에도 유효할 것이다. 전형적인 예를 몇 가지 들어 보겠다.

4.2. 공지(Announcements)

(1a) I shall discuss this topic in the following chapter.
나는 이 주제에 대해 다음 장에서 논의하겠다.
(1b) We shall discuss this topic in the following chapter.
우리는 다음 장에서 이 주제에 대해 논의하겠다.
(1c) The following chapter deals with…
다음 장은… 를 다룬다.
(1d) Das vorliegende Buch erörtert…
본 책은… 를 논의한다.
(1e) Diese Frage wird im folgenden Kapitel erörtert.
이 질문은 다음 장에서 논의될 것이다.

영어 공지에는 일인칭대명사가 주로 사용된 반면, [I(1a)는 총사례의 61%, we(1b)는 17%], 독일어에서는 주로 책이나 장을 주어로 삼았는데(1d), 사례의 55%가 이에 해당했다. 수동태(1e)가 나타난 경우는 38%였다. 영어 공지에서도 책이나 장을 주어로 사용했지만(1c), 단지 21%에 그쳤다. 따라서 영어 공지가 독일어 공지보다 훨씬 '개인적'인 것처럼 보인다. 달리 말해, 둘은 사회적 태도 차원에서 다르다. 사회적 거리가 독일어 공지에는 대단히 멀게, 영어 공지에는 중간 정도로 나타난다. 분명 사회적 태도는 양적 범주이며 그것은 단계적으로 달라진다. 하우스는 주스(Joos)가 말한 격식의 단계를 활용하는데, 정형화된(frozen), 격식 있는(formal), 대화적(consultative), 편안한(casual) 그리고 친밀한(intimate) 문체가 그것이다(House 1977: 45ff.). 이러한 범주를 써서 말하면 보기 (1a)는 편안한 문체이고, (1e)는 격식 있고, (1c)와 (1d)는 다소 정형화된 문체이다.

게다가 인칭대명사의 일인칭 복수형은 화자와 청자를 포함하는 참여 차원의 측면에서도 해석될 수 있다. 사회적 태도와 참여 차원이 밀접하게 연관되어 있어 보인다. 저자와 독자 사이의 대화 형식을 담은 텍스트가 둘 사이의 높은 친밀도를 보여주는 요소도 가지고 있는지를 살펴보는 것도 의미가 있을 것이다.

관습적 언어 행위에 대한 규칙을 공식화하기 위해 우리는 설의 규제적 규칙의 패턴을 이용해 다음과 같이 제안할 수 있다. "영어 학술 텍스트에서 (문학 또는 언어학적 주제로) 뭔가를 공지하고자 한다면 단수나 복수 일인칭대명사를 쓰고, 독일어 텍스트에서는 책이나 장을 문장의 주어로 삼거나 수동태 구조의 문장을 사용할 것!"

영어와 독일어 언어 행위 간의 비슷한 차이를 학술 텍스트 내의 다른 메타커뮤니케이션적 화행에서 볼 수 있다. 나의 코퍼스에서 몇 가지 예를 더 가져오겠다.

4.3. 역-참조(Back-References)

(2a) As we have seen in the first Chapter…

(2b) Das erste Kapitel hat gezeigt…

4.3.1. 요청(Requests)

(3a) Let us consider…

(3b) Es ist dabei zu beachten…

이 예문들에서 영어 텍스트는 일인칭 복수 대명사를 사용하고 독일어 텍스트는 다양한 '무인칭' 구문을 쓴다. 영어 텍스트의 친밀함과 독일어 텍스트의 거리감이라는 특질은 단지 메타커뮤니케이션적 발화뿐 아니라 다른 언어 행위에도 전형적으로 나타나는데, 내 코퍼스의 사례들이 시사하는 바와 같다(Kussmaul 1978).

괴페리히(Göpferich)는 기술과 과학을 다루는 텍스트를 분석하면서 비슷한 점을 관찰했다. 그녀는 일반적인 경우, 즉 메타커뮤니케이션적 발화와 관련해 특별한 경우가 아니면, 저자와 독자 모두 현상을 관찰하고 문제를 해결하는 데 관여하고 있음을 암시하는 대명사 we는 이들 유형의 독일어 텍스트보다 영어에서 훨씬 더 흔하게 사용된다는 것을 발견했다(Göpferich 1995: 374).

슈넬 혼비(Snell-Hornby)는 공공 지침서를 분석하면서 본고에서 살펴본 것과 비슷한 맥락의 현상을 발견했다. 영어는 수신인을 확실하게 밝히기를 선호하지만[예: "Passengers entering or leaving the bus while it is in motion do so at their own risk"(버스가 움직이는 동안 승하차하는 승객은 그에 따른 위험부담을 스스로 져야 합니다)], 독일어는 추상명사를 선호한다(예: "Privatgrundstück. Benutzung auf eigene Gefahr")는 점을 알아낸 것이다. 수신인을 확실히 하는 것, 즉 실제 그 혹은 그녀에게 말은 건다는 것은 참여의 표시로 해석될 수 있으며 또한 사회적 태도의 측면과 관련해 거리감이 줄어드는 것과 비슷하다. 일반적으로 영어 텍스트가 독일어 텍스트보다 어조 면에서 훨씬 더 개인적이라고 주장하면 물론 지나친 말이 되겠지만 다른 텍스트유형을 분석할 때 이런 측면에 유념하면 좋을 것이다.

4.4. 울타리 표현(Hedging)

대명사 we가 포함된 구문, 수동태와 기타 무인칭 구문을 슈뢰더(Schröder)는 울타리 표현의 징후로 해석한다. 그는 언어학과 철학 관련 텍스트의 경우 울타리 표현이 영어보다 독일어와 핀란드어 텍스트에서 더 흔하게 나타난다는 점을 발견했다(Schröder 1987). 실제로 울타리 표현은 무엇을 의미하나? 그것은 말하자면 울타리 뒤에 숨는 것을 뜻한다. 텍스트의 저자는 더 이상 자신이 발화한 명제 내용의 진실에 대해 모든 책임을 지지 않는다. we의 사용은 다음과 같은 뜻으로 볼 수 있다. "이것은 내 의견이기도 하지만 다른 이들의 의견이기도 하다." 그리하여 저자가 말하는 바는 한층 객관적인 것이 된다. 수동태의 사용 또한 같은 의미로 이해할 수 있다. "내가 하는 말은 일반적으로 용인된 사실이다." 이런 유형의 울타리 표현은 진술의 진릿값을 뒷받침하지만 다른 울타리 유형은 진릿값을 약화시키는 '약화 기제'로 사용될 수도 있다. 영어의 it seems to, I find, I think, I suggest(가설을 제시한다는 의미), 독일어의 wie mir scheint, wenn ich recht sehe 등과 같이 의견을 나타내는 표현들이다.

여기서 어떤 종류의 상황 차원들이 관찰될 수 있는가? 진술의 진릿값을 강화하는 울타리 표현(we와 수동태)의 자질은 저자의 지위를 끌어올리는 것으로 해석될 수 있다. 말하자면 그는 혼자가 아니라 다른 많은 이의 지지를 받는, 전문가 집단의 화자다. 약화 기제로서 역할을 하는 울타리 표현의 자질은 저자의 지위를 낮추지 않고, 오히려 그 지위를 유지하는 데 도움이 된다. I suggest, I believe 같은 표현은 그 사람이 하는 말이 논의에 열려 있고, 다른 견해도 있을 수 있다는 걸 의미한다. 누군가 낸 의견이 논의에 기여하는 것으로 인식되면 다른 사람에게 공격받지 않는다. 따라서 진릿값을 높이거나 낮추는 두 경우 모두 저자는 체면을 잃어버릴 위험에서 벗어난다. 그러므로 체면을 차리는 것과 체면을 잃는 것은 지위와 밀접한 관련이 있다.

슈뢰더와 나의 조사 결과는 서로 모순되는 것처럼 보인다. 내가 위에서 인용한 영어 예문들에는 we-형태와 수동태 같은 울타리 표현이 있고, 이런 형태는 영어와 독일어 양쪽 모두에서 나오지만 슈뢰더는 울타리 표현이 자신이 조사한 영어 텍스트에서 더 드물게 나타난다고 말했다. 또 I suggest, seem to 등과 같은 약화 기제는 내 경험상 앵글로색슨의 학술적 글쓰기에서 누군가의 성과를 소개하는 전형적인 형태지만 독일의 학술적 글쓰기에서는 훨씬 드물게 나타난다. 이는 물론 코퍼스 기반 연구에 의해 입증되어야 할 것이다.

일견 모순되어 보이는 이러한 점은 울타리 표현이 특정한 화행과 함께 동시에 발생하는 것을 통해 설명될 수 있는데, 이는 슈뢰더가 고려하지 않았던 측면이다. 그 또는 그녀가 수행하는 화행이 실제로 저자의 지위를 축소시키는 화행이라면 울타리 표현은 논리적으로 저자의 지위를 유지시키는 역할을 한다. 진술이나 결과 제시, 결론 도출 등과 같은 화행이 그렇다. 텍스트의 사고 흐름을 체계화하는 메타커뮤니케이션적 발화에는 지위가 개입되지 않으며, 따라서 이러한 화행 안의 we 형태는 울타리 표현으로 보기 어렵다. 그러므로 울타리 표현에 대한 해석은 수행되는 화행의 유형에 의거한다. 예를 들어 공지와 역-참조에 나오는 대명사 we는 대화에 전형적으로 나타나는 참여의 형태로 볼 수 있고, 이때 we(우리)에는 you(너)와 I(나)가 포함되지만 진술과 결과 제시에 쓰인 we는 동료 연구자들을 포함하는 복수형으로 볼 수 있다.

4.5. 지시 화행(Directives)

나는 이 화행이 텍스트유형 관습을 설명하기에 특히 적합하다고 보기 때문에 이를 이용하고자 한다. 지침서(instructions)는 지시 화행의 한 형태로 리플릿과 매뉴얼에 나타난다. 영어와 독일어 설명서에 관습적으로 사용되는 언어 형태에는 다소 차이가 있다. bath salt(목욕 소금)에 대한 영어 리플릿에 이런 문장이 나왔다(Kussmaul 1995: 76).

(4a) Balneum Hermal is added to the bath-water (not vice versa) and is well mixed.
(Balneum Hermal(발네움)은 목욕물에 추가되고 (그 반대는 아님) 잘 섞인다.)

이 문장에 대한 영어 독자의 반응을 살펴보면 흥미로울 것이다. 영어 구문론에 따르면 이 문장은 '잘 섞인 목욕 소금은 이미 목욕물의 일부'라는 진술로 해석될 수 있다. 물론 이는 전혀 말이 안 되는 소리이며 독자가 할 수 있는 유일한 일은 지침서 책자에서 말이 되는 식으로 문장을 이해하려 노력하는 것이다. 독일어 원본의 문장은 다음과 같다.

(4b) Balneum Hermal wird in das Badewasser gegeben (nicht umgekehrt) und gut untergemischt.

이 문장은 서술을 할 때 사용되는 긍정문 형태를 띠지만 독자는 이를 지침으로 읽을 것이다. 독일어 리플릿에서는 수동태가 발화수반력(illocutionary force)을 나타내는 지표로서 주로 사용된다. 그러나 영어 리플릿에는 다른 형태가 사용된다. 가장 흔한 것은 명령문이다. 따라서 다음과 같이 표현했다면 적절한 번역이 되었을 것이다.

(4c) Add Balneum Hermal to the bath water and stir well until dissolved.

Balneum Hermal을 목욕물에 타서 녹을 때까지 잘 저으세요.

번역자는 의사소통 단절의 위험을 감수할 생각이 아니라면 이런 관습들에 대해 반드시 알아야 한다. 영어에서 수동태가 지침서에 사용되는 것은 특정한 통사적 맥락 하에서만 가능한데, 예를 들면 동명사 앞의 경우가 그렇다.

(4e) The doors are locked by pushing in on the forward position of the rocker lever.(Kussmaul 1995: 80)

(로커 레버의 앞쪽을 밀어서 문을 잠급니다.)

번역을 가르치는 교사들은 설명서 리플릿을 번역할 때 영어에서는 명령형(imperative)을, 독일어에서는 원형(infinitive)을 쓰라는 조언을 하곤 하는데, 이러한 조언에 따라 우리의 예문을 바꾸면 다음과 같이 될 것이다.

(4e) Balneum Herman in das Badewasser geben (nicht umgekehrt) und gut vermischen.

이것은 충분히 가능한 형태이다. 그런데 설명서 리플릿과 매뉴얼을 좀 더 자세히 살펴보면 문체가 너무 단조롭지 않도록 막아 주는 꽤 다양한 형태가 있음을 알게 된다. 작은 영어 코퍼스(Kussmaul 1995: 75ff.)에서 나는 다음과 같은 것을 발견했다.

- 명령형(the imperative)
- please + 명령형

- must + 능동 부정사(infinitive active)
- must + 수동 부정사(infinitive passive)
- have to
- it is advisable
- we recommend
- it is recommended
- it is important
- should

독일어 텍스트에서 발견한 것들은 다음과 같다.

- 동사원형(the infinitive)
- 명령형
- “bitte” + 명령형
- “bitte” + 부정사
- 현재 시제 수동문
- 현재 시제 능동문
- müssen
- “ist zu/sind zu”
- “wir empfehlen”
- “er ist empfehlenswert”
- “es ist ratsam”
- “sollte”

여기서 더 자세하게 살펴보지는 않을 것이다. 이 문제는 다른 책(Kussmaul 1995: 77ff.)에서 꽤 깊이 있게 다뤘다[괴페리히의 상세한 설명(1995: 308ff.)도 참조하기 바란다]. 다만 선택 가능한 갖가지 화행이 있지만 모든 형태의 지시 화행이 모든 텍스트유형에 관습적이지는 않다는 점을 지적하고 싶다. 발화수반력을 나타내는 지표로서 독일어 동사원형의 기능은 설명 책자와 요리책 그리고 매뉴얼로 제한된다. 영어 명령형은 수많은 상황과 텍스트유형에 사용되지만 규정과 규칙에는 사용되지 않는다. 아래 문장을 보면

(5a) ? Make your application for a curriculum of advanced study to the Registrar not later than 1st May.
(5월 1일까지 등록 기관에 고급 연구 커리큘럼을 신청하시오)

다소 어색해 보인다. 규정을 나타내는 전형적 문장은 다음과 같다.

(5b) Application for a curriculum of advanced study… shall be made to the registrar not later than 1st May. (University of Bristol. Postgraduate Study)

마찬가지로 독일어 Verordnungen(규정)에는 부정사도 명령법도 사용되지 않으며, 실제 영어의 shall과 문법적으로 등가를 이루는 양상동사 sollen 또한 사용되지 않는다. 독일어 규정에서는 ist zu 형태가 쓰이기 때문에 적절한 번역은 다음과 같아질 것이다.

(5c) Der Antrag für ein postgraduales Studium ist bis spätestens ersten Mai and den Registar zu richten.

다른 모든 형태는 관습에서 벗어나며 신시하게 받아들여지지 않을 가능성이 높다. 규제적 규칙(regulative rule)의 형태로 표현한다면 다음과 같이 말할 수 있다. “법적 맥락에서 명령을 공식화할 때 영어에

는 shall을, 독일어에는 ist/sind zu를 발화수반력 지표로 사용하라!"(Trosborg 1994: 312도 참조 그는 영어 계약서 코퍼스 연구를 토대로 같은 결론을 내린다) 독일어 ist zu는 학술 텍스트와 같은 다른 텍스트유형(예시 3b)에도 사용되며, 설명 책자에서도 볼 수 있다. 그러나 영어의 shall은 설명서에 나오면 어색하다.

(4f)? Balneum Hermal shall be added to the bath water.

독촉을 하기 위해 쓰는 비즈니스 서신 관습에도 맞지 않는 것 같다. 다음과 같은 문장을 보면

(6a) ? You shall send us your cheque without further delay.

이상해 보인다. 오히려 상업용 서신 코퍼스에 전형적으로 나타나는 다음과 같은 문장을 기대하게 될 것이다(Kussmaul 1977).

(6b) We must ask you to send us your cheque without further delay.
(우리는 당신에게 더 이상 지체 없이 수표를 보내라고 요청해야 합니다.)

위 문장은 일종의 울타리 표현으로 해석될 수 있는데(Fraser 1975 참조), 이 문장을 문자 그대로 받아들이면 독자는 글을 쓴 사람이 제3자의 요청때문에 이러한 요구를 할 수밖에 없게 된 것이라고 생각할 수 있기 때문에 독자는 이론상 이렇게 응답할 수 있다. "당신은 정말 그래야 합니까?" 또는 "걱정 말아요. 안 그래도 됩니다". 여기에 다시 지위(STATUS) 차원이 개입된다. 역할은 동등하다. 독일어 독촉문에서 일반적 형태는 다음과 같았다.

(6c) Wir bitten Sie, den Betrag innerhalb von 8 Tagen zu überweisen. (Kussmaul 1977: 64 참조).

최근에는 독촉문이 덜 표준화되는 양상이 보여지며, 개인적이고 정중한 다양한 형태를 볼 수 있다. 나는 최근 다음과 같은 독촉장을 받았다.

(6d) Bei der Überprüfung unserer Konten-Listen haben wir festgestellt, daß für eine an Sie erfolgte Lieferung noch eine Rechnung zur Bezahlung offensteht. Da die Lieferung bereits längere Zeit zurückliegt und die Rechnung bei Ihnen vielleicht nicht mehr vorhanden ist, haben wir Ihnen eine neue Rechnung ausgedruckt.
Bitte verwenden Sie zur Überweisung des affenstehenden Betrags die der Rechnung anhängenden und bereits ausgefüllten Überweisungsformulare. Sie können uns auch dafür eine Einzugsermächtigung erteilen. Der Betrag würde dann von Ihrem Konto abgebucht werden.
Sollten Sie den Betrag aber bereits überwiesen haben, dann nehmen wir jetzt schon gedanklich Ihre Entrüstung für diese Erinnerung entgegen...

위 예에서 상황적 차원에 대한 파악이 가능한가? 사회적 태도 차원에 대해 말하자면 설명서 리플렛과 매뉴얼에서 가장 흔하게 나타나는 형태인 영어의 명령형과 독일어의 동사원형은 글쓴이와 독자 사이에 친밀감이 거의 없음을 나타내는 표시로 해석될 수 있다. 좀 더 높은 친밀감이 선호되는 텍스트의 하위유형도 발견할 수 있다. 독일어 소프트웨어 매뉴얼에서는 원형을 쓰는 대신 명령형과 이인칭 대명사의 존칭인 Sie를 결합해서 사용한다. 그래서 우리는 다음과 같은 지침서를 흔히 볼 수있다.

(7a) Ziehen Sie die Seitenrandbegrenzungen auf dem horizontalen und vertikalen Lineal jeweils an die gewünschte Stelle. (Microsoft Word. Textverarbeitungsprogramm 6.0, p.274)

다음과 같은 경우는 없다.

(7a) Die Seitenrandbegrenzungen auf dem horizontalen und vertikalen Lineal jeweils an die gewünschte Stelle ziehen.

이것은 하드웨어 매뉴얼에 전형적으로 나타나는 형태일 것이다. 문법상의 이유로 영어에서는 인칭대명사를 지침에 사용할 수 없다. 따라서 비인칭적인 것과 조금 더 인칭적인 것 사이의 선택은 아무 의미가 없고, 이는 곧 단순한 명령문은 문체적 의미를 가지지 않는다는 것을 뜻한다. 주스의 용어를 빌자면 격식이나 정형화의 효과를 가지지 않는다는 뜻이다. 그러나 '친밀감'을 외연적으로 드러내기 위해 대명사 you가 매뉴얼이나 설명 책자 내에 있는 다른 부분에서 사용되는 경우는 있다.

지위에 관해 말하자면 명령형과 원형은 공손성의 형태로 포장되지 않기에 사회적 역할 관계가 위에서 아래로 향하는 것처럼 보일 수 있다. 하지만 이것은 틀린 생각일지 모른다. 독자의 관심사는 수행하게 될 행위에 있으며, 여기에 지위는 개입되지 않는다. 일상적인 상황에서 "Have some more tea" 또는 "Would you like some more tea?"라고 하면 됐지 굳이 "Would you please have some more tea?"라고 할 필요까지는 없는 것과 같다. 오히려 마지막 문장같은 발화는 청자가 차를 더

마셔주어야 우리에게 도움이 된다는 인상을 심어줄 수도 있다.

지위는 규정과 비즈니스 서신에서 인용한 예시에서 찾아볼 수 있다. 규정과 명령에 쓰인 영어 shall과 독일어 its zu는 위에서 아래로 향하는 사회적 역할 관계를 내포하며, 지위는 제도적 권력에 기반한다. 사업상의 독촉장에 쓰인 we must ask you to와 같은 울타리 형태는 아래에서 위로 향하는 사회적 역할 관계를 나타내는데 이것은 사실 역할놀이에 불과하다. 왜냐하면 실제 생활에서는 고객이 지불을 미루면 법적 조치가 취해지기 때문이다. 다른 한편으로 회사는 고객과 우호적인 관계를 유지하려고 한다. 이는 (6d)에서 분명히 드러나는데, 독촉장을 보내는 이유를 밝히면서 회사는 울타리를 쳐서 고객의 입장에서 있을 수 있는 분노에 대비한다. 여기에는 암묵적으로 관찰되고 실행되는 규제적 규칙이 있어 보이다. "독촉장을 보내고자 하면 공손한 표현을 사용하라. 즉 아래에서 위로 향하는 사회적 역할 관계를 수행하라."

5. 맺음말: 번역의 결과

미시 구조를 번역할 때 우리는 거시 구조를 번역할 때와 같은 결정의 순간들에 직면한다. 출발어 텍스트유형의 구조를 유지해 일종의 어색하게 만들기 효과를 거둘 것인가 아니면 도착어 텍스트유형의 관습을 따름으로써 지극히 정상적으로 보이는 텍스트를 만들 것인가?

우선 화행이 이해될 수 있도록 유의해야 한다. 발화수반력 지표의 역할을 하는 출발어 텍스트 형태를 도착어의 관용적 어법에 맞지 않다는 이유로 고수할 수 없는 경우가 있는데, 그 적절한 사례가 예시 (4a)이다.

둘째, 발화수반력 지표가 텍스트유형에 따라 결정되는 (즉 관습적인) 경우가 있다. 도착어 텍스트유형의 관습을 지키지 않으면 그 화행이 적절할지 여부는 불확실하다. 이에 해당하는 예가 (5a), (5c) 그리고 (6a)와

(6b)이다.

마지막으로 발화수반력 지표가 직접 관련되지는 않지만 지위, 사회적 태도, 참여 등이 화행의 형태에 영향력을 미치는 경우가 있다. 이런 사례들은 위에서 언급한 경우들과 겹칠 수 있다. 지위 차원에서는 독촉장(예시 6b - 6d)과 같이 공손성이 요구될 때, 혹은 규정 (5b)와 (5c)에서처럼 제도적 권력때문이든 혹은 대부분의 지침서에서처럼 독자의 관심이 수행되는 행위 자체에 있기 때문이든 공손성이 배제되는 상황에서 일어난다. 공손성은 독자가 텍스트를 수용하도록 하는 데 대단히 중요한 요소이기 때문에 번역자는 목표 문화 내의 공손성의 관습을 준수할 수 있도록 확실히 알아 두는 것이 현명할 것이다.

비지시적 화행의 울타리 형태에서 분명히 나타나듯 지위 차원 안에서 상황은 좀 달라 보인다. 영어 학술 텍스트의 저자는 결과를 제시할 때 울타리 표현을 쓰는 경향이 있다(I suggest, it seems to be, I think 등). 독일어 텍스트에서는 이런 울타리 표현이 드물게 나타난다. 이런 텍스트를 번역할 때 우리는 목표 문화의 관습을 따를 것인가 아니면 원본 문화의 관습을 끌어들여도 되는가? 앵글로색슨의 형식이 덜 권위주의적이기 때문에 이러한 형식이 독일의 학술 관련 텍스트에서도 사용되어야 한다고 생각할 수도 있다. 그러면 번역자들은 학술적 글쓰기의 문체를 바꾸어야 하는가? 나는 이 모든 것이 번역가의 지위에 달려 있다고 본다. 번역가가 그리할 수 있을 만큼 유력한 위치에 있다면 새로운 관습을 도입할 수도 있을 것이다. 그러나 현재 번역가의 직업적 지위는 별로 높아 보이지 않는다.

마찬가지로 영어 학술 텍스트의 메타커뮤니케이션적 발화에서 보이는 높은 친밀감은 독일어 학술 문화로 옮겨야 할 자산으로 여겨질 수 있다. 여기서 다시 번역자의 지위가 개입되지만 이 경우에는 출발어 텍스트 저자의 지위 또한 헤아려야 한다. 몹시 친밀한 문체는 해당 글쓴이의 글쓰기에서 나타나는 전형적인 특징일지 모른다. 존 설의 저서를 독일어로 번역할 때 나는 설이 메타커뮤니케이션적 발화에서 인칭대명사 I를 자주 쓴 것을 기억한다. 설은 높은 지위를 가지고 있는 언어학자 중 하나이며, 나는 번역에서 이러한 문체적 특징을 살려 두었다. 번역자로서 결정을 내릴 때 우리는 출발어 텍스트 저자의 지위, 우리 자신의 지위 그리고 독자의 지위를 서로 저울질해 봐야 할 것이다.

참고문헌

Austin, John L. 1962. How to do Things with Words. Oxford: Clarendon Press.

Clyne, Michael. 1981. "Culture and Discourse Structure". *Journal of Pragmatics* 5: 61-66.

Clyne, Michael. 1987. "Cultural differences in the organization of academic texts". *Journal of Pragmatics* 11: 201-238.

Clyne, Michael. 1991. "Zu kulturellen Unterschieden in der Produktion und Wahrnehmung englischer und deutscher wissenschaftlicher Texte". *Info DaF* 18(4): 376-383.

Crystal David and Davy, Derek. 1969. Investigating English Style. London: Longman.

Fraser, Bruce. 1975. "Hedged performatives." In P. Cole and J.L. Morgan (eds), *Syntax and Semantics.* Vol. 3: *Speech Acts.* New York: Academic Press. 187-210.

Galtung, Johan. 1985. "Struktur, Kultur und intellektueller Stil. Ein vergleichender Essay über sachsonische, teutonische, gallische und nipponische Wissenschaft". In Wierlacher, Aloi (ed), *Das Fremde und das Eigene: Prolegomena zu einer interkulturellen Germanistik.* München: Iudicium Verlag, 151-193.

Gerzymisch-Arbogast, Heidrun. 1986. "Zur Relevanz der Thema-Rhema-Gliederung für den Übersetzungsprozeß". In Mary Snell-Hornby (ed), *Übersetzungswissenschaft - eine Neuorientierung.* Tübingen: Francke, 160-183.

Gerzymisch-Arbogast, Heidrun. 1987. *Zur Thema-Rhema-Gliederung in amerikanischen Wirtschaftstexten.* Tübingen: Narr.

Göpferich, Susanne. 1993. "Die translatorische Behandlung von

Textsortenkonventionen in technischen Texten". *Lebende Sprachen* 28(2): 49-53.

Göpferich, Susanne. 1995. *Textsorten in Naturwissenschaften und Technik. Pragmatische Typologie – Kontrastierung – Translation.* Tübingen: Narr.

House, Juliane. 1977. *A Model for Translation Quality Assessment.* Tübingen: Narr.

Kussmaul, Paul. 1977. "Auffordern im Englischen". *Kongreßberichte der 8. Jahrestagung der Gesellschaft für Angewandte Linguistik GAL e.V. Mainz 1977.* Stuttgart. Hochschulverlag, 57-66.

Kussmaul, Paul. 1978. "Kommunikationskonventionen in Textsorten am Beispiel deutscher und englischer geisteswissenschaftlicher Abhandlungen". *Lebende Sprachen* 2/1978, 54-58.

Kussmaul, Paul. 1980 (ed) *Sprechakttheorie. Ein Reader.* Wiesbaden: Athenaion.

Kussmaul, Paul. 1990. "Die Übersetzung von Sprechakten in Textsorten". *Der Deutschunterricht*, Jg.42, Heft 1.17-22.

Kussmaul, Paul. 1995. *Training the Translator.* Amsterdam/Philadelphia: Benjamins.

Lewis, K. David. 1969. *Convention. A Philosophical Study.* Cambridge (Mass.): Harvard University Press.

Reiss Katharina. 1971. *Möglichkeiten und Grenzen der Übersetzungskritik.* München: Hueber.

Schröder Hartmut. 1987. "Hedging and its linguistic realizations in German, English, and Finnish philosophical texts: a case study". *Erikoiskielet ja käännösteoria. VAKKI-seminaari VII.* Vaasa 1987, 47-57.

참고 문헌

Searle. John R. 1969. *Speech Acts. An Essay in the Philosophy of Language.* Cambridge: Cambridge University Press.

Searle, John R. 1976. "A classification of illocutionary acts". *Language in Society* 5: 1-23.

Snell-Hornby, Mary. 1988. Translation Studies. *An Integrated Approach.* Amsterdam: Benjamins.

Trosborg, Anna. 1994. "'Acts' in contracts: Some guidelines for translation". In Mary Snell-Hornby, Franz Pöchhacker and Klaus Kaindl (eds), *Translation Studies. An Interdiscipline.* Amsterdam/Philadelphia: Benjamins, 309-318.

Vermeer, Hans J. 1986. Voraussetzungen für eine Translationstheorie. Einige Kapitel Kultur- und Sprachtheorie. Heidelberg: th – Traslatorisches Handeln. Universität Heidelberg.

Wunderlich, Dieter. 1972. "Zur Konventionalität von Sprechhandlungen". In Dieter Wunderlich (ed), *Linguistische Pragmatik.* Prankfurt am Main: Athenäum, 11-58.

제 1 부

문학 장르 접근법

텍스트유형과 권력 관계

수잔 바스넷(Susan Bassnett)
워릭 대학교(University of Warwick)

1. 원본의 권력

문학 번역은 기술 번역보다 훨씬 많은 문제를 야기한다고 자주 이야기된다. 하지만 흔히 갖는 이러한 믿음은 출발어 텍스트의 권력과 권위가 문학 텍스트 관련 번역자에게 위압적일 가능성이 클 때, 특히 그 텍스트가 고전으로 여겨지는 경우에 해당한다. 그렇지 않으면 의사 결정을 내리고 언어 전이가 일어나는 과정은 똑같다. 기술 번역자가 자유를 좀 더 누리는 것은 사실이다. 이는 번역자의 선택이 주로 텍스트 자체의 기능, 즉 텍스트가 무엇을 하려는 것인지, 출발어와 도착어의 문체적 관습은 어떠한지, 번역이 일어나는 맥락은 무엇인지 등에 근거하기 때문이다. 예를 들어 하선 시 안전 지침과 관련된 텍스트나 법률 문서에서 문체의 기준은 출발어 체계(source system)가 아니라 도착어 체계(target system)에 전적으로 의존한다. 문학 번역자는 다른 방식으로 출발어 텍스트의 제약을 받는다. 텍스트가 유명하거나 고전으로 간주되는 경우 그리고 출발어 텍스트가 해당 체계 내에서 차지하는 위치에 번역자가 영향을 받는 경우 문제가 발생한다.

번역자는 출발어 텍스트에 구애되길 거부하며 특정 독자를 대상으로 하여 독자의 기대 지평에 맞추어 번역 작업을 할 것이다. 졸라(Zola) 작품의 초기 영어 번역은 검열이 낳은 걸작인데 그 이유는 번역자들이 빅토리아시대의 도덕적 양심에 부합하도록 번역을 재단해냈기 때문이다. 19세기 사포(Sappho)의 번역 역시 마찬가지인데 역자들은 텍스트에서 레즈비언 사랑을 의미하는 모든 것을 지우려고 했다. 최근 앨런 긴즈버그(Alan Ginzburg) 시의 폴란드어판은 동성애의 흔적을 모두 지워 없앴다. 역사에는 이러한 텍스트 조작의 예가 수두룩하다. 그것은 번역자가 자신의 독자를 다른 문화의 텍스트로 데려가는 대신 출발어 텍스트에 주눅 들지 않고 텍스트를 대중의 수용성에 맞게 고쳐 도착어 문화 쪽으로 가져올 때 일어난다. 이런 근본적인 차이점이 문학 번역의 핵심에 놓여 있다. 니체(Nietzsche)는 이렇게 쓴다.

> 한 시대가 가지는 역사적 감수성의 정도는 텍스트를 번역하는 방식과 지나간 시대와 책들을 그 자체에 통합하려 노력하는 방식을 통해 가늠해 볼 수 있다. 코르네유(Corneille)의 프랑스 사람들(심지어 프랑스혁명 시대 사람들조차도)은 우리가 (좀 더 세련된 역사의식 덕분에) 더는 이용할 용기가 없는 방식으로 고대 로마의 유물을 붙들고 있었다.
>
> … 그러고 나서 고대 로마의 유물 자체를… 로마인들을 번역했다…. 그들 자신의 시대에 맞게 그리고… 부주의할 뿐더러 의도적으로, 나비 날개에서 가루를 망각 속에 훽 날려 버렸다.

니체는 문화 변용(acculturation)의 기술이 지배했던 17세기 프랑스의 번역 관행에 대해 말한 것이었다. 번역은 한 시대나 한 사회의 문화적 감수성을 보여 주는 지표임을 시사하면서 니체는 프랑스의 관행을 부정적으로 평가하는데, 번역가들이 다른 문학을 제 것에 결합하려 했기 때문이다. 좀 더 세련된 역사의식은 좀 덜 약탈적인 방식으로 다른 문화의 텍스트와 만난다고 그는 주장한다. 그의 의견은 소위 독일 전통이라고 포괄적으로 불리는 관점을 대변한다. 반면에 볼테르(Voltaire)는 그 대척점인 프랑스의 관점을 대표하면서 다음과 같이 말한다.

> 나는 프랑스에 호메로스(Homer)를 아주 잘 번역할 시인이 두세 명은 있다고 확신하지만 거의 모든 것을 부드럽게 만들거나 매만지지 않는 한 아무도 읽지 않을 것에 대해서도 마찬가지로 확신한다. 그 이유는 마담, 당신은 과거가 아니라 자신의 시대를 위해 써야 하기 때문이다.

17세기와 18세기 프랑스와 독일 번역자들 간의 번역 논쟁은 어떤 면에서 오늘날까지 이어져 왔지만 더는 국가적 차이를 특징으로 하지 않는다. 그리고 번역을 분석하기 위해서는 여러 가지 관점에서 다양한 접근법을 검토해야 한다. 어떠한 논의가 됐든 그것은 출발어 텍스트의 지위를 그 맥락 내에서, 목표 독자의 기대와 유형학적 문제들 내에서 고려해야 하다는 것은 분명하다.

2. 맥락 속의 번역

번역은 매우 복잡한 행위이며 번역에 연관되 사람이라면 누구든 다른 언어 사이에 동일하다고 간주되는 등가 관계 같은 것은 없다는 점을 충분히 이해한다. 번역본은 결코 출발어 텍스트와 동일하지 않을 것이다. 늘 번역이 일어나는 맥락이 존재하며 그것은 번역자가 내려야 하는 결정에 영향을 미친다. 17세기에 호라티우스(Horace)를 번역한 헨리 라이더(Henry Rider)는 이렇게 말한다.

> 한 언어에서 다른 언어로 작가를 번역하는 것은 헌 옷을 새로운 패션으로 바꾸는 것과 같다. 재료는 여전히 같지만 겉모양과 장식이 달라지며, 만드는 과정에서 뭔가를 덧붙이기도 잘라 내기도 한다.

라이더는 옷 짓는 이미지를 이용해서 번역에 관해 설명하면서 번역자는 원본의 모양과 문체와 색깔을 바꾸고, 잘라 내거나 새로운 요소를 추가함으로써 뭔가 새롭고 동시대적인 것을 만든다고 시사한다. 번역가의 주관성은 매우 중요한 요인이고 번역 이론가의 관심에서 소외되어 왔다는 점을 고려하면 라이더는 모양을 만들어내는 과정에서의 번역자의 역할을 잘 파악하고 있다. 역자는 번역을 위한 텍스트를 선택할 뿐만 아니라 그것을 도착어로 다시 만든다. 그 과정에서 유형적 변화와 관련된 문제는 맥락과 관습의 제약 안에서이긴 하나 매우 개인적인 선택의 문제다. 시 번역에 관한 글에서 제임스 홈스(James Holmes)가 지적하듯이, 번역가는 출발어 텍스트의 형식적 자질을 살려서 3운구법(terza rima)을 3운구법으로 옮길 수도 있고, 출발어 체계 내에서 형식이 가지는 집중하면서 고전적인 프랑스의 알렉산드랭(alexandrines, 12음절 시)을 무운시로 번역할 수도 있다. 다른 번역가는 텍스트의 형식적 특성을 유지하려는 어떠한 시도도 회피하면서 대신 내용에 집중할지도 모른다. E.V. 류(E.V. Rieu)의 유명한 1946년 판 『오뒷세이아(Odyssey)』는 호메로스의 시를 산문체로 옮겨 놓았는데, 고대 그리스 서사시와 기능적 등가를 이루는 것은 소설이라는 이유에서였다. 류는 서문에서 호메로스를 '소설가'라 칭한다.

> 형식상 두 작품[『일리아스(Iliad)』와 『오뒷세이아』]은 서사시다. 하지만 현대의 독자에게는 『일리아스』를 비극으로 그리고 『오뒷세이아』를 소설로 묘사하는 것이 아마도 두 책의 내용을 보다 명확히 할 것이다. … 『오뒷세이아』는 잘 짜인 구성, 심리적 흥미, 인물의 상호작용을 보여 주기에, 그 뒤를 따른 숱한 소

설들의 진정한 조상이다.

다체계론(polysystems theory)은 어떠한 번역 연구든 한 단계 더 나아가 문화사를 고려해야 한다고 강조하고 번역에서 규범의 중요성을 주장함으로써 번역학의 지평을 넓혔다. 1970년대로 거슬러 올라가 이븐-조하(Even-Zohar)가 지적했듯이, 번역 텍스트가 목표 문화에 의해 선택되는 방식, 그리고 텍스트가 체계 간 상호작용의 결과라고 할 수 있는 특정한 규범, 행위 및 방침을 채택하는 방식에 따라 패턴을 추적할 수 있다. 티냐노프(Tynjanov)의 뒤를 이어, 그는 목표 체계의 중심부를 위한 끊임없는 싸움, 번역된 작품과 다른 문학 텍스트가 겨루는 싸움이 있다고 말한다(Even-Zohar 1978). 번역 텍스트의 지위는 번역된 텍스트가 주어진 문학체계 안에서 맡은 역할과 밀접한 관련이 있으며, 번역이라는 실제 행위 역시 그 역할에 영향을 받는다. 동시에, 번역가의 주관성 또한 고려되어야 한다. 문학 텍스트 번역의 유형학적 문제에 초점을 맞출 경우, 우리는 원본이나 목표 어느 한쪽에 지나친 관심을 두지 않으면서 번역 과정의 미시 구조와 거시 구조를 모두 살펴봐야 한다. 그러므로 E.V. 류와 같은 급진적 번역가의 작업은 그 특유의 결정 과정과 번역가로서 그가 작업하는 맥락이라는 이중의 시각에서 바라봐야 한다.

이제 두 가지 매우 다른 역사를 가진 텍스트유형을 예로 들어 보겠다. 중세 후기에 이탈리아에서 발전한 소네트(sonnet)는 다채로운 언어로 놀랄 만한 성공을 거두었다. 운문 형태로 여러 문화를 가로질러 퍼져 나갔으며, 갖가지 형태로 변형되었지만 14행이라는 기본 성격은 결코 잃지 않았다.[1] 이와 반대로 북유럽 사가(Norse saga)는 다른 문학체계에 성공적으로 수용되지 못하고 유럽 주류 텍스트의 고전 안으로 들어가지 못했다. 우리에겐 문학체계를 가로질러 성공적으로 이동한 하나의 텍스트와 전이에 저항했던 다른 하나의 텍스트가 있다. 이러한 상이한 역사를 이해하는 데에 관련된 몇 가지 범주를 고찰하고 곧이어 번역의 역할에 대해 살펴볼 것이다.

3. 소네트의 경우

소네트는 13세기 이탈리아 남부에서 처음 출현했으며 페트라르카(Petrarch)(1304-74)의 『시(Rime)』에서 미학적 탁월함이 절정을 이뤘다. 소네트는 15세기에 스페인에서 16세기에는 프랑스, 잉글랜드, 스코틀랜드 그리고 곧이어 독일에서 그 지역어로 발전했다. 마이클 스필러(Michael Spiller)는 르네상스 시기 영국의 소네트 발전에 관한 연구에서 형식의 제약은 안전함과 도전 과제를 동시에 안겨 주었다고 말한다.

> 소네트는 우선해 두 가지 문제, 즉 비율과 확장을 해결한다. 이는 도전이지만 또한 안전함이며 봉건주의의 운율적 확장이고, 요구되고 보답받는 명확한 활동이다. 소네트 시인들이 그토록 한결같이 머물고자 선택했던 '균형 잡힌 정신적 공간'이 나타나는데, 맨 처음에는 익숙한 14행의 소네트로서 한 줄이 11음절(또는 지역어에 따라 10음절)이며 8행과 6행으로 나뉘는데, 전반 8행(octave)은 두 개의 압운을 써서 ABAB ABAB 또는 ABBA ABBA로 구성되며, 후반 6행(sestet)은 둘 또는 셋의 압운을 써서 CDCDCD 또는 CDECDE 또는 여타 가능한 배열을 이룬다[스필러(Spiller) 1992].

이것은 이탈리아 소네트의 기본 구조이다. 14행 도식으로, 어느 정도 변형을 허용하는 운율 패턴이 가능하다. 그래서 합의된 틀 안에서 혁신적 텍스트를 생산한다는 목표를 가지고, 꽉 짜인 형식을 제 의도에 맞게 조작할 줄 아는지 여부에 시인의 기술이 달려있었다. 스필러의 지적대로, 소네트는 기본적으로 궁정풍 양식으로 그 중심 주제는 사랑이었다. 원래 남유럽의 한 궁정에서 발전했으며, 봉건제와 궁정풍 연애의 풍조가 더욱 세련된 르네상스 궁정의 인본주의 문화로 대체되면서 소네트의 인기는 계속해서 높아졌고, 우르비노(Urbino), 만토바(Mantua), 페라라(Ferrara) 궁정의 지배적인 시 형식이 되었다. 조신들이 저마다 부와 사회적 지위를 과시해 사람들의 부러움과 감탄을 사려고 한 것처럼 소네트 작가들은 소네트의 대가 피에트로 벰보(Pietro Bembo 1470-1547)의 강력한 영향 아래 시 형식을 다루는 기술을 갈수록 더 드러냈다.

프랑스의 소네트 역사가인 위그 바가나이(Hugues Vaganay)는 16세기가 소네트의 세기라고 선언했다. 소네트가 다른 지역어로 널리 번역되기 시작한 것이 바로 이 시기였다. 이러한 전이 과정에 관해서는 문학사가의 관점에서 잘 기록이 되었으나 번역학의 관점에서 헤아려야 할 것은 이 형식이 이탈리아에서 처음 나타나고 몇 세기 후에 왜 그토록 갑자기 인기를 얻게 되었는지 그리고 번역 과정에서 기본 공식에 어떤 중요한 변화가 일어났는지 하는 점이다.

너무 큰 주제여서 이 글의 한정된 지면에서 다루기는 제약이 있지만 우리가 확실히 알 수 있는 것은 번역을 통해 소네트에 몇 가지 중대한 변형이 일어났다는 사실이다. 가장 중요한 것 중 하나는 후반 6행 연구의 변형으로 4줄이 압운을 이룬 다음, 마지막에 2행 연구가 따라나오게 된 점이다. 이런 변화는 토마스 와이엇(Sir Thomas Wyatt 1503?-42)의 소네트에 처음 나타났고 그 뒤 시드니(Sidney)와 셰익스피어(Shakespeare)에 의해 발전했다. 이것의 효과는 당연히 소네트의 어조 범위(tonal range)를 완전히 바꾸어 놓는 것이었다. 궁정풍 연애의 감정을 표현하는 수단으로 사용되었던 형태는 이제 아이러니를 위한 수단으로 이용할 수 있게 되었다. 마지막 2행 연구는 앞선 행에서 전개된 감정을 뒤집거나 논평하거나 위트 넘치게 원을 그리듯 독자를 출발점으로 되돌려 놓는 데 사용되었다. 페트라르카의 『시』 189번 "Passa la nave mia colma d'oblio"의 와이엇 버전을 보면 ABBA ABBA CDE CDE의 압운 형식이 어떻게 ABBA ABBA CDDC EE로 바뀌었는지를 알 수 있다. 마지막 2행 연구에 초점이 맞춰지는 효과를 주면서 와이엇은 이탈리아 원본에 표현된 감정을 크게 바꾸어 놓는다. 페트라르카는 자신을 폭풍우에 시달리고 피난처를 찾지 못한 배에 비유한다. 배의 선장은 사랑이며 시인은 저를 안전한 곳으로 인도할 사랑하는 이의 빛나는 눈을 볼 수 없다. 그는 마지막 3행을 다음과 같이 쓴다.

Celansi i duo mei dolci usati segni;
morta fra l'onde e la ragion e l'arte,
tal ch'incomincio a desperar del porto.

(Hidden are my two sweet familiar signs;
reason is dead amid the waves, and art,
so that I begin to despair of reaching harbour.)

숨어 버렸네 내 친숙한 두 개의 징표가
이성은 물에 빠져 죽었다 그리고 예술도,
그리하여 나는 항구에 닿기를 체념하기 시작하네.

와이엇 버전인 "My galley charged with forgetfulness"(나의 배는 망각으로 가득 차)에서 화자는 여인에 대해 아무런 언급도 하지 않는다. "The stars are hid that led me to this pain"(나를 이 고통으로 이끈 별들이여 사라져라)라고 12행에서 직설적으로 말하며 마지막 2행 연구는 화자가 마땅한 위안을 찾지 못한 데 대한 회한에 찬 설명이다.

Drowned is the reason that should me comfort
And I remain despairing of the port.

나를 위로해 줄 이성은 물에 빠져 죽었네.
절망으로, 나는 항구에 닿지 못하네.

렙홀츠(Rebholz)는 와이엇의 시집 편에서 이 튜더왕조 시인의 번역을 설명하기 위해 서로 다른 구절들을 의미심장하게 사용한다. 때때로 그는 “이 소네트는 페트라르카의 『시』를 번역한다”는 표현을 사용하지만 소네트 18번에 대해서는 “이 소네트는 페트라르카의 『시』 18번을 자유롭게 모방한다”고 쓰고, 소네트 13번은 “페트라르카의 『시』 224번을 꼼꼼히 번역한다”, 소네트 11번은 “어쩌면 페트라르카의 『시』 190번의 자유로운 모방”이다, 소네트 25번은 “페트라르카의 『시』 258번을 매우 자유롭게 모방한다”고 표현한다. 그러한 구분은 렙홀츠가 편집자로서 와이엇의 페트라르카 번역에 만족하지 않았다는 의미이며, 그에게는 자유로운 모방과는 다르게 번역은 어떠해야 한다는 개념이 어느 정도 있었다는 것을 나타낸다. 그러나 우리가 와이엇의 텍스트를 볼 때 분명해지는 것은 그 자신이 페트라르카의 소네트 형식을 가지고 무슨 일을 하는지를 아주 뚜렷이 알고 있었다는 점이다. 그는 번역을 위해 특정한 텍스트를 몇 가지 골랐으며, 다른 작품과 대조적으로 크게 수정해 자신의 영어 독자를 위해 그만의 작품을 만들어 냈다. 어쨌든 와이엇은 그 시대의 사람이었고, 르네상스 궁정의 귀족으로서 음모 가득한 헨리 8세의 궁정에서 연애 문제와 정치적 충성으로 인해 몇 번이나 목숨을 잃을 뻔하기도 했다. 이상주의적 스콜라철학자인 페트라르카에 의해 만들어지고, 얻을 길 없는 사랑의 고통과 기쁨을 표현하기 위한 형식으로 변형된 소네트는 와이엇이 재구성한 버전에서 역설적 자기반성과 사랑의 독재에 대해 하소연하는 수단이 되었다.

영어로 옮겨진 소네트는 문학 체계가 필요로 할 때 그 체계로 진입한 텍스트유형을 잘 보여주는 실례다. 르네상스는 지역어의 지위와 권위에 관한 대논쟁 그리고 자국 문학의 문체적 경계를 넓히기 위해 현대와 고전어에서 열성적으로 번역한 영어와 같은 문학체계에 대한 대논쟁이 있었던 시기다. 1661년 판 정본 『킹 제임스 성경』을 낳았던 16세기와 17세기 초의 영어 성경 작업에는 교리 문제뿐만 아니라 문체와 언어에 관한 확장된, 때로는 격렬한 논쟁이 뒤따랐다. 1546년 프랑스에서 있었던 에티엔 돌레(Etienne Dolet)의 처형은 토착어를 표준(고전) 언어로 격상하려 한 그의 투지 때문이었다고 할 수 있다.[2] 새로운 튜더왕조의 세계에서 시인으로서 또 궁정 귀족으로서 자신의 입지를 세우기 위해 한 개인이 소네트와 같은 새로운 텍스트유형을 끌어들일 수 있었던 것은 영문학에서 그 형식이 발전하기에 알맞은 시기였고, 언어와 문학체계 모두 그것을 받아들일 준비가 되어 있었기 때문이다.

4. 북유럽 사가

19세기 영국에서 북유럽 사가(Norse saga)를 번역한 경우는 완전히 대조적이다. 18세기 이래 대략 인류학적 번역이라고 부를 만한 유행이 있었는데, 동떨어진 문화의 텍스트를 번역하는 것으로 그 문화를 이해하는 통찰력을 주기 위해 상세한 각주가 동반되었다. 이러한 유행은 관광산업의 발달로 이어졌고, 전 세계에 제국주의적 관심을 뻗어 나가게 했다. 유럽에서는 이에 상응해 초기 게르만어 텍스트에 대한 관심이 생겨났고, 이는 영문학과 영어학이 점차 발전하면서 대학에 소개되기 시작한 앵글로-색슨어의 재발견으로 연결되었다. 이러한 관심은 국가적 자부심과 정체성의 토대로서 영국적인 것(Englishness)을 확립하려는 19세기의 일반적인 움직임 가운데 하나였다.

유명한 학자와 번역가 몇몇이 아이슬란드를 방문했는데, 윌리엄 모리스(William Morris)는 『볼숭 일족의 사가(Volsunga Saga)』를 1875년에 『시구르드 이야기와 니벨룽 일족의 몰락(The Story of Sigurd and the Fall of the Niblungs and Sir Richard Burton)』이라는 제목을 붙여 내놓았으며, 오리엔탈리스트로 잘 알려진 리처드 버턴 경(Sir Richard Burton)은 『카마수트라(The Kamasutra)』와 『향기로운 정원(the Perfumed Garden)』을 번역했다. 버턴의 아이슬란드 연구서인 『울티마 툴레 혹은 아이슬란드의 여름(Ultima Thule, or a Summer in Iceland)』도 1875년에 나왔다. 그 논조는 유사 과학적 분위기를 띠며 인류학적 데이터 형식으로 제시된 의견을 담고 있다. 다음은 아이슬란드 여성에 관해 버턴이 이야기한 내용이다.

> 여성들은 얼핏 남자들에 비해 큰 듯하지만 작은 웨일스 남자와 그의 큰 아내만큼 도드라지지 않는다. 그들은, 당연하지만, 제 배우자보다 인물이 나아 보이며 통통하고 발그스름한 아이들은 엄마보다 더 잘생겨 뵌다. 표정은 뚝뚝하고 단호하다. 우리는 자기도 모르게 "머리로만 사는 북쪽의 차가운 여자들"이라고 생각한다. 그리고 그 여인들의 매서운 눈길에 돌상이 되어 버린다.
> 북극과 가까운 곳에서 반듯한 이목구비를 기대하기는 어렵다.

사가의 유행은 원시 게르만어(proto-Germanic)의 영웅적 과거에 대한 유행으로 연결되었고, 번역은 19세기 후반에 걸쳐 서서히 영어에 흘러들어가기 시작한다. 아이슬란드 텍스트가 어딘가 남성적[3)]이라고 느낀 평론가들도 있었는데, 당시의 번역은 대부분 현재 읽을 수 없다. 무거운 유사 중세어(pseudo-medieval)로 지어졌거나 광범위한 검열을 거쳤기 때문이다. 특히 여성과 관련된 부분에서 드러났던 사가의 폭력성은 빅토리아 시대의 독자들에게 분명 문제가 되기는 했다. 번역가들은 이상화된 영웅적 과거를 미화시킨 이미지를 만들고자 했고, 이것은 훨씬 잔인한 시대에 쓰였던 사가 자체의 내용과 자주 충돌했다.

사가가 영문학에 진입한 때는 이미 영문학 정전(canon)이 형성된 시점이었다. 이러한 위대한 텍스트들이 어떻든 유럽 주류의 바깥에 머물러야 했던 것은 문학사의 아이러니 가운데 하나이다. 위대한 고전 작품이지만 소외될 수밖에 없었던 이유는 문학 정전이 확고하게 자리잡은 후가 되어서야 번역 작업이 시작되었던 사실에서 찾을 수 있다. 더구나 19세기 영문학에 있어서 서사적 형식은 더 이상 실질적인 중요성을 가지지 못했다. 사가는 그 위대함에도 불구하고 호기심으로 남았다. 그리고 실제 번역을 보면 최선의 의도에도 불구하고 목표 체계에서 적절한 기능을 하지 못할 텍스트를 되살리기 위해 분투하면서 번역가들이 느꼈을 법한 불안감을 이해할 수 있다.

아이슬란드를 사랑한 조지 웨브 다센트(George Webb Dasent)는 1861년에 『냘의 사가(Njal's Saga)』를 『불탄 냘의 이야기 혹은 10세기 말 아이슬란드의 삶(The Story of Burnt Njal or Life in Iceland at the end of the Tenth Century)』이라는 제목으로 번역해 출간했다. 이 제목에서 그가 모리스나 버턴과 같이 비문학적 과제를 안고 있었음이 드러나는데, 그는 아이슬란드의 지리와 역사에 관한 감각을 영어 독자에게 전달하는 데 관심이 있었다. 그의 기다란 서문과 늘어난 부록에는 아이슬란드의 역사와 문화에 대한 상세한 내용이 들어 있는데, 원문이 역사적 문서의 성격을 띄었기 때문이다. 따라서 번역자는 텍스트를 영어로 옮길 뿐 아니라 역사적 진실을 설명하는 일도 해야 했다. 웨브 다센트의 역서는 수십 년 동안 표준 번역으로 남았으며, 1912년에 모든 이의 도서관(Everyman Library) 시리즈에서 『불탄 냘의 이야기(The Story of Burnt Njal)』로 개정되어 다시 출판되었다.

바이어슈미트와 홀랜더(Bayerschmidt and Hollader)의 1956년 버전 그리고 마그뉘손과 팔손(Magnusson and Pahlsson)의 1960년 버전은 모두 긴 서문을 담고 있으며, 역사적 관점에서 사가를 규정한다. 바이어슈미트와 홀랜더 버전은 다센트의 번역을 언급하며 그것이 빅토리아시대의 점잔을 뺀다고 불평한다. 마그뉘손과 팔손은 다센트의 버전이 "부러 고풍스러운 멋"을 부리며, 아이슬란드 문체와 구문을 옮기는 데 있어 너무 글자 그대로 해석해, 번역을 "쓸데없이 현대 독자에게 낯설게" 만든다며 못마땅해 한다. 두 버전 모두 독자에게 줄거리의 붕괴를 선사하는데, 마그뉘손과 팔손은 그런 요약을 시도하기 전에 "냘의 사가는 '플롯'을 간단히 요약하기가 불가능하다"라고 말했지만 별 소용은 없다.

모든 번역가의 주석과 서문이 그러하듯 이런 종류의 부가적인 정보 제공은 몹시 흥미롭다. 두 텍스트 모두 이렇게 말하는 듯하다. 우리는 영어 독자 여러분이 이해 못할 이 아이슬란드어 텍스트를 번역하고 있다, 여러분은 플롯을 따라갈 수 없고, 전체 텍스트는 혼란스럽다, 우리는 시가 형식이나 시어를 번역하지 않았지만 용케 마지막까지 도달하면 여러분은 분명 더 나은 사람이 될 것이다. 지나친 단순화일지 모르겠지만 이것은 번역자가 독자의 요구보다 원문 텍스트의 지위에 의해 영향을 더 많이 받는다는 것을 보여준다. 서문이 아무리 흥미로울지라도, 읽는 즐거움이 뒤따르리라는 좋은 징조는 되지 못한다. 이야기의 역사적 진위를 이야기의 즐거움 자체보다 우위에 놓았다는 점에서 다센트는 후대 번역가들이 따르게 될 하나의 모델을 만들었다고 볼 수 있다. 이 말은 곧 사가는 문학 텍스트로서보다 역사적 기록물로서 유입되었다는 것을 뜻하며 이러한 관습은 20세기까지 지속됐다.

에피소드 하나를 보기로 하자. 6장에서 귀족 흐뤼트(Hrut)는 막 노르웨이를 떠나 그의 신부 윈(Unn)에게 돌아가려 한다. 바이어슈미트와 홀랜더는 그 줄거리를 다음과 같이 요약한다.

> 노르웨이에서 군힐(Gunnhild) 여왕은 흐뤼트를 자신의 연인으로 점찍고 그가 유산을 되찾는 데 도움을 준다. 하지만 그녀는 그가 자신을 떠나 아이슬란드의 신부에게 돌아가려 하자 질투에 사로잡혀, 그에게 주문을 걸어 윈과 같이 사는 것을 방해하고 그 때문에 윈은 아버지의 조언에 따라 그와 이혼하게 된다. 윈의 지참금을 돌려주지 않은 일로 모르드(Mord)에게 고소를 당하자 흐뤼트는 그에게 일대일 결투를 신청하지만 그 노인은 당연히 거절한다.

그런데 마그뉘손과 팔손은 같은 사건에 대해 다른 버전을 내놓는다.

> 흐뤼트와 윈의 결혼은 노르웨이의 색정광 왕대비의 마법으로 파탄이 난다. 그 후 윈이 흐뤼트와 이혼할 때 그는 자존심에 크게 모욕감을 느끼고 그녀의 지참금을 돌려주지 않는다. 이제 하들게르드(Hallgerd)가 다시 등장하는데, 놀랍도록 아름답고 오만하며 변덕스럽고 열정적이며 무자비한 여인이다. 그녀는 두 번 결혼하는데(956년과 959년), 두 남편 다 그녀의 빰을 때린 일로 그녀의 질투심 많고 막된 양아버지, 트요스톨브(Thjostolf)의 손에 바로 죽는다.

두 번역문이 선택한 정보가 놀랍도록 다르고, 요약조차 이토록 크게 어긋난다면 어떻게 이 서사를 정리해야 할지 의아할 것이다. 두 버전에서 '줄거리 요약'의 의미도 크게 다르고, 가치판단 또한 매우 다르다는 점은 분명하다. 마그뉘손 버전은 연도 형태로 '역사적 사실'을 제시하지만 상황에 대해 훨씬 더 주관적이고 인상주의적 시각을 가진다. 노르웨이 여왕은 "색정광"이고, 하들게르드는 무려 다섯 개의 형용사와 한 개의 부사로 묘사된다. 두 버전에서 제공하는 정보는 근본적으로 다른데, 이는 번역가가 선택한 텍스트외적 자료를 통해 내려진 해석이 다르기 때문이다.

5. 차이와 번역

우리는 늘 번역에서 차이를 발견할 것이다. 스무 명의 번역가가 똑같은 시를 번역하면 스무 편의 시가 나온다는 것은 상식이며 이는 출발어 텍스트의 절대적 권위라는 개념을 물리칠 아주 훌륭한 이유가 될 수 있다. 관습은 저마다 다르며 한결같지 않다는 것 또한 상식이다. 어느 한 시점에 수용될 만한 언어와 문체가 몇 년 지나지 않아 낡고 쓸모가 없어진다. 텍스트의 수명 같은 것이 존재하는데, 여기서 우리는 번역의 위대한 역설과 마주하게 된다. 발터 벤야민(Walter Benjamin)이 상기시키듯이, 번역은 종종 텍스트가 정당한 수명을 다한 후에도 그 생명을 지속하게끔 보장한다. 번역은 텍스트의 생존을 보장하고 심지어 다시 살아나게도 한다. 그러나 사가의 번역은 이 텍스트들의 생명을 연장하지 못한 것으로 보이며 오히려 은유적인 표본병에 넣어 보존한 것같다. 사가는 영문학 정전이 이미 너무도 확고히 자리 잡아서 새로움을 위한 여지가 별로 없던 시점에 영문학에 들어왔다. 그러나 '원시' 문화에 대한 인류학적 관심이 존재했고, 이때 '원시'라는 말은 유럽의 바깥 또는 시간상 멀리 떨어진 문화를 정의하는 데 쓰였는데, 아이슬란드가 그런 경우였다. 독자에게는 진기한 것으로, 서사시가 아닌 '정통' 역사물로 봐야 할 텍스트로 소개되었고, 비록 텍스트의 폭력 수준을 빅토리아시대의 입맛에 맞춰 완화했지만 사가는 영문학체계에 영향을 미치는 데 실패했다. 다센트와 모리스의 초기 번역이 고풍스러운 영어로 쓰였다는 점 역시 사가가 이국적인 것 이상의 어떤 의미를 가질 수 있는 가능성을 축소시켜 버렸고, 결과적으로 영어 독자들에게 실질적 영향을 주지 못했다.

소네트 양식과 사가 번역의 역사는 문학 번역의 패턴을 일반화하기란 어렵다는 것을 보여 주는 실례다. 이들 텍스트유형은 목표 체계에서 보면 둘 다 획기적으로 볼 여지가 있어 보이지만 한 유형만이 그 체계에 들어갔다. 소네트는 그 기본 형식 구조에 수정을 가해 영어로 옮겨졌고, 목표 체계 안에서 수 세기 동안 지속했던 지위를 획득했다. 반면, 사가는 영문학체계 바깥에 머물렀으며, 연이은 번역가들은 그 텍스트유형이 문학적 의미를 획득하는 데 실패한 것을 메우기 위해 독자에게 텍스트 외적 정보를 추가로 제공했다. 이것은 또 아이슬란드어의 지위와 연결된다고도 말할 수 있다. 이탈리아 서사시는 말할 나위도 없고 그리스와 로마 서사시의 번역이 19세기에 훨씬 더 성공적으로 이뤄졌으므로 새로운 번역이 끼어들 수 있는 토대가 만들어져 있었던 것이다. 일부의 사람들이 언어와 문화에 관심을 보이긴 했지만, 아이슬란드어는 뚜렷한 소수 취향으로 남았다.

번역 과정에서 일어나는 일, 그리고 번역의 궁극적 운명을 결정하는 것은 목표 체계의 수요와 관습이다. 역사적으로 항상 그런 것은 아니지만, 19세기, 20세기 영문학의 경우는 확실히 그렇다고 할 수 있다. 니체가 17세기 프랑스의 로마 작품 번역에 대해 평가하면서 비판했던 프랑스인들처럼 영국인들이 텍스트의 맥락과 지위를 무시하는 대담하고 무모한 번역자들이었기 때문은 아니다. 그보다는 오히려 외국 문학을 수입하는 데에 거부감이 있었기 때문이다. 이는 번역된 텍스트가 목표 체계에 획기적인 영향을 주기란 극히 어렵다는 것을 의미했다. 텍스트 유형이 무엇이든 또는 그것이 원본 체계에서 차지하는 지위가 어떠하든 번역된 텍스트의 운명은 목표 체계의 제약에 따라 결정되었다.

미주

1) 조지 메러디스(George Meredith)가 「현대의 사랑(Modern Love)」에서 사용한 16행의 변형 소네트는 이러한 주장에 맞지 않아 보일지 모른다. 하지만 이 형태를 소네트의 변종이라기보다 운문 형식의 1인극(verse monologue)으로 보는 비평가들도 있는데, 어떻든, 이 연작시의 주제가 빅토리아시대의 도덕적, 사회적 규범을 깨뜨리는 것처럼, 이 텍스트의 효과는 그 16행이 용인된 형식적 규칙을 깨뜨리고 있다는 독자의 인식에 기댄다.

2) 1993년 봄 워릭대학교에서 있었던, 아직 미발표된 강연에서 돌레(Dolet)의 사건을 훌륭하게 해설해 준 데 대해 테오 허만스(Theo Hermans)에게 감사한다.

3) 윌리엄 모리스의 사가 번역에 나타나는 '남성성'에 관한 논쟁은 바스넷(Bassnett 1996)을 참조

참고
문헌

Bassnett, Susan 1996. "Engendering Anew: Translation and Cultural Politics". In Malcolm Coulthard (ed), *The Knowledges of the Translator: from Literary Interpretation to Machine Translation* Lampeter: The Edwin Mellon Press pp. 53-66.

Bayerschmidt, Carl F. and Lee M. Hollander (eds and transl.). 1955. *Njal's saga* London: Allen and Unwin.

Burton, Richard F. 1875. *Ultima Thule; or a Summer in Iceland* Vol. I. London and Edinburgh: William P. Nimmo.

Dasent, George Webbe. 1861. *The Story of Burnt Njal or Life in Iceland at the end of the Tenth Century* 2 vols. Edinburgh: Edmonston and Douglas.

Even-Zohar, Itamar. 1978. "The position of translated literature within the literary polysystem". In James Holmes, Jose Lambert and Raymond Van den Broeck (eds), *Literature and Translation: New Perspectives in Literary Studies* (Leuven:ACCO).

Helgasson, Jon Karl. 1995. The Saga of Njal's Saga: A Study in Rewriting. Unpublished doctoral dissertation, University of Massachussetts, Amhersts.

Holmes, James. 1970. "Forms of verse translation and the translation of verse form". In James Holmes, *The Nature of Translation*. The Hague and Paris: Mouton.

Magnusson, Magnus and Palsson, Hermann (eds and transl.). 1960. Njal's Saga, Harmondsworth: Penguin.

Nietzsche, Friedrich. 1992. "On the problem of translation", transl. Peter Mollenhauer.

In Rainer Schulte and John Biguenet (eds), *Theories of Translation: An Anthology of Essays from Dryden to Derrida*. Chicago: University of

Chicago Press pp. 68-71.

Petrarca, Francesco. 1954. *Il Canzoniere,* (Milan: Rizzoli). Poem no.189.

Rider, H. 1638. *All the Odes and Epodes of Horace: Translated into English Verse by Henry Rider, Master of Arts of Emanuel College in Cambridge.* London: R. Rider.

Rieu, E.V. 1946. Introduction to *The Odyssey.* Harmondsworth: Penguin.

Spiller, Micahel R.G. 1992. *The Development of the Sonnet: An Introduction.* London: Routledge. pp.2-3.

Vaganay, Hugues.1899. *Le sonnet en Italie et en France au XVI ième siècle.* Louvain.

Voltaire, extract from a letter to Anne Dacier, 1720, reprinted in André Lefevere (ed), *Translation/History/Culture:A Sourcebook.* London: Routledge, p. 30.

Wyatt Sir Thomas. 1978. *The Complete Poems.* R.A. Renholtz (ed). Harmondsworth: Penguin.

기술(description)과 비평(Criticism) : 한스 크리스티안 안데르센의 영어 번역에 관한 몇 가지 접근법

비고 페데르센(Viggo Hjørnager Pedersen)
코펜하겐 대학교(The University of Copenhagen)

1. 머리말

한스 크리스티안 안데르센의 영어 번역은 방대한 주제이며 그 번역에 관한 연구는 복잡한 양상을 띤다. 많은 덴마크 학자들—안데르센 전문가 대부분은 덴마크 사람이다—에게 한스 크리스티안 안데르센은 숭배 대상이며 어떤 번역가도 이상적 세계인 그의 신성한 말에 손을 대서는 안된다. 안데르센 번역에 대한 논의는 그러므로 늘 해당 번역가가 원본의 어떤 세부 내용(들)을 제대로 옮기지 못한 데 대한 비평의 형태를 취한다.

현대의 일부 번역 비평가들과 달리 나는 그러한 접근법을 무턱대고 비난하지는 않겠지만 여기에는 분명 다른 관점의 보완이 필요해 보인다. 특히 중요한 점은 덴마크어의 미묘함보다 실제 읽고 있는 텍스트를 이해하는 일에 관심을 더 두는 영어 모국어 사용자에게 번역 오류의 지적은 그다지 호소력이 없다는 사실이다. 그들은 아마도 '같은' 원본을 두고 영어 버전들이 차이가 나는 이유에 관해 오히려 듣고 싶어 할지 모른다.

한편 번역본에 대한 불만은 무시할 수 없을 정도로 널리 퍼져있다. 따라서 작가 개인의 아름다움이 사라졌다거나 세부 내용을 왜곡했다고 노여워하기보다 이러한 불만을 설명하는 데 도움이 될 일반적인 경향성을 찾는 일이 훨씬 더 유익하겠다.

논문의 목적은 두 가지다. 첫째, 한스 크리스티안 안데르센의 영어 번역 연구에 관한 다양한 접근법을 검토하며 둘째, 특별한 영역인 관용구(idioms)와 준관용구(semi-idioms)의 번역에 대해 좀 더 자세히 알아보고, 이를 통해 앞서 말한 불만의 근거를 찾게 되기를 희망한다. 끝으로 원본에 대한 문학 번역본의 지위 그리고 기술과 비평이 문학 번역 연구에서 각기 차지하는 역할에 대해 전반적으로 살펴보고자 한다.

2. 문제들

슈넬 혼비(Snell Hornby)는 자신의 책 『번역학(Translation Studies)』(1988: 1-31)에서 번역학의 두 학파를 비교한다.

(1) 언어학자는 등가 추종자가 되기 쉬운 이들이다. 고전적 등가 개념은 환상이기에 '등가의 추구'는 이루기 힘든 연구 전략이 되어 좌절로 끝나기 마련이기 때문에 이것은 좋지 않다.[1)]

(2) 새로운 '조작자(manipulators)'들은 도착어 텍스트와 문학적 접근에 집중하나, 문학 번역을 비판하기 위해서가 아니라 기술하기 위해서 그렇게 한다.

이제 두 개의 인용문이 이를 분명히 보여 줄 것이다. 허먼스(Hermans 1985:8)는 책 『문학의 조작(The Manipulation of Literature)』의 서문에서 다음과 같이 비판한다.

> 평가 지향성이 강한 문학 비평은 ...(중략)... 번역이 지속적으로 주변부로 밀려나 버렸다는 것을 의미했다.

위의 책에서 그는 새로운 그룹이 다음과 같은 태도를 취한다고 말한다(1985: 7).

> 문학 번역에 대한 기술적, 목표 지향적, 기능적, 체계적인 접근법 그리고 번역 생산에 영향을 주는 규범과 제약에 대한 관심….

램버트와 고프(Lambert and Gorp)(Hermans: 1985)는 이 그룹의 분석적 접근법을 체계화해, 모든 종류의 메뉴를 조금씩 다 제공하는 메뉴판과 같은 분석 모형을 제시했다. 어떻든 그들은 번역이 만들어지는 맥락에 주로 관심이 있으며, 언어적 세부 사항에 대한 실제적인 비교는 그들이 다루는 주제들 중 비교적 하위에 위치한다.

이런 식의 분석을 영어로 된 안데르센을 대상으로 시도해볼 수도 있을 것이고, 누군가 램버트와 고프식으로 그에게 접근할 수도 있을 것이다. 하지만 그런 프로젝트는 분명 이 논문의 범위를 벗어난다. 그 대신 현재 일어나고 있는 문학번역 연구의 변화를 통해 내가 해온 작업을 점검해보고, 지난 10년동안의 연구를 기술해봄으로써 비슷한 주제를 연구하는 학자들이 관심을 가질 법한 몇 가지 접근법을 제시해보고자 한다.

3. 번역들

첫째, 연구자료는 안데르센의 영어 번역본들이다. 얼마나 많은지 아무도 모르지만 30개가 넘는 대형 판본이 있고, 그중 여섯 개가 전집이다.[2] 그러나 이들 번역판은 서로 완전히 독립적이지 않아서, 이전에 출간된 번역에서 차용하는 것은 예외가 아니라 관례가 된 듯하다.

덴마크인이 번역한 것도 있고, 영국인이 한 것도 또 독일인이 한 것도 있다. 한 그룹을 다른 그룹보다 선호하는 것은 당연히 그리고 일반적으로 지나친 단순화가 될 것이다. 모국어가 영어인 번역자는 부정확한 경향이 있는데—출발어의 지식이 부족해서 또는 신경을 쓰지 않아서—「요정과 식료품 장수(The Nisse at the Grocer's)」에서 캐롤라인 피치(Caroline Peachey)가 안데르센이 명시한 가게의 물건을 '그 외 여러 가지 물품'이라고 줄여 버리는 경우가 이에 해당한다.

한편 덴마크 역자들은 충분히 자유롭지 못하고 충분히 영어를 잘하지 못한다. 번역이 종종 부실하게 여겨지는 한 가지 이유는 일반적으로 최고의 사람들에 의해 만들어지지 않기 때문이다. 최고의 사람들은 제 것을 만들어 내느라 여념이 없다.

독일인들은 대체로 영국이나 미국 번역가보다 덴마크어를 잘 다뤄왔지만 왠지 경직되고 어색한데, 번역 과정에서 독어의 간섭을 받는 경우가 잦아서이다. 앞으로 보게 되겠지만 대다수의 동화를 실은 번역본을 처음으로 내놓은, 그 이름(악명) 높은 둘켄(Dulcken) 박사의 경우가 이에 해당한다.

특히 가장 인기있는 20-30편의 경우 완역본 말고도 간략하게 줄이거나 각색한 번역도 많은데, 이렇게 축약된 번역도 전체 번역본 수에 포함된다. 그 모든 이야기 가운데 「미운 오리 새끼(The Ugly Duckling)」처럼 가장 인기 있는 이야기의 경우 수백 가지 버전이 존재하며 그 수는 네 자리 숫자에 달할 것이다.

4. 접근법

이 자료를 가지고 무엇을 할 수 있을까? 다음에서 접근법을 몇 가지 설명하고자 한다(Pedersen 1991a 참조).

4.1. 영어 작가로서 한스 안데르센

논문 「영어 작가로서 한스 안데르센」(1984)은 목표 문화에서 번역의 위치를 강조했는데, 허먼스와 다른 '조작자들'의 노력에도 불구하고 오늘날까지 쉽사리 인정되지 않는 것이다. 번역은 출발어와 도착어의 문학체계 둘 다에 속한다. 그리고 안데르센의 경우처럼 저자가 번역에 적극적으로 관심을 기울이면, 번역을 웰렉(Wellek)과 워렌(Warren)이 이해하는 '작품'의 한 형태, 즉 텍스트의 표면적 발현 기저에 놓인 이상적 '규범의 구조'로 간주할 수 있는 이유가 하나 더 생긴다(Pedersen: 1990c 참조). 달리 말해, 번역본은 작품의 몇 가지 발현 가운데 하나이고, 번역은 실재로 원본이 이해되고 해석되는 방식에 영향을 미칠 수 있다. 키에르케고르(Kierkegaard)는 그의 저작이 번역되어 프랑스 실존주의자들의 관심을 끌지 않았다면 현재 덴마크에서 누리는 위치와 추종자를 갖지 못했을지도 모른다. 안데르센의 경우 오늘날에도 그가 자주 인용되고 모방된다는 점에서 또 그가 없었다면 영미 아동문학 장르가 몹시 달라졌을 것이라는 점에서, 영문학체계 안에 완전히 들어가 있으며, 이는 주목할 만한 가치가 있다.

4.2. 도착어 텍스트와 출발어 텍스트의 위계 기반(rankbound) 비교

출발어 텍스트와 도착어 텍스트의 대조 연구를 수월하게 하기 위해, 나는 퍼스-할리데이(Firth-Halliday) 전통에 기반한 분석 모형을 만들었고, 이 모형을 통해 어떤 층위의 분석도 누락되지 않도록 했다. 텍스트를 층위별, 요소별로 분석하고, 단락과 같은 보다 큰 단위에서 시작해 개별 단어로 내려가며 작업했다(부록 1 참조). 이 방법은 번역이 원본을 적정한 정도로 따라간다고 할 때 가장 효과적인데 「인어 공주(the Little Mermaid)」의 네 가지 영어 버전 분석에서 보여진 것과 같다(Pedersen 1990b). 축약된 텍스트에도 어느 정도 활용이 가능하며 페데르센을 참고하기 바란다(Pedersen 1990a and 1991b). 분석이 모든 층위에서 모든 경우에 대해 똑같이 디테일하게 이루어지지는 않는다. 목적은 각 상황에서 가장 흥미로워 보이는 층위와 현상에 집중하는 것이다. 안데르센의 경우 상대적으로 단락의 층위보다 문장과 구절과 단어의 층위가 흥미롭다는 것을 알 수 있었다. 안데르센의 모든 번역에는 통사적 변화가 일어나며, 안데르센의 어휘와 어법은 많은 어려움을 야기한다.

4.3. 축약된 텍스트

안데르센 동화의 현대 영어 번역본의 대다수는 축약본이다. 그래서 나는 이야기의 축약본이 전체 텍스트와 어떤 면에서 다른지를 분석하는 데 흥미를 갖게 되었다. 이 작업은 뜻밖의 결과를 끌어냈다. 예컨대 축약된 이야기는 설화적 규범에 근접하는 경향이 있다. 행복한 결말을 끌어들이고(「인어 공주」에서 여러 차례. 월트 디즈니 영화 버전 참조), 사회 풍자와 인간 중심의 감상성은 풍경 묘사 같은 '문학적'이고 낭만적인 특징과 더불어 배제되기 쉬웠다. 그리하여 「미운 오리 새끼」에서 몇몇 장면의 묘사는 무시되거나 과감히 축소된다(페데르센 1990a).

축약본은 특히 어린이를 대상으로 한다는 사실 또한 영향을 미친다. 종종 번역본은 깊은 메시지보다 표면적 행위에 집중하며 어린이에게 부적합하다고 여겨지는 요소, 이를테면 폭력이나 성에 대한 언급은 좀 누그러뜨리거나 생략한다. 피치의 「부싯깃 통(Tinderbox)」에서 병사는 안데르센의 원문 속 진짜 병사처럼 공주에게 입맞춤하는 것이 허용되지 않고 그저 무릎을 꿇고 공주의 손등에 입을 맞출 뿐이다. 그리고 「미운 오리 새끼」의 몇몇 버전에서 어린 거위 두 마리가 총에 맞아 물이 핏빛으로 물드는 장면은 생략되거나 덜 잔인하게 묘사되었다.

심하게 줄인 버전이라 해도 이야기의 핵심은 보통 살아남는다. 예컨대 「미운 오리 새끼」는 가망 없는 환경을 살아가는 영웅에 관한 이야기이며 새끼 오리는 전통적 동화 영웅에 비하면 다소 소극적이지만 세상 속에서 자신의 자리를 찾아 나서고 성공한다. 이러한 성공의 측면은 언제나 존재하며 거의 예외 없이 성장이라는 개념과 연결된다.

4.4. 영문 안데르센 비평본(critical edition)

페데르센(1987b)은 문학번역을 논의하기 위해 엄청난 양의 데이터를 제시하는 비전통적 방식을 논하면서 안데르센 비평본의 마련이 필요하다고 호소한다. 비평본은 왼쪽에 덴마크어 텍스트, 오른쪽에 영어 번역본이 나오는 구성으로, 번역은 이 판본을 위해 특별히 준비한 새로운 텍스트일 수도, 일부 교정을 거친 기존 번역일 수도 있다. 덴마크어 아래에는 텍스트에 대한 주석이 (영어로) 달리고 영문 번역본 아래에는 선택된 번역과는 다른 번역본을 참고로 제공한다. 「요정과 식료품장수」 첫 부분의 샘플 페이지를 부록 2에 실었는데, 여기에는 번역이 어려운 부분들, 또 번역의 다양한 버전들이 제시되어 있다.

4.5. 어법을 포함한 어휘 대조 연구

코펜하겐 대학교(Copenhagen University)의 번역연구 및 사전편찬센터(Center for Translation Studies and Lexicography) 그리고 오덴세 대학교(Odense University)의 한스 크리스티안 안데르센 센터(Hans Christian Andersen Center)는 코펜하겐의 왕립도서관과 함께 안데르센 텍스트의 기계 가독형 코퍼스를 구축하는 데 협력하고 있다. 에릭 달(Erik Dal)의 덴마크 표준판은 한스 크리스티안 안데르센 센터에, 진 허숄트(Jean Hersholt) 번역은 번역연구센터(Center for Translation Studies)에 매킨토시 포맷으로 복사되고 저장되었다. 텍스트는 IBM 호환 형식으로도 이용 가능하다. 처음 텍스트를 입력하는 과정에서 시간과 노력이 많이 들었으나 1993년에 스캐닝 작업이 시작되었다.

페데르센(1993a)은 이 자료를 분석하는 여러 가지 방법을 설명한다. 단순 WP 매크로를 이용해 미시적 맥락의 개별 단어를 검색하고 복사할 수 있다. 이런 방식의 분석 대상이 되는 단어에는 사용 빈도가 높고 감정을 실은 형용사가 포함된다. 한편 이 코퍼스는 한스 크리스티안 안데르센의 소설(덴마크어) 다섯 편이 더해져서 WORDCRUNCHER 프로그램을 통해 CD롬으로 사용할 수 있게 되었다. 이 프로그램은 단어 빈도 목록을 만드는 데 사용되었다. 대량의 덴마크어와 영어 자료를 신속하게 비교할 수 있는 포맷은 여전히 부족하다.

대조 코퍼스가 아니어도 안데르센의 어휘를 더 잘 아는 것은 번역자와 학자에게 확실히 도움이 된다. 자연히 다음 단계는 안데르센 어휘 색인과 그에 기반한 안데르센 단일어 사전을 마련하는 일이다. 이것은 결국 ODS[덴마크의 OED(옥스퍼드 영어사전)에 해당]와 홀베르(Holberg) 사전에 이미 존재하는 언어적 분석을 토대로 할 것이다. 안데르센 2개 언어 사전을 상업적 기획이라고 하기는 어렵다. 그러나 데이터베이스 버전에는 덴마크어에 대한 전형적인 영어(독일어 등) 등가어가 등재될 것이다.

4.6. 등가의 특별한 문제

특별한 문제는 특정 단어와 구문의 잦은 반복에 따른 안데르센 작품의 패턴화이다. 페데르센(1993a)은 번역에서 이러한 패턴을 보존하는 일의 어려움에 관해 그리고 영어로 아무 등가어가 없는 전형적으로 덴마크적인 현상을 옮길 때 생기는 문제에 관해 논한다.[3)] 여기에는 오직 덴마크 사람에게만 연관성이 있는 덴마크 기관, 지명 그리고 역사적 데이터 등이 포함된다. 「행운의 덧신(The Galoshes of Fortune)」에서 Kong Hans' Tid—한스 왕 시대, 즉 1481~1513—를 언급하지만 영어 독자 대다수에게 이것은 무의미할 수밖에 없다.

4.7. 개별 번역가들

나는 메리 호위트(Mary Howitt), 캐롤라인 피치, 클라라 드 샤트레인(Clara de Chatelain)과 같은 초기 번역가의 작업에 관해 일련의 연구를 진행하고 있다(Pedersen 1993b 참조). 이들 연구에서 나는 다른 문학 활동을 포함한 여러 번역가의 배경과 그들이 번역을 생산했던 상황 등을 헤아리고자 노력한다. 앞서 말한 세 여성이 당시 아동문학에 적용되는 규범을 좇아 어린이가 읽기에 적합한 작품을 만들고자 의도했던 것은 아주 큰 의미가 있다. 이러한 연구 과정은 네덜란드-이스라엘 조작학파 연구에 가깝다. 이러한 연구는 기술에 머물러서는 안 되고, 해석과 비평을 포함해야 한다(본고 189-190쪽 참고).

4.8. 관용성: Det er ganske vist/It's Quite True[둘켄(Dulcken)]/It is Perfectly True[호가드(Haugaard)]

논의의 진행상 이번 절에 할애된 제목이 뜻하는 바는 출발어에서 잘 알려진 표현이 도착어에서 반드시 그렇지는 않다는 점이다. 위에 인용한 덴마크어 구절에는 영어 번역본에 없는 울림이 있다. 나는 「Nattergalen(The Nightingale, 나이팅게일)」을 출발점으로 삼아 이러한 관찰을 몇 가지 텍스트 예제에 적용해 검토해보려 한다.

H. C. 안데르센의 「나이팅게일」 이야기에서 가난한 어부는 진짜 나이팅게일에 대비되는 모조품 나이팅게일에 대해 이렇게 말한다.

> "det klinger smukt nok, det ligner ogsaa, men der mangler noget, jeg ved ikke hvad!" (A4: 23)[4)]

> "it sounds beautiful, and like the bird's song, but something is missing, though I don't know what it is."(Haug: 208)

> "참 아름다운 소리로구나. 그 새의 노랫소리와 비슷해. 하지만 뭔가 빠졌어. 그게 뭔지 잘은 모르겠지만."

한스 크리스티안 안데르센 동화의 영어 번역을 생각할 때 이것은 적절한 시작점이 될 수 있다. 잠시 번역을 모조품이라 생각하고 원본을 진짜라고 생각해 보면 도착어 버전에서 빠진 것은 관용성(idiomaticity)이다.

대체로 문학 번역에는 원본보다 관용구가 적게 나온다. 그리고 개개의 단어는 원작의 단어보다 꼭 맞는 표현이 되기가 쉽지 않은데, 특히 번역자가 원작의 의미 내용을 가능한 한 많이 옮기려 노력하는 경우에 그렇다.

한스 크리스티안 안데르센은 당연히 영어로 번역될 수 있다는 점을 강조하고 싶다. 안데르센은 다른 위대한 작가나 시인보다 번역하기가 더 어렵지도 수월하지도 않다. 안데르센을 영어로 번역하기는 셰익스피어를 덴마크어로 번역하기만큼 쉽다(혹은 어렵다). 두 경우 모두 형편없는 번역일지라도 원작 예술 작품의 상당 부분을 간직하기 때문에 도착어 독자는 뭔가 멋지고 특이한 것이 있다고 느끼게 된다. 동시에 독자는 텍스트가 이상하다고 종종 의아해 하게 되는데, 이는 두 언어 사이의 간극을 메우기에 부족한 번역자의 능력에서 비롯한다. 독자가 그런 간극의 존재를 느끼지 않는다면 번역자가 세부 사항을 빠뜨리거나 보태거나 원본 텍스트를 재구성한 사실이 비평가에 의해 밝혀질 가능성이 높다. 유감스럽게도 좋은 도착어 작품을 얻기 위해서는 종종 필요한 일이다.

다음에 이어질 내용은 번역 '실수'에 대한 비판이 아니라 도리어 완벽한 번역에 이르지 못하게 하는, 어렵고 종종 해결하기 힘든 이런저런 문제가 존재한다는 사실을 보여주는 것으로 보아야 한다. 이러한 실례분석이 가치있는 이유는 학자들로 하여금 번역의 관점에서 보았을 때만 보이는 수많은 텍스트 디테일들에 주목하게 만들기 때문이다.

5. 텍스트 읽기

텍스트 읽기는 모든 분석의 첫 단계이다. 한스 크리스티안 안데르센의 수많은 동화처럼 「나이팅게일」은 쉽고 또 어렵다. 인위성에 대비되는 자연에 관한 이야기 그리고 중국의 황제와 가난한 어부 사이의 차이에 관한 이야기는 상하 간에 상당한 거리가 있는 사회 어디서나 이해될 수 있다. 그 배경도 지나치게 어렵지 않다. 안데르센의 시대에 중국적인 것에 대한 관심은 유럽에서 보편적이었으므로 번역이 특별히 어려울 필요도 없다. 그럼에도 불구하고 특별한 덴마크어 그리고 특별한 안데르센의 느낌이 있다.

한스 크리스티안 안데르센 시대에 코펜하겐은 유럽 표준보다 사회의 여러 부문 간에 격차가 크지 않은, 어느 모로나 작은 도시였다. 가부장제 사회로서 매일 밤 도시의 출입문들이 잠기면 국왕(프레데리크 6세)이 열쇠를 받아서 자신의 베게 밑에 두고 다음 날 아침까지 보관하던 곳이었다. 이러한 점이 안데르센으로 하여금 왕과 황제들에게 친밀한 감정을 느끼게 한 배경 가운데 하나이며 더구나 그는 어린 시절에 프레데리크 7세를 알고 지내며 함께 놀기도 했다. 영국 사람들이 이해하기에는 어려워 보이는 태도이긴 한데, 이것은 황제가 「돼지치기 왕자(The Swineherd)」에서처럼 슬리퍼를 신고 돼지우리로 달려가진 않는다고 하더라도 친밀하고 허물없는 어조를 유지하는 데 여전히 매우 중요하다. 황제와 거리의 어린 부랑아를 나란히 놓는 아래의 예를 보자(A:24).

> *Gadedrengene sang "zizizi! klukklukkluk!" og Keiseren sang det -! jo det var bestemt deiligt!*
>
> The street arabs sang "zizizi! klukklukkluk!" and the Emperor sang it -! it was indeed wonderful!
>
> (거리의 어린 부랑아들이 노래했다. "지지지! 짹짹!" 그리고 황제도 노래를 불렀다. 정말 멋진 노래였다.)

이것은 피치의 '… and the Emperor *himself* sang too'(기울임체 저자표기)라는 문장에서 제대로 옮겨지지 않았는데, 피치는 프롤레타리아 계급과 황제가 비슷한 방식으로 반응한다는 사실에 놀라움을 나타낸다. 하지만 안데르센은 그걸 당연하게 여긴다.

6. 화용론

이제 화용론의 문제, 즉 안데르센의 원래 독자라면 현대 영어권 독자와 다르게 이해했음 직한 현상에 관해 논의를 시작하기에 적절한 때가 온 듯하다. 번역에서 화용론적 어려움과 언어적 어려움 사이의 구분이 어떤 의미로 무관할지라도, 둘 다 언어적 수단으로 극복되어야 하기 때문에 아무래도 그 구분을 유지하는 게 도움이 될 것이다. 물론 화용론적 문제는 일단 파악이 되고 나면 보통은 에둘러 말하거나 출발어 현상을 도착어 현상으로 대체하거나 단지 한두 마디 설명을 추가함으로써 극복될 수 있다. 언어적 문제의 경우는 항상 그렇지는 않다. 여기서 핵심은 텍스트의 관용적 특성의 일부는 독자가 공유하는 언어 및 문화적 배경에 대한 지식을 자유롭게 끌어 쓴다는 것이다. 몇 가지 예시로 충분할 것이다.

안데르센은 중국적인 것을 사랑했고 또 자주 이용했다. 하지만 이 이야기에는 순진한 역자가 제대로 파악하지 못할 수도 있는 가벼운 역설이 발견된다. det var nu saa ganske chinesisk(A: 23)('this was indeed very Chinese')와 같은 구절은 ODS에 나열된 뜻, 즉 mandarinagtigt, gammeldags, omstœndeligt, uforståeligt('mandarin, old-fashioned, longwinded, incomprehensible'(만다린, 구식의, 장황한, 이해할 수 없는) 등을 참고하면 부분적으로나마 이해될 수 있다. P.O 브뢴스테드(Brønsted)는 아래와 같이 훌륭하게 표현했다.

> Vi talte om denne erbarmelige Nation(i.e. the French nation), dens chinesiske Vœsen og onde Noder.
>
> We talked of this pitiful nation, its chinesisk nature and evil ways.
> 우리는 이 딱한 나라에 대해, 그 chinesisk 본성과 악마의 길에 대해 이야기했다.

비슷한 의미가 OED에는 올라 있지 않은데, 아마 chinesisk의 적절한 번역은 'Chinese'보다는 'mandarin'이 아닐까 한다.

또 하나의 문제적 단어는 Spekhøkerbørn이다[elleve Spekhøkerbørn bleve opkaldte efter den, men ikke een af dem havde en Tone i Livet(A: 22-번역은 아래를 참조)]. 이것은 확실히 역설적으로 들린다. 하지만 많은 영어 번역가가 알아채지 못한 사실은 안데르센과 동시대 사람들에게 Spekhøker라는 단어는 그 자체로 익살스럽고, philistine(속물)[그리고 영어 'shopkeeper'(가게 주인)의 다양한 변형과 같이 하층 출신이 아닌 사람]을 의미한다는 점이다. 시인 하이베르(Heiberg)를 참조하면 다음과 같다.

> "Hvems er det deilige Barn?" "Det tilhører en Spekhøker i Adelgaden." "En Spekhøker! Det er aldrig muligt! Hvor Fanden skulde en Spekhøker komme til et saadant Barn!"
>
> "whose is that lovely child?" "It belongs to a Spekhøker in Adelgade." "A Spekhøker! impossible! How the devil should a Spekhøker come by such a child!"
>
> "저 사랑스런 아이는 누구의 아인가요?" "Adelgade의 Spekhøker의 자식이죠." "Spekhøker! 말도 안 돼! 어째서 악마는 그런 Spekhøker에게 저런 아이를 주는 걸까!"

허숄트는 그 단어를 'pork butcher(푸줏간 주인)'로, 둘켄은 'peddler(행상인)'로 옮겼다. 그 외 해결책으로 'provision-dealer(식료품상)', 'huckster(행상꾼)', 'grocer(식료품 장수)(피치) 등이 있다. 현대적 등가어는 아마 'delicatessen shop owner[델리카트슨 가게 주인'(호가드)]이 되겠지만 그 이야기의 배경은 19세기이지, 20세기가 아니다.

drukket sig lystige i Theevand(A: 23)라는 구절에서 보듯이 Theevand 또한 원천 문화에 대한 지식을 전제로 해야 이해할 수 있는 단어이다. Theevand[문자 그대로 '찻물(tea-water)']는 예전에는 차(tea)와 비슷한 말이었지만 차가 연하다는 의미를 나타낸다(이 음료를 내는 덴마크 전통 방식은 영국과 현저하게 다르다). 바람직한 번역은 '연한 차(weak tea)'가 될 것이다. 그러나 번역가들은 대부분 이 어감을 놓친다. D: tipsy upon tea, for that is quite the Chinese fashion; Haug: got drunk on too much tea; H: gotten tipsy on tea, Chinese fashion 역시나 이러한 어감을 옮기지는 못하지만 피치의 의역에는 해야 할 말이 많다: as if they had all been drinking tea; for it is tea that makes the Chinese merry.

차용어(loanwords)는 출발어와 도착어에 공통된다 하더라도 그 함의가 반드시 같지는 않다.

Couleur(A: 20)는 보통 흑백과 반대말로 쓰이며, 19세기에 흔히 사용되었다. 하지만 kostbare Steene af adskillige differente Couleurer('costly stones of several different colours') 같은 구절에서 이 단어는 현대 덴마크에서보다 차용어적인 느낌이 훨씬 큰데, 그 이유는 different가 덴마크어에서 보기 드문 차용어이기 때문이다. couleurer는 아마 'hues'로 옮겨질 것이다.

Succès(den vil gjøre en stor succès ved Hoffet A: 21) 역시 오늘날에는 흔히 사용되지만 예전에는 드물었다. MAGNUS 코퍼스에는 단 하나의 예시만 나오는 것을 볼 때, 오늘날보다 차용어로서 한층 강하게 인식되었음을 짐작할 수 있다. 안데르센은 「돼지치기 왕자」에서처럼 젠체하는 프랑스어를 사용해 자신이 탐탁치 않아 하는 신하들을 묘사한다. 이 어감을 살려 영어로 표현하기란 아마 불가능할 것이다. 그 단어를 '축소 번역한(undertranslate)' 사실을 명심하여 텍스트의 다른 곳에서 손실된 의미를 메우도록 해야 한다.

Presenter(A: 23)는 'gifts'라는 뜻으로, 현대 덴마크어의 gaver에 해당하는데, 영어 등가어가 없는 한 시기의 표지어(period marker)이지만 그 손실된 의미는 텍스트 다른 곳에서 메울 수 있고 또 메워야 한다.

7. 언어유희(Puns)

언어적 문제를 극복하기가 어렵다는 것은 Nattergal에 관한 언어유희의 예를 보면 잘 알 수 있다.

> Hele Byen talte om den mœkvœrdige Fugl, og mødte to hinanden, saa sagde den Ene ikke andèt end : "Nat-!" og den Anden sagde "gal!" og saa sukkede de og forstode hinanden…(A: 22)

> The whole town talked about the marvelous bird. Whenever two people met in the street they would sigh; one would say, "night", and the other "gale"; and then they would understand each other perfectly. (Haug: 207)
> 온 도시가 멋진 새에 관해 이야기했다. 두 사람이 길을 가다 마주치기라도 하면 이렇게 탄성을 지르곤 했다. 한 사람이 "나이트…"라고 말하면 다른 사람은 "게일"이라고 말했다. 그러고 나면 그들은 서로를 완전히 이해할 수 있었다.

둘켄의 'Nightin··· gale'은 안데르센보다 좀 재미가 덜한데, 왜냐하면 gal은 덴마크어로 'mad'(미친)나 'besotted'(정신을 못 차리는)를 뜻하기 때문이다. 다른 번역본의 시도들은 더 나을 것이 없다. P; -; H; 'one could scarcely say "night" before the other said "gale"(한 사람이 "나이트…"라고 입을 떼자마자 다른 사람이 "게일"이라고 말했다).

중요한 것은 만족할 만한 해답은 없다는 점이다. 번역가의 선택은 축소 번역하거나 어딘가 다른 곳에서 보완하는 것이다.

8. 관용구

관용구 번역은 가장 중심이 되는 만큼 어렵다. 관용구의 정의에 대해 일반적으로 합의된 사항은 없다. 일부 언어학자에게 틀에 박힌 문구나 관습적 연어는 모두 관용구이다. 다른 학자들은 관용구는 뜻이 투명하게 드러나면 안 된다고 말한다. 따라서 "once in a blue moon"(극히 드물게)은 관용구지만 "that's the way it is"(원래 다 그렇다)는 아니다. 관용구는 '자신을 표현하는 특유의 방식'이라는 의미로도 사용된다.

어떤 관용구는 단 하나의 고정된 형태를 띠기도 하지만 여러 가지 변이형을 찾아볼 수도 있다. 관용구인지 아닌지 하는 논란의 여지가 있는 회색 지대도 존재하지만 자유 변이는 없다. 예를 들면 det gik ret til Hjertet('it went straight to the heart', 그것은 곧바로 마음으로 향했다)(A: 21)라는 문장에서 만약 나머지 문자열이 그대로 유지된다면 설령 모국어 사용자가 그 표현을 관용구로 생각하지 않는다고 하더라도 명사 Hjertet를 대체할 만한 말을 떠올리기란 쉽지 않다.

이 주제에 관한 문헌은 제한적이다. 페르난도와 플레블(Fernando and Flavel 1981)의 책에서 이와 관련한 연구가 있고, 페데르센(1986) 관련 몇몇 논의가 있다. 키에르(Kjær 1990)를 통해 몇 가지 요점을 추려 볼 수 있다.

관용구는 텍스트에 풍미를 부여하므로 그게 없으면 텍스트는 빈약해진다. 때로 관용구에 들어맞는 등가어가 도착어에 없다고 해서 곧바로 문제가 되지는 않는다. 그럴 때는 관용적이지 않은(unidiomatic) 표현이나 하나의 단어로 옮길 수 있다. 그러나 이러한 해결책으로 일관하면 그 번역은 원본보다 납작해지고 만다. 「나이팅게일」에서 예시를 몇 가지 들어 보겠다.

saa at det var en Lyst(A: 20) //D: 'most delightfully'; H: 'burst into song'; Haug: 'as beautifully as he could'.

man kunde ikke høre Ørelyd(A:21) //D: 'one could not hear oneself speak'; H 'you could scarcely hear yourself talk'; Haug: 'you couldn't hear what anyone said'.

Land og Rige(A: 23&25) (문자 그대로 'land and realm')은 안데르센이 몹시 좋아했던 동어반복 중 하나이다. 그대로 따라 하기가 쉽지 않다. D: 'country and empire'; H: 'land'; Haug: 'empire'

ikke een af dem havde en Tone i Livet(A: 22) //D: 'not one of them could sing a note'; H: 'not one could sing'; Haug: 'not one of them could sing'.

9. 유사 관용구(Pseudo-idioms)

관용구에 관한 문헌이 얄팍하다면 유사 관용구(pseudo-idioms)라는 것에 대한 문헌은 더 얄팍하다. 나는 1986년의 글(Pedersen 1986)에서 견해를 밝힌 적이 있는데, 한쪽 끝에는 관용구가, 다른 끝에 자유 변이(free variation)가 있다. "once in a blue moon"은 관용구이고, "twice times in a bad year"는 자유 변이인데 "three times in the peak season"이라고 해도 무방하기 때문이다. 그러나 그 중간 지대에는 "when in Rome, do as (or like) the Romans /a Roman /(do)"와 같이 다소 자유로

운 관용구도 있고, 관용구의 지위를 노리는 다수의 패턴들도 있다.

따라서 「Kjærestefolkene」[「The Sweethearts(연인들)」]의 한 구절 ligget i Skuffe sammen[문자 그대로 'lain in drawer together'(서랍에 함께 누워)]은 동사 + 장소를 나타내는 i 전치사구 + sammen의 패턴, 즉 sove i seng sammen, komme i by sammen['sleep in one bed(한 침대에서 자다), meet in the same town(한 마을에서 만나다)'] 등을 상정하는데, 번역에서 그대로 좇아 하기는 어렵다. ligge i skuffe sammen은 분명 성적 의미를 암시하지만 번역본에도 적용될 필요는 없다. 참고로 피치의 번역은 이렇다. '… since we are thrown so much together.'

이제 두 개의 예시를 더 보자.

「벼룩과 교수(The Flea and the Professor)」에서 교수의 아내가 떠난 뒤 그에 대해 han tabte sit gode Humeur[글자 그대로 'he lost his good humour'(그는 쾌활한 성품을 잃었다)]라고 말한다. 우리가 아는 대로 안데르센은 자신의 유쾌한 이야기 가운데 하나의 제목이기도 한 et godt Humeur(쾌활한 성품)을 매우 중시하는데, 여기서 핵심은 어조이며 익살스럽지만 슬프다는 점이다. 빈터베르(Vinterberg)와 보델센(Bodelsen) 덴마크어-영어 사전에서 비슷한 예를 찾아보면 'gode + 소유대명사 + 명사'는 흔히 부정적인 것과 연어를 이룬다는 사실에 놀라게 된다. 예를 들어 gå ud af sit gode skind, miste sit gode navn(문자 그대로 'go out of one's good skin'[즉 be very upset(몹시 화나다), 'lose one's good name(명성을 잃다)']과 같이 쓴다.

같은 이야기에서 가져온 비슷한 예로는 en cold Fornøielse['a cold pleasure(차가운 기쁨)']가 있다. 이는 물론 형용 모순(contradictio in adjecto)이며 영어에 확실한 등가어는 없다. 하지만 실제로 fornøjelse(일반적으로 긍정적인 단어)가 부정적 형용사와 연어를 이루는 하위 패턴(sub-pattern)이 존재한다. 그 결과는 약간의 익살스러운 어조이다. en dyr/kort[즉 'expensive/short(값비싼/짧은)'] f. 번역본들은 대부분 불만족스러운데, 부정확하거나 관용어법에 맞지 않는다. D: -; H: 'a chilly sort of pleasure'; Haug: 'no fun'.

10. 맺음말: 기술 대 비평

지금까지 말한 내용은 단서와 추측, 즉 19세기 안데르센 영어 번역에 대한 기술로 이뤄져 있다. 적어도 두 가지 결론을 이끌어 낼 수 있다.

(1) 번역자가 자유로워질 준비가 되어 있지 않아서 적절히 번역할 수 없는 부분은 건너뛰고, 저만의 방법으로 윤색을 더하지 못한다면 번역본은 예술적 관점에서 아무래도 원작만 못할 가능성이 크다. 이것은 새로운 견해가 아니다. 카울리(Cowley), 뒤 벨레이(du Bellay) 그리고 다른 16, 17세기 학자들도 같은 말을 했다(cf Pedersen 1987a: 13-26). 그러나 이 사실은 19세기 초 이래로 너무도 완전히 무시되어 왔기에 다시 한 번 강조할 필요가 있다.

(2) 번역은 도착어 규범과 그것이 옮기고자 의도한 작업이라는 두 가지 측면과 관련해 평가받아야 한다. 그리고 나는 번역에 관한 객관적 기술 뒤에 비평적 평가가 따라 나와야 한다고 본다. 번역학자가 그런 비평을 제공하는 것은 정말 중요한 책무라고 생각한다. 다른 누구도 그 일을 할 수 없기 때문이다.

이 두 진술은 여러 동료 학자들에게 논란을 불러일으킬지 모르겠다. 하지만 예술을 공부하는 이가 제 연구 대상에 관한 객관적 진술에만 스스로를 제한할 수 있다는 것은 환상인 것같다. 나는 번역 비평으로 돌아갈 때가 왔다고 믿는다. 다만 비평은 관련 텍스트에 관한 신중한 분석에 기반을 두며, 도착어 맥락의 중요성을 잊지 않아야 한다.

한스 크리스티안 안데르센의 영어는 덴마크어만큼 못하고, 셰익스피어는 그 반대라는 말은 주관적일 수 있겠지만 중요한 지적 같다. 번역에서 불가피하게 손실이나 변화가 생겼다 하더라도 두 작가 모두 도착어 문학에 있어서 중요하고, 환영받아 마땅할 만큼 도움이 된다. 그들이 없었다면 덴마크 문학과 영문학은 지금의 모습과 사뭇 달라졌을 것이다.

[부록 1]

페데르센(1988: 110f)의 분석표는 번역에서 텍스트의 수정이 여러모로 어떤 층위에서 일어날 수 있는지를 보여 준다. '+'는 수정이 가능함을 나타낸다.

이 모형은 퍼스학파(Firthian)류의 다섯 가지 층위와 다섯 가지 실행 유형을 기반으로 한다. 이 중 다섯 번째 '변화'는 어쩌면 불필요할지 모르는데, 삭제 + 추가로 재정의할 수 있기 때문이다. 그러나 그것은 분석 과정에서 사용하는 일종의 실제적 약칭이다.

어느 정도 필수적인 변화보다는 선택적 변화에 더 많은 관심이 주어진다. 하지만 이런 범주의 경계 설정은 결코 쉽지 않다.

텍스트	단락	문장	구	단어	
+	+	+	+	÷	압축
÷	+	+	+	+	삭제
÷	+	+	+	+	추가
+	+	+	+	÷	확장
+	+	+	+	+	변화

[부록 2]

영문 안데르센 비평본 한 페이지의 초안이다. 텍스트는 허숄트 버전을 약간 수정한 것이다[출처: 페데르센(1987b: 299)].

There ws a student, who lived in the attic and didn't own anything. There was also a grocer, who lived on the ground floor and owned the whole house, and the nisse stuck to the grocer, for every Christmas Eve it was it was the grocer who could afford him a bowl of porridge with a big pat of butter in it. So the nisse stayed in the grocery shop, and that was very educational.
One evening the student came in by the back door to buy some candles and cheese. He had no one to send, and that's why he came himself. He got what he came for, paid for it, and the grocer and his wife nodded "Good evening."She was a woman who could do more than just nod, she had the gift of the gab. The student nodded, but while he was reading something on the piece of paper which was wrapped around his cheese, he suddenly stopped. It was a page torn out of an old book that ought never to have been torn up, an old book full of poetry.
There's more of it," said the grocer. "I gave an old woman a few coffee beans for it. If you will give me eightpence, Sir, you shall have the rest."

1. The nisse at the Grocer's The Goblin and the Grocer H.; The Brownie at the Butterman's Brækstad; The Gobln and the Huckster Dulcken, Sievers; The Goblin at the Provision-Dealer's Kingsland.

2. student H.; real student Peachey; proper student Kingsland; (He was) a student of the good old sort Brækstad.

2. attic Peachey; garret H.

2. owned H.; possessed Brækstad;

6. porridge H.; plum porridge Dulcken; gruel Peachey; jam Mrs. Paul.

6. pat H.; lump Brækstad; piece Mrs. Paul.

7. stayed H.; settled down in Brækstad.

7. educational H.; where there was much to learn Brækstad; and was right comfortable there Peachey; which was very cunning of him Mrs. Paul.

11. and that is why H., Dulcken; so Brækstad.

11. got what he came for H.; procured what he wanted Dulcken.

12. Good evening H.; Good night Brækstad.

13. gift of the gab Kingsland; she was gifted with a glib tongue H.; she had an unusual gift of speech Brækstad.

17. torn up Dulcken; put to this purpose H.; torn to pieces Brækstad.

21. eightpence Peachey; eight pennies H.; two groschen Dulcken; sixpence Kingsland.

미주

1) Jennifer Draskau(1987) 참조 그는 프랑수아 비용(Francois Villon)의 원본 시와 영어 번역본 사이에 등가 가능성을 조사한 다음 많은 번역가의 능력에도 불구하고 그러한 등가는 보통 이루기가 불가능하다는 결론을 내린다.

2) 예를 들면 (Peachey), (Dulcken), (Hersholt), (Haugaard) 등의 번역본이 있다.

3) 비슷한 접근법에 대해서는 Knowles and Malmkjær(1991)를 보라.

4) A= Andersen(1964-91; D= Dulcken; H= Hersholt; Haug= Haugaard; P= Peachey; -= 번역되지 않음; ODS= Ordbog over det danske sprog(덴마크어 사전).

참고 문헌

Andersen Editions

Andersen, H.C. *Eventyr og Historier.* 1964-91. Ed. by Erik Dal and Erling Nielsen. Copenhagen.

Andersen, H.C. (1889) 1983. *The Complete Illustrated Stories.* (transl. Dulcken). London.

Andersen, H.C. 1942-47. *The Complete Andersen* (transl. Jean Hersholt). New York.

Andersen, H.C. 1985. *The Complete Fairy Tales and Stories* (transl. E.C. Haugaard, 1974) Harmondsworth: Penguin.

Andersen, H.C. 1852. *Danish Fairy Legends and Tales* (transl. Peachey). 2nd enlarged ed. London.

Other Sources

Draskau, J. 1987. *The Quest for Equivalence: On Translating Villon.* Copenhagen.

Fernando, C. and Flavel, R. 1981. *On Idiom. Critical Views and Perspectives.* Exeter.

Hermans, Th. 1985. *The Manipulation of Literature.* London: Croom Helm.

Kjær, Anne Lise. 1990. "Phraseology research – State-of-the-art" and "Context-conditioned word combinations in legal language". *Terminology Science and Research* 1(1-2): 3-32. Vienna.

Knowles, M. and Malmkjær K. 1991. "Key terms in H.C. Andersen's fairytales and their translations into English". *Babel* 37(4): 203-12.

참고
문헌

MAGNUS. 1992. A CD-ROM issued by CD-Danmark, Palægade 4. Copenhagen.

Pedersen, V. H. 1984. "Hans Andersen as an English writer". In H Ringbom and M. Rissanen (eds), *Proceedings from the 2nd Nordic Conference for English Studies.* Åbo, 95-109.

Pedersen, V. H. 1986. "The Translation of Collocations and Idioms". In L. Wollin and H. Lindquist (eds), *Translation Studies in Scandinavia.* Lund: CWK Gleerup, 126-31. Reprinted in Pedersen (1988).

Pedersen, VH (1st ed. 1973) 1987a. *Oversættelsesteori.* 3rd revised ed. Copenhagen: Nyt Nordisk Forlag.

Pedersen, V. H 1987b. "A critical edition of Hans Andersen?" In I. Lindblad and M. Ljung (eds), *Proceedings from the Third Nordic Conference for English Studies* (Acta Universitatis Stockholmiensis LXXIII). Stockholm. 291-99.

Pedersen, V. H. 1988. *Essays on Translation.* Copenhagen: Samfundslitteratur.

Pedersen, V. H. 1990a. "Ugly ducklings? Reflections on some English versions of Hans Andersen's "Den grimme Ælling"". In P.N. Chaffey et. al. (eds), *Translation Theory in Scandinavia. Proceedings from* SSOTT III. Oslo, 229-42.

Pedersen, V. H. 1990b. "A Mermaid translated: An analysis of some English versions of Hans Andersen's "Den lille Havfrue"". In Shirley Larsen (ed), *The Dolphin 18*. Århus: Aarhus University Press, 7-20.

Pedersen, V. H. 1990c. "The mode of existence of a literary translation". In Eric Jacobsen et. al. (eds), *Essays Presented to Bent Nordhjem* (PDE vol. 18). Copenhagen: Department of English, University of Copenhagen,

141-152.

Pedersen, V. H. 1991a. *Oversættelsesteoretiske Problemstillinger/Aspects of Translation Theory* (DAO 1). Center for Translation Studies, University of Copenhagen, Copenhagen.

Pedersen, V. H. 1991b. *Oversættelse eller parafrase?/Translation or Paraphrase?* The Hans Christian Andersen Center, Odense University, Odense.

Pedersen, V. H. 1993a. "A wonderful story of a true soldier and a real princess. Problems in connection with the rendition of Hans Andersen's vocabulary in English." In de Mylius et al. (eds), *Andersen and the World.* Odense: Odense University Press, 197-209.

Pedersen, V. H. 1993b. "Mary Howitt's translations of Hans Christian Andersen". In Julian Meldon D'Arcy (ed), *Proceedings of the Fifth Nordic Conference for English Studies.* (1992). Reykjavik, 286-94.

Ordbog over det danske sprog. 1919. (ed. V. Dahlerup et al.). Copenhagen.

Snell-Hornby, M. 1988. *Translation Studies. An Integral Approach.* Amsterdam: John Benjamins.

Vinterberg, H. and Bodelsen C.A. 1990. *Dansk/Engelsk Ordbog.* (1st ed. 1954-56; 3rd edition, ed. V. Hjørnager Pedersen, 1990). Copenhagen: Gyldendal.

제 2 부

영역 및 장르 특정적 텍스트

정치 텍스트의 번역 전략

크리스티나 셰프너(Christina Schäffner)
애스턴 대학교(Aston University)

1. 정치와 번역

정치 관련 연구는 주로 사회(의 역사)를 위한 정치적 결정 및 행동의 결과에 관심을 가져왔다. 그런데 정치는 대부분 텍스트와 대화로 이뤄진다. 물리적, 경제적 강제와 관련될 뿐만 아니라 이것들이 담화에 기대거나 담화를 활용하기 때문이다.

정치 담화와 정치 텍스트의 분석을 위해서는 그러한 담화가 포함된 한층 더 넓은 사회적·정치적 틀을 헤아려야 한다. 최근 반 다이크(Van Dijk)는 "몇몇 '정치 언어' 관련 연구가 있긴 하지만 담화와 대화 분석은 지금껏 정치학에 별다른 기여를 하지 못했다"고 주장하면서 담화 분석은 "확실하게 정치적이고 사회적이며 문화적인 분석"이 되어야 한다고 촉구했다(Van Dijk 1994: 164). 이러한 측면은 우리가 번역의 관점에서 정치 텍스트를 볼 때 똑같이 적용된다.

'정치 텍스트' 자체는 모호한 용어이다. 다양한 텍스트유형[1)]이나 장르를 망라하는 우산 용어(umbrella term)이다. 정치 담화는 국내와 국가

간 담화를 모두 포함하며 다양한 형태를 띨 수 있다. 예를 들어 양자간 또는 다자간 조약, 선거운동이나 의회에서 행하는 연설, 의회 토론에서 국회의원의 발언, 신문 사설이나 논평, 정치인 기자회견 또는 정치인 회고록 따위가 있다.

텍스트를 정치적인 것으로 특징짓는 기준은 그 기능과 주제이다. 정치 텍스트는 정치의 일부 또는 결과이며 역사적으로 또 문화적으로 결정된다[Bochmann(편) 1986 기고문 참조]. 정치 텍스트는 각기 다른 정치 활동에 따라 각기 다른 기능을 수행한다. 그 주제는 주로 정치, 즉 정치 활동, 정치사상, 정치적 관계 등과 관련이 있다. 또 다른 특징은—대부분의 경우—좀 더 폭넓은 대중을 대상으로 한다는 점이다. 개개의 텍스트는 보다 넓은 정치 담화에 포함되며, 따라서 텍스트들은 높은 상호텍스트성(intertextuality)을 보여 준다(de Beaugrande and Dressler 1981).

정치 담화는 텍스트 생산자의 특정 문화와 관련될 뿐만 아니라 보다 광범위한 청중이 흥미를 보일 수 있다. 정치가 점점 더 국제화하기 때문에 번역도 점점 더 중요해지고 있다.

번역은 무엇보다도 의사소통이다. 정확히 말하면 언어와 문화 간 또는 교차문화적 의사소통이다. 그것은 출발어 텍스트에서 유도된 도착어 텍스트라는 산물이다(Neubert 1985: 18, Neubert and Shreve 1992: 7을 보라). 일반적으로 출발어 텍스트(ST) 자체는 출발어(SL) 공동체에서 특정한 시기와 특정한 장소에서 특정한 기능을 수행하며 텍스트의 주제와 예상되는 텍스트유형학의 관습에 대해 알고 있는, 다소 특정한 청자를 대상으로 한다. 텍스트가 번역되면 다른 시간과 장소에서 새로운 도착어(TL) 공동체의 새로운 독자에게 말을 걸게 될 것이다[Neubert 1985: 71은 '치환된 상황성(displaced situationality)'에 관해 말한다]. 도착어 텍스트(TT) 수신인의 주제 관련 지식은 ST 수신인의 지식과 거의 비슷할 것이다. 특정한 텍스트유형에 따라 어느 정도 관습화된 텍스트 구조[반 다이크의 1980 '상부구조(superstructures)'라는 의미에서] 또는 특정 통사 구조나 어휘를 선호할 것이다. TT의 기능은 ST의 기능과 같을 수도, 다를 수도 있다(Funktionskonstanz vs. Funktionsveränderung, König and Kussmaul 1982).

번역을 중개된 문화 간 의사소통으로 보는 이러한 일반적인 설명에 따르면 TT에 영향을 미치는 다양한 요소들(수신인, 상황, TL 공동체 내 TT의 기능, 텍스트유형)이 모두 동등하게 관련성을 가지고 있는 것은 아니며, 번역 전략을 결정하는 것은 무엇보다 각각의 문화에서 수행되는 ST와 TT의 기능이라는 점이 분명해진다. 뢰르셔(Lörscher 1991)는 번역 전략을 "텍스트 영역을 한 언어에서 다른 언어로 번역할 때 개인이 직면하는 문제를 해결하기 위한 잠재적으로 의식적인 절차"로 정의한다(Chesterman 1993: 13에서 인용). 우리는 샘플 텍스트의 예시를 논의할 때 "무엇을 했는가"를 묻는 데서 나아가 "왜 특정한 전략을 사용했는가"라는 질문에 답하고자 한다.

다양한 정치(또는 정치적으로 관련된) 텍스트유형은 저마다 다른 맥락, 텍스트유형, 화용론 등의 관습을 가지며, 각기 다른 번역 전략을 요구한다. 이 장에서는 번역 문제와 해법에 관해 몇 가지 의견을 제시하고자 한다. 영어 및 독일어(그리고 일부 프랑스어) 텍스트와 그것의 실제 번역에 초점을 둔다. 논의는 주로 기술하는 데 주력한다. 즉 당면한 특정 문제와 (다소 적절한) 해결을 위해 채택한 전략을 기술하고 설명하기 위해 개개 번역물을 분석할 것이다. 가장 큰 목적은 정치 텍스트에 전형적으로 나타나는 현상들에 대한 인식을 도모하는 것이다. 번역 규칙을 만드는 것, 혹은 무엇을 '해야 한다'고 말하려는 의도는 아니다["번역 훈련의 규범적 조건화(normative conditioning in translator training)"에 반대하는 투리(Toury)의 1992년 논의를 참조].

선택된 샘플 텍스트는 모두 정치적인 것으로 특징지어질 수 있지만 국제정치 행태에 관한 규정이나 권고를 마련하는 것에서 정치적 사건에 관한 개인적 고찰에 이르기까지 각기 다른 정치적 기능을 수행한다.

그것들은 또한 서로 다른 수준의 문화적 경계성(culture-boundedness)을 보여 준다. 특정한 방식으로 사회적 맥락과 텍스트 생산의 역사적 시기를 반영하는 텍스트들도 있고, (예컨대 특정한 경우에 발표되는 정책 보고) 여러 언어로 쓰이지만 동등하게 권위 있는 텍스트[예컨대 유럽안보협력회의(the Conference on Security and Cooperation in Europe) 문서]들도 있는데, 이들은 텍스트가 생산되는 특정한 여건을 보여주고, 텍스트가 (명시적으로 혹은 암암리에) 국제화되는 과정을 설명해줄 것이다.

2. 다국적 기구의 외교 담화

꽤 많은 번역이 외교 분야에서 이뤄지고 있다. 예를 들어 법률 텍스트로서 양자 간 또는 다자간 조약이 합의되고 번역된다.

틸과 토메(Thiel and Thome 1987) 그리고 로트케겔(Rothkegel 1984)이 수행한 법률 텍스트에 관한 연구는 계약과 조약이 텍스트유형으로서 특별한 관습을 드러낸다는 것을 보여 주었다. 특히 전문(前文)에는 번역자가 알고 있을 것으로 기대되는 표준화된 표현이 각각의 언어로 나온다. 이러한 어구들은 특정 텍스트 내에서 동일한 기능을 수행하는데, 예를 들면 다음과 같다.

영어	프랑스어	스페인어	독일어
conscious	conscients	conscientes	in dem Bewußtsein; eingedenk
desiring;	désirant;	con el deseo;	in del Wunsch
desirous	désireux	deseosos	von dem Wunsch geleitet

법률 문서의 화행을 표현하기 위한 통사적, 어휘적 관습도 있다(Trosborg 1994 참조). 계약 및 조약의 또 하나의 형식적 자질은 ST의 한

문장은 TT의 한 문장에 반드시 들어맞아야 한다는 것이다. 이는 상호 이해를 보장하기 위해 꼭 필요하다. 협상자는 조약에 기반한 구두 또는 서면 협상에서 협상 상대에게 어떠한 오해를 불러일으키지 않고 예컨대 "제1조, 제2항, 제3문"을 언급할 수 있어야 한다.[2)]

통사 규칙의 '위반'은 묵인되고 허용되는데, 협상 중에 문항을 참조하는 기능이 더 중요하기 때문이다. 이는 번역의 언어적 측면이 문화 간 의사소통에서 대단히 중요한 기능적, 사회문화적 전략에 의해 결정되는 요소임을 보여주는 확실한 증거다. 통사 규칙의 '위반' 사례는 헬싱키 최종의정서(Helsinki Final Act)에서 찾아볼 수 있다. 예문 (1)에서 독일어 텍스트는 '어색하게' 읽히는데, 문장 끝부분에 동사 세 개가 잇따라 놓인다(쉽게 알아보도록 기울임꼴, 굵게, 밑줄로 표시했다).

(1) Declare that they are resolved to *respect* and **carry out**, in their relations with one another, inter alia, the following provisions which are in conformity with the Declaration on Principles *Guiding* Relations between Participating States.

Werden in ihren Beziehungen zueinander unter anderem die folgenden Bestimmungen, die in Übereinstimmung mit der Erklärung über die Prinzipien, die die Beziehungen der Teilnehmerstaaten *leiten*, stehen, ***achten*** und **anwenden**,

그 결과 가독성과 이해 가능성이 크게 떨어졌다.

예문 (2)를 보면 접두사 동사인 독일어 *anerkennen*의 경우 접두사와 동사 어간이 분리되지 않아, (erkennen… an의 형태를 볼 수 있는) 대부분의 텍스트유형에는 일반적이지 않지만 법률 텍스트에서는 흔히 쓰이는 구조가 된 것을 알 수 있다(Thiel and Thome 1987을 보라).

(2) The participating States recognize the universal significance of human rights and fundamental freedoms, respect for which…

Die Teilnehmerstaaten anerkennen die universelle Bedeutung der Menschenrechte und Grundfreiheiten, deren Achtung…

번역의 관점에서 볼 때, CSCE 담화는 주로 또 다른 측면에서 흥미롭다. 이 담화의 가장 대표적인 예는 1975년 유럽 국가(알바니아 제외) 및 미국, 캐나다 등의 35개국 고위 대표가 헬싱키에서 서명한 유럽안보협력회의의 최종의정서[Final Act of the Conference on Security and Cooperation in Europe(CSCE)]와 후속 회의의 문서들이다(베오그라드 1978, 마드리드 1983, 빈 1989, 파리 1990, 헬싱키 1992). 이들 텍스트는 정치 행위에 대한 규제를 기술한다는 점에서—비록 그 규제들이 그들 정부에 대해 구속력을 갖지 않는다고 하더라도—분명히 정치적 역할을 한다(최종의정서의 텍스트 언어학적 측면에 관해 좀 더 자세히 알고 싶다면 Schäffner 1986을, 독일어 버전을 기반으로 한 정치적 해석에 관해서는 Schäffner 출간물을 참조).

이들 모든 문서는 영어, 프랑스어, 독일어, 이탈리아어, 러시아어, 스페인어의 여섯 가지 공식어로 존재한다. 여섯 개의 텍스트는 모두 동등하게 정본으로 여겨진다. 헬싱키 최종의정서는 협상에 의해 작성되었지만 여섯 개의 텍스트는 번역의 산물이다. 즉 원본은 영어 텍스트였다. 그것이 러시아어, 프랑스어 그리고 독일어로 번역되었다. 그런데 최종의정서의 초안을 작성하는 과정에서 영어, 프랑스어, 러시아어는 서로 영향을 주고받았고, 이는 번역 가능성(translatability)이 텍스트 창출에 영향을 미쳤다는 것을 의미한다. 프랑스어 텍스트는 이탈리아어와 스페인어로 번역하는 데 주요 근거가 되었다. 최종의정서의 독일어 텍스트는 '서구'와 '동구' 그리고 중립국이 합의한 유일한 텍스트였다. 다시 말해, 독일연방공화국(FRG)과 독일민주공화국(GDR), 오스트리아, 스위스 그리고 리히텐슈타인의 다섯 개국 팀은 함께 협력하고 서로 협의해 최종의정서를 독일어로 번역했다.

최종의정서는 언어 문제가 나타날 때마다 개정되었다. 그것은 언어적으로 그리고 정치적으로 협의되었다. 결과는 일종의 혼종적(hybrid) 텍스트였으며, 상당히 특징적인 통사적·어휘적 자질을 반영하게 되었다. 통사적 측면으로는 CSCE 문서의 여섯 가지 버전 모두가 표면 구조 면에서 굉장히 유사하다는 것인데 위의 예문 (1)과 (2)는 그 증거이다.

또 한 가지 흥미로운 점은 CSCE 특유의 용어이다. 일련의 절차는 실제로 'CSCE 담화의 특수 용어 생성'이라고 부를 수도 있다. 이런 점은 예문 (3)에서 보이는데, 최종의정서에서 'Refraining from the threat or use of force(위협이나 무력행사 자제)'를 언급하는 구절이다.

(3) II. Refraining from the threat or use of force

The participating States will refrain in their mutual relations, as well as in their international relations in general, from the threat or use of force against the territorial integrity or political independence of any State…

Reaffirming that they will respect and give effect to refraining from the threat or use of force…

II. Non-recours à la menace ou à l'emploi de la force

Les Etats participants s'abstiennent dans leur relations mutuelles, ainsi que dans leurs relations internationals en général, de recourir à la menace ou à l'emploi de la force, soit contre l'intégrité territorial ou l'indépendance politique d'un Etat…

Réaffirmant qu'ils respecteront ete rendront effectif le non-recours à la menace ou à l'emploi de la force...

II. Enthaltung von der Androhung oder Anwendung von Gewalt

Die Teilnehmerstaaten warden sich in ihren gegenseitigen Beziehungen sowie in ihren internationalen Beziehungen im allgemeinen der Androhung oder Anwendung von Gewalt, die gegen die territorial Integrität oder politische Unabhängigkeit irgendeines Staates gerichtet... ist, enthalten.

Unter Bekräftigung, dass sie die Enthaltung von der Androhung oder Anwendung von Gewalt achten warden und ihr Wirkung verleihen warden...

국제법의 핵심 어구인 refraining from the threat or use of force와 non-recours à la menace ou à l'emploi de la force와 관련하여 영어와 프랑스어 텍스트에 각각 연속성이 있다. 다소 어색한 Enthaltung von der Androhung oder Anwendung von Gewalt는 독점적이진 않지만 CSCE 담화 안에서만 발견된다. CSCE 체제 이외의 정치 담화에서 흔하게, 좀 더 일반적으로 쓰이는 [Gewalt] Verzicht는 마드리드 문서에서 사용된다.

이러한 표현이 된 이유는 '합의된' 독일어로 번역을 하다 보니 특유의 'CSCE 독일어', 즉 통번역가를 포함한 CSCE 협상가와 CSCE 관계자에게 알려진 특정 전문용어가 만들어졌기 때문이었다. 돌러럽(Dollerup 1993)은 EC 문서와 관련해 비슷한 의견을 내놓았다. 그는 "유로크라트(Eurocrat, EU의 공무원_옮긴이)의 언어", "사회 방언일 뿐만 아니라 특수한 목적, 즉 공동체 협의를 위한 언어"에 대해 이야기한다.

헬싱키 최종의정서는 CSCE 프로세스의 목표를 표현하는 본보기가 되었으며, 기능 및 주제와 관련된 연속성으로 인해 종종 정확히 같은 표현으로 특정한 어구가 다시 쓰였다. 따라서 최종의정서와 후속 회의의 문서에서 동일한 어구가 상당히 많이 발견된다. 이것은 예문 (4)에서 보듯이 번역에서도 고려되었다. 이러한 특별한 경우의 TT 생산은 도착어의 기준점 역할을 하는 ST 및 예전의 TT에 의해 도출된 것으로 간주할 수 있다.[3)]

(4) *Convinced* of the need to exert efforts to make détente both a continuing and an increasingly viable and comprehensive process, universal in scope… (Helsingki 1975)

The participating States express their determination

- to exert new efforts to make detente an effective, as well as continuing increasingly viable and comprehensive process, universal in scope, as undertaken under the Final Act; (Madred 1983)

Überzeugt von der Notwendigkeit, Anstrengungen zu unternehmen, um die Entspannung im universellen Sinne sowohl zu einem dauerhaften als auch zu einem immer lebensfähigeren und umfassenderen Prozeß zu machen… (Helsingki 1975)

Die Teinehmerstaaten bringen ihre Entschlossenheit zum Ausdruck,

-neue Anstrengungen zu unternehmen um die Entspannung im

universellen Sinne zu einem wirksamen wie auch dauerhaften, immer lebenfähigeren und umfassenderen Prozeß zu machen, gemäß den in Schlußakte eingegangenen Verpflichtungen; (Madrid 1983)

CSCE 텍스트의 연속성은 상당부분 유엔 헌장(UN Charter)과의 상호텍스트성에 의해 결정된다. 유엔 헌장은 독일어는 아니지만 중국어, 영어, 프랑스어, 러시아어, 스페인어를 정본으로 한다. 이는 헬싱키 최종의정서의 초안을 잡을 때 유엔 헌장의 표현이 참고될 수 있었음을 의미한다. 예문 (5)는 유엔 헌장의 영어 및 프랑스어 정본에서 위협 또는 무력 사용의 자제를 언급하는 부분이다. 위의 예문 (3)에서 보듯이 최종의정서의 표현은 유엔 헌장의 표현과 밀접히 연결된다.

(5) All Members shall refrain in their international relations form the threat or use of force against the territorial integrity or political independence of any state, or in any other manner inconsistent with the Purposes of the United Nations. (UN Charter, ch. Ⅰ, Art 2, 4)

Les Membres de l'Organisation s'abstiennent, dans leur relations internationales, de recourir à la menace ou à l'emploi de la forc, soit contre l'intégrité territorial ou l'indépendance politique de tout Etat, soit de toute autre manière incompatible avec les Buts des Nations Unies.

독일어로 CSCE 담화를 수립하기에는 유엔 헌장에 대한 보편적으로 유효한 독일어 사본도 없었고, 약간씩 변형되긴 했지만 몇 가지 번역본이 존재할 뿐이었다.

Alle Mitglieder unteroassen in ihren internationalen Beziehungen jede gegen die territorial Unversehrtheit oder die politische Unabhängigkeit eines Staates gerichtete oder sonst mit den Zielen der Vereinten Nationen unvereinbare Androhung oder Anwendung von Gewalt. (Bech'sche Textausgaben, München 1979)

Alle Mitglieder〔der Organisation〕enthalten sich in ihren internationalen Beziehungen der Gewaltandrohung oder Gewaltwendung, die gegen die territorial Unverletzlichkeit oder politische Unabhängigkeit irgendeines Staates gerichtet oder in irgendeiner anderen Weise mit den Zielen der Vereinten Nationen unvereinbar ist. (Staatsverlag,〔Ost〕Berlin 1974〔1961〕)

유엔 헌장과 최종의정서의 독일어 텍스트들 사이에는 영어와 프랑스어 텍스트들에서보다 더 많은 차이가 있었다.

유엔 헌장의 동독과 서독 버전이 존재했다는 사실이, 적어도 내가 알기로는, 서로 다른 정치적 동기, 텍스트 해석에 기반한 격렬한 정치 논쟁을 불러일으키지는 않았다. 정치적 이해관계 때문에 실제로 두 개의 다른 독일어 번역을 초래한 경우는 바로 1971년에 체결된 4개국 서베를린 협정(the Quadripartite Agreement on West Berlin)이었다.[4] 정본은 영어, 프랑스어, 러시아어로 쓰였다. 서베를린과 독일연방공화국의 관계를 다루는 단락에서 ties(유대)가 발전할 것이라는 말이 나온다. ties(프랑스어 liens)를 동독 버전에서는 Verbindungen으로, 서독 버전에서는 Bindungen으로 번역했으며, Verbindungen은 Bindungen이 뜻하는 만큼 강한 유대를 나타내지 않는다(Kade 1980: 57 이하 참조).

다국어가 동등하게 정본인 경우에 대한 논의를 마무리 짓기 위해서 사실상 이것이 번역이라고 할 수 있는지에 대한 질문을 던질 수 있다. 이들 텍스트는 ST에서 비롯된 산물로서 TT를 규정하는 번역의 정의에 들어맞는가? CSCE 담화를 통해 우리는 중재된 의사소통의 특수한 사례를 볼 수 있다. ST가 SL 수신자를 위해 의사소통 기능을 수행하고, 그에 이어서 2차적 의사소통 상황에서 TT로 하여금 TL 수신자에게 의사소통 기능을 수행하게끔 하는 기본적 1차 의사소통 상황 자체가 없는 것이다. SL 텍스트유형의 뚜렷한 특징과 특정 관습을 보여 주는 적절한 ST가 없으며 또 TL 문화에서 TT의 모범이 될 만한 적절한 병렬 텍스트도 없다. 여섯 가지 버전은 모두 동일한 기능을 수행하게 되어 있었고, 주요 수신인은 (비교적) 동일한 배경지식을 가지고 꽤 동일한 정치적 목표를 추구하며 각각의 사회에서 실질적으로 동일한 정치적 역할을 수행할 것으로 여겨졌다.

이것이 사실 번역이며, 이 텍스트들이 모두 기능적으로 등가라는 것에 대해 보편적 합의를 이루기는 어려울 것이다. 하지만 이러한 외교적 다국어 텍스트들은 분명 어떠한 관련이 있으며 번역학에서 특별히 다룰 필요가 있다. 국제화 과정이 점점 진행됨에 따라 더 많은 이런 종류의 텍스트, 예를 들어 유럽공동체, 유럽의회(European Parliament), 유엔의 텍스트들이 번역자에게 도전을 선사할 것이다. 일례로, 유럽연합(EU)의 다양한 기관에서 번역 및 통역 서비스가 크게 확대되었는데, 이는 누구나 자국어를 사용할 권리가 있다는 EU의 언어 정책에서 비롯한다(EU의 언어 및 번역 정책에 관해서는 예컨대 Arthern 1994와 Volz 1993을 참조). 이런 국제기구의 경우 '내부' 텍스트(즉 법률 문서나 헌법 텍스트처럼 정치인과 협상가를 대상으로 한 텍스트)와 '외부' 텍스트(즉 유럽의회 정당 그룹의 선언문과 같이 폭넓은 대중을 대상으로 한 텍스트)를 구별해야 한다. (번역과 문화 간 교섭을 거쳐) 생산된 텍스트는 두 가지(또는 그 이상) 문화의 특정 관습을 반영하는 특징을 보인다. 그 결과로 나온 텍스트는 관련 문화들의 서로 다른 규범을 혼합한 '혼종'이 될 것이다(Schütte의 1993년 글 참조. 그는 다국어 협상 과정에서 입법적 '유로텍스트(Eurotexts)'가 어떻게 상호작용하면서 생성되는지에 대해 그리고 종종 '유로스피크(Eurospeak)'라 불리는 그 언어 구조에 미치는 영향에 관해 설명한다). 그러한 '혼종'은 새로운 초문화적(또는 진정한 문화 간) 텍스트유형인가? 특정 텍스트적 자질(어휘, 구문, 스타일 등)은 언어별 자질과 비교해 손실인가 이득인가? 답이 무엇이든, 그것은 번역 교육의 측면과 아울러 텍스트 생산과 수용의 조건에도 분명 영향을 미칠 것이다. 이는 번역학의 입장에서 ST와 SL 공동체 모두의 상황을 다시 살펴봐야 한다는 것을 의미한다. 다국적 또는 초국가적 기관에서 생산된 텍스트는, 내부적 또는 외부적 목적으로 만들어졌는지 아닌지와 상관없이 국가, 문화, 언어가 완전히 일치하지 않는다는 명백한 증거이다(Lambert 1994 참조).

3. 정치인의 연설과 발표문

초국가적 환경에서 합의를 이루고 반영하려는 전체적 목적을 갖고 상호 협의가 이뤄진 이러한 텍스트와 달리, 결과물의 문화특수적 생산 조건을 확실히 반영하는 또 하나의 텍스트(유형) 그룹이 있다. 샘플 텍스트들은 정치인의 연설이나 발표문이며 주로 독일과 미국 정치인이 독일 통일(1989/90)의 맥락에서 행한 연설이다(부록 참조). 이들 텍스트는 독일이라는 특정 국가에서 일어난 정치적 사건들을 다루지만 그 사건은 분명 국제 정치와도 관련이 있었다. 이 텍스트들은 SL 공동체의 특정 의사소통 상황에서 특수한 목적을 이룬 정치적 문서의 예이다. 그 정치적 기능 덕분에, 텍스트들은 이 출발어 공동체의 청자만을 대상으로 하지 않고 보다 폭넓은 정치적 청자를 염두에 둔다. 그러므로 번역은 이미 출발어 공동체에서 이뤄진 의사소통 행위에 관한 정보를 도착어 청자에게 알리며, 텍스트 내용은 도착어 청자(또는 여러 공동체의 청자)에게 동등한 관련성을 가진다.

이 텍스트 그룹 안에서 정치 커뮤니케이션의 기능에 따라 두 개의 하위 그룹을 나누어 볼 수 있다. 부시(Bush)와 베이커(Baker)의 연설은 소규모 정치인 그룹을 대상으로 한 것이다. 이 텍스트들은 내부적 정치 커뮤니케이션(정치인이 정치인에게 말하는 것)의 예로서 정책을 입안하는 기능을 수행한다. 반면 콜(Kohl)과 바이츠제커(Weizsäcker)의 연설은 우선적으로 독일 국민들을 대상으로 한 것이다. 이것은 외부적 정치 커뮤니케이션(정치인이 특별한 경우에 일반 대중에게 연설하는 것으로 이후 대중매체에 발표)의 예로서 정치적 결정을 설명하고 정당화하는 기능을 수행한다. ST는 매우 특수한 SL 맥락에서 생산되어 SL 청중에게 전해지며, 중심 목적 측면에서 보면 정보 전달보다 설득에 주안점을 둔다. 반면 TT는 TL 문화 안의 청중을 설득하려 하지 않고 SL 문화의 사건에 관해 정보를 알리고자 한다(문화들은 동질적이지 않지만 논의되는 맥락에서 '문화'는 '국가'와 일치한다고 말할 수 있다). 텍스트 기능의 이러한 변화들이 번역 전략을 결정한다.[5)]

출발어 텍스트와 그 번역본에 대한 비교 평가를 바탕으로 몇 가지를 살펴보고자 한다. 언어 체계의 차이로 인한 번역 문제는 늘 있지만 정치 텍스트에 국한한 문제는 아니기 때문에 여기서는 논하지 않겠다. 번역에 관한 텍스트언어-담론적이고 기능적인 접근법(Neubert 1985, Snell-Hornby 1988, Nord 1988에 기반함)에 근거하여 즉, 텍스트를 상황 속에서 그리고 특정 기능 중심으로 다루는 접근법을 토대로 번역 전략을 논의하게 될 것이며, 결과물 중심적 분석이 이루어질 것이다.

널리 쓰이는 번역 전략, 즉 정보의 생략이나 삭제의 전략은 정치인의 연설에서도 발견되지만 흔하지는 않다. 이는 다시 내부적, 외부적 정치 커뮤니케이션에서 텍스트가 하는 기능을 살펴봄으로써 설명될 수 있다. 원본 텍스트가 생성되는 특정 상황을 가리키거나 미시적 차원에서만 텍스트적 의미와 관련된 문장이나 구절이 삭제된 것을 볼 수 있는데, 예문 (6)의 경우 부시가 독일 통일에 관한 협정(Treaty on German Unification)을 미 상원에 전달해 자문과 동의를 얻기 위한 서한에 서명하기 전에 했던 연설의 마지막 부분이다. 예문 (7)에서는 콜 총리가 연설을 끝내기 위해 자주 사용하는 기본적인 표현이 생략되었다.

(6) And now for the signing. (Bush)

(7) Gott segne unser deutsches Vaterland! (Kohl)

또 다른 것은 특정한 명명 규칙에 관한 것으로, 종종 외교나 법률 담화와 관련된다. 예문 (8)의 TT에서 좀 더 명시적으로 표현된 이유는 관례적으로 선호하는 용어에 차이가 있기 때문이다(다음 예문들의 기울임꼴은 모두 내가 한 것이다).

(8) President Bush announced… a major new *Helsinki initiative*… (Baker)
hat Präsident Bush… eine neue *Initiative im Rahmen des KSZE-Prozesses* angekündigt…

ST는 SL 공동체의 청자를 대상으로 하므로 화자는 상호 지식(mutual knowledge)을 상정해 일부 정보를 함축적으로 남겨 둘 수 있다(Clark and Marshall 1981). TT 청자가 반드시 SL 문화의 특정 배경지식을 공유하리라고 단정할 수 없기 때문에 번역자는 해박한 중재자로서 배경지식의 부족함을 설명할 것인지, 만약 그렇다면 이를 가장 적절하게 수행할 방식이 무엇일지 결정해야 한다. 공동체의 일원인 데서 비롯한 상호 지식(Clark and Marshall 1981: 37)은 대개 어휘 항목에서 활발히 작동하지만 정관사와 같은 통사 구조를 통해서도 크게 작용한다. 예문 (9)에서 바이츠제커(Weizsäcker)는 1945년 제2차 세계대전이 끝난 후, 폴란드와 체코슬로바키아의 옛 독일 영토(대부분 전쟁 기간에 독일에 점령당했다)를 떠나야 했던 독일계 소수 민족을 언급한다. 이것을 해석해 내려면 TT 독자는 독일과 독일 역사에 대해 아주 많이 알고 있어야 한다.

(9) Unsäglich hart war der *erzwungene Heimatverlust* (Weizsäcker)
Those who were *forced to leave their homeland* suffered immeasurably.
(고국을 떠나야 했던 사람들은 이루 헤아릴 수 없이 고통받았다.)

예문 (10)의 경우도 비슷하다. 콜은 자신들의 나라에서 개혁 프로세스에 착수했던 동유럽 정치인들에게 고마움을 전한다. 여기에서 정관사 die Flüchtlinge를 쓴 것은 텍스트의 이해 이전에 '자신들의 정치 시스템에 저항하는 GDR 국민'이라는 틀이 작동한 데에 따른 것인데 die Flüchtlinge는 헝가리로 피난을 떠났던 GDR 시민들(일부 시민은 독일연방공화국, FRG 대사관에 머물렀다)을 말하며 그들의 최종 목표는 (오스트리아를 거쳐) 연방공화국으로 가는 것이었다.

(10) Dank schulden wir auch den Reformbewegungen in Mittel-, Ost- und Südost-europa. Vor gut einem Jahr ließ Ungarn *die Flüchtlinge ausreisen*. (Kohl)
Our thanks are also due to the reformist movements in Central, Eastern and South Eastern Europe. Just over a year ago, Hungary permitted *the refugees* to leave.
(중부와 동부 그리고 남동부 유럽의 개혁 운동에 감사를 표명하는 바다. 불과 일 년 전에 헝가리는 난민들이 떠나는 것을 허용했다.)

ST의 함축적 정보를 TT에서도 함축적이거나 모호하게 그대로 두는 것은 TT에 대한 오해를 불러일으키거나 완전한 이해를 가로막을 수 있다. 수신인 저마다의 백과사전적 배경지식에 차이가 난다는 점은 이러한 정치인 연설에서 거의 문제가 되지 않았다. 분석된 샘플 텍스트에서 TT 수신인을 위해 원천 문화에 대한 배경지식을 제공하고자 정보가 추가된 경우는 없었다(Schäffner 1992a 참조). 이는 무엇보다 내부적 정치 커뮤니케이션에서 이러한 텍스트가 수행하는 기능 때문으로 보인다. 콜과 바이츠제커의 연설도 원천 문화에서는 외부적 정치 커뮤니케이션이었지만 번역된 뒤에는 내부 커뮤니케이션으로 바뀌었다. TT는 독일 정부의 번역 사무국에서 만들어져서 목표 문화(들)의 정부와 공식 기관에 한정판으로 배부되었다. 누락과 추가의 경우가 극히 드문 또 하나의 이유는 텍스트의 주제이다. 독일 통일은 1989-1991년에 대대적으로 보도되었으므로 필요한 배경 정보는 이미 주어진 상태였다. 마지막으로 그러한 연설(예컨대 텔레비전으로 전국에 중계된 연설)은 소수의 특정한 청자를 대상으로 한 연설보다 더 명시적인 것처럼 보인다. 하지만, 이를 입증하려면 더 많은 자료가 필요할 것으로 생각된다.

텍스트 이해를 위한 충분한 배경지식의 부족 문제와 밀접한 관련이 있는 것이 정치적 개념들과 (사상적으로 결정된) 그 개념들의 의미다. 하나의 개념은 논리 정연하게 짜인 개념 구조의 일부이며 대개는 언어 표지(linguistic label)와 연결된다. 개념은 그러한 구조 안에 축적된 특정 규모의 지식을 나타낸다. 인지언어학에서 이러한 개념 구조를 틀(frame), 스크립트(script), 도식(schema)이라고 한다(예를 들면 Fillmore 1976, Lakoff 1986을 보라). 일단의 사람들 또는 언어공동체 전체는 텍스트 경험을 포함한 사회적 경험에 따라 이러한 것들을 공유한다.

정치에서 개념은 일반 인문학에서와 마찬가지로 "전체 이론(whole theory)"을 대표한다고 볼 수 있다(Wallenstein 1991). 개념은 역사를 가지고 역사적으로 진화하기도 하며, 역사적 과정 전체와 관련되지 않고는 이해하기도 어렵다. 정치 논쟁은 종종 개념이나 정치적 핵심어(의 올바른 해석)를 둘러싸고 이뤄졌다. 로버트슨(Robertson 1988: viii)에 따르면 "기술로서의 정치와 학문으로서의 정치학은 어디까지나 말, 의미의 미묘한 차이, 이념적 연관성에 관한 것이며 이런 것들은 종종 문법적으로

나 논리적으로 결정되는 것이 아니다."

개념을 이해하고 그것이 내재한 틀에 대해 아는 것 역시 번역과 깊은 관련이 있는데, 월러스틴(Wallerstein 1991: 15)은 "한 사람의 독자가 오독하면 그 결과는 온전히 개인의 몫이다. 번역자가 오독하면 수많은 타인을 헤매게 만들고, 모든 이가 그 대가를 치른다"[6]라고 말했다.

위의 예문 (9)와 (10)에는 아주 분명하진 않더라도 '독일 민족(German nationality)'이라 부를 수 있는 틀의 개념이 포함되었다. 더욱 널리 알려진 예는 '민주주의'나 '인권'과 같은 정치적 핵심 개념인데 냉전 시대 서유럽과 동유럽에서 이념적인 이유로 서로 다른 의미를 지녔던 개념이었다(아시아 국가와 비교해 유럽과 미국에는 여전히 다른 해석이 존재한다). 때로는 한 국가, 혹은 이념적으로 통합된 일련의 국가들이 사용하는 정치적 핵심어를 다른 한 국가 혹은 일련의 국가들이 반대한다는 이유로 국제 문서에 채택하지 않기도 한다. 예를 들면 바르샤바 조약기구(Warsaw Pact) 국가들은 헬싱키 최종의정서에 '평화공존(peaceful co-existence)'이라는 말을 포함시키는 데 성공하지 못했고, '연방주의(federalism)'라는 단어는 영국의 반발로 마스트리흐트 조약에서 유럽통합의 목적을 나타내는 데 사용되지 않았다.

어떤 용어를 기피하는 것도 정치적인 것과 관련이 있지만 특정 단어나 어구를 선택하는 것은 더더욱 그러하다. 이러한 단어들은 (정치 텍스트 자체뿐만 아니라) 특정 이념에 뿌리를 두고 있고, 번역자는 그런 "해석의 틀을 만들어 내는 신호와 상징적 관습"을 알아야 한다(Neubert 1985: 120). 옛 소련의 정치 텍스트와 관련해 마르크슈타인(Markstein1994: 105)은 심지어 '선전 언어적 명명법(propagandistic linguistic nomenclature)'이라는 말을 하는데, 단어의 뜻이 이념적으로 결정되었고 "전문가를 위한 코드"라는 뜻에서 한 말이다.[7] 예컨대 옛 동독의 정치 텍스트에서는 동독과 서독 사이의 경계를 *Trennlinie*(*dividing line*, 분계선)이라고 하고 다른 바르샤바 조약 기구 국가들을 *sozialistische*

Bruderländer(*fraternal socialist states*, 형제 사회주의국가)라고 칭하며 서구 민주주의 사회를 *nichtsozialistisches Wirtschaftsgebiet*(non-socialist economic area, 비사회주의 경제 구역)이라고 부르는 것이 관례였다.

거의 관습으로 굳어진 명명 규칙에 미묘한 변화가 일어나면 역시 정치적으로 중요한 관련이 있을 수 있다. 예문 (11)은 바이츠제커의 연설에서 인용한 문장으로 이런 점을 잘 보여 준다.

(11) Ich möchte der ***verantwortlichen politischen Frührung in beiden bisherigen deutschen Staaten***, den gesetzgebenden Körperschaften und… danken. (Weizsäcker)
I wish to thank the ***political leaders on both sides***, their parliaments, and…
(저는 '양측의 정치 지도자'와 의회에 감사를 전하고 싶습니다. 그리고…)

통일 이전에 서독 정부가 두 개의 독일(two German states)을 말하는 것은 일반적인 일이 아니었는데, 독일 분단을 비정상으로 보는 공식 정책 때문이었다. 한 가지 대안은 zwei Staaten in Deutschland(two states in Germany, 독일의 두 국가)라는 표현이었다. 반면 동독의 정치 담화에서 두 개의 독일을 이야기하는 것은 매우 흔했으며, 이로써 동독이 주권국임을 강조했다. 바이츠제커의 표현은 언뜻 규범에 어긋나는 듯 보인다. 그러나 이 문장을 거시 명제의 관점에서 살펴보면 그것이 독일 통일을 가능케 하는 데 일조한 개개 국민과 정치조직, 국가들에 감사하는 바이츠제커 대통령이라는 맥락 안에 있음을 알게 된다. politische Führung을 사용해서 그는 기독민주당(CDU)이 주도하는 서독의 연립정부와 드 메지에르 총리가 이끈 동독 정부, 즉 1990년 3월 동독의 첫 번째(그리고 마지막) 자유민주주의 선거 이후 구성된 CDU 주도의 연합정부를 모두 가리킨다. 이 모든 미묘한 변화들은 영어 번역에 반영되지 않았다.

예문 (12)와 (13)은 '유럽'에 대한 ST와 TT의 다른 해석을 보여 주는데,

이는 적어도 정치 논쟁으로 번질 가능성이 있다.

(12) Die Sowjetunion… Sie will die ***alte Distanz zu Europa*** überwinden. (Weizsäcker)

… The Soviet Union wishes to close the ***traditional gap between itself and the rest of Europe***.

(소비에트연방은 '자신과 나머지 유럽'의 전통적 격차를 메우고자 한다.)

(13) Wenn wir Deutschen solche Signale ***in Richtung auf das ganze Europa*** setzen, dann… (Weizsäcker)

When we Germans send such messages ***to the whole of Europe*** we do so as…

(우리 독일인들이 그러한 메시지를 '유럽 전체'에 보낼 때 우리는 다음과 같이 한다…)

예문 (12)는 유럽의 개념과 소련이 유럽에 포함되는지 아닌지에 관한 정치적 논의와 연관된다. 예문 (13)에서 독일어 텍스트의 *das ganze Europe*은 목적지, 즉 운동하는 경로의 최종 포인트를 의미하지만 영어 텍스트에서 *whole of Europe*은 전달되는 것을 받는 수신자를 의미한다.

4. 비정치인이 쓴 정치 관련 텍스트

번역에서 문화적으로 특수한 배경지식과 연관이 깊은 세 번째 텍스트 부류가 있다. 여기에는 작가와 지식인이 작성한 연설이나 에세이, 논문이 포함된다. 얼핏 보면 이들 텍스트는 전혀 정치 텍스트의 범주에 속하지 않는 것 같다. 정치 텍스트의 전형적인 예는 아닐지 몰라도, 정치적으로 관련이 있는 텍스트들이다. 여기서 예로 살펴볼 텍스트는 1989-1990년에 동유럽 나라들에서 일어난 정치 발전에 관해 쓴 세 편의 에세이다. 귄터 그라스(Günter Grass), 크리스타 볼프(Christa Wolf) 그리고 티모시 가튼 애쉬(Timothy Garton Ash)가 쓴 글로서 이들은 이러한 사안에 대해 (크건 작건) 비판적 발언을 해 온 지식인이다.

크리스타 볼프와 귄터 그라스의 텍스트는 특정 시기에 행한 연설이었지만 이후 더 널리 알리기 위해 출판물로 간행되었다(부록 참조). 독일의 유명 작가 귄터 그라스는 독일이 통일되기 전날(1990. 10. 2) 녹색당과 동맹 90연합의 의원 대표들에게 연설했다. 매우 화제가 된 사건이었고, 경고의 의도가 담겨 있었다. 크리스타 볼프는 1989년 11월 동베를린에서 민주주의와 언론의 자유를 요구하는 수많은 시위대를 앞에 두고 연설했다(GDR 라디오와 TV로 생중계되었다). 그라스의 연설은 원래 내부적 정치 커뮤니케이션(국회의원들에게 행한 연설)의 사례이긴 하지만 두 연설 모두 궁극적으로 국가 전체와 관련이 있었기에, 잇따라 대중매체에서 출판되었다.

티모시 가튼 애쉬의 텍스트는 역사학자이자 시사평론가로서 동유럽에 대해—그곳의 평화혁명 전후로—거듭해서 글을 써 온 그가 1990년 《뉴욕 리뷰 오브 북스》에 게재한 정치 에세이다. 1989년 11월 체코슬로바키아에서 있었던 정치적 사건에 대한 개인적 기록이다. 이 세 편의 텍스트 모두 그들 나라 바깥의 청중과 정치적으로 관련이 있는 것은 목표 문화의 대중매체에 번역되어 발간된 사실을 보면 알 수 있다. 그라스의 텍스트는 《가디언 위클리(Guardian Weekly)》, 볼프의 글은 《뉴 스테이츠먼 앤드 소사이어티(New Statesman & Society)》에 실렸으며, 가튼 애쉬의 글은 처음에 《레트르 인터나쇼날(Lettre Internationale)》에 게재되었다가 후에 자신의 에세이집에도 실렸다.

이들 텍스트는 문화와 매우 밀접하게 얽혀 있다. 가튼 애쉬의 에세이는 이런 점에서 약간 예외적이라고 할 수 있는데, 텍스트를 생산하고 수용한 원천 문화가 텍스트에서 다뤄지는 문화와 일치하지 않는다. 저자와 수신자는 넓은 의미에서 같은 문화에 속한다(즉 영국계 미국인). 국외자가 다른 문화, 곧 체코슬로바키아를 살펴보며 쓴 글이다(이 텍스트의 독일어와 프랑스어 번역을 비교하고 싶다면 Schäffner and Herting 1994를 참조). 문화와 긴밀하게 관련된 텍스트, 다시 말해 경제, 정치, 법 생활을 포함한 해당 사회의 광범위한 문화적 패턴과 관련한 텍스트를 논리 정연하게 해석하기 위해서는 풍부한 배경지식이 필요하다. SL 저자는 대개 SL 공동체 삶의 사회정치적이고 사회문화적인 양상에 대해 자신의 ST 수신자와 지식을 공유하므로 텍스트는 종종 고도의 함축적 정보를 특징으로 하며 따라서 번역자들은 특별한 문제를 떠안게 된다.

다음의 몇 가지 예들은 함축적이고 문화특수적인 정보나 문화특수적인 말뜻 또는 암시를 번역자가 확실히 이해하지 못하는 경우 메시지가 얼마나 완벽하게 왜곡될 수 있는지를 극명하게 보여 줄 것이다. 문화특수적 측면은 오역에서 가장 분명하게 보인다. 텍스트를 일관되게 해석하는 데 필요한 (문화적으로 특수한) 배경지식을 동원하게 만드는 것은 주로 개념, 단어 또는 어구이다. 잘못 읽히면, 텍스트의 정치적 관점이나 저자의 시각이 TT 청자에게 제대로 전달되지 못한다.

의미가 그것이 사용되는 문화에 의해서 결정되는 정치관련 핵심어들(혹은 개념들)이 다시금 관심을 끄는 이유도 여기에 있다. 그런 현상의 하나가 공산당의 메커니즘과 마르크스·레닌주의에 관련된 정보이다. 이런 경우 번역자들이 취한 전략은 그들이 ST 정보를 이해 혹은 오해하고 있는 부분 뿐 아니라 그들의 독자들도 고려하고 있다는 것을 보여준다. 예문 (14)에서 (17)은 명백한 오해와 오독이긴 하지만 해당 경우를 잘 보여준다.

예문 (14)의 상황은 가튼 애쉬가 쓴 기사로, 예정된 총파업의 목표를 명시할 공동성명서 작성을 논의하기 위해 모인 체코 시민포럼의 회합에 대한 것이다.

(14) The general strike is here described as “an informal, nationwide referendum on whether or not they should go on humiliating us, and whether this country should continue to be ruined by the leaders of one political party, permanently *abrogating to itself the leading role.*” (Garton Ash)
(총파업은 여기서 “그들이 우리를 계속 모욕해야 하는지 그리고 이 나라가 영구히 ‘스스로 지도적 역할을 철폐하는’ 한 정당의 지도자들에 의해 계속 자멸해야만 하는지에 대한 비공식적이고 전국적인 국민투표”로 묘사된다.)

(a) Nun wird der Generalstreik so deklariert: “… *ein informelles, nationenweites Referendum darüber, ob sie uns einfach imer weiter erniedrigen dürfen und ob das Land weiterhin von den Führern einer politischen Partei ruiniert warden darf, die permanent selbst auf die Ablössen ihres Führungsanspruchs hinarbeitet.*” (레트르 인터나쇼날 ***(Lettre Internationale)*** 게재본 버전, 기울임꼴은 원본에서 가져온 것이며, 밑줄은 내가 첨가했다)

(b) … ob sie uns einfach immer weiter beleidigen können und ob das Land weiterhin von den Führern einer politischen Partei ruiniert werden sollte, die permanent selbst ***ihren Führungsanspruch ad absurdum führen.***” (에세이집 버전)

옛 동독에서 교육을 받아 마르크스·레닌주의 이념에 익숙한 독자라면 (a) 버전에 주어진 정보를 접하고 틀림없이 놀랄 것이다. 공산당이 스스로 그 지도적 역할을 폐기하는 방향으로 나아간다는 사실이 놀라운 것이다. 이 정보는 마르크스·레닌주의의 교리, 즉 공산당은 사회의 지도적 역할을 하며 이러한 지도적 역할을 더욱 강화해 사회주의국가의 모든 구성원이 더 나은 삶을 영위하도록 한다는 교리에 완전히 위배된다. 게다가 abrogate의 사전적 의미(abolish, do away with, put an end to)는 저 메시지에서 나타난 사실 정보와 대조된다. 정보는 공산당의 '지도적 역할'(텍스트에 미리 언급되었기 때문에 내적 결속성이 있다)에 중점을 둔다. 총파업의 목표를 밝히는 예문 (14)의 명제들은 집권당인 공산당의 정책으로 인해 빚어진 부정적 효과를 보여준다. 이것은 어휘 항목(humiliating, ruined)에서 드러난다. 그러므로 마지막 명제 또한 부정적 사실, 즉 공산당은 자유선거에 의해 주어진 권력을 잡은 것이 아니라는 사실을 반영해야 한다. 에세이집으로 출간된 (b) 버전에서 번역자는 확실히 본인이 이전에 실수했다는 점을 알아차렸다. 첫번째 번역이 일관되지 못했던 것은 번역자가 가지고 있던 배경지식이 부족했기 때문이다. 또 다른 문제는 사실 출발어 텍스트에 있는데, 가튼 애쉬가 *abrogate*라는 단어를 (잘못) 사용했다는 점이다. *abrogate*('to do away with', 'put an end to'의 낡은 느낌이 난다)와 *arrogate*(즉 *arrogate to oneself*와 같이 써서 자격이 되지 않는 것을 자기의 것으로 요구하거나 떠맡다 혹은 부당하거나 무례하게 요구하거나 차지한다는 뜻. Partridge 1980 설명 참조)는 종종 혼동된다.

출발어 텍스트의 실수를 어떻게 처리해야 할까? 이것은 뉴마크(Newmark 1991)가 권위적인 텍스트와 정보성 텍스트를 구별함으로써 해결하고자 하는 문제이다. 위의 경우 출발어 텍스트에 가능한 한 가까이 머물려는 번역자의 주요 전략이 불충분한 배경지식과 충돌했고, 이 문제를 번역자는 첫 번째 번역에서 해결하지 못했다. 기능주의적 관점에서 번역자가 ST의 오류를 바로잡는 것을 허용할 것인지의 문제는 의사 문제(pseudo-problem)이다. TT는 TT 수신자를 위해 의사소통 기능을 수행하기 위해 생산된다. 이러한 기능적 측면은 ST에 대한 어떤 충실성보다 중요하다. 뉴마크는 이렇게 말한다.

"… 번역은 이해가 되어야 한다. 설령 원본은 이해하기 어렵거나 단지 짐작만 가능한 경우에도." (Newmark 1994: 214)

예문 (15)는 단어 Staatsvolk가 가진 특정 의미와 함축적 의미를 보여준다.

(15) Unglaubliche Wandlungen, das *Staatsvolk* der DDR geht auf die Straße, um sich als Volk zu erkennen. (Wolf)

Incredible changes. The GDR's *head of state* goes to the streets in order to recognize himself as one of the people.

Staatsvolk(인민)는 공산주의 용어 중에 특수한 단어가 아니다. 크리스타 볼프는 그것을 *Volk*(people)이라는 단어와 대비하는데, 1989년 가을 GDR 국민이 시위에서 외쳤던 구호 *Wir sind das Volk*(*We are the people*, 우리가 국민이다)에 사용된 말이다. 이 구호 아래 자신들이 집권당의 희망대로 따르지 않고, 그들 삶이 어때야 하는지는 그들 스스로 결정하고 싶어한다는 의사를 공개적으로 나타냈다. 그런데 *people*이 도착어 텍스트에서 *head of state*(국가 원수)가 되면서 전체 개념이 잘못 해석되고 국가 원수(당시 호네커 서기장)는 긍정적으로 비춰지게 됐는데 실상은 전혀 그렇지가 않았다(이 텍스트의 더 자세한 분석은 Schäffner 1992b를 참조).

예문 (16)에는 어떤 문제에 즉각 대응하기보다 문제가 저절로 해결되거나 사라질 때까지 기다리는 습관이 있는 콜 총리를 암시하는 부분이 나온다. 독일 통일에 관해서는 반면 그는 신속하게 주도권을 잡았다. 그것은 그가 너무 늦지 않을까, "열차를 놓치지 않을까", 통일방식에 영향력을 미치지 못할까를 두려워했기 때문이다. 그런데 번역에서는 콜에 대한 언급은 없고 일반화만 남았다.

(16) Als der Weisheit letzter Schluß wurde eine Bahnhofsdurchsage wiedergekäut: “Der Zug ist abgefahren!” Und *jemand, der sonst Probleme auszusitzen pflegt, glaubte*, den Mantel der Geschichte rauschen zu hören, sprang auf und griff zu. (Grass)
Wisdom’s last message came in the form of a repeated station announcement: ” The train has departed!” And *people otherwise used to riding out problems* thought they heard the swish of history’s cloak, so they jumped up and grapped at it.
(지혜의 마지막 메시지는 “열차가 출발했습니다!”라는 반복된 역 안내 방송의 형태로 왔다. 문제를 해결하는 데 익숙했던 사람들은 역사의 망토가 휘날리는 소리를 들었다고 생각하고 벌떡 일어나 그것을 움켜쥐었다.)

(16)과 아래 (17)의 예문은 기능 지향의 텍스트언어학적 담론 분석이 실제로 번역자가 일관된 텍스트 해석을 하는 데 도움이 될 수 있음을 입증한다. 부정대명사 jemand(누군가)는 인지적 사고와 추론을 요구하는 신호이다. 빠진 정보를 찾아야 하며 만약 텍스트 자체에서 발견하지 못하면 축적된 지식, 즉 틀이나 스크립트에 기대는 수밖에 없다(텍스트에 제시된 정보와 축적된 세계 지식 사이의 상호작용으로 이뤄진 결속성. de Beaugrande and Dressler 1981: 6 참조). ST 독자라면 그 ‘누군가’는 ‘콜 총리를 가리킨다’와 같은 명제를 떠올릴 것이다. 왜냐하면 그가 때때로 결정을 내리는 데 주저한다는 지식이 콜 틀(Kohl frame)이기 때문이다. 미시 구조적 관점에서 ST를 보면 jemand는 그 잠재적 의미와 통사 구조 때문에 보다 일반화된 해석이 가능할 수도 있다. TT에서는 이 잠재적인 다른 버전이 더 부각되었고, 결과적으로 TT를 읽는 영어 독자는 이 구절이 ‘모든’ 서독인의 전형적인 반응과 태도에 대해 말하고 있다고

생각하게 된다.

예문 (17)에는 콜과 겐서가 뒤섞여 있다.

(17) Als sich vor einigen Monaten die Außenminister der Sowjetunion und der Bundersrepublik Deutschland in der einst polnischen, seit 1939 weißrussischen Stadt Brest trafen, war das ein Treffen neben vielen. Dieser Ort kümmerte die, Welt wenig. Nur dei Polen reagierten verschreckt, weil Schewardnadse und Genscher taktlos genug waren, einander dort zu begegnen, wo im Herbst 1939 die Wehrmacht und die Rote Armee ihre Waffenbrüderschart gefeiert und ihre Siegesparade abgehalten hatten. *Eine Schande, zumal nicht, wie gewohnt, der Kanzler Kohl Polen gegenüber den Rüpel herauskehrte, sondern ein Politiker Rücksichtslosigkeit bewies, dere allgemein als schlau worsichtig, ja, behutsam gilt.* (Grass)

When some months ago the Foreign Ministers of the Soviet Union and of West Germany met in the formerly Polish but, since 1945, Byelorussian city of Brest, that was one of many meetings. The world was not greatly concerned about the location. Only the Poles reacted with fear, because Shevardnadze and Genscher were tactless enough to meet in the place where, in the autumn of 1939, the Wehrmacht and the Red Army had celebrated their comradeship in arms and had held their victory parade. *It is particularly shameful that Chancellor Kohl did not, as he usually does, paly the lout towards the Poles, but instead demonstrated the thoughtlessness of politician who is generally reckoned to be shrewd, cautious, indeed wary.*

(몇 달 전 소련과 서독의 외무 장관이 이전에는 폴란드의 도시였으나 1945년 이후 벨라루스에 속하게 된 도시 브레스트에서 만났고, 그것은 여러 만남 중의 하

나였다. 세계는 그 장소에 크게 신경 쓰지 않았다. 1939년 가을 독일군과 붉은 군대가 서로의 전우애를 축하하고 승리 퍼레이드를 열었던 곳에서 만날 만큼 셰바르드나제(Shevardnadze)와 겐셔(Genscher)는 요령이 없는 사람들이었던 까닭에, 폴란드 사람들만이 두려움으로 반응했다. 콜 총리가 평소처럼 폴란드 사람을 향해 거칠게 행동하지 않았고, 일반적으로 상황 판단이 빠르고 신중하며 참으로 조심스럽다고 여겨지는 정치인의 경솔함을 보여 준 것은 특히 부끄럽다.)

평소 용의주도한 정치인으로 알려진 이는 콜이 아니라 겐셔, 전 외무 장관이다. 콜은 폴란드와 관련해 종종 무례한 언행으로 유명했다. 그라스는 겐셔를 질책한다. 평소 신중한 정치인이지만 그가 특정 사례에서 폴란드 정서에 관해 경솔함을 보였기 때문이다. 독일어 텍스트에서 마지막 문장의 명제는 반대되는 의미 관계로 연결되고(nicht Kohl, sondern ein Politiker—not Kohl, but a politician who—Mann and Thompson 1986 참조), 여기서 그 이전에 주어진 정보와 일관성을 유지하는데, 이는 taktlos와 *Rücksichtslosigkeit*[*tactless*, *thoughtlessness*(요령 없는, 경솔함)] 사이의 의미 관계로 명확히 드러난다. 이 두 단어는 텍스트적으로 동의어이며, 이로써 두 단어가 동일한 대상을 지시함을 알 수 있다. 따라서 *Genscher*와 *ein Politiker* 사이에는 동일 지시성(coreference)이 충족된다.

그라스 텍스트의 영문 버전에 상대적으로 많은 오역이 보이는데, 대부분이 번역자의 SL 문화에 관한 배경지식의 부족에서 비롯했음이 분명하다(더 자세한 분석은 Schäffner 1993 참조). TT 독자는 다른 때로는 완전히 틀린 정보를 얻는다. 이런 점이 특히 우려스러운 이유는 이 텍스트의 출간 동기가 《가디언 위클리》에 다음과 같이 밝혀져 있기 때문이다.

> … For Grass, the two Germanies' rush to unification is not a time for jubilation. Here he explains why. Germany, Britain, and Europe as a whole cannot afford to ignore his impassioned argument.

(… 그라스에게 통일을 향한 두 독일의 서두름은 환희의 시간이 아니다. 여기에 그는 그 이유를 설명한다. 독일, 영국 그리고 유럽 전체는 그의 열정적 논의를 무시하면 안 된다.)

5. 맺음말

예로 든 오역 사례 중 일부는 사실 언어능력의 부족이나 ST에 대한 미흡한 분석으로 인해 일어났다고 주장하는 사람이 있을 수도 있다. 물론 그랬을 수 있다. 하지만 그런 논의에서 분명히 해야 했던 것은 언어적 지식은 대개 사회문화적 지식과 동떨어진, 자율적 시스템으로 간주될 수 없다는 점이다. TT에서 어휘 항목이나 통사 구조가 잘못 해석되거나 그 뜻이나 내포된 의미가 다소 왜곡된다는 사실이 입증하는 것은 바로 개념은 오직 사회문화적으로 규정된 (어느 정도 문화적으로 특수한) 틀 속에 들어 있어야만 의미를 갖는다는 점이다. 또는 애거(Agar)의 말처럼 "'언어'와 '문화'의 분리는 말이 안 된다… '언문화(languaculture)'라고 하는 것이 더 이치에 맞다"(Agar 1992:13).

정치 텍스트는 다양한 텍스트유형의 형태로 나타나며, 이 글에서는 그중 단 몇 가지만을 다뤘다. 거의 모든 텍스트(유형)는 정치적으로 관련 있을 가능성이 존재한다. 예를 들어 콜마이어(Kohlmayer 1994)는 나치 시대 독일 무대에서 이념적으로 채색된 오스카 와일드의 희곡 번역을 거론한다. 이런 모든 갖가지 텍스트유형들은 서로 다른 자질로 특징지어지며, 따라서 번역에서도 서로 다른 문제를 일으킨다. 그리고 당연히, 번역 생산물은 TL 공동체에서 제가끔 다른 깊이의 영향을 끼치며, 그것은 무엇보다 내부적 또는 외부적 정치 커뮤니케이션의 개별 텍스트유형과 그 기능에 달렸다.

정치 분야의 텍스트유형은 아주 드물게도 거시적·미시적 차원 모두에서 대단히 관습화된 특징을 보인다. 조약을 만드는 사람들은 번역자에게 언어 간, 문화 간 의사소통의 전문가로서 그러한 텍스트유형학적 관습을 고려해 TL 관습에 맞는 TT를 만들어 내라고 요구한다. 하지만 많은 경우에 정치 텍스트는 원래 출발 문화 안에서 기능을 하도록 의도된 것이며 번역이 되면 도착 문화 안에서 도착 문화에 맞게 그 기능이 바뀌기에, TL 텍스트유형학적 관습에 따를 필요성은 생기지 않는다. 그러므로 TT의 특정 텍스트적 구성을 결정하는 가장 중요한 요소는 그것이 TL 공동체 안에서 수행하는 기능이며, 국제화 과정에 비추어 ST와 TT는 물론 SL 문화와 TL 문화의 지위에 대해서도 다시 숙고할 필요가 있다. 국제적 또는 다자간 조약, 정부 공문서, 정치인이나 작가 또는 다른 "대표자의 목소리"가 쓴 글이나 연설 등과 같은 텍스트에 대한 보다 깊이 있는 분석을 통해 본고에서 논의한 번역 전략을 점검해 보아야 할 것이며, 그 분석은 번역 문제들이 이 외에도 더 많다는 사실을 보여주게 될 것이다.

미주

1) 텍스트유형에 대해 수터(Suter 1993: 48)는 이렇게 설명한다. "전통적인 텍스트 유형은 주어진 시간과 상당한 기간에 걸쳐 해당 언어공동체가 특정 의사소통의 목적을 위해 끊임없이 재사용할 수 있도록 전통적이고 관습적이며, 어떤 특정한 방식을 통해 언어적으로 표준화된 텍스트 모형으로 받아들이는 것이다."

2) 1962년 외무부 언어국에서 발행한, 표준화된 조약 형식의 지침을 규정한 독일어 소책자의 설명을 참조: Jedem fremdsprachigen…

3) 1987년에 독일 외무부는 CSCE 용어에 관한 책을 여섯 개의 CSCE 공식 언어로 발간했다. 서문에서 이렇게 말한다. "인용과 참조의 부정확성은 공개 토론에서 혼란을 일으키기 쉽다. 그러므로 가능한 한 그런 위험을 없애기 위해 아래와 같이 실용적인 용어집을 출간하였다. CSCE/CDE와 관련한 주제로 초안을 작성하거나 CSCE/CDE 문서의 구절을 인용하고 재생산하거나 논평하고자 하는 이들에게 도움이 되기를 바란다."

4) 이 협정의 대상에 관해서는 정치적 동기에 따라 차이가 있었다. 베를린 전체에 관한 협정인가 아니면 단지 서부 베를린에 국한한 것인가 하는 점이었다. 고워스(Gowers)는 영어에 대한 '위협'을 말한다. "유럽공동체의 간행물 영어는 냉소적으로 유로 영어(Euro-English)라고 불려 왔고, 다른 유럽 언어들의 영향으로 왜곡되며 자신의 관료적 전문용어를 전시한다. 유로 용어(Euro-jargon)의 강요에는 단호히 반대해야 하고, 유럽주의에 저항해야 한다."(Gowers 1986: 186f, Schütte 1993: 108에서 재인용)

5) 옛 독일민주공화국에서 정치 텍스트의 상당수는 주로 국영 번역 기관인 Intertext에서 번역되었다. 공산당 전당대회 보고서와 같은 텍스트는 ST 청자를 설득하고 동원하는 것이 주요 기능이었지만, 이런 설득적 기능은 (거의 명백하게) TT에도 속했다고 보며, 마르크스·레닌주의 이데올로기를 위한 교육적 기능에 의해 정당화되었다. 번역자들 또한 정치의 중재자로 여겨졌으며, 해외로 보내지는 선전 문학의 목적은 동독의 정책에 대한 관심과 존중을 불러일으키는 것이었다(Ringleb 1983). TT는 일반적으로 ST의 표층 구조에 매우 가까웠다. 이들 텍스트를 이해하기 위해서는 마르크스·레닌주의 담론의 스타일과 특정 용어에 익숙해야 했는데, 동독 사회주의통일당(SED)의 1986년 전당대회 보고서에서 그 예를 찾아볼 수 있다:

Auch künftig haben wir die sozialistischen Produktionsverhältnisse so auszugestalten, daß sie die dynamische Entwicklung der Produktivkräfte im Interesse der Stärkung des Sozialismus fördern.

With our sights set on further strengthening socialism, we will have to continue to manage our socialist relations of production in a manner conducive to the dynamic development of the productive forces.

6) 월러스틴(1991: 6)은 원본 텍스트 생산과 번역을 연결 짓는다. "제대로 소통하고자 노력하는 저자는 대개 목표 독자를 마음에 둔다. 저자는 독자로 상정된 집단의 기존 지식에 대해 어느 정도 가늠해 볼 것이다. 저자가 하나의 개념을 사용할 때, 독자는 당연히 그 내포된 역사 이론을 안다고 간주한다(비록 독자가 그것을 공유하지 않을지라도). 만약 저자의 생각에 독자가 개념이 함축하는 바를 알지 못한다고 여겨지면, 사려 깊은 저자는 그것을 설명하고자 할 것이다."

7) "[…] propagandistische Sprachnomenklatur: Wörter mit terminologischem Charakter […], mit denen die Bezeichnung bestimmter Sachverhalte ideologisch festgelegt wird, gleichsam als Code für Eingeweihte." (Markstein 1994: 105

참고문헌

Agar, M. 1992. "The intercultural frame". Paper delivered at the LAUD Symposium, Duisburg 1992.

Arthern, P. J. 1994. "European Community translation in Belgium". *Meta* xxxix(1): 150-158.

de Beaugrande, R. and Dressler, W. 1981. *Introduction to Text Linguistics.* London: Longman.

Bochmann, K. (ed.). 1986. Eigenschaften und linguistische Analyse politischer Texte (Linguistische Studien LS/ZISW/A 152). Berlin: Zentralinstitut für Sprachwissenschaft.

Chesterman, A. 1993. "From 'Is' to 'Ought': Laws, Norms and Strategies in Translation Studies". *Target* 5(1): 1-20.

Clark, H. and Marshall, C.R. 1981. "Definite reference and mutual knowledge". In A. Joshi, B. Webber and I. Sag (eds), *Elements of Discourse Understanding.* Cambridge: Cambridge University Press, 10-63.

Dollerup, C. 1993. "Translation, interpreting and negotiations as forces in language change in member states of the EC". Paper delivered at the AILA Congress, Amsterdam 1993.

Fillmore, C. J. 1976. "Frame semantics and the nature of understanding". *Annals of the New York Academy of Science*, 280:-20-32.

Gowers, E. et al. 1986. *The Complete Plain Words.* London: HMSO.

Hönig, H.G. and Kussmaul, P. 1982. *Strategie der Übersetzung.* Tübingen: Narr.

Kade, O. 1980. *Die Sprachmittlung als gesellschaftliche Erscheinung und Gegenstand wissenschaftlicher Untersuchung*

(Ubersetzungswissenschaftliche Beiträge 3). Leipzig: Enzyklopädie.

Kohlmayer, R. 1994. "Ubersetzung als ideologische Anpassung: Oscar Wildes Gesellschaftskomödien mit nationalsozialistischer Botschaft". In M. Snell-Hornby, F. Pöchhacker and K. Kaindl (eds), *Translation Studies: An interdiscipline.* Philadelphia/New York: Benjamins, 91-101.

Lakoff, G. 1986.*Cognitive Semantics.* (Berkeley Cognitive Science Report 36). Berkeley: Berkeley University.

Lambert, J. 1994 "The cultural component reconsidered". In M. Snell-Homby, F. Pöchhacker and K. Kaindl (eds), *Translation Studies: An interdiscipline.* Philadelphia/New York: Benjamins, 17-26.

Lärscher W. 1991. *Translation Performance, Translation Process, and Translation Strategies.* Tübingen: Narr.

Mann, W.C. and Thompson, S.A. 1986. "Relational propositions in discourse". Discourse Processes 9(1): 57-90.

Markstein. E. 1994. "Sprache als Realie: Intertextualität und Übersetzung Am Beispiel totalitärer Sprachen". In M. Snell-Hornby, F. Pöchhacker and K. Kaindl (eds), *Translation Studies: An Interdiscipline.* Philadelphia New York. Benjamins, 103-111.

Neubert, A. 1985. *Text and Translation* (Übersetzungswissenschaftliche Beiträge 8). Leipzig: Enzyklopädie.

Neubert, A. and Shreve, G.M. 1992. *Translation as Text.* Kent and London: Kent State University Press.

Newmark, P. 1991. *About Translation.* Clevedon: Multilingual Matters.

Newmark, P. 1994. "Paragraphs on translation – 34". *The Linguist* 33(6):214-218.

참고 문헌

Nord, C. 1988. *Textanalyse und Übe Partridge,* Heidelberg: Groos.

Partridge, E. 1980. *Usage and Abusage.* Harmondsworth: Penguin.

Ringleb, K. 1983. "Voraussetzuzungen für die Wirksamkeit übersetzter Texte der politischen Auslandsinformation". In *Probleme der Ubersetzung gesellschaftswissenschaftlicher Texte.* Berlin: Hauptvorstand der Vereinigung der Sprachmittler der DDR, 69-71.

Robertson, D. 1988. *The Penguin Dictionary of Politics.* London: Penguin.

Rothkegel, A. 1984. "Sprachhandlungstypen in interaktionsregelnden Texten". In I. Rosengren (ed.), *Sprache und Pragmatik* (Lunder Symposium 1984). Lund: Almqvist & Wiksell, 255-277.

Schäiffner C. 1986. "Analysis of interrelationships between keywords as a means of determining their meaning in the Final Act". In *L'Acte Final d'Helsinki (1975): L'analyse semiotique dans la recherche comparative – Le vocabulaire des relations internationales.* (Occasional Paper 3). Vienna: Vienna Centre, 95-104.

Schäffner. C. 1992a. "Translating Governmental Documents". In C. Mair and M. Markus (eds), *New Departures in Contrastive Linguistics / Neue Ansätze in der Kontrastiven Linguistik. Proceedings of the Conference held at the Leopold-FranzensUniversity of Innsbruck, Austria, 10-12 May 1991* (Innsbrucker Beiträge zur Kulturwissenschaft, Anglistische Reihe Band 5). Innsbruck: University Press, vol. II, 143-154.

Schäffner, C. 1992b. "Sprache des Umbruchs und ihre Übersetzung". In A. Burkhardt and K.P. Fritzsche (eds), *Sprache im Umbruch. Politischer Sprachwandel im Zeichen von "Wende" und "Vereinigung".* Berlin: de Gruytcr, 135-153.

Schäffner C. 1993. "Meaning and Knowledge in Translation". In Y.

Gambier and J. Tommola (eds), *Translation and Knowledge* (SSOTT IV, Scandinavian Symposium on Translation Theory. Turku 4-6 June 1992). Turku: University Centre for Translation and Interpreting, 155-166.

Schäffner, C. in print. "CSCE documents from the point of view of translation". In A. Neubert, G.M. Shreve and K. Gommlich (eds), *Basic Issues in Translation Studies, Proceedings of the Fifth International Conference* (Kent Forum on Translation Studies, vol. II). Kent: Kent State University Press.

Schäffner, C. and Herting, B. 1994. "The Revolution of the Magic Lantern': A cross cultural comparison of translation strategies." In M. Snell-Hornby, F. Pöchhacker and K. Kaindl (eds), *Translation Studies: An Interdiscipline.* Philadelphia/New York: Benjamins, 27-37.

Schütte, W. 1993. "'Eurotexte' - Zur Entstehung von Rechtstexten unter den Mehrsprachigkeitsbedingungen der Brüsseler EG-Institutionen". In J. Bom and G. Stickel (eds), *Deutsch als Verkehrssprache in Europa* (Institut für deutsche Sprache, Jahrbuch 1992). Berlin New York: de Gruyter, 88-113.

Snell-Hornby, M. 1988. *Translation Studies: An Integrated Approach.* Amsterdam/Philadelphia: Benjamins.

Suter, H.-J. 1993. *The Wedding Report: A Prototypical Approach to the Study of Traditional Text Types.* Amsterdam/Philadelphia: Benjamins.

Thiel, G. and Thome, G. 1987. *Resolutionen. Ein empirisch entwickelter Beitrag zur Textanalyse.* Tübingen: Narr.

Toury, G. 1992. "'Everything has its price': An alternative to normative conditioning in translator training". *Tijdschrift voor toegepaste linguistiek / Journal of Applied Linguistics* 6(2): 60-72.

Trosborg, A. 1994. "'Acts' in contracts: Some guidelines for translation". In M. Snell-Hornby, F. Pöchhacker and K. Kaindl (eds), *Translation Studies: An interdiscipline.* Philadelphia/New York: Benjamins, 309-318.

van Dijk, T. A. 1980. *Macrostructures. An Interdisciplinary Study of Global Structures In Discourse, Interaction, and Cognition.* Hillsdale, NJ: Erlbaum.

van Dijk, T.A. 1994: "Editorial: Discourse analysis as social analysis". *Discourse & Society* 5(2): 163-164.

Volz, W. 1993. "Deutsch im Übersetzeralltag der EG-Kommission". In J. Born and G. Stickel (eds), *Deutsch als Verkehrssprache in Europa* (Institut für deutsche Sprache, Jahrbuch 1992). Berlin/New York: de Gruyter, 64-76.

Wallerstein, I. 1991. "Scholarly concepts: Translation or interpretation?" Paper delivered at the conference Humanistic Dilemmas: Translation in the Humanities and Social Sciences, Binghamton, 26-28 September 1991.

참고문헌

[부록]

(1) Konferenz über Sicherheit und Zusammenarbeit in Europa - Schlußakte (3-71)

Conference on Security and Cooperation in Europe - Final Act (73-13)

Conférence sur la sécurité et la coopération en Europe – Acte Final (201-263)

In *L'Acte Final d'Helsinki: texte et analyse.* - European Coordination Centre for Research and Documentation in Social Sciences; International Social Science Council. Wilhelmsfeld: Egert, 1990

(2) "A New Europe, a New Atlanticism: Architecture for a New Era", Address by Secretary of State James A. Baker, III, to the Berlin Press Club (12-12-1989)

"Ein neues Europa, ein neuer Atlantizismus: Architektur für ein neues Zeitalter". Redevon Außenminister Baker vor dem Berliner Presseclub (13-12-1989 / Amerika Dienst 45)

(3) Bush Sends German Unification Treaty to Senate (25-9-1990)

Bush leitet Vertrag über Vereinigung Deutschlands dem Senat zu (3-10-1990 / Amerika Dienst 39)

(4) "Aus eigener Kraft allein hätten wir es nicht geschafft", Fernsehansprache des Bundeskanzlers Helmut Kohl am 2. Oktober 1990 (*Der Spiegel,* Dokument, no. 5, 1990, 10-11)

Television Address by Dr Helmut Kohl, Chancellor of the Federal Republic of Germany, on the Eve of the Day of German Unity.

(5) "Sich zu vereinen, heißt teilen lernen", Ansprache des Bundespräsidenten Richard von Weizsäcker zur Deutschen Einheit, 3. Oktober 1990

(*Süddeutsche Zeitung* 11-10-1990)

"The Day of German Unity", Speech by Richard von Weizsäcker, President of the Federal Republic of Germany at a State Ceremony in the Philharmonie, Berlin on October 3, 1990 (*statements & Speeches,* a 14-11-1990, Vol. XIII, no. 20)

(6) Günter Grass "Ein Schnäppchen namens DDR". In G. Grass, *Ein Schnäppchen namens DDR. Letzte Reden vorm Glockengeläut.* Frankfurt/Main: Sammlung Luchterhand, 1990, 39-60.

Günter Grass "The west German business Blitzkrieg". *Guardian Weekly* 11-11-1990, 22-23.

(7) Christa Wolf "Rede auf der Demonstration für Pressefreiheit in Berlin am 4. November 1989". *Neue Deutsche Literatur,* 3/1990, 173-175.

Christa Wolf "Was tun? Germany's greatest living writer, celebrates a revolutionary moment of renewal and asks what happens next". *New Statesman & Society,* 17-11-1989, 11.

(8) Timothy Garton Ash "The Revolution of the Magic Lantern". *The New York Review of Books,* 18-1-1990, 42-51.

Timothy Garton Ash "Prag. Laterna Magica. Aus dem Herzen der Revolution". *Lettre Internationale,* Frühjahr '90, 34-43 (translated by Yvonne Badal)

"Die Revolution der Laterna Magica". In T. Garton *Ash Ein Jahrhundert wird abgewählt. Aus den Zentren Mitteleuropas 1980-1990.* (Aus dem Englischen von Yvonne Badal), München: Carl Hanser Verlag, 1990, 401-450.

혼종 정치 텍스트의 번역

안나 트로스보그(Anna Trosborg)
오르후스 경영대학(The Aarhus School of Business)

1. 머리말

정치 담화는 다양한 텍스트유형 또는 장르를 포괄하는 우산 용어(umbrella term)이다. 그것은 국내와 국가 간 담화를 포함하며 텍스트가 생산되는 문화특수적 여건을 반영하는 고도의 문화 관련 텍스트부터 다국적 기관 및 표준화된 조약 형식의 외교 담화에 이르기까지 그 범위가 매우 넓다(이 책의 셰프너 글 참조).

고도의 문화 관련 정치 텍스트, 예컨대 정치인이 하는 연설과 성명 등은 경제, 정치, 법 생활을 포함한 해당 사회의 폭넓은 문화적 패턴을 보여 준다. 그러한 텍스트와 달리, 합의를 이루고 반영하는 전체적 목적을 위해 초국가적 환경에서 상호 협의가 이뤄진 정치 텍스트가 있다. 여기에는 표준화된 조약 공식, 나토의 문서, 유럽연합과 유럽의회의 문서 등이 포함된다. 계약과 조약은 장르로서 특별한 관습을 드러낸다. 다른 언어로 옮긴 번역본은 동일한 기능을 수행하도록 만들어진 다른 버전이며, 그 주요 수신자는 동일한 정치적 목적을 추구하기 위해 비교

적 동일한 배경지식을 처리하며 각 버전은 개개의 사회에서 사실상 똑같은 역할을 한다.[1)]

국제화가 확대됨에 따라 이런 종류의 텍스트들이 번역자에게 많은 과제를 안겨 줄 것이다. 오늘의 세계에서 문서 번역은 문화적, 사회적, 정치적 현실과 연결되는데, 번역 이론에서 자주 간과되는 점이다(Dollerup 1996: 312). 번역을 이용해 문화 간 소통을 원하거나 소통해야만 할 때 무슨 일이 일어나는가? 이것은 생산되는 특정한 도착어 텍스트나 도착어 텍스트유형 또는 장르에 어떤 영향을 미치게 될까? 본고는 유럽공동체에서 언어 간 전이 작업이 작동하는 방식에 주목한다. 언어적으로 중립지대가 없는 초국가적 다문화 담화공동체에서 만들어진 문서를 '혼종 텍스트(hybrid texts)'라고 한다.[2)]

1.1. 혼종 텍스트

혼종 텍스트는 현대 문화 간 의사소통의 특징이다. 그것은 문화와 언어들이 접촉한 결과물이다. 그러한 접촉은 갖가지 의사소통의 목적에서 비롯하는데, 이를테면 정보 전달, 선전, 교육, 재미를 목적으로 하거나 생각하게 할 목적 혹은 정치적이고 상업적인 목적에서 출발한다.

혼종 텍스트의 잠정적 정의는 "번역 과정에서 생겨나며 수용 문화, 즉 목표 문화(target culture, TC)로서는 어딘가 '어색하고'/'이상하고'/'특이해' 보이는 특징을 나타내는 텍스트"이다. 이러한 특징은 번역 능력의 부족이나 '번역 투(translationese)'의 결과가 아니라 번역자가 의식적이고 신중하게 결정을 내렸다는 것을 보여주는 증거이다. 혼종 텍스트가 TC에서 아직 완전히 확립되지 않았을지라도(왜냐하면 이미 확립된 규범과 관습에 부합하지 않기 때문에), TC에서 받아들여지는 이유는 의사소통 상황에서 그것이 의도한 목적을 충족하기 때문이다(적어도 일정한 기간).

이 글에서 논의될 종류의 혼종 텍스트는 번역을 통해서뿐만 아니라 문화 그리고 관련 규범 및 관습 간 협상의 결과로 발생한다.[3] 그러한 텍스트에는 두 가지(혹은 그 이상) 문화의 특정 관습을 반영하는 특징들이 나타날 것이다.

1.2. 문화 간 의사소통으로서의 번역

혼종 텍스트는 번역 과정에서 파생한 것으로 정의되어 왔다. 우리가 번역을 ST에서 유발된 산물 그리고 옮겨진 상황성의 예로 정의한다면 외국어로의 번역은 문화 간 의사소통에 해당할 것이다. 여기서 문화란 예술에 반영된 인간의 진화된 지적 발달이라는 좁은 의미가 아니라 사회적으로 조건 지워진 인간 생활의 모든 측면이라는 좀 더 넓은 인류학적 의미로 이해된다. 가장 두드러진 측면은 다음과 같다. (a) 지식, 능력 그리고 지각의 총체로서 문화의 개념 (b) 행동(또는 행위) 및 사건과의 직접적 연관성 (c) 사회적 행위 또는 언어 사용에서 용인된 규범에 대한 의존성(Vermeer 1986: 33). 따라서 문화는 대개 정치제도, 교육, 역사 그리고 시사 문제를 포함한 일반적인 사실적 지식과 관련이 있다. 지식, 능력, 지각의 총체로서 문화의 개념은 번역에 대한 접근법에서 가장 기본적이다. 번역은 서로 다른 두 언어와 문화 사이의 크고 작은 틈을 메워야하고, 가능한 한 갈등이 아니라 접촉이 일어나도록 해야 할 것이다.

1.3. 번역에 있어서의 문화적 전략

번역자에게 문제는 문화적 규범을 어떻게 준수할 것인가, 즉 어떤 규범이 결정적인 것인가 하는 점이다. 장르 관습에 반영된 ST 공동체의 문화 규범인가, 도착어 텍스트(TT) 공동체의 문화 규범인가, 아니면 둘 또는 그 이상 문화들 사이의 절충인가? 문화적 전략의 선택에 따라 출발어 문화(SC) 중심의 번역(번역은 SC를 벗어나지 않는다), 도착어 문화

(TC) 지향 번역(텍스트는 TC로 번역된다) 또는 '혼종'(번역은 둘 또는 그 이상 문화의 산물이거나 문화 간 절충이다)이 될 수 있다. 결국 국제적 텍스트는 지배적 문화의 산물이다.

(1) SC 중심의 번역. 번역을 통해, 새로운 텍스트유형이나 장르가 문화 A의 모델에 기반을 둔 문화 B에 전해지며, 문화 A가 그 규칙과 텍스트유형 등을 문화 B에 부과하거나 문화 B가 문화 A의 텍스트적 관습을 가져오는 식으로 이뤄진다. 정치적·이념적 차원이 모방 또는 차용에 대한 결정을 내리는 데 영향을 미칠 수 있다. TC에 모델이 이미 존재하는 텍스트유형과 오직 번역을 통해서 TC에 도입되는 텍스트유형은 구별이 가능하다.
(2) TC 지향의 번역. 번역의 영향으로, 문화 B는 문화 A 본래의 문화적으로 특수한 텍스트유형 관습을 없애고 기존 텍스트유형을 문화 B의 텍스트유형 관습과 유사하도록 수정한다.
(3) 혼종 텍스트. 번역은 둘 또는 그 이상 문화의 산물이거나 여러 문화 사이의 절충이다. 접촉의 추동력이 상호적이며 그리하여 공동으로 번역을 생산하게 된다. 국제화가 확대되면서 문화 A와 B(그리고 아마도 더 많은 문화와 언어)의 접촉이 일어나게 된다. 이미 언급한 대로, 이러한 예로는 유럽공동체, 유럽의회, 국제연합 등에서 협업을 통해 생산한 텍스트들이 있다.
(4) 국제적 텍스트. 텍스트유형이나 장르가 문화간 변화에 저항한다면 우리는 국제적 텍스트에 대해 말할 수 있다. 문화 사이의 번역이 이루어진 이후에도 변함없이 남아있는 장르는 종종 지배 문화의 산물이다. 새로운 글로벌 문화를 창출하는 데 일조하는 광고 유형이 이에 해당하며(Cook 1992 참조) 과학, 기술, 국제정치와 같은 국제적 영역 내의 텍스트도 여기에 해당한다.

문화적 전략의 선택에 영향을 미치는 요소는 다음과 같다.

(1) 텍스트의 유형: 정치 연설, 법률 문서는 문화에 얽매이기 쉬운 반면, 다른 텍스

트 장르는 국제 규범을 개발할 가능성이 더 크다. 앞서 말한 대로 일부 기술적이고 과학적인 텍스트는 국제적 영역으로서 과학과 기술을 대표한다. 이 책 쿠스마울 편에서 언급된 Göpferich 1995를 보길 바란다.

(2) 번역의 목적: 텍스트는 다양한 목적(기능)을 위해 번역될 것이다. 기능의 경우 특정 텍스트가 전달하는 바를 정확히 알릴 목적으로 메타텍스트적 성격을 띠거나(예컨대 정치 연설, 법률 문서), TC의 광고처럼 번역이 그 자체로 새로운 텍스트로 기능할 수 있다. 같은 텍스트가 다른 목적으로 번역될 수도 있다. 그래서 사망 발표는 해외의 친척에게 전달하기 위해 발표된 내용을 '기록적(documentary)' 번역으로 옮길 수도 있고, TL 신문에 실을 수 있는 TC 관습에 적합한 발표문이 되도록 '도구적(instrumental)' 번역으로 옮길 수 있다.[4)]

(3) ST 또는 ST 저자의 지위와 지배력: 어떤 텍스트는 SC 내에서 전해지는 지배 문화를 대표할 수도 있고, 또 어떤 텍스트는 저자의 개인어(idiolect)가 번역에 그대로 보존되어야 하는 권위 있는 저자에 의해 작성되기도 한다. 미국화의 확산과 더불어 맥도널드는 전 세계에 거의 똑같은 제품을 내놓을 수 있다. 그에 반해, 독일 시장에 팔리는 덴마크 제품은 독일인의 취향에 맞춰야 할 것이다(이 책 하르 한센의 글 참조). 연구논문의 발전에 영국과 미국이 끼친 영향도 비교해 볼 수 있다.[5)] 주제에서 벗어나기를 선호하는 나라들은 좀 더 선형적인 글쓰기 규범에 적응해야 할 수도 있다.

(4) 가독성: 독자의 책임과 작가의 책임 사이에는 구분이 이뤄져 왔다. 영어는 작가가 책임지는 수사학(writer-responsible rhetoric)을 쓴다. 독자에게 텍스트가 선명하게 다가가도록 하는 일은 작가의 책임이다. 반대로 독자가 책임지는 수사학(reader-responsible rhetoric)에서는 작가가 말하고자 한 바를 이해하는 일은 독자의 책임이다. 가독성을 중시하면서 작가가 책임지는 수사학을 장려하는 경향이 있다(이 책 쿠스마울의 글 참조).

- 충실성: 충실성은 미묘한 문제이다. 누구에게 충실한가, ST 작가에게 아니면 TT 독자에게? 원칙적으로 충실성은 두 방향, 즉 ST 작가는 물론 TT 작가에게도 향하지만(Nord 1991 참조), 우리가 본 대로 ST 작가의 위상과 문화적

지배력이 하나의 역할을 할 수 있다. 절충안을 도출하는 것이 가능한 대안일 수 있다.

새로운 텍스트유형이나 장르가 번역 과정에서 발생할 수 있다. 예를 들어 표준화된 조약이 만들어지는 과정에서 '혼종 텍스트'가 생성될 수 있다. 문화 간 협상을 통해 (또한 번역을 통해) 생산된 텍스트에는 종종 둘 이상 문화의 특정 관습이 반영된다. 그 결과로 생겨난 텍스트는 관련된 문화와는 또 다른 규범을 포함하는 혼종이다. 혼종 정치 텍스트는 왜 생겨나는가? 그런 유형의 생성에는 누가 책임을 지는가? 혼종화 과정을 어떻게 정의할 수 있는가? 혼종 정치 텍스트를 하나의 산물로서 구분 짓는 특성은 무엇인가? 등의 문제가 발생할 수 있다. 나는 장르 분석에 대한 사회인지적 접근법 안에서 유럽연합(EU)의 문서들을 대상으로 해서 이러한 문제에 관해 논의하고자 한다.

1.4. 혼종 텍스트에 관한 사회인지적 접근법

장르는 긴급한 상황에 대한 인식 가능한 반응으로 생겨난다. 버켄코터와 허킨(Berkenkotter and Huckin 1995: 7)에 따르면 "우리는 장르를 사용해 담화를 포장하고 긴급한 상황에 관해 인식 가능한 반응을 한다". 담화 분석 분야의 전문 지식과 인지 기반 수사학적 연구를 결합해, 버켄코터와 허킨은 '사회인지적 장르 이론'이라는 것을 발전시켰는데, 이론적 틀을 구성하는 다섯 가지 원칙으로 '역동성(dynamism)', '상황성(situatedness)', '형식과 내용(form and content)', '구조의 이중성(duality of structure)', '공동체 소유권(community ownership)'이 제시된다(Berkenkotter and Hucking 1995: 4-24).

버켄코터와 허킨은 장르가 역동적이며 사용자의 사회인지적 요구에 대응해 시간이 지나면서 변화한다고 지적한다. 장르 지식은 '상황 인지'

의 한 형태인데, 그 이유는 우리가 일상생활과 전문적 직업 생활이라는 의사소통 활동에 참여함으로써 얻어지기 때문이다. 장르 지식에는 형식과 내용이 모두 포함되며, 특정 맥락에서 적절한 용법이 무엇인지에 대한 감각도 포함된다. 이러한 지식은 명시적으로 교육받기보다 문화화를 통해 전해지는데, 수습생이 특정 전문 분야의 공동체에서 말하는 방식에 사회화되는 것과 마찬가지이다. 구조의 이중성은 수사학적 장르가 사회구조(그것은 장르의 사용 규칙이나 관습 준수를 통해서 나타난다)를 구성하고 생성하는 데에 사용되는 글쓰기 과정을 가리킨다. "우리는 전문적 직업 활동에 참여하기 위해 장르와 장르 규칙을 이용하면서 사회구조를 구성하고(전문적, 제도적, 조직적 맥락에서) 동시에 이런 구조를 재생산한다"(Berkenkotter and Huckin 1995: 17). 다섯 번째 측면인 '공동체 소유권'은 "담화 공동체의 규범, 인식론, 이념 그리고 사회 존재론"을 드러내는 장르 관습과 관련이 있다(Berkenkotter and Huckin 1995: 4).

2. EU 문서

이제부터 장르에 대한 사회인지적 접근법을 토대로 EU 문서를 살펴보고자 한다.

2.1. 상황성

주어진 문화의 사회정치적 변화는 새로운 혹은 수정된 텍스트유형에 대한 수요를 창출해내는데, 이는 마치 의사소통 과정의 국제화가 진행되면서 텍스트유형의 영역이 붕괴하는 것과 같다. 문화들 사이에 상호 수렴하는 경향이 증가하고 있으며, 이는 어느 정도 불가피한 흐름이다. 국제적 전략(다국적기업이나 방위, 통상, 교육 등의 국제 협력 분야에서)의 결과로, 행위의 제도적 패턴 또한 상이한 문화에서 비슷한 형태로 나타날 수 있다. 유럽공동위원회(Commission of the European Communities)의 번역가들은 상이한 유형의 출발어 텍스트들을 번역한다. 혼종 형태는 일반적 의사소통(예컨대 직원 사이의 회람)에서도 법률 문서에서도 나타날 수 있다. 사회·정치적 통합과 국제화 과정에 따라 문화적 경계가 변화한다. EU 문서는 그러한 (공공연하거나 숨겨진) 국제화 과정의 증거이다.

2.2. 공동체 소유권

자극제는 전체 사회, 특정 하위 집단, 개인 또는 다문화적이고 초문화적 환경에서 나올 수 있다. 유럽공동시장(European Market, 지금의 유럽연합)은 공통의 관심사에 협력이 필요해지면서 생산과 무역을 규제하기 위해 설립되었다. 공동시장(Common Market)은 1952년에 만들어졌으며 처음에는 프랑스, 독일, 네덜란드, 벨기에, 이탈리아 등의 6개국으로 구성되었다(역사적 설명을 위해 Dollerup 1995: 28, Dollerup 1996: 297 이하를 참조). 1973년에는 영국, 아일랜드, 덴마크 등 3개국이 합류했다. 오늘날 EU는 15개 회원국으로 이뤄지고, 무려 11개의 공식어가 있으며 협력 분야는 계속 확대되어 농업, 어업, 무역 및 산업, 경제 및 환경 부문 등에 대한 공동 규제를 포함하게 되었다.

공식적으로 열한 가지 언어 모두가 동일한 효력을 지닌다. EU의 현재 언어 정책에 따르면 열한 가지 언어 모두 유럽연합에서 사용되며, 모든 문서는 각각의 공식어로 번역된다. 그러나 모든 비모국어 사용자가 법정에서 통역 및 번역을 이용할 법적 권리를 갖는지 여부는 국가별 언어 정책에 따른 문제이다.

원칙적으로 어느 공식어든 같은 정도로 관여한다고 하나 실상은 그렇지 않다. 문서의 초안은 대부분 우세 언어(불어, 영어, 독어, 스페인어) 중 하나로 작성되는데, 하물며 비모국어 사용자가 작성하는 경우에도 그러하다(Karker 1993: 37). 한 언어(가장 흔하게는 불어)로 쓰인 초안은 이후 10개의 다른 언어로 번역된다. 국가 회의에서 해당 국가 대표들은 자국의 언어로 쓰인 문서를 사용하며 이 문서는 최종 문서에 관한 합의가 있을 때까지 수정된다. 최종 버전은 법언어학자들에 의해 대조된다. 그들은 문서의 모든 버전에서 표현이 똑같은지 확인하고 이로써 모든 공식어에 동등한 구속력이 생기게 된다(Dollerup 1996: 300 참조).

2.3. 내용과 형식

혼종은 도착어의 관습과 충돌할 수도 있는 특정 텍스트적 자질(어휘, 통사론, 문체 등)을 반영한다. EU 내의 정치 통합을 이루는 과정에서 언어적 표현은 (낮은) 공통분모로 평준화된다. EU 문서는 문서 초안 및 공동체 협상에 사용하기 위한 새 용어뿐만 아니라 새로운 개념의 신조어를 포함한 특수 언어를 발전시켰다. 결국 유로텍스트(eurotext)는 감소한 어휘 수, 보편성을 띠는 의미들, 감소한 문법 형태 목록을 그 특징으로 한다(Schütte 1993, Pam 1993).

2.4. 표준화

EU 언어 작업의 목표는 다국어 공식과 명명법을 허용하는 텍스트의 표준화이며 그것은 번역 작업의 단순화와 합리화에 기여하게 될 것이다.

새로운 사회인지적 현실은 새로운 용어를 필요로 한다. 도착어에 등가 관계인 확고한 표현과 전문용어가 없다면 새로운 용어를 만들어야 한다. 이러한 용어는 문서가 번역된 도착어 입장에서 종종 낯설고 이상하다. 일례로 덴마크어 번역에서 'subsidiaritetsprincippet'의 사용을 들 수 있다. 이 용어는 독일어 'Subsidiarität'에서 파생된 것으로, 사회의 상부 기관(특히 국가)은 오직 그보다 아래 기관 예를 들어 가족이 단독으로 해결할 수 없는 짐과 과제만을 떠맡을 수 있다는 원칙을 말한다. 이 용어는 독일어에서는 확실히 자리를 잡았지만 덴마크어로 번역되면 외국어로 들리며, 따라서 좀 더 구체적인 용어인 'nœrhedsprincippet'가 더 자주 쓰인다. 이와 유사하게 불어 표현인 'l'acquis communitaire'는 덴마크어와 더불어 영어에 차용되었고, 단어 acquis는 이탤릭체와 인용 부호를 써서 각각 영어와 덴마크어 텍스트에서 "Community's acquis, as it is known", "også kaldet Fællesskabets 'acquis'"로 나타난다(Karker 1993: 38-39).

문어 번역에서 상호 이해를 확실히 하기 위해서는 통일성이 요구되며 자료의 구성이 동일해야 한다. 키워드는 모두 11개 언어로 된 텍스트 사이의 "동일성"이며 그 결과는 표준화이다. 문서들은 문장(크게는 레이아웃) 면에서 거의 동일한 방식으로 입력된다. 문서를 기반으로 한 구두 또는 서면 협상에서 대표자들은 특정 글이나 단락, 문장 등을 참조할 수 있어야 하며 그로 인해 뚜렷한 통사적·어휘적 자질이 만들어질 수 있다. 더욱이 문장 길이에 대한 제약도 있어, ST의 한 문장은 TT의 한 문장과 일치해야 한다.

EU 문서의 구조를 결정짓는 또 하나의 규칙은 마침표 규칙으로, 마침표의 수는 ST와 번역본에서 같아야 한다고 규정된다. 문장 길이에 대한 제약으로 인해 길고 복잡한 문장이 만들어지는데, 이는 짧고 명확한 문장을 권고하는 덴마크식 규칙에는 어긋난다.

덴마크어로 번역을 하는 사람이 복잡한 문장구조를 나누어 쪼개려고 할 경우 종종 더 이해하기 어려운 구조가 만들어질 수밖에 없다. 카커(Karker 1993: 60)는 주어와 호응하는 동사 사이에 자그마치 57개의 단어가 있는 예를 든다. 덴마크어 번역자가 이해를 돕기 위해 할 수 있는 일은 오로지 세미콜론을 넣는 것이 전부이다. 구두점의 제약은 법적 구속력이 있는 EU 문서 전체에 수록된 전문(前文)의 서문에서 매우 뚜렷하게 나타난다.

2.5. 유럽연합의 법률 용어

'동일성'은 법률행위에서 '필수 조건'이다. 그 결과로 만들어지는 것이 일종의 유럽연합 법률 용어이며, 이것은 모든 EU 정부 관리와 EU 상근 직원 간의 복잡한 상호작용 안에서 확립된다. 각 회원국은 대표들과 통·번역 서비스 간에 자체 네트워크를 형성한다. EU 공동 협력에서는 모든 국가에 법적으로 구속력이 있는 공동의 지시와 법률이 만들어진다. 그것들은 새로운 현실을 창조하며, 새롭기 때문에 그것을 설명할 새로운 언어와 용어가 필요하다. 그것은 직접적으로는 EU 회원국들에서 언어적으로 동일한 규제의 형태로, 간접적으로는 국가적 입법에 사용되는 지시 사항으로 존재한다. 이런 종류의 법률 용어는 모든 11개 EU언어의 '동일성' 원칙에 강하게 종속된다(Dollerup 1996: 306-308).

눈에 띄는 예는 유럽연합의 모든 법률 문서들 앞에 자리하게 되어 있는 전문이다. 이러한 전문은 존재 자체로 두드러진다. 덴마크어로는, 전문이 앞에 있는 경우는 외국 열강과 맺은 조약이 유일하다. 더욱이 전문은 특유의 문법구조가 눈길을 끈다. 이사회의 공식에 따라 미리 정해진 패턴을 따르며, 아래에는 각각 덴마크어, 영어, 프랑스어가 이어진다.

Rådet for de europœiske fœllesskaber har-

under henvisning til Traktaten…,

under henvisning til forslag fra Kommissionen,

under henvisning til udtalelse fra Europa-Parlamentet, og

ud fra følgende betragtninger:

I… omhandles…,

I… er det bestemt, at…,

fremgangsmåden er…,

anvendelsen af foranstående regler medfører, at…,

som følge heraf bør…-
udstedt følgende forordning:

The Council of the European Communities, Having regard to the Treaty…,
Whereas…, has adopted the regulation

Le Conseil des Communautés européennes, vu le traité que…, a arreté…,
considerant que…, a arreté le présent règlement.

전문에서 구성 요소의 수는 상당한 차이가 나며, 참조 및 고려 사항 또한 양적으로 다를 것이다.

덴마크어에서 이러한 과정은 결과적으로 조동사와 본동사를 떨어트려 놓게 만드는데, 이것은 덴마크어에서 권장하는 문장 구성 방식과 상반되어 덴마크어로는 퍽 괴상하게 들린다. 전문에 포함할 참조 및 고려 사항이 많을수록 점점 더 문서가 이상해 보인다.

2.6. 유로크라트의 언어

앞서 본 바와 같이 EU 문서는 문서 초안 작성과 공동체 협상을 위한 목적으로 특수한 유로크라트(Eurocrat, EU의 각종 기관에서 일하는 사람들_옮긴이)의 언어를 발전시켰다. 그 결과, 통·번역사를 포함해 EU 협상가와 직원들에게 익숙한 특정 전문용어가 생겨났다. 이 언어는 모호하고 복잡하며 이해하기 힘든 측면이 있으며, '유로 용어(eurojargon)'라는 꼬리표가 붙었다. 새로운 현실은 EU의 스펙트럼에 걸쳐 있고 또 조금 떨어져 보면 개개 회원국의 현실에도 걸쳐지는데, 그 용어는 모든 국가에서 '모국어'처럼 들리지 않을 것이다. 이 EU 전문어는 연합의 법률 용어에서 가장 거리낌 없이 쓰이지만 은어나 EU 방언과 같은 것들이 서서히 EU내 구어에 나타나기 시작했다. 그것은 통·번역사를 포함해 대표단들, EU 직원들에게도 알려져 있다. 이 언어는 사회적 방언일 뿐만 아니라 종종 외부자에게는 불가해한 특수목적, 즉 EU 협상을 위한 언어가 되는 경우가 잦다.

연합의 법률 용어는 이해의 부족으로 이어질지 모른다. 예를 들어 덴마크의 참여 초기에, 통역의 부족과 덴마크의 불충분한 피드백을 포함한 몇 가지 요소로 인해 덴마크어로 이해할 수 없는 법률 문서가 너무나 많이 만들어졌기 때문에 관련 정부 부서에서 덴마크 사람들에게 새로운 법을 설명해 줄 지침서를 발행해야 했다.

덴마크어나 어떤 EU 언어로의 번역이 여느 텍스트처럼 원본 산문으로 읽힐 수 있다고 기대하는 것은 타당하다. 덴마크 문어에 관한 공식 지침에서는 짧고 분명한 문장을 사용할 것을 권고하고 있는데, 이러한 지침은 많은 EU 번역에서 지켜지지 않는 경우가 많다. 예를 들면 *Europe and the challenge of enlargement*는 좀 더 덴마크어처럼 들리는 *Europa og den udfordring, der er forbundet med udviklingen* 대신 *Europa og Udfordringen Forbundet med Udviklingen*이 된다. 복문 구조와 복합 명사구, 거기에 추상명사의 남발과 과도한 명사화는 EU 문서 및 텍스트의 가독성을 떨어트리는 전형적 자질들이다.[6)]

번역자는 자신의 일반적 전문 지식, 업무와 관련된 이전 문서들에 대한 접근 가능성 그리고 전문가 용어에 의존한다(Dollerup 1996: 300). 게다가 번역자들은 다른 전문가는 물론 해당 문서의 '창작자'를 호출해 설명을 구할 수 있다. 나중에 그들의 번역은 '문장 교열자'의 점검을 받을 수도 있다. EU 번역가와 통역사의 작업을 지원하기 위해 유로디코톰(Eurodicautom)이라는 공공 용어 데이터베이스가 개발되었는데, 여기에는 두 개 언어 내지 아홉 개 언어로 50만 개의 항목이 올라 있다. 데이터베이스 이용에 있어서는 신중을 기해야 하는데, 그 이유는 번역자가 작업하는 것과 전혀 다른 주제에서 온 용어가 데이터베이스에 들어갔을지도 모르기 때문이다.

EU 문서의 이해하기 어렵고 부자연스러운 언어에 대한 반작용으로, 일부 개선 작업이 진행되어 지침이 만들어졌다. 이제 덴마크 사람들은 편지를 끝맺을 때 프랑스어로 "Veuillez agréer, monsieur le professeur, l'assurance de mes sentiments distingués"라고 쓰는 대신 덴마크식으로 "Med venlig hilsen"로 쓸 수 있게 되었다(Dollerup 1996: 306).

2.7. 역동성과 구조의 이중성

EU는 통화동맹, 군사협력과 같은 확장된 협력을 위한 제안이 끊임없이 논의되는 역동적인 연합체이다. EU 기관들의 언어 정책은 언어를 포함한 회원국 사회에 두드러진 영향을 미친다.

EU 문서는 개별 회원국에서 국가 법령의 일부가 되기 때문에 공동체 내에서 사용되는 언어를 강력하게 규제하는 역할을 하게 되고, 결과적으로 언어 변화를 가져오게 된다. 그 영향은 회의 통역 및 번역 간 상호작용의 결과인 문서에서 가장 크게 느껴지는 반면, 각 국가 법령에 의해서 만들어진 개별 지침에는 EU에서 유래한 이러한 언어적 흔적이 두드러지지 않는다(Dollerup 1996: 308).

각각의 도착어로 등가적 용어를 찾는 노력을 기울인다고 해도, ST로부터 간섭을 피하기는 어렵고, 따라서 번역된 생산물은 EU 덴마크어, EU 네덜란드어 등으로 불린다. 이들은 원본이 아니라 번역이다. 국제간 협상의 최종 결과물은 법적 구속력을 가진 협정이기 때문에 번역과 통역은 목표 사회를 구성하는 요소이며, 곧 회원국의 국가 언어에서 언어 변화를 구성하는 요소이다(Dollerup 1996: 308).

3. 일차적 의사소통으로서 혼종 텍스트

일반적으로 번역된 텍스트는 이차적 의사소통의 예이다. 즉 그 수신자는 텍스트를 만들면서 원래부터 상정한 수신자가 아니라 번역의 수신자로 의도된 이차 목표 집단이다.

텍스트가 그 자체로 의사소통의 기능을 하지는 않지만 번역을 위한 초안의 역할을 한다면 그것을 '유사 텍스트(pseudo-text)'라고 말할 수 있다. 여기에는 ST가 독자를 위한 의사소통 기능을 수행하고 이어서 TT가 이차적 의사소통의 상황에서 도착어 독자를 위해 기능하는 의사소통 상황이 없다. 더욱이 SL 텍스트유형의 특성이나 특정 관습을 보여 주는 적절한 ST가 없거나, TL 문화에 TT의 모델이 될 만한 적절한 병렬 텍스트가 없는 경우가 종종 있다.

이런 점에서 비록 그것이 번역의 소산으로 파생했을지라도, 유사 텍스트의 번역문은 일차 목표 집단에 이야기를 건네는 일차 텍스트에 가깝다. 서로 다른 사회에서 동일한 기능을 수행하는 문서(예컨대 브로슈어와 매뉴얼) 또는 통일성을 원칙으로 하는 텍스트(예컨대 법률 문서와 조약)들이 그러한 예에 해당한다.

유사 텍스트를 다른 언어와 문화로 옮기는 것을 번역으로 받아들인다는 것은 ST와 SL 공동체 모두의 위상을 재고해보아야 한다는 것을 의미하는데, 이러한 단계로 이동할 준비가 안된 학자들도 있다. 적절한 출발어 텍스트가 없기에 그러한 번역은 결코 번역이 아니라는 거트(Gutt 1990)의 견해를 비교해 보라. 그렇다면 본고에서 논의한 혼종 텍스트는 번역이라고 할 수 없는지 하는 의문이 든다.

이와 관련해, 세이거가 본서에서 말한 '문서'와 '텍스트'의 중요한 차이에 주목하고자 한다. '문서'는 저자가 의도한 특정 독자층을 마음에 두고 구축한 일차 텍스트이다. 이와 반대로 '텍스트'는 구체적인 독자층을 염두에 두지 않고 만든 것이다. 곧 텍스트는 이차적 의사소통이며 종종 번역의 산물이다. 이러한 용어의 범위 안에서 이 글에서 다룬 혼종 텍스트의 대부분은, 비록 그것이 번역이라 할지라도 '문서'에 해당한다. 혼종 '출발어 텍스트'는 몇몇 언어와 문화 사이의 절충안에 도달한 유사 텍스트이며, 그것의 번역은 명확하게 의도한 독자가 있기에 문서 그 자체로서 기능한다. 형성 과정을 생각하면 혼종 텍스트는 다양한 언어와 문화의 산물로 진화하며 그것의 번역은 일차적 의사소통이다. 많은 경우 이러한 문서는 초국가적 담화 공동체 안에서 문서의 기능을 하지만, 언어적으로는 EU 덴마크어, EU 네덜란드어 등과 같이 번역으로 명시가 된다는 사실은 이들이 가지는 번역문으로서의 지위를 강화시킨다.

일단 텍스트가 목표 문화에서 수용된 후에도 그것은 여전히 혼종인가, 아니면 혼종 텍스트는 과도기적이고 역사적인 현상인가? 본고에서는 EU문서가 구체적 장르 특성을 지닌 혼종 텍스트라는 사실을 주장했다. 장르와 마찬가지로 혼종 텍스트는 시간이 지나면서 사용자의 사회인지적 필요에 대응해 변할 수 있으며 '상황 인지'의 한 형태이다. 또, 특정 환경에서 전문적 의사소통 활동에 참여하게 되는 것으로부터 파생된다.

특히 EU 문서는 협상과 절충의 과정을 거쳐 도달한 다문화적 담화 공동체의 산물이다. 형식과 내용은 모두 특정 시점에서 이런 특정한 상황의 특정한 목적에 맞게끔 조정된다. 글쓰기 및 번역의 과정을 통해, 혼종 텍스트는 사회구조의 구성 요소(예컨대 EU 사회에 의해 타협이 이뤄졌듯이)이면서 동시에 생성적 요소라고 할 수 있는데, 이 텍스트들은 전문적, 제도적 그리고 조직적 맥락에서 재생산되기 때문이다. 그러한 텍스트가 몇몇 언어와 문화를 대표하는 '공동체 소유권'의 산물일지라도 결국 자체의 규범과 관습을 가진 텍스트유형으로 확립될 것이다.

끝으로 우리는 이렇게 물을 수 있다. 특정 텍스트적 자질(어휘, 통사론, 유형 등)은 언어에 따른 자질과 비교해 득인가 실인가? 그리고 목표 사회에서 혼종의 수용에 영향을 미치는 요소는 무엇인가? EU 텍스트는 그것이 만들어진 공동체 안에서 기능할 때(예컨대 직원 또는 각 기구의 회의를 위해) 사용자 요구는 확실하게 정해져 있다. 이들 텍스트가 받아들여지는 것은 텍스트의 제한된 의사소통 기능 때문이다. EU 텍스트가 회원국에서 사용되기 위해 번역될 때 상이한 수용 기준이 적용된다. 수용하는 문화는 다음과 같은 태도를 취할 수 있다.

(1) '불완전한' 태도(외래의 요소를 가지고 자신의 문화를 풍요롭게 함)
(2) '초문화적' 태도(L1에 L2 요소를 차용하는 것에 크게 개의치 않음)
(3) '방어적' 태도('타자성'을 거부하고 그걸 막고자 최선을 다함)(Robyns 1994 참조)

정당과 개인 구성원의 태도에 따라 수용과 제도화를 좌우하는, 알려지지 않은 정치적 또는 이념적 의제가 있을 수 있다.

미주

1) 이 책 셰프너의 글에서 CSCE 담화의 전형적 사례, 즉 유럽안보협력회의의 최종의정서(Final Act of the Conference on Security and Cooperation in Europe(CSCE))의 예를 참조할 것. 그것은 그 특별한 용어 때문에 주목할 만한데, CSCE 담화에서 특수 용어를 만들어 낸 결과 CSCE 특유의 표현이 생겨났다.

2) 내가 이러한 통찰을 얻은 것은 1995년 9월 프라하에서 열린 EST 번역총회에서 크리스티나 셰프너(Christina Schäffner)와 베벌리 아답(Beverly Adab)이 마련한 혼종 텍스트에 관한 워크숍을 통해서였음을 밝힌다. 이 논문의 초기 버전은 핀란드 위배스퀼래(Jyväskylä)에서 열린 Aila '96에서 존 M. 스웨일스(John M. Swales)가 주관한 심포지엄 "Thicker Description of Genre Analysis"에서 발표되었다.

3) 그러므로 혼종 텍스트는 서사, 묘사, 설명, 논증 등의 수사학적 의미에서 이런저런 텍스트유형이 섞여 있다거나 진술, 표출, 지시(명명) 등의 의사소통 기능들이 섞여 있다는 점에서 혼종이 아니다. 그렇다고 혼종 햄릿과 같은 종류도 아니다. 셰익스피어의『햄릿』번역에 나타난 문화 적응에 대해 알고 싶다면 케네디(Kennedy 1993)를 보라.

4) 기록적 번역 vs. 도구적 번역에 관해서는 이 책 노르트 편의 Nord(1991)를 보라.

5) 예를 들면 체코 문화에서는 많은 동유럽 문화와 마찬가지로 사람들이 제 주장을 드러내기를 꺼려서, 논문은 마치 탐정소설처럼 읽힐 수밖에 없다. 서구의 규범과 몹시 상반되는 점으로, 서구에서는 여담으로 흐르기보다 앞으로 죽 나아가기를 선호하기 때문에, 체코 논문을 국제 학술지에 실으려면 종종 문체를 조정할 필요가 있다(Cmerjrková 1996 참조).

6) 카커는(Karker 1993: 53)는 다음과 같은 예를 들었다. havnemiljø beskyttelsesforanstaltninger, markedsføringstilladelsessag, personaleressourceplanlœgning, transportinfrastrukturomkostningerne.

참고문헌

Berkenkotter, Carol and Huckin, Thomas N. 1995. *Genre Knowledge in Disciplinary Communication: Cognition/culture/power.* Hillsdale, New Jersey: Lawrence Erlbaum Associates, Publishers.

Cmejrková, Svetla. 1996. Translation, intellectual style, cross-cultural communication. Paper presented at EST Translation Congress, Prague, September.

Cook. Guy. 1992. *The Discourse of Advertising.* Routledge: London.

Dollerup, Cay. 1995. "English in the European Union". In Reinhard Hartmann (ed). *The English Language in Europe, EUROPA 2.3.* Oxford, 24-36.

Dollerup, Cay. 1996. "Language work at the European Union". In Marilyn Gaddis Rose, *Translation Horizons Beyond the Boundaries of Translation Spectrum.* State University of New York at Binghamton: Center for Research in Translation, 297-314.

Gutt, Ernst-August. 1990. "A theoretical account of translation - Without a translation theory". *Target* 2.2: 135-164.

Göpferich, Susanne. 1995. *Textsorten in Naturwissenschaften und Technik. Prag- matische Typologie – Kontrastierung – Translation.* Tübingen: Narr.

Karker, Allan. 1993. *Dansk i EF – en situationsrapport om sproget.* København: Gads Forlag.

Kennedy, Dennis. 1993. *Foreign Shakespeare.* Cambridge University Press: Cam-bridge.

Nord, Christiane. 1991. Text Analysis in Translation. Amsterdam/Atlanta: Rodopi.

Pym, Anthony. 1993. *Epistemological Problems in Translation and its Teaching. A seminar for thinking students.* Caminade: Calaceit.

참고
문헌

Robyns, Clem. 1994. "Translation and discursive identity". In Clem Robyns (ed), *Translation and the (Re)Production of Culture.* Leuven, 57-81.

Schütte, Wilfried. 1993. "Eurotexte" - Zur Entstehung von Rechtstexten unter den Mehrsprachligkeitsbedingungen der Brüsseler EG-Institutionen. In Joachim Born und Gerhard Stickel (eds), *Deutsch als Verkerhssprache in Europa* (Jahrbuch/Institut für Deutsche Sprache; 1992) Berlin/New York: de Gruyter, 88-113.

Swales, John M. 1990. Genre Analysis. English in academic and research settings. Cambridge: Cambridge University Press.

Vermeer, Hans J. 1986. "Übersetzen als kulturelle Transfer." In Mary Snell-Hornby (ed), Übersetzungswissenschaft – Eine Neuorientierung. Tübingen: Francke, 30-53.

의학 논문 번역

모르텐 필레고르(Morten Pilegaard)
오르후스 경영대학원(The Aarhus school of Business)

1. 머리말

지난 20년 동안 언어의 변이 현상에 관해 다양한 언어학파가 많은 관심을 기울여 왔는데, 특히 영국 신퍼스언어학파의 맥락주의, 체코 기능주의 언어학파의 문체론 그리고 미국의 담화분석 등이 중심이 되었다. 그런데 특수목적언어(LSP)에 관한 최신 문헌을 보면 '의학 언어'에 대해서는 기능적 접근보다 사회언어학적 접근법을 쓴다는 데 대체로 의견이 일치한다. 널리 퍼져 있는, 의학 언어에 대한 사회언어학적 접근법은 주로 화자와 의사소통의 상황적 측면에서 언어를 기술하고 분석한다. LSP의 특성은 무엇보다 양적 성질이라고 주장한 살라제르(Salager 1983)가 눈에 띌 만한 예외에 속한다. 의학 언어는 사용역 유형, 즉 언어를 사용하는 경우와 상황에 따라 적절히 변하는 유형이라 말할 수 있다. 이러한 사용역의 변이 범위는 전문성, 형식 그리고 의사소통의 경로와 관련해 설명되어 왔다. 의학 텍스트는 몹시 전문적이고 형식적으로 작성되므로 소위 '기술 영어' 또는 '과학 영어'(Brunt 1987: 448)라고 불리는 담화 영역에 속하게 되었다. 사용역의 관점에서 의학 텍스트는 내용, 즉 일반 의학 또는 다양한 전문 영역 중 한 가지 의학 분야, 양식(mode 예: 구두 또는 서면, 연구 보고서 또는 장비 사용 설명서를 위한 서면 의학 언어), 관계(tenor), 의사소통의 기능 그리고 국가 언어 등에 의해 기술되어야 한다. 란캄프(Lankamp 1989: 21)는 의학 언어를 '담화 관계'에 따라 다음과 같이 크게 나누었다. 첫째, 의학 교육 언어(예: 교과서), 둘째, 의학적 직업 언어(예: 학술지 논문), 셋째, 의학 저널리즘(예: 대중 의학), 넷째, 의사 및 환자 언어, 다섯째, 의학 기술 언어(예: 사용설명서)이다. 의학 언어의 의사소통적 목적은 무엇보다 특히 전문가 대 전문가 관계에서 관련 개념을 표현할 때 전문 용어를 써서 모호하지 않으며, 되도록 비동의어적(nonsynonymous) 언어를 제공하는 데 있다. 의학 영어 또한 연구의 초점과 범위에 따라 이런저런 다른 표제 아래 연구가 이뤄졌는데, 즉 직업 목적 영어(EOP), 학문 목적 영어(EAP) 그리고 특수목적 영어(ESP) 등이 그것이다. 그러나 이 논문은 의학 영어가 이 중 어느 하나인지에 관해서는 관심이 없다. 분리 가능한 하나의 갈래 혹은 하위 사용역으로서 '의학 언어'가 존재하고, 의학 언어는 의사소통 참가자의 역할 및 지위, 전문 교육의 수준 그리고 의사소통이 일어나는 환경에 따라 변한다는 사실을 언급하는 데 의의를 둔다. 여기서 말하는 의학 영어는 전문가 대 전문가 관계에서 쓰는 고도의 전문용어와 비전문가의 구어체 어휘를 모두 포함한다고 본다.

의학 번역의 '역사'는 오래되었다. 피슈바흐(Fischbach 1986: 16)에 따르면 의학 번역은 종교 번역과 함께 "가장 보편적이고 가장 오래된 과학 번역 분야이다. 그것은 인체의 동질적인 편재성 때문이다". 이러한 의학 번역에 관한 보편적 인식 뒤에는 의학 번역은 다른 과학 분야보다 번역하기에 어려움이 덜하다는 주장이 종종 뒤따르는데(Fischbach 1986:19), 의학 어휘는 거의 대부분이 그리스어와 라틴어에 뿌리를 두기 때문이라는 것이다. 이런 주장을 뒷받침하기 위해서는 의사들이 여전히 라틴어와 그리스어로 진료 기록과 처방전을 쓰고 있다는 점을 언급해야 한다. 전통적으로 현대 서양 의학은 그리스에서 탄생했다고 여겨지지만, 그리스의 의학자나 번역가들은 산스크리트어, 이집트어 그리고 그 외 다른 언어로 쓰인 좀 더 이른 시기의 저작물을 접했다는 것을 알아야 한다. 그런데 여기서 목적은 히포크라테스 이전 시대 의학 번역의 역사를 설명하려는 데 있지 않고(Fischbach 1986, Hoof 1993 참조), 오늘날의 의학 번역과 관련해 중세 의학 번역의 몇 가지 측면을 아주 간략히 짚어 보는 데 있다. 15세기에 그리스 저자들의 정확한 번역서가 영어로 나타나기 시작했다. 「The Liber Uricrisiarum」은 15세기의 요검사에 관한 논문으로, 학자들에게 중세 영어로 관련 주제를 다룬 첫 번째 주요 텍스트를 제공한다. 「The Liber Uricrisiarum」은 9세기 말과 10세기 초의 히브리 내과의사, 이삭 유다이우스(Isac Judaeus)가 쓴 「De urinis」의 번역본이다. 중세 영어로 쓰인 이 텍스트와 다른 유사한 텍스트의 존재는 지역어 텍스트의 이른 출현을 보여 주는데, 주로 14세기 말과 15세기 초에 라틴어나 그리스어를 번역한 것이다. 따라서 영어가 의학 분야에서 국제어로 서서히 발돋움을 시작한 때는 500년 정도 전이었다. 이때 또 한 가지 새로운 점은 신세계의 광범위한 식민지 덕분에 발견한 신약을 다룬 주요 저작물이 라틴어가 아닌 이탈리아어로 쓰였다는 사실이다. 이 저작물은 1577년에 영어로 번역되었다(Fischbach 1986:19). 의학 및 약리학 명명법의 간략한 역사에 대해서는 가브리엘리(Gabrieli 1986)의 글을 보기 바란다. 15세기와 16세기에 의학서를 영어로 옮기는 번역가들은 기본적으로 이중의 도전에 직면했는데, 한편으로는 고전어나 당대 지역어를 영어로 옮기면서, 다른 한편으로는 고전어 이외의 언어에서 빌려온 용어나 이국적 용어를 받아들여야 했다. 그래도 당시의 의학은 비교적 느리게 발전했고, 의학적 의사소통에서 기초 해부학 및 생리학의 요소들이 전 세계적으로 거의 동일했기 때문에 번역가의 과제는 단순했다. 이렇듯 번역되는 대상이나 개념이 동일하다는 점은 "의학 번역가를 다른 분야의 동료보다 유리한 위치에 서게 했다"(Fischbach 1986:19). 그러므로 어떤 점에서 보면 의학 번역은 비교적 쉬운 과제였다. 확실히 예전에는 꽤 단순한 과제였을지 모르겠지만 현재 의학 연구의 속도와 확산을 고려하면 더는 그러기가 어려우며 이에 대한 확실한 반대 증거들이 제시되어 왔으니, 그중에서도 뉴마크(Newmark 1976a, 1976b)의 연구는 주목할 만하다.

의학 번역의 '관련성(relevance)'은 이론과 실제의 두 가지 관점에서 논의될 수 있다. 이론적으로, 이 특정한 LSP 사용역을 자세히 살펴보면 역동적 상호작용의 흥미로운 측면이 드러난다. 첫째, 언어유형(영어, 스페인어, 불어, 독일어, 중국어, 덴마크어 등)의 측면은 통사론적 개념화와 의학 텍스트에서 어휘 및 통사론적 패턴 선택의 다른 방식을 끌어낼 수 있다. 둘째, 텍스트유형(과학적, 반(半)과학적, 비전문가 등)의 측면은 주어진 사용역의 담화 구조 차원에서 출발어와 도착어의 차이를 설명해 줄 것이다. 셋째, 독자-텍스트 초점의 결합, 즉 도착어와 대비되는 출발어의 사회언어학적 규범의 준수(예: Newmark 1976: 42), 문화적 전제 그리고 작동하는 대화 규칙을 통해 개별 언어 사이의 흥미로운 문화적 차이가 드러날 수 있다. 북유럽 언어로 쓰인 의학 면담을, 예를 들어 불어나 독일어로 번역하려면 북유럽 나라들의 격식체 및 비격식체 호칭인 이인칭 단수 대명사 du가 이인칭 복수 대명사의 존칭인 프랑스어 Vous나 독어 Sie에 해당한다고 설명해야 할 것이다. 다른 많은 사례를 찾아볼 수 있는 곳이 오스트레일리아와 같은 다민족 사회인데, 체셔(Cheshre 1988)가 논의한 바와 같이, 어휘소의 선택을 통해 출신지별로 달라지는 용어의 변화를 알 수 있으며, 대상 독자의 나이에 맞게 용어가 달라져야 할 것이다. 따라서 언어의 '취향'은 문화의 맥락에서 그리고 의학과 같은 기술 사용역 안에서 충족되어야 한다. 표현의 양식 또한 번역 과정에서 변화를 겪을 수 있다. 예를 들면 전형적인 북유럽의 비격식체는 도착어에서 제대로 표현이 안 될 수 있기 때문에 번역자는 독자를 혼란스럽게 하거나 잘못된 인상을 주기 쉬운 출발어 문체를 포기해야 한다.

실제적 관점에서 의학 번역에 관한 연구는 매우 의의가 있다. 첫째로, 현실은 피슈바흐(1985)가 제시한 것보다 훨씬 더 복합적이다. 예를 들어, 뉴마크(1976: 43)는 의학 분야의 번역가는 실제로 서로 다른 언어 사이에 개념이 물리적으로 일치하지 않는 문제를 처리해야 할 때가 흔하다고 설명한다. 그래서 불어와 독어에는 손가락 '관절'에 해당하는 용어가 없고, 불어에는 '정강이'에 해당하는 말이 없으며, 러시아어에는 '손'과 '팔'의 구분이 없다. 둘째, 좀 더 중요한 사안으로, 의학 번역의 관련성은 주로 오늘날 영어가 라틴어를 대신해 의학 정보 전달의 국제어가 된 사실에서 나온다. 영어는 그 자체로 과학기술의 국제어이며, 의학에서 차지하는 기술의 몫이 커질수록 의학 번역가는 특히 화학, 전자공학, 통계학이 상당 부분을 차지하게 된 의학 분야에 대한 지식의 습득과 전파를 위해 점점 더 자신의 영어 숙련도에 의존하게 된다. 셋째, 의학의 급속한 발전으로 정보 교환의 필요성이 대단히 크다. 게다가 연구자에 의해 새로운 이름들이 매일매일 생겨나는데도 별다른 조율은 없다(가브리엘리 1986: 22). 일반적으로 전문화된 사용역, 특히 의학 용어는 끊임없이 새로워지고 조정되고 변화하기 때문에, 의학 번역가는 의학 용어에 있어 통사적, 의미적, 화용적 한계에 관한 체계화된 지식 같은 것은 없다는 문제에 부닥칠 수 있다는 주장이 나온다. 의학 용어는 언어의 그러한 급속한 변화를 보여 주는 전형적인 예이다. WHO는 해마다 새로운 용어가 수천 개씩 생겨난다고 추산했다. 이러한 신조어의 상당수는 생의학 및 관련 학문에서 새로운 발견을 한 결과이다. 다른 신조어는 이론적 방향 조정에 따른 것으로, 바이러스를 재분류하고 재명명하는 것과 같은 경우이다. 그 외 다수는 기존 의학 개념의 중복이거나 동의어이다(Barkman 1974: 28). 하나의 의학적 실체에 30개나 되는 (유사) 동의어가 있기도 한데, 하나하나는 뜻이 미묘하게 다르다. 예를 들어, 굴드(Gould 1990)는 에이즈(AIDS)의 뜻이 에이즈에 관한 의학적 사실들로부터, 그리고 더 나아가, 그것이 사회적 담화 안에서 의학, 종교, 사회에 관한 뿌리 깊은 상징주의 및 문화적 태도와 결합한 의미로부터 어떻게 도출되는지를 논한다. 1980년 이후 에이즈 전염병을 뒤따라 갑자기 생겨난 용어들의 확산은 새로운 용어가 얼마나 급속하게 만들어지는지를 여실히 보여 주는 사례다. 1979년에서 1980년 사이, 서구 사회에서는 처음으로 에이즈 전염병의 특성에 관한 보고서가 미국 베데스다의 국립보건원(National Institute of Health)에서 발간되었으며, 에이즈와 관련한 전문적인 영어가 차용어로서 고스란히 덴마크 의학 언어로 흘러 들어간 데에는 채 2년이 걸리지 않은 것 같다. 이 용어들을 영어에서 덴마크어로 고치고 번역하는 과정은 오르후스의 덴마크 암연구센터(Danish Cancer Society)와 코펜하겐의 대학병원(The State University Hospital) 실험실의 연구자들에 의해 거의 즉각적으로, 그럼에도 매우 문화적인 특수성에 따라 이뤄졌다.

신조어, 동의어의 급증 그리고 새로운 전문용어의 급작스러운 출현보다 더 만만찮은 문제는 의학적 동음이의어, 즉 하나의 용어를 써서 서로 다른 의학 개념을 기술하는 것이다. 이와 관련해 랭슬로(Langslow 1989; 49)의 연구를 살펴보면 흥미로운데, 그는 고대 라틴어 및 근대 영어의 의학 용어에 공통된 특징을 탐색하는 과정에서 라틴어와 영어 사이에 유의어 쌍과 번역 쌍의 발생률은 감소하지 않고, 그 반대라는 사실을 발견했다. 하나의 용어를 써서 서로 다른 의학적 상황을 설명함으로써 발생할지 모르는 문제는 불어 의학 용어 'petit mal(소발작)'이 전형적으로 보여 준다. petit mal은 전공자가 관련한 다양한 형태의 발작을 어떻게 분류하는가에 따라 전체 간질 사례의 3%를 나타낼 수도, 80%를 나타낼 수도 있다. 이런 형태의 동음이의어는 같은 언어 내에서는 물론, 언어 경계를 넘어서도 자주 혼동을 일으킨다. 그 밖의 예로 'schizophrenia(조현병)', 'chronic bronchitis(만성 기관지염)', 'peptic ulcer(위궤양)'를 들 수 있는데, 이 세 용어는 독어, 불어, 영어로 다른 뜻이지만 세 언어 사이에 형식 언어적 유사성은 존재한다. 이러한 문제를 해결하기 위해 국내외의 여러 단체가 의학 용어를 표준화하려 시도해 왔다. 그러나 그들의 노력은 의학적 주제에 관해 소통하는 대다수 사람에게 가 닿지 못했고, 하물며 생의학의 많은 특수 분야는 아직 용어의 표준화나 체계화를 이루는 일과 관련해 주요 문제와 맞닥뜨리지도 못했다.

의학 언어는 기술 어휘인 데다가 온통 전문용어로 가득하다(Hoof 1959: 419). 사용자의 도착어 어휘소 선택은 종종 장르에 따라 달라지는데, 사례 보고서(질병이나 상처의 단일 사례에 관한 서술), 질병 경과보고서(특정 질병이나 질환과 관련한 총체적 정보), 치료 중점 보고서(특정 질병 및 질환의 치료법에 초점을 둔 보고서), 실험 보고서(실험에서 도출된, 적용 가능한 의과학적 정보를 제공하려는 목적의 보고서) 그리고 전문 의료 집단을 상대로 의학적 주제에 관해 만든 연설(연설의 인쇄물) 등이 있다(Atkinson 1992: 337-374). 많은 경우, 특히 비원어민 의사 필자들의 경우 영작 실력과 영어 글쓰기 훈련 또한 부족하다는 점을 알아야 한다. 그들은 의식적 수사학의 초점을 주제에 맞추고 화자의 목소리와 청자를 확실히 배제한 채 글을 쓴다고 코프먼(Kaufmann 1989) 또한 지적한 바 있다. 결과적으로 종종 기술 용어의 사용이 크게 두드러진다. 이것은 장르를 떠나 의학 번역의 번역자가 따로 해결해야 할 과제임이 분명하다.

의학 번역의 관련성은 거의 의심할 여지가 없다. 그것은 현재 LSP 번역의 가장 적합한 분야 중 하나인데, 의학 번역의 집중 훈련이 드물기도 하고 전통적 번역 학교에는 아예 있지도 않은 분야이기 때문에 더욱더 그러하다. 이 글은 번역의 관점에서 좀 더 관련되고 도전할 만한 의학 텍스트로서 의학 연구논문에 '초점'을 맞출 것이다. 위에서 일부 소개했던 의학 번역의 일반적인 문제를 제외하고도, 의학 논문을 번역하다 보면 그 밖의 다양한 문제에 맞닥뜨리게 된다. 예를 들면 의학 논문에서 저자의 소통 전략은 통상적으로 실험 이야기를 하면서 겸손과 신중함의 색인 목록을 작성하는 데 관심이 있다. 어휘소는 보통 이러한 전략을 기호화(encoding)하려는 명시적 목적하에 선택된다. 울타리 표현(hedge)을 끌어들여 제시된 경험적 증거의 해석에 관해 적절히 신중한 태도를 보여 준다. 따라서 연구논문은 그저 실험의 결과에 관한 직접적 설명 정도가 아니라 복합적으로 관습화된 구조로 볼 수 있고, 그 주된 수사적 기능은 기록된 실증적 사례에 직접 접근하기 어려운 독자에게 신뢰가 가도록 보이는 것이다(Atkinson 1992: 340). 그래서 언어적으로 어떤 자질들은 연구논문의 여러 섹션에서 각기 다르게 나타나는 경향이 있다. 그렇다고 해서 전공 분야의 특정 변종 어휘소에 대한 선호에 관해서든, 적절한 서술 전략에 관해서든, 관습이 완전히 변화를 거부한다는 의미는 아니다. 오히려 과학적 글쓰기의 형식적 측면은 과학 자체의 인식론과 서로 뗄 수 없는 관계이며, 앳킨슨(1992)이 밝혔듯이 과학적 "사고 스타일"의 변화는 글쓰기 스타일의 변화에 적절히 반영된다. 더욱이 문화에 따른 차이는 과학적 담화의 화용론에 영향을 끼치며, 과학 담화에서 문체의 차이는 종종 눈에 띄게 두드러진다.

그래서 일반적으로 의학 텍스트, 특히 과학 논문의 번역자는 일련의 매혹적인 도전에 직면한다. 이 글의 '목적'은 의학 논문 번역에 관한 최근의 대조 분석 연구를 선별해 검토하고 이러한 도전 과제의 일부를 고찰함으로써 특히 의학 논문과 관련한 번역 전략을 몇 가지 제시하고자 한다. 따라서 이 논문에서 의학 언어와 관련한 수많은 기타 쟁점들, 예컨대 의사-환자의 상호작용에 관한 사회학적 연구(Pendleton 1983), 기계 번역과 의학 사전 자동화 시스템 구축(Barkman 1974, Graitson 1975, Garciahidalgo and Dunham 1981), 중세 영어의 현대 영어 번역(McConchie 1988), 아랍 의학 용어의 현대 불어 번역(Tropeau 1986) 등등은 다뤄지지 않는다.

2. 의학 번역: 대조 분석 연구

의학 번역에 관한 연구는 대부분 문체보다 문법에 집중하며, 의학 논문의 특수한 제약이나 도전에 주의를 돌리는 경우는 거의 없다. 일리에(Ilie 1988)는 눈에 띄는 예외에 속한다. 그녀는 스웨덴어와 루마니아어 사이의 구조적 등가성을 확인하고 이로써 사회 의학 텍스트를 위한 번역 패러다임의 개발 가능성에 관해 논의한다. 대부분의 연구는 번역 문제가 언어 체계 사이의 차이에서 비롯한다고 말하는 데 만족하지만 아래에서 보듯이, 번역 문제는 개념의 차이에서도 기인한다는 사실에 주목해야 한다.

의학 번역 연구에는 주로 대조 분석법이 쓰였으며, 거의 영어로 번역하는 작업에 집중되다시피 했다. 주요 세계 언어(스페인어, 불어, 독어)를 영어로 옮기는 작업에 관한 연구 중에서 몇 가지를 선별해 검토하고자 한다. 좀 더 이국적인 언어(덴마크어, 네덜란드어, 중국어)에 관해서는 앞선 연구들이 미처 파악하지 못했던 지점을 설명하기 위해 부분적으로 언급할 것이다.

2.1. 주요 세계 언어

산부인과학의 학제 간 '불어-영어' 대조 분석 연구에서 알렉산더(Alexander 1987)는 일반적으로 과학 담화, 특히 의학 담화는 명료한 객관성의 지배를 받는다는 흔한 오류를 받아들이길 거부한다. 그러면서 의학적 상태는 객관적인 과학 용어로 정의될 수 있다는 견해를 깨뜨리는 데이터를 제시한다. 알렉산더는 조기 진통에 접근하는 방식에서 영불의 차이가 강화되었으며, 심지어 그 원인은 증상을 기술하는 전문용어 때문일지 모른다고 시사한다. 영어로 진통을 묘사하는 의학 용어는 여섯 개가 넘지만 불어로는 현재 단 한 가지 용어, 즉 contractions이 쓰인다. 또 하나 주목할 것은 조기 진통에 대해 적극적 관리를 모색했던 미국에서는 영어 용어인 impending preterm labour(임박한 조기 진통)라는 용어가 사용되지만 영국에는 그러한 용어가 존재하지 않는다는 점이다. 영국에는 단지 그러한 상황, 즉 임상의가 임상적 징후로 판단하기에 진통의 시작이 예상되나 십중팔구 일어나진 않을 상황에 맞는 단어가 없는 것이다(Atkinson 1987: 183 참조). 번역의 관점에서 알렉산더 논문의 취지는 실제로 번역가는 항상 "사람들이 쓰는 말을 유심히 살펴보고", 쟁점이 되는 개념의 비교 가능성을 확인해야 한다는 것이다(Atkinson 1987: 182). 앳킨슨이 살펴봤듯이 번역에서 어휘 차원의 문제들은 문화와 관련되며, 부분적으로는 아주 단순한 사실에서 기인한다. 종종 가장 기초적 미시 구조를 가진 주요 세계 언어 간의 이개어 의학사전을 제외하면 번역가가 쓸 만한 전문 사전 도구가 실로 거의 없다시피 하며, 특히 더 이국적인 언어로 작업하는 번역가라면 사정이 더욱 안 좋다는 것이다(Pilegaard and Baden 1994b). 영어-불어 전문 사전의 편찬 작업을 예로 들어 보겠다. 첫째로 면역학에 관한 이중어 용어사전을 들 수 있는데, 독립 과학으로서 그리고 다른 의학 및 생명과학 관련 학문으로서 면역학의 발달 과정에 대한 통시적·어원학적인 연구를 바탕으로 편찬되었다(Jammal 1993 참조). 둘째로 신경외과수술에 관한 영불 이개어 용어 사전은 모두 203개의 개념을 포함하며 개념을 다섯 개 분야, 즉 일반론, 신경해부학, 방사선 검사, 수술 기구, 수술 기법으로 나누어 엮었다(Valiquette 1991). 단일어 및 이개어 의학 사전에 관해 드레슬러와 셰더(Dressler and Schaeder 1994)가 전반적으로 검토한 바에 따르면 종합적 이개어 의학 사전을 만들기 위해 노력한 사전 편찬자는 거의 없었다.

캐나다(예: Rouleau 1993a, Rouleau 1993b, Jacopoosie 1993)와 미국(Weaver 1982)의 경험을 기반으로 한 이중언어 사회의 맥락에서 통사론 차원의 번역 문제는 어느 정도 주목을 받아 왔다. 그러한 연구의 목적은 프랑스 번역가들이 영문 의학 텍스트를 번역할 때 어법에 맞게 적절한 번역을 하도록 돕는 데 있었고, 여기에는 영어가 최근 수십 년 사이 급속하게 과학 정보 교류의 국제어로서 입지를 다졌다는 인식이 깔려 있었다. 한때 의학 분야의 중요한 국제어였던 불어는 기술 환경에서 기능을 수행할 능력이 점점 줄어들고 있다(Decennie 1974). 프랑스와 캐나다에서 불어를 다시 중요한 의학 언어의 지위로 올려놓으려 노력했으나 영어는 국제어로서 철저하게 독점적 위치에 있다. 오늘날 영어-불어 대조 분석 연구는 주로 불어에서 영어로 번역할 때 생기는 특정 문제들을 적극적으로 밝혀내지만, 그 반대의 경우는 아니다.

영문 의학 텍스트를 번역하는 프랑스 번역가에게 각별히 힘든 점이라면 합성어, 특히 명사 또는 형용사가 연속된 구절을 번역하는 일이다. 이 문제는 마르탱 발리켓(Martin-Valiquette 1991)이 완벽하게 설명했는데, 영어의 수식된 긴 명사구가 불어의 전치사구와 어떻게 일치하는지 보여 준다. 즉 불어 전치사구 épreuve volum étrique de lyse par le glycérol은 영어로 형용사와 명사가 결합한 volumetric glycerol lysis test로 옮겨져야 한다. 여기서 번역가가 부닥치는 특별한 문제는 단어 하나하나를 단지 충실하게 옮긴다고 해서 개념을 올바르게 옮기지 못한다는 점이다. 게다가 예전부터 영문 과학 저술에서 수동문을 선호하는 경향은 의학 논문에서도 발견되며, 이는 불어에서 능동문을 훨씬 더 많이 사용하는 것과 대조된다고 추정되었다. 그러나 룰로(Rouleau 1993a)의 양적 연구에서 불어와 영어의 의학 및 준의료 텍스트에서 수동태의 사용 빈도를 조사한 결과는 짐작과 달랐다. 영어가 수동문을 선호하는 데 비해 불어가 능동문을 선호한다는 생각은 사실이 아니었다. 수동태의 사용 빈도는 영어와 불어 의학 및 준의료 텍스트에서 똑같이 나타났다(42%). 그런데 수동태 문장은 프랑스 의학 논문에서 다른 과학 텍스트에서보다 훨씬 폭넓게 나타났다. 룰로(1993a)는 몇 안 되는 의학 텍스트 번역의 대조 분석 연구 중 하나를 제시하면서 프랑스

의학 텍스트에서 'one/they + 능동형 동사' 구조를 영어 수동태 문장으로 번역하면 관용·어법에 맞지 않는 번역이 나오게 된다고 확실히 주장한다.

문체 역시 전통적으로 영어와 불어 간 번역가의 글쓰기에서 관심을 기울이는 영역이다. 뉴마크(1976a)는 영어-불어 의학 논문과 사례 보고서를 비교 연구하면서 두 언어의 의학 텍스트 사이에 문법과 문체 면에서 다음과 같이 중요한 차이가 있다고 설명한다. 즉 영어 논문은 세심하게 구성되고 언어가 구체적이며 단순한 반면, 불어 논문은 훨씬 더 다채로운 문체를 구사한다는 것이다. 불어 의학 논문은 종종 비슷한 영어 텍스트보다 훨씬 더 긴 문장과 더 많은 종속절을 쓴다. 뉴마크에 따르면 이 때문에 불어 문체는 더 감정적이고 때로 어떤 분위기까지 형성한다(1976a: 41-46). 그러므로 영어로 의학 텍스트를 옮기는 번역가는 문장을 좀 더 사실적 문체로 완화해야 한다. 코우릴로바(Kourilová 1993: 15)는 이러한 견해에 동의하는 연구자 중 한 사람으로, 영어 연구 보고서는 목표 지향적이고 귀납적인 반면 불어는 연역적이라고 말한다. 불어 담화는 또 영어보다 더 단편적인 것으로 설명되기도 한다. 다소 민족중심주의적인 시각에서 뉴마크(1976a: 43)는 불어의 문체가 "현란"하며 "문체의 측면에서 가장 조화롭지 않은 언어"라고까지 주장한다. 코우릴로바(1993)에 따르면 이러한 차이는 또한 불어의 주제-평언(theme-rheme)의 투사에 반영되며, 이는 영어 보고서의 평언-주제(rheme-theme) 구조에 반한다.

스페인어는 주요 세계 언어이긴 하지만 스페인어-영어 의학 번역을 다루는 연구는 거의 없는 편이다. 존재하는 연구는 오로지 어휘 차원의 번역 문제에 매달려 왔다. 그러한 현존하는 연구의 전형적 예의 하나로서, 나바로(Navarro 1994)는 영어를 의학계의 국제어로 지목하고 영어 의학 전문용어가 스페인어에 끼친 영향에 관해 보고한다. 나바로는 거짓유사어(false friends), 받아들이기 힘든 앵글리시즘(Anglicism) 그리고 국제 공통 명칭과 일치하지 않는 약학 용어 등에 관한 짤막한 용어 해설을 제공하지만 일반적으로 이러한 연구는 번역가에겐 별 소용이 없다. 의학 논문을 스페인어에서 영어로 번역하는 것과 관련한 주요 연구는 찾아보기 힘들다.

스페인어-영어와 마찬가지로 의학 텍스트의 '독어-영어' 번역 연구 역시 주로 어휘 차원의 문제, 특히 의학이 고도로 전문화한 결과로 생긴 난해한 전문용어와 질병의 서로 다른 명칭, 치료 방법 및 도구 등과 관련해 이뤄졌다[예: 영어의 Grave's disease(그레이브스병) vs. 독어의 Morbus Basedow(바제도병)]. 힐러리(Hilary 1992)는 대조 분석 연구를 통해, 질병 및 질환의 이름을 지칭할 때 고유명사(인명, 지명)에 크게 의존한다는 점과 그러한 명칭을 독일어에서 미국 영어나 영국 영어로 번역할 때 부딪치는 난점에 대해 논의한다.

영어와 독어의 언어 체계는 크게 다르다. 통사론 차원에서 번역의 차이를 언급하는 것이 적절할 수 있겠다. 전통적으로 독어는 상황, 고려 사항, 숙고, 덧붙임 그리고 반대 의견을 철저히 처리하는 데 강한 면모가 있고 이러한 점은 상당히 복잡한 구문에, 특히 과학 텍스트에 그대로 반영되지만, 영어 연구논문은 각 문장이 대개 하나의 의미를 지니는 단순하고 꽤 직설적인 구문을 특징으로 한다. 그러므로 뉴마크(1976b)가 폭넓게 논의한 대로, 독일어 의학 논문을 영어로 번역하려면 일반적으로 구문을 대폭 수정할 필요가 있다.

2.2. 그 외 언어

영어, 불어, 스페인어, 독일어 이외 언어의 의학 번역에 관한 연구가 다수 있으며, 그 논의는 어휘론, 통사론 그리고 문체의 범주를 넘어 확장된다. 그리하여 좀 더 이국적이지만 역시나 의학 번역에서 관련성 있는 문제가 벤딕스(Bendix 1988)에 의해 제기된다. 비록 이 연구의 실질적 초점은 치료 상황에서 의료 전문가와 환자 간에 일어나는 교차 문화적(영어-중국어) 상호작용에 있지만, 의학 담화의 인지 모형에 관한 중요한 문제, 정확히 말해 고맥락 문화에서 저맥락 문화에 이르는 문화간 의학적 의사소통에서 은유의 번역 가능성에 대해서도 다룬다(Hall 1959). 이 역시 실제 의학 논문의 번역과 관련이 있을 수 있다. 벤딕스는 서로 다른 언어를 사용하는 사람은 같은 주제에 관해 말할지라도 실상 전혀 다른 얘기를 하는 걸지도 모른다는 벤자민 리 워프(Benjamin Lee Whorf)와 에드워드 사피어(Edward Sapir)의 유명한 가설에 직접적으로 힘을 실어 준다. 이로써 벤딕스는 언리학파(Glossematics: Loise Hjelmslev, Hans Jørgen Uldall 등)의 이론 또한 뒷받침하는데, 그들은 논리적으로 언어학이 과학에 우선하며 과학은 단지 언어학의 한 갈래로서 언어학적으로 미리 결정된 편견에 따라 자연을 다룰 뿐이라고 주장한다(Celt 1987 참조). 은유는 중국어에서 영어로 번역하면서 생기는 이런저런 복잡한 측면 가운데 하나일 뿐이고 여기에는 또 다른 문제들이 산적해 있는데, 예를 들면 혼란스럽고 특이한 중의학의 수많은 전문용어에 대한 이해 부족과 같은 것이다. 단어의 뜻을 확정하고 등가를 입증할 때 생기는 문제들은 예컨대 중국 약학에 관한 청대의 주요 저술로서 1683년에 처음 간행된 『본초비요(Bencao Beiyao)』의 영어 번역과 관련해 논의되어 왔다(Zmiewski 1987). 이해 부족의 문제는 정도는 덜할지 모르지만 좀 덜 이질적인 문화 간에도 비슷하게 존재한다고 유추할 수 있다. 위에서 프랑스, 미국, 영국에서 조기 진통을 둘러싸고 벌어지는 용어의 혼란을 설명할 때 본 바와 같다.

이상에서 주요 세계 언어를 영어로 번역하는 것에 관한 기본적 연구를 몇 가지 검토한 후 내린 결론은 다음과 같다. 첫째, 번역의 관점에서 의학 논문을 고찰한 연구는 소수에 지나지 않는다. 둘째, 번역 문제는 모든 층위에서 일어난다. 셋째, 의학 분야의 번역가들이 쓸 수 있는 이론적이고 실용적인 도구가 부족하다.

3. 의학 논문

의학 텍스트의 작성 원리와 규칙은 장르 특성에 따라 몹시 다르다. 의학 텍스트의 고전적 장르들 즉, 사례 보고서, 치료 중점 보고서, 논문(원저 기고문), 질병 경과보고서, 학위 논문, 의학 교과서와 연설문 등은 어휘론, 통사론, 문체론, 화용론 그리고 인지주의의 차원에서 각각 특성을 식별할 수 있다. 더욱이 내용, 형식, 구조 그리고 매체 간 상호작용은 긴밀하며 문화와 연관성이 있다. 예를 들면 양태(modality)의 사용은 장르마다 크게 다르다. 의학 교과서의 경우는 글의 목적이 사실을 제시하는 데 있기에 (인식) 양태는 자주 사용되지 않는다. 하지만 논문에서는 명제나 가능한 해석 그리고 결론을 완곡하게 표현하는 서론과 고찰 부분에서 주로 양태가 이용된다. 게다가 논문처럼 좁게 정의된 장르에서조차 양태 표현의 정교함은 문화적 가치의 지향에 따라 달라진다. 그래서 영국 의학 학술지에서 미국 학술지보다 좀 더 널리 양태 표현을 사용하는 경향이 보인다(Pilegaard, 미출간). 장르 특수성을 보여 주는 또 하나의 예는 태(voice)이며 논문의 서술 부분에서 수동태의 사용이 두드러진다는 주장이 종종 제기된다. 그런데 거의 언급되지 않는 점은 수동태의 사용이 내용이나 주제에 달려 있다는 점이다. 이 때문에 특정 임상적 상황의 방법론적 쟁점에 집중하는 논문에는 능동태 문장이 많이 보이게 되는데, 능동태가 수동태보다 절차를 기술하기에 더 적절하기 때문이다. 이러한 차이는 분명히 의학 장르를 넘어서 훨씬 더 확연히 드러난다. 예를 들어 연설문에는 논문에서보다 능동태 문장이 더 많이 쓰이는데, 보통 The individual cells do not show the morphologic picture of malignancy 또는 This intermediate skeleton forms a rigid network upon which the contractile elements can exert their focuses과 같은 문장에서처럼 무생물 주어(cells, skeleton, elements)를 의인화한다.

장르마다 다양한 수준의 고정관념이 있으며, 논문은 의학 장르 가운데서도 좀 더 획일화한 장르에 속한다. 사례 보고서와 논문을 비교하면 예컨대 상황 맥락이 문법과 텍스트 구조에 다양한 방식으로 영향을 미친다는 것을 알 수 있다. 사례 보고서는 주로 기술적이고 설명적이지만 원저 논문의 특성은 훨씬 "실험적"이고 수사적이다. 논문은 의문을 제기하고 가설을 검증하고 해답을 내고, 인과관계를 설명한다. 각 장르를 구성하는 자질은 저마다 독특하다. 이 절에서는 논문에 초점을 두려고 한다. 글의 구성은 크게 단계별로 점진적으로 전개할 것이다. 가장 단순한 차원의 형태론과 어휘에서 시작해 통사론과 텍스트로 초점을 넓히면서 복잡한 차원으로 나아가고자 한다.

3.1. 단어 차원의 등가

번역가는 언어의 전체 의미를 전달하는 데 관심을 두고 그 의미를 전달하는 단위와 구조, 즉 단어를 디코딩(decoding)하는 데에서 시작한다. 하지만 다른 어떤 LSP보다 의학 분야에서 의미를 전달하는 가장 중요하면서 가장 작은 요소는 단어가 아니라 형태소이다. 의미에 대해 논할 때, 이 논문은 '명제적 의미'에 중점을 두고자 하며 '표현적 의미', '전제적 의미', '환기적 의미'(Cruse 1986)에 대해서는 여기서 자세히 다루지 않겠다. 복합 의학 용어를 처음으로 마주하면 누구든지 이른바 '어휘의 장벽', 즉 복잡하고 의미를 종잡을 수 없는 의학 용어의 불투명성에 부딪히게 될 것이다. 의학이 빠르게 변화하고 의학 용어가 급속도로 늘어나며, 의학 분야의 학자, 과학자, 기술 전문가, 교육자 등이 계속 신조어를 만들어 내기 때문에 이러한 문제는 점점 더 악화할 것이다. 그렇다 하더라도 라틴어와 그리스어에 기원을 둔 복합어는 거의 모두가 더 단순하고 작은 부분이 덧붙여져 만들어진다. 더 작은 부분의 뜻을 알면 복합어의 뜻을 유추할 수 있다. 예를 들어 단어 otorhinolaryngology(이비인후과)는 다음과 같이 나뉠 수 있다. oto는 ear(귀), rhino는 nose(코), laryngo는 larynx(후두) 그리고 logo는 study(학문)를 뜻한다. 그러니 otorhinolaryngology는 귀, 코, 후두에 관한 학문이며 영어가 모국어인 사람이라면 대부분 그 뜻을 완전히 이해할 수 있다. 이 모든 단어가 비전문적 영어 단어이기 때문이다. 여기에는 그리스어로 원래 기관의 윗부분을 뜻하는 larynx 또한 포함된다. 그런데 영어 단어 otorhinolaryngology를 또 다른 언어로 옮기는 일은 단순한 과정이 아니다. 그것은 어근의 뜻과 한정적 접두사와 접미사의 뜻을 찾은 다음, 그 말들을 다른 언어로 고스란히 번역한다고 해서 되는 일이 아니다. 이 복합어를 영어에서 덴마크어로 성공적으로 번역하기 위해서는 larynx라는 단어를 일반적인 덴마크어로 번역해야 하는데 그것은 그런 단어가 아니다. 그래서 덴마크 사람은 '이중의 장벽'에 부닥친다. 그들은 그리스어에서 들어온 말인 larynx를 LSP가 아닌 덴마크어, 즉 hals로도 '번역'해야 한다. 또 다른 예를 보면 어휘의 장벽은 쉽게 뛰어넘지 못할 수준으로 높아질 수 있음을 알게 되는데, 특히 그 과제에 담화 관계의 변화가 수반된다면, 가령 전문가 텍스트에서 비전문가 텍스트로 변화한다든지 하면 장벽은 더욱 높아진다. 복합어 pseudohypoparathyroidism(거짓부갑상샘기능저하증)은 다음과 같은 단어들로 이뤄졌다. pseudo는 '가짜의'라는 뜻으로 사실과 비슷해 보이나 사실이 아니라는 뜻이다. hypo는 '아래에', para는 '옆에'를 뜻하며 thyroid는 '갑상샘'을 나타내고, ism은 '상황'이나 '상태'를 뜻한다. para와 thyroid는 합쳐서 '갑상샘 옆의 부갑상샘'을 나타낸다. 따라서 pseudohypoparathyroidism은 부갑상샘의 기능 저하와 비슷한 상태이다. 덴마크어의 전문가 담화 관계에서 이 단어는 단지 그것의 라틴어 형태인 pseudohypoparathyreoidismus를 취하지만 비전문가 관계에서 그것을 단순히 명사나 명사구로 번역할 수는 없다. 그 단어의 번역을 위해서는 완전한 문장이 필요할 것이다. 일부 언어에서 의학 어휘는 이중으로 이뤄졌다고 주장할 수도 있다. 예컨대 과학적 단어와 표현은 대부분 짝을 이루는 대중적 표현이나 단어가 따로 있다(Ilie 1988). 여기서 '대중적'이라는 말뜻은 그 단어가 대중적 기원을 가지거나 의학 전문가가 비전문가를 이해시키려 할 때 그 단어를 의학 담화에 사용한다는 의미다. 하나의 의학 개념을 다루는 데 한 언어는 이중어를 사용할 수 있고, 다른 언어는 똑같은 개념에 단 한 가지 어휘 항목만 쓴다면 보통 이중어 중 하나인 라틴어 용어와 어원이 같다. 이를 란캄프(Lankamp 1989:155)는 '사용역 불일치(register mismatch)'라고 불렀다. '사용역 불일치' 문제의 널리 퍼진 예들은 체셔(Chesher 1988)가 설명한 바 있고, 그는 호주 뉴사우스웨일스의 건강 번역 서비스(Health Translations Service)의 성취에 관해 알려 준다. 또 하나의 예를 덴마크어와 네덜란드어의 맹장염과 관련한 이중어를 통해 알아보겠다. 덴마크어는 blindtarmsbetœndelse와 appendicitis를, 네덜란드어는 blindedarmontsteking과 appendicitis를 함께 사용하지만, 영어는 오직 appendicitis만을 사용한다. 이렇게 불일치가 일어나는 이유는 영어 단어 appendicitis가 일반적 의학 용어 및 전문 의학 용어로 모두 쓰이는 반면, 덴마크어와 네덜란드어에서 appendicitis는 오직 전문 의학 용어로만 쓰이기 때문이다. 다른 한편 덴마크어의 비전문가 의학 어휘는 대체로 영어의 비전문가 어휘보다 이해하기가 한결 쉽다. 예를 들어 덴마크어의 비전문가 표현인 stofskifte(영어의 metabolism)와 gulsot(영어의 jaundice)은 영어의 해당 표현보다 훨씬 직관적으로 이해하기 쉽다. 의학 전문가는 상황이 정반대이다. 덴마크 의사는 그리스어와 라틴어 용어를 영국인 동료보다 더 많이 쓴다. 영국 의사는 그리스어와 라틴어 어근 및 접사에 어형 변화를 주어서 단순히 '영어화'한다. 따라서 일반인 의학 어휘와 의학 전문가 어휘 사이의 거리는 덴마크가 영국보다 좀 더 멀다. 그래서 덴마크 번역가들은 종종 덴마크어에서 영어로 번역할 때 단어를 의미 부분으로 나누고, 둘 이상의 단어를 하나로 줄이거나 품사를 다른 품사로 바꾸어야 한다. 예를 들어 덴마크어 명사, hepatoblastoma, pneumocyt, spinalanœstesi, lymforeticulosarkomer 등은 영어로, liver blastoma, lung cell, spinal anaesthesia, lymph sarcomas and reticulosarcomas와 같은 명사구로 번역된다. 덴마크어 형용사 palpatorisk는 영어로 전치사구 when palpated가 된다. 출발어와 도착어 사이에 일대일로 일치하는 단어가 없으면 종종 출발어 단어의 의미론적 내용을 분석해 봐야 할 것이다. 그래서 예컨대 덴마크어 부사 brutalt(부정적 맥락에서)와 mager는 영어로 두 개의 병렬 부사를 써서 각각 suddenly and sharply와 thin and wasted로 번역해야 하고 덴마크어 동사 at styrte는 동사와 한정 부사를 써서 to fall violently로 옮겨야 한다. 일반 언어와 특수 언어 간의 차이는 특정 전문 분야의 용어가 일반인의 주의를 벗어나고 심지어 어법에 영향을 주는 의미를 지닐지도 모르는 어휘를 넘어선다는 점에도 유의해야 한다. 환자가 의학 용어 및 질병을 어떻게 이해하는지를 통계학적으로 분석한 연구는 환자가 좀 더 기본적인 개념 정의 문제에 대해 다수의 의사에게 동의하는 능력보다는 환자가 특정 질병의 병인학, 치료 그리고 예후에 대해 가진 지식에 관심이 집중되어 왔다. 보일(Boyle 1970)은 몇몇 일반적인 의학 용어에 관해 환자와 의사의 해석 사이에 중대한 차이가 있다고 밝힌다. 그는 또 어휘 운용 능력과 학력 사이에는 당연히 연관성이 있기 때문에 환자의 교육 수준 또한 고려되어야 한다고 분명히 말한다. 이런 저런 연구가 암시하는 바는 전문성의 수준을 넘나드는 번역은 종래의 의학적 견해와 문외한의 엉뚱한 생각 사이에 있는 넓은 오해의 영역에 맞춰져야 한다는 것이다. 이것은 문화들 사이에도 해당하지만 환자들이 의사의 의미 영역 안에서 부호화된 패턴이나 배열을 강조하는 추상화 과정에 기반을 둔 심성 모형(mental model)에 노출되는 문화 내부에도 해당한다. 환자는 의사의 언어와 종종 암묵적으로 또는 명시적으로 표현된 상징적 기록조차 따라가기 어렵다고 느낀다. "환자의 문해력이나 합리성은 그가 아무리 교육 수준이 높을지라도 의사의 언어와 외부 기억장치 시스템을 따라가지 못하는데, 이 시스템은 의사가 의학의 새로운 진전을 쫓아간다면 끊임없이 변화한다"(Cicourel 1981: 84). 시쿠렐은 미국의 대표적인 민속방법론자로서 특히 언어 행위에 역점을 두고 의사-환자 담화에 관해 폭넓게 연구했지만 그 자료는 이 논문과 단지 간접적으로 관련이 있을 뿐이다.

의학 용어의 투명성과 불투명성, 즉 우리가 우리 언어의 의미와 구조를 얼마나 잘 이해하는지는 주로 '어족'에 달린 문제이다. 영어나, 특히 덴마크어의 경우 추상적 개념화가 이루어진 표현들은 일부 로맨스어와 라틴어에서 일반인들이 그 언어로 이해하기가 쉽다(예: 라틴어 ad renem은 스페인어 riñòn과 불어 rein에 가까우며, 영어 adrenal gland, 덴마크어 nyre, 중국어 shenshangxian(kidney-atop-gland)과는 그보다 멀다). 의학 논문의 번역에는 담화 관계의 변화가 거의 수반하지 않으므로 이런 맥락에서는 '사용역 불일치'와 '어휘 장벽'의 문제는 그다지 관련이 없다.

한층 흥미로운 문제인 단어 차원의 비등가(non-equivalence)는 개념이 '문화에 고유한' 것이거나 출발어가 도착어로 어휘화하지 않은 경우에 일어난다. 그래서 위에서 언급한 대로, 알렉산더(1987)는 조기 진통에 대해 적극적 관리를 모색했던 미국에서는 impending preterm labour(임박한 조기 진통)라는 용어가 사용되지만 영국에는 존재하지 않는 용어라는 점에 주목한다. 그러므로 등가의 문제는 문화적으로 아주 가까운 나라 사이에서도 마주치게 된다. 그리고 해당 언어 쌍이 동떨어진 경우라면 문제는 확실히 더 심각해진다. 한 번 더 영어에서 중국어로 번역하는 경우를 예로 들어 보겠다. 켈트(Celt 1987:20)는 영어에서 중국어로의 번역에 대해 "순전한 추상적 개념화와 관련해 잃어버린 것을 일상적 이해에서 얻는다"고 말한다. 켈트에 따르면 중국어에서 옮기건 중국어로 옮기건 가장 큰 어려움은 우리의 민족중심주의와 기대치에 있다. 우리는 의학 언어가 그리스어와 라틴어처럼 들리고 의학적으로 들리기를 기대한다. 그러나 중국의 의학 언어와 사상은 의학적 상태를 설명하기 위해 종종 사용되는 중국어 사자성어(또는 잠언)가 제기하는 문제를 뛰어넘어 훨씬 더 기하학적이고 수학적이며 더 법리적이라는 느낌마저 든다. 켈트는 이들 용어의 "일상적 이해"를 설명하기 위해 우리 아래팔에 있는 두 개의 뼈를 나타내는 단어를 예로 든다. 오늘날 영어에서 두 뼈의 유일한 이름은 각각 ulna(척골)와 radius(요골)이다. 둘 다 과학적인 라틴어 명칭이다. 이 두 뼈는 우리에게 중요하지만 영어에서 두 뼈를 가리키는 일상용어는 없다. 그런데 역사언어학적으로 볼 때, 한때 이 두 뼈에 다른 이름이 있었다는 뚜렷한 증거가 있다. 한때 ulna는 el이라고 불렀고, radius는 spike 또는 spoke로 불렀다. 그런데 흥미로운 사실은 현대 독일어로 두 뼈의 이름이 바로 die Elle과 die Speiche라는 점이다. 현대 영어로 "el"이 구부러지거나 "휘는(bow) 위치를 elbow(독일어로 Ellenbogen, 덴마크어로 albue)라고 한다. 중국어로 이 단어들은 "foot-measure bone(자뼈)"("el"의 뜻에 가깝다)과 "rowing bone(노뼈)"으로 번역된다. 몸의 모든 뼈와 부위가 중국어로는 비슷하게 실제적인 이름들이지만 서구 사회에서는 많은 용어가 의사를 제외하고는 언어적으로 접근하기 어렵다는 점이 흥미롭다. 영어와 중국어처럼 이질적인 한 언어에서 다른 언어로 의학 번역을 할 때 실은 시스템은 시스템이 아니며 단어는 단어가 아니라는 사실을 설명해야 할지 모른다. 다음은 켈트(1987)의 글에서 인용한 벤저민 워프의 말이다. "중국어에는 '단어(word)'에 해당하는 말이 없으며, 중국어에서 한 글자는 단어의 한 조각에서부터, 때로 접두사나 접미사와 비슷한 것, 비결속 불변화사, 그 자체로 완전히 명백한 단어, 두 글자로 된 구의 독립적 축약형에 이르기까지 어떤 것도 될 수 있어서, 영어로 한 단어나 두 단어일 수 있고, 심지어 사자성어의 약어일 수도 있다"(Celt 1987:20). 따라서 우리는 위에서 인용한 피슈바흐의 주장을 단호히 물리칠 수 있다. 그는 의학 번역가가 "다른 분야의 동료보다 유리한 위치"에 있다고 주장했다(Fischbach 1986:19).

영어의 어휘는 엄청난 양의 라틴어와 그리스어 '외래어' 탓에, 특히 르네상스 시대 이후 들온말의 경우 언어 구조에 완전히 동화되지 않아 비모국어 화자에게 특별한 문제를 불러일으킨다. 학생이나 다른 언어의 학습자는 관습적으로 쓰이는 라틴어-그리스어 용어와 영어 내부 또는 고유의 은유와 관련해 '어휘 장벽'을 만나게 된다. 로맨스어 사용 학습자에게 관습적인 영어 고유의 은유는 쉽게 어휘의 장벽이 되어 버린다. 하지만 비로맨스어 사용 학습자에게는 수많은 관습적 라틴어-그리스어와 고유의 관습적 은유가 불투명하게 다가오기 때문에 그들은 이중의 어휘 장벽에 직면한 듯 보인다. 의학 텍스트를 다룰 때 이 문제는 대단히 심각해지는데, 앵글로색슨의 의학 언어와 관련 분야에서 사용되는 용어 가운데 3/4가량이 그리스어와 라틴어에서 나왔기 때문이다. 이 언어들이 더는 널리 연구되지 않기 때문에 의학과 준의료학과의 초심자는 종종 그 분야의 낯선 개념을 배우는 데 더해 온전히 새로운 어휘에도 대처해야 한다는 것을 깨닫게 된다. 의학 텍스트 곳곳에 보이는 은유는 이 문제를 적잖이 심각하게 만드는데, 하나의 예가 몸을 그릇에 빗댄 은유적 설명이다(Lakoff 1987: 383). 더구나 우리가 의학 용어에 부여하는 의미와 은유적 용어 및 글자 그대로의 용어의 사용은 우리의 문화적 전통과 밀접하게 연관되기 때문에(Bendix 1988), 아주 다른 문화를 넘나드는 의학 텍스트의 번역은 특히나 복잡한 작업이 될 수 있다.

의학 전문용어를 불투명하게 만드는 또 하나의 원인은 '에포님(eponym: 이름의 시조, 누군가의 이름을 따서 만든 단어_옮긴이)'의 광범위한 사용이다. 후프(Hoof 1959: 421)의 말을 따르자면, 의학 텍스트를 영어로 옮기는 번역가는 낯선 에포님을 사용하지 말아야 하는데, 에포님은 의학에서 특히 미묘한 역할을 하기 때문이다. 예를 들어 번역가는 보통 '파킨슨병(Parkinson's disease)'을 프랑스어 la maladie de Parkinson

으로 옮기거나 '호지킨병(Hodgkin's disease)'을 la maladie de Hodgkin으로 옮기는 데 별다른 어려움을 느끼지 않을 것이다. 그런데 '다운증후군(Down's disease)'은 현재 영국에서 몽골증(mongolism)을 대신해 선호하는 용어지만 프랑스인에게 la maladie de Down은 익숙지 않으며, le mongolisme이라는 말을 쓰는 경우가 더 많다. 게다가 일부 에포님에는 다른 것에는 없는 특징이 있다. 그런 특징의 하나는 뮐하우스(Mühlhaus 1995: 51)가 지적했듯이, 어떤 에포님은 시간이 지나면서 소유격이 사라져 버렸지만 어떤 에포님은 그렇지 않다는 것이다. 그러므로 에포님을 번역하는 것은 때로 간단하지만, 꼭 규칙대로는 아니다.

의학 언어는 아마도 전문어 가운데 가장 '동의어'가 풍성하게 쏟아지는 분야일 것이다. 무수한 개념들이 동의어나 유사 동의어지만 그 차원에 따라, 즉 그것이 해부학적인지 임상적인지, 병원성인지 역사적인지 또는 지리적인지에 따라 달라진다. 번역 과정에서 동의어를 항상 다른 언어로 번역할 수 있는 것은 아니라는 점을 알아야 한다. 그러므로 불어로 polyarthrite déformante는 여전히 일부에서는 rheumatisme chronique déformante라고 부르지만 오늘날에는 좀 더 적절하게 polyarthrite chronique évolutive라고 부른다. 이에 대한 영어 등가어는 rheumatoid arthritis(류머티즘성 관절염)이며 여기에는 atrophic arthritis, arthritis deformans, chronic infectious arthritis, proliferative arthritis와 같은 동의어들이 있다. 그렇다면 번역가가 세심하게 해야 할 작업은 번역의 예상 독자들이 선호하는 동의어를 고르는 일이다. 이러한 선택이 가능해지려면 번역가는 양쪽 언어의 의학 저널을 정기적으로 참고하는 수밖에 없다. 앵글로색슨은 주로 rheumatic fever(류머티즘성 열)를 쓰고 동의어인 acute articular rheumatism과 polyarthritis rheumatica는 잘 쓰지 않지만, 프랑스 사람들은 fièvre rheumatismale과 polyarthrite aiguë fébrile이라는 용어가 있는데도 rheumatisme articulaire aigu를 선호하고 아마도 maladie de

Bouillaud를 훨씬 더 자주 사용하는 것 같다. 동의어가 급증하는 현상과 그러한 동의어를 프랑스어에서 영어로 번역하는 일의 어려움에 관해서는 후프(1959)와 뉴마크(1976a, 1976b)가 좀 더 자세히 설명한다.

좀 더 미묘한 '의미의 차이'는 출발어와 도착어에서 반드시 똑같은 방식으로 표현되지 않는다는 사실 또한 명심해야 하며 이러한 점은 연구 논문에서 저자가 자신의 결론을 평가하는 부분에서 특히 중요하다. 예를 들어 덴마크어로 let은 형용사로서 물리적 맥락에서 작거나 하찮음을 나타낸다. 그것은 두 단어 smerte(영어로 pain)와 skade(영어로 [물리적] damage)를 수식하는 데 다 쓸 수 있다. 그래서 덴마크어 en let smerte는 영어로 a mild pain에 해당한다. 그런데 영어로 물리적 손상은 대개 형용사 mild(덴마크어 let에 해당하는 말)의 수식을 받지 않고, severe(극심한)를 부정하는 식으로 나타낸다. 덴마크어의 절대 비교급 표현인 en lettere skade를 영어로 a milder damage라고 번역하면 어색하고 문법에도 어긋난다. 올바른 번역은 a less severe damage이다. 비슷한 사례를 하나 더 들면, 영어로 imperfectly understood(불완전하게 이해한)는 덴마크어 forholdsvis uerkendt와 등가를 이룬다. forholdsvis(+) uerkendt(-)가 imperfectly(-) understood(+)로 된다. 바꿔 말해, 연어 관계의 제약으로 인해 번역하는 과정에서 긍정(+)과 부정(-)의 의미 사이에 전환이 일어날 수 있다. 그러므로 단어 차원에서 등가를 추구하는 것은 가장 신중하게 해야 한다. 실제로 번역자에게 익숙하지 않은 전문용어와 표현을 번역할 때는 가일(Gile 1986)이 말한 "équipes bidisciplinaires"의 틀, 즉 학제 간 협력의 틀 안에서 전문 번역가와 전문 의사가 협력해야 한다. 이런 조언은 LSP 사전 편찬학 연구자들 사이에서 강력한 지지를 받으며(Schaeder, Bergenholtz 1994), 필레고르(1994a)가 언급했다시피 최근 실제로 이개어사전 편찬 작업으로 이어졌다.

3.2. 화용론적 등가

단어 차원을 넘어선 번역에 대해 논의하기에 앞서 몇 가지 예비적 고찰이 필요하다. 첫째로, 번역자는 얼마나 명확하고 이해하기 쉽게 번역하는가에 따라 평가받아야 하며 텍스트가 확실히 명확하고 읽기 쉬운 영어가 되도록 적극적으로 제 역할을 다해야 한다. 보통 번역 과정의 첫 단계는 SL 텍스트를 명확하고 응집성과 응결성 있는 SL 텍스트로 "번역"하는 일이다. 보건 의료 전문가들이 종종 제 전공 분야에 대해 글을 쓸 때 그들만의 전문용어로 가득한 언어를 사용하면서 실상 그것이 해당 분야에 종사하지 않는 사람은 이해하지 못할 전문용어라는 점을 늘 인식하지는 못한다는 사실에서 이 단계의 중요성을 분명히 알 수 있다. 둘째, 의학 전문 분야에서 전문성을 쌓은 보건 의료 전문가들이 글쓰기 기술에 대해서는 그에 걸맞은 지식을 좀처럼 갖추지 못한다는 점이다. 더욱이 과학적으로 정확하게 쓰려고 애쓴 나머지 종종 아주 난해하고 거의 이해가 안 가는 문장을 쓰기도 한다(Chesher 1988: 3). 물론 일반화한 이야기이며 늘 그렇다고 볼 수는 없다. 예를 들면 논문에서 독일어의 수사적 문체는 위에서 말한 대로 영어 문체보다 더 난해하다. 언어 교정의 경우 예컨대 비원어민 보건 의료 전문가가 도착어로 쓴 텍스트를 교정할 때 그가 제 전공 분야의 어휘 수준에서는 외국어를 잘 알지만 도착어의 통사론이나 화용론에는 통달하지 못할 수 있으므로 번역자나 교정자는 모호함을 잡아내어 무엇보다 텍스트의 이해도를 높이도록 노력하는 것이 더욱더 중요하다. 실제로 번역과 언어 교정 사이의 경계선이 항상 뚜렷하지는 않다. 그렇다면 출발어 텍스트는 번역을 시작하기 전 어느 시점에 수정되어야 하는가? 경험으로 보건대 우리는 "모국어 화자의 반응"을 적용할 수 있는데(Chesher 1988:41), 만약 유능한 문외한인 번역자가 자신의 제일 언어로 정보를 이해하기 어렵다면 그가 텍스트를 번역하는 동안에도 심각한 문제에 부딪히게 되리라고 보는 것이 타당하다는 뜻이다. 이 문제는 백과사전과 사전을 이용하면 어느 정도 극복할 수 있지만 이러한 작업 과정에서 번역자를 잘못된 길로 이끌 위험성이 크다. 특히 고도로 전문화된 영역에서 적절한 사전적 도구가 드문 경우라면 문제는 더욱 심각하다.

둘째로, 논증 스타일은 무엇보다 연구논문의 통사론적 차원에서 반영이 되는데, 그것은 바로 위에서 언급한 대로 한편에 영어와 다른 한편에 불어와 독일어를 두고 봤을 때 나타나는 차이이다. 심화한 논쟁의 경우 개별 문장의 설득력은 동사가 수동형인지 능동형인지, 부사와 형용사의 위치, 1인칭 혹은 3인칭 시점인지 그리고 참조 패턴 등에 따라 좌우된다. 호튼(Horton, 1995)은 동료평가에 임상 해석학적 접근의 도입에 대해 설득력 있는 주장을 한다. 현실 세계에 대한 최대한 객관적인 묘사와 제시된 사실 및 연구 결과에 관한 주관적 평가 사이에서 조화를 이루기란 까다로운 문제이다. 이를테면 인식 양태의 사용은 주제의 성격이나 저자의 의도, 주관적 확신의 정도 그리고 예상 독자의 영향을 받는다(Kourilová 1993: 5). 주된 관심이 특수목적언어인 언어학자는 유감스럽게도 어휘와 구문의 가장 흔한 오류에 집중하기 쉽다(Webber 1993). 주장과 완화된 주장, 주장의 거부 신호를 보내는 문제에 대해서, 그리고 과학 논문의 비모국어 사용 저자가 전형적으로 보여준 저자 및 독자 간 과학적 의사소통과 상호작용의 여타 많은 화용적 측면 등에 대해서 통찰력을 제공하는 연구는 턱없이 부족하다. 이것은 코우릴로바(1993)가 올바로 지적했듯이 심각한 문제이다.

셋째로, (유능한) 번역자에게 반복되는 걸림돌은 언어 간의 차이다. 전방조응적(anaphoric) 패턴과 후방조응적(cataphoric) 패턴 모두 덴마크어와 영어에서 일어나는데, 영어에서는 둘 다 똑같이 용인되지만 후자는 덴마크어에서 아주 조금만 허용된다. 또 영어에서 시간 표시는 종종 주어 자리를 채우지만 덴마크어에서는 거의 그렇지 않다든지, 비정형 동사는 덴마크어보다 영어에서 훨씬 더 많이 사용된다든지 하는 등등이다. 더 흥미로운 문제는 해당 텍스트 장르에서 문화적으로 결정된 양태의 용법이다. 이 주제는 최근에 다소 주목을 끌었다(Myers 1989, Swales 1990, Prince 1992, Kourilová 1993). 크게 볼 때 양태 표현은 장르에 따라 달라진다는 점이 확인되었다. 교과서는 확립된 사실과 결과를 제시하는 것으로 상정되기에, 양태 표현의 수준이 연구논문보다 더 낮은데, 여기서 양태는 서론과 토론 부분에서 가장 두드러지게 나타나며, 저자는 특정한 입장, 해석 또는 결론에 공감하거나 그것들과 거리를 둔다. 논문 작성의 전통적 IMRAD(Introduction, Material and Method, Results and Discussion: 서론, 재료 및 방법, 결과 및 토론) 구조에서 각 부분은 뚜렷한 의사소통의 기능을 하며 그 소통의 목적은 양태를 비롯한 다양한 언어적 수단을 통해 구현된다. 따라서 방법과 결과 부분은 지극히 사실에 근거를 두며, 양태의 수준은 낮다는 것이 코우릴로바(1993: 8-9)에 의해 뒷받침된 연구 결과이다. 그는 5만 단어 분량의 의학 논문 말뭉치를 통해 정보 제공 부분과 논평 부분에서 인식 양태가 상당히 다르게 쓰인다고 밝힌다. 그런데 양태는 일반적으로 논문의 기본적 자질이고 그 용법은 거시 구조에 따라 달라진다는 사실은 상당히 주목을 받았지만, 번역하는 과정에서 출발어 양태의 규범이 도착어 양태로 어떻게 전환되는지는 사실상 연구가 거의 이뤄지지 않았다. 그러나 과학 보고서를 위한 전통적이고 문화 중심적 관습은 종종 비모국어 사용자이면서 도착어로 글을 쓰는 과학 작가와 의사들에 의해 출발어에서 도착어로 옮겨지는 듯 보인다. 고등교육을 받은 덴마크 의사들조차 국제 저널에 보고할 때 영어에 사용할 수 있는 엄청난 목록의 양태 표현법과 구문을 거의 사용하지 않아서, 영어로 미묘한 진릿값을 나타내고자 할 때 종종 심각한 문제에 부딪힌다. 이와 관련한 문제가 울타리 표현이다. 울타리 표현은 덴마크어를 영어로 옮기는 번역자가 출발어 텍스트에 조금 "안 충실하도록(illoyal)" 만드는 영역 가운데 하나인데, 출발어와 도착어 간의 역동적 등가를 추구하다 보면 불가피하게 사용하게 된다. 덴마크 의사는 일반적으로 영어권 동료보다 울타리어를 덜 사용한다. 번역자가 텍스트를 도착어의 규범에 맞게 고치는 작업의 일부는 울타리어를 추가하는 일이다. 왜냐하면 적절한 울타리 표현은 논문의 메시지가 받아들여지는 방식에 중요하기 때문이다. 관례적인 울타리 표현을 사용하는 데 실패하면 지금 전달되고 있는 내용이 실은 관련 주제에 관한 저자의 의견, 새로운 발견에 대한 제시 등이 아니라는 신호를 준다. 노벨상 수상자조차 울타리 표현을 쓴다. DNA 구조를 발견해 노벨상을 받은 왓슨(Watson)과 크릭(Crick)은 다음과 같이 겸손한 말로 자신들의 새로운 발견을 기술하기 시작한다. '우리는 제시하고자 한다(We wish to suggest).'

논문의 토론 부분에서 주장과 결론은 항상 예비적으로 미리 보여진다. 이것은 예컨대 비인칭 구문을 써서 the results suggest(결과는 제시한다)라고 표현하는 식인데 종종 울타리 표현을 사용해 the results seem to suggest(결과는 제시하는 듯하다)라고 쓴다. 아래와 같이 울타리 표현이 없는 덴마크어 문장, Undersøgelser blandt læger viser, at der er op mod 22.600 alkoholiserede læger i U.S.A(울타리어가 아닌 덴마크어 동사 viser, 영어의 shows)을 영어로 적절하게 옮기기 위해서는 상응하는 영어 동사를 울타리어로 나타낼 필요가 있다. Surveys of physicians suggest that there exists up to 22,600 alcoholic physicians in the U.S.A(울타리어 동사 suggest). 도착어로 결과를 보여주는 문장에 울타리 표현을 더하면 종종 번역 과정에서 다른 통사적 변화와 상호작용이 일어나게 된다. 예를 들면 Tidligere Undersøgelser viser, at indvirkningen på cellens cyklus er…와 같은 문장이 영어로는 이렇게 된다. Earlier studies indicate a cell cycle dependent effect of…. 이 번역에서 덴마크어로 울타리 표현이 아닌 동사(viser, 영어의 shows)와 부정사문(viser, at indvirkningen er…)이 울타리 표현을 쓴 명사구(indicate a… effect)로 번역된다. 관습적 언어 행위의 실현과 관련해 출발어와 도착어의 문화가 다른 경우 울타리 표현의 추가는 더욱더 중요하다. 덴마크어를 영어로 옮기는 번역가는 대개 도착어 형태를 문화적으로 결정된 독자의 기대에 부합하기 위해 가치 평가에 양태를 부여하게 될 것이다. 예를 들면 다음 문장에서는 이를 위해 비인칭 구문과 수동태를 사용한다. The increase was claimed to be induced by the release of…(증가는…의 방출에 의해 유발되었다고 주장되었다)(Smith et al. 1993).

또 하나의 예를 들자면, 덴마크 의사는 영어에서 가능성을 나타내는 선언적 동사와 양상동사를 조합해 쓰는 데 좀처럼 숙달되지 않는다. 위에서 언급한 대로, 도착어를 제대로 디코딩하기 위한 울타리 표현과 양태의 중요성을 생각할 때 이것은 특히 관련성 있는 문제이다. 영어 논문의 보고 부분에서 가장 자주 보이는 선언적 동사와 양상동사를 대략 정리하면 아래와 같다.

발화수반력	선언적 동사	양상동사
약 ↓ ↓ 강	suggest indicate show demonstrate	might may can

덴마크 의사들은 거의 일관되게 표에서 '강'의 맨 끝에 있는 선언적 동사를 사용하며 때때로 이들 동사를 역시 '강'의 맨 끝쪽 양상동사와 결합해 쓴다. 반대로 영어권 과학 저술가는 결코 맨 끝의 선언적 동사와 양상동사를 함께 쓰지 않는다. 그들은 언제나 예컨대, may/might show/demonstrate와 can/may suggest/indicate의 조합형을 쓴다. 덴마크어 동사 또는 동사군을 누그러뜨리지 않고 곧이곧대로 번역하면 독자는 잘못된 해석의 길로 들어서게 될 뿐만 아니라 그 번역은 부정확하거나 부적절한 번역이 될 것이다. 그러므로 의학 논문의 번역자는 장르 규범을 따르는 한편으로 도착어를 해당 문화에서 기대하는 형식과 용법에 맞춰 조정해야 한다.

의학 영어는 이른바 '기술 영어' 또는 '과학 영어'라고 불리는 담화 영역에 속하며 그래서 우리는 의학 영어가 사실에 입각한, 매우 객관적인 종류의 글쓰기라고 생각하는 경향이 있다. 하지만 그것의 표현은 수사적 표현의 고전적 개념과 상당히 일치하며, 호튼(Horton 1995: 987)의 말에 따르면 "텍스트는 특정한 경로를 설명하는데 그것은 대립하는 논쟁들의 복잡한 덤불을 헤치며 저자가 조심스럽게 만들어 낸 경로이다". 연구논문의 IMRAD 구조는 아리스토텔레스가 말한 성공적 웅변술의 네 가지 구성 요소, 즉 서론, 서술, 증거, 결론과 상당히 일치한다. 논문은 보통 가장 신중하게 구성되고 관용 표현이 대단히 많은 텍스트로서 몇 가지 수준에서 수사적 목적을 수행한다. 수사적 목적은 깊은 수준에서 특히 어휘와 형태-통사론적 구조, 즉 능동태 또는 수동태의 사용, 부사와 형용사의 자리, 1인칭 시점 또는 3인칭 시점의 사용 그리고 참조 형태에 따라 수행된다. 표면적 수준에서 논증은 방법 및 재료의 한계와 수준, 이론적 또는 임상적 중요성, 결론의 의미에 관한 고찰, 연구의 원래 목적의 성공에 대한 주장 그리고 대개는 미래의 연구 방향과 관련된다(Horton 1995). 개별 텍스트 하나하나는 대체로 정도의 차이는 있어도 효과적이고 명시적인 방식으로 서로 연결되며, 번역하기 전에 텍스트를 꼼꼼히 읽어 텍스트가 합쳐진 대로 완전히 이해하도록 해야 한다.

번역 과정에서 번역자는 장르의 지극히 관습적인 요구와 해당 과학 저널의 특정 문체의 요구 사이에서 균형을 유지해야 한다. 분명히 텍스트를 재배열하고 대체해야 할 상황이 많이 있을 터인데 그 결과로 자연스러워지고 화용론적 등가가 이뤄진다면 꼭 필요한 일이다. 그러나 어떻게 재배열하고 대체하는지를 자세히 논하는 것은 이 글의 범위를 넘어선다. 어떠한 의학 번역이든 원저자와 긴밀히 협력하여, 저자의 주장을 비틀거나 왜곡하지 않도록 적절한 화용론적 등가를 이뤄야 한다고 언급하는 것으로 충분하다.

4. 맺음말

이 글의 결론은 다음과 같다. 첫째, 의학 번역에서 등가는 어휘-통사론과 텍스트적 층위 모두에서 달성되어야 한다. 둘째, 어휘-통사론적이고 화용론적인 수정은 어휘, 품사, 동사의 범주, 통사적 기능, 양태, 문장 사이의 관계, 분극화(polarisation) 등의 차원에서 장르와 문화특정적 관습에 따라 이뤄져야 한다. 셋째, 번역자는 저자와 긴밀한 협업을 통해 국제 논문의 관습과 출발어 텍스트 저자의 특이한 표현법 사이에서 균형을 잡아야 한다. 마지막으로 전문화된 번역 툴과 의학 텍스트 번역에 관한 심층 연구가 절실히 필요하다.

Alexander, Sophie and Siater Catherine. 1987. "Labouring under linguistic delusions: The impact of linguistic factors in international studies of preterm labour". *Language & Communication: An Interdisciplinary Journal* 7(2): 179-185.

Applewhite, L. 1979. "Examination of the medical/scientific manuscript". *Journal of Technical Writing and Communication* 9: 17-25.

Atkinson, Dwight. 1992. "The evolution of medical research writing from 1735 to 1985: The case of the Edinburgh Medical Journal". *Applied Linguistics* 13, 4 Dec.: 337-374.

Barkman, Bruce. 1974. "The translation of SNOP: A first step toward the construction of an automated medical lexicon". *Meta* 19:28-42.

Bendix, Edward H. 1988. "Metaphorical and literal interpretations: Cross-Cultural communication in medical settings". *CUNYForum: Papers in Linguistics* 13: 1-16.

Bork, Albert G. 1992. "Translating medical records from Spanish". In *Frontiers: Proceedings of the 33rd Annual Conference of the American Translators Association,* Medford, NJ: vii.

Boyle, C.M. 1970. "Differences between patients' and doctors' interpretations of some common medical terms". *Brit. Med. Journal* 2: 286-290.

Brown, Charles Barret. 1942. *The Contribution of Greek to English with special attention to medical and other scientific terms.* Nashville. XIII: vii-ix, 1-5, 56-57, 144-145, 204-205, 254-255.

Brunt, R.J. 1987. "My waterworks are playing me up something chronic". In Lörscher, Wolfgang and Schulze, Rainer (Hrsg.), *Perspectives on Language in Performance. Studies in Linguistics. Literary Criticism, and Language Teaching and Learning. To Honour Werner Hüllen on his*

Sixtieth Birthday. Tübingen. 447-469.

Celt, Sandra. 1987. "The challenge of translating Chinese medicine". *Language Monthly: The International Journal for Language and Translation.* April: 43: 19-21.

Chesher, Theresa G. 1988. "How to keep healthy in 17 languages: Translating and interpreting in New South Wales Health Care Delivery". *Aral* 11:1: 34-46.

Cicourel, A W. 1981. "Language and the structure of belief in medical communication". *Studia Linguistica* 35/1-2: 71-85.

Coleman, Hilary. 1992. "Probleme und Freuden der medizinischen Fachübersetzung". *Hieronymus* 3: 7-12.

Cruse, D.A. 1986. "Lexical semantics". Cambridge: Cambridge University Press.

Dressler, Stephan and Schaeder, Burkhard. 1994. "Wörterbücher der Medizin. Beiträge zur Fachlexikographie". *Lexicographica. Series Maior* 55, Niemeyer.

Eyraud, Daniel. 1974. "Bilan d'une Decennie". *Meta* 19: 13-27.

Fischbach, Henry. 1986. "Some anatomical and physiological aspects of medical translation, lexical equivalence, ubiquitous references and universality of subiect minimise misunderstanding and maximise transfer of meaning". *Meta* 31: 16-21.

Fischbach, Henry. 1993. "Translation, the great pollinator of science: A brief flashback on medical translation". In S.E. Wright and L. Wright (eds), *Scientific and Technical Translation.* Amsterdam: Benjamins: 89-100.

Gabrieli, E.R. 1986. "Construction of a biomedical nomenclature". *Meta*

31:22.

Gambier, Y. 1989. "Introduire ... ou il n'y a que le premier pas qui coute!" In C. Lauren and M. Nordman (eds), *From Office to School: Special Language Internationalisation.* Clevedon: Multiling. Matters: viii, 169pp.

Garciahidalgo I. and Dunham, G. 1981. "An experiment in English-Spanish Automated translation of medical language data". *Methods of Information in Medicine* 20:1: 38-46.

Giebson, Edith. 1990. "Zur sprachlichen Realiserung der Handlungsstruktur ausgewahlter medizinischer Fachtexte: Deutsch-russischer Vergleich ..." In Gunter Frohne and Olga Pavlovna Ermakova (eds), *Ausgewahlte Beitrage zur Kommunikationslinguistik.* Potsdam: 195-203.

Gile, D. 1986. "La traduction médicale doit-elle être réservée aux seuls traducteursmédicins? Quelques réflexions". *Meta* 31: 26-30.

Gould, Clinton. 1990. "Beyond disease: A conceptual analysis of the language and origins of the meaning of AIDS in a sociohistoric and medical context". *Dissertation Abstracts International* Nov:51(5): 1537A.

Graitson, M. 1975. *Identification et transformation automatiques des morphemes terminaux dans le lexique médical français.* (Cahiers de Lexicologie 26):1: 85-109.

Hall, Edward T. 1959. *"The Silent Language".* Doubleday.

Hankins, Freda Richards. 1992. "Leechbook". In *Dissertation Abstracts International, vol 53/07/-A*: 2363.

Hinkkanen, S. 1989. "Translation and author's editing of biomedical communications written by Finnish authors". In C. Laurén and M. Nordman (eds), *Special Language: From Humans Thinking to Thinking Machines.* Clevedon, Philadelphia: Multilingua Matters Ltd: 225-233.

Holden, S. (Hrsg). 1977. "English for Specific Purposes". In J. Allwright and R. Allwright (eds), *An Approach to the Teaching of Medical English.* London. 56-62.

Hoof. H. van. 1959. "Reflexions sur le langage médical. Le point de vue du traducteur scientifique". *La Presse Médicale* 67: 419-421.

Hoof, H. van. 1970. "La traduction medico-pharmaceutique". *Language et l'Homme* 12. 65-77.

Hoof, H. van. 1974. "Bibliographie de la traduction médicale". *Meta* 19:1:Mar: 43-66.

Hoof, H. van. 1993. "Historie de la traduction medicale en occident". *Cashiers de l'Institut de Linguistique de Louvain* v19(1-2): 75-125.

Horton, Richard. 1995. "The rhetoric of research". *British Medical Journal* 310: 985-986.

Ilie, Cornelia. 1988. "Syntactic and semantic equivalence in translating Swedish medical texts into Romanian". In N.C. Chaffey, N, A.F. Ryding and S.S. Ulriksen (eds), *Translation Theory in Scandinavia:* Stockholm.

Jacopoosie, Peter. 1993. "Medical interpreting in Canada's North". *Meta* 38: 42-44.

Jammal, Amal, Leblanc, Louise, Proulx, Mylene, Rinfret. Aline. 1993. "Si l'immunité m'était contée... Introduction a une étude des termes de l'immunologie". *Meta* 38: 502-516.

Jasin, Joanne. 1983. "A critical edition of the middle English liber uricrisiarum in welcome MS 225". In *Dissertation Abstracts International, Vol. 44/09-A*: 2761.

Kaufmann, James Michael. 1989. "The rhetoric of medical writing: Case studies of physicians writing for journal publication". *Dissertation Abstracts International* Aug: 50(2): 427A.

Kourilová, Magda. 1993. "Epistemic modality in written scientific discourse". *Meta* 38: 4-18.

Langslow, David. 1989. "Latin technical language: Synonyms and Greek words in Latin medical terminology". *Transactions of the Philological Society* 87(1): 33-53.

Lankamp, Robert Eduard. 1989. *A Study of the Effect of Terminology on L2 Reading Comprehension.* Amsterdam: Rodopi.

Lurquin, Georges. 1985. "La Page du terminologue". *La Langage et l'Homme* 20:1(57): 46-49.

M. Covington. 1983. "The translation of eponyms". *The incorporated Linguist* 22: 198-199.

Maher, J. 1986. "The development of English as an international language of medicine". *Applied Linguistics* 7: 206-218.

Manuila, A. (ed). 1981. *Progress in Medical Terminology.* Switzerland: S. Karger.

McConchie, R.W. 1988. *It Hurteth Memorie and Hindreth Learning: Attitudes to the use of the vernacular in sixteenth century English medical writings* (Studia Anglica Posnaniensia): 21, 53-67.

Moreau, A. 1986. "Traduction et terminologie médicales". *META. Journal des Traducteurs. Organe d'Information et de Recherche dans les Domaines de la Traduction et de l'Interpretation* 1: 98-105.

Mühlhaus, Susanne. 1995. "Describing medical eponyms". *English Today* 42:11,2: 48-53.

Navarro, F.A., Hernandez, F. 1994. "Glosario de "falsos amigos" y palabras de tradución engañosa en el inglés de los textos médicos". *Lebende Sprachen* 39.1: 24-28.

Naylor, P.B. 1989. "The Message and the medium: Exploring their relationship in oral medical presentations". In C. Laurén and M. Nordman (eds), *Special Language: From Humans Thinking Machines.* Clevedon, Philadelphia: Multilingua Matters Ltd: 190-201.

Newmark, P. 1976a. "A layman's approach to medical translation. Part 1". *The incorporated Linguist* 15: 41-47.

Newmark, P. 1976b. "A layman's approach to medical translation. Part 2". *The incorporated Linguist* 15: 63-68.

Newmark, Peter. 1992. "Paragraphs on translation". *The Linguist* 31.4: 114-119.

Nwogu, K.N. 1990. "Discourse variation in medical texts: Schema, theme and cohesion in professional and journalistic accounts". *Dissertation Abstracts International. Winter.* v51(4): item 2060C.

Pendleton, D. 1982 "Doctor-patient communication: A review". In D. Pendleton and J. Hasler (eds.), *Doctor-Patient communication.* London, 5-53.

Pilegaard, Morten. 1994. "Bilingual LSP dictionaries. User benefit correlates with elaborateness of 'explanation'". In B. Schaeder and H. Bergenholtz (eds), *Fachlexikographie. Fachwissen und seine Repräsentation in Wörterbüchern* pp 211-228.

Pilegaard, Morten and Bader, Helge. 1994. *Dansk-engelsk, engelsk-dansk medicinsk ordbog.* Gad, København.

Reeves, C.A. 1990. "The characterization of a medical problem: An analysis of the writing On AIDS in medical science". *Dissertation Abstracts International* March: 50(9): 2875A-2876A.

Regent, O. 1985. "A comparative approach to the learning of specialized written discourse". In Philip Rile, and Christopher N. Candlin (eds), *Discourse and Learning.* Papers in Applied Linguistics and Language Learning. London.

Rouleau Maurice. 1993a. "La voix passive dans les textes médicaux et para-médicaux". Meta 38: 440-448.

Rouleau, Maurice. 1993b. "Des traquenards de la version médicale. I. Action, effect, potency et effectiveness". Meta 38: 268-274.

Salager-Meyer, F. 1986. "Infinitive clauses in medical English literature: A rhetoricogrammatical approach". *Estudios de Linguística Aplicada.* Jan. 4(5): 66-86.

Salager-Meyer, F. Defives, G. Jensen C.and M. de Filipis 1989. "Communicative function and grammatical variations in medical English scholary papers: A genre analysis study". In C. Laurén and M. Nordman (eds), *Special Language: From Humans Thinking to Thinking Machines.* Clevedon, Philadelphia: Multilingua Matters Ltd: 151-160.

Salager-Meyer, Francoise. 1991. "A genre-based and text-type analysis of hedging in written medical English discourse". *Interface: Journal of applied linguistics* 6:1: 33-54.

Salager-Meyer, Francoise. 1994. "Hedges and textual communicative function in medical English written discourse". *English for Specific Purposes* 13.2: 149-70.

Sammons, Susan. 1993. "Challenges in minority language programming in Canada's Eastern Arctic: The training of Aboriginal language interpretertranslators". *Meta* XXXVIII:1: 45-50.

Schaeder, Burkhard and Bergenholtz, Henning. 1994. *Fachlexicographie. Fachwissen und seine Repräsentation in Wörterbüchern.* Gunter Narr Verlag Tübingen.

Sliosberg, A. "A propos de la traduction médicale et pharmaceutique". *Babel* 23: 107-115.

Tropeau, Gerard. 1986. "Les problèmes posés par la traduction de l'arabe médical ancien en français moderne". *Meta* 31:1: 11-15.

Valiquette, Michele. 1991. "Lexique anglais-français de neurochirurgie". *Meta* 36:4: 633-644.

Weaver, Charlotte Ann. 1982. "Role evolution of language translators in a major medical center". *Dissertation Abstracts International, vol. 43/02-A*: 494.

Yanoff. K.L. 1989. "The rhetoric of medical discourse: An analysis of the maior genres". *Dissertation Abstracts International* April 49(10): 3011A.

Ylönen, S., and Neuendorff, D. and Effe, G. 1989. "Zur kontrastiven Analyse von medizinischen Fachtexten. Eine diachrone Studie". In C. Laurén and M. Nordman (eds), *Special Language: From Humans Thinking to Thinking Machines.* Clevedon, Philadelphia: Multilingua Matters Ltd: 203.

Zmiewski, Paul David. 1987. "The concise pharmacopeia: An abridged translation with a systematic method for rendering Chinese medical term". *Dissertation Abstracts International, vol. 49/06-B*: 111.

기술 브로슈어 번역

엔스 하르 한센(Jens Hare Hansen)
올보르 대학교(The university of Aalborg)

1. 머리말

지난 수십 년간 번역학은 상당한 진전을 이루었다. 번역 이론은 특수목적언어[1]를 위한 연구와 마찬가지로 다양한 학문에서, 그중에서도 특히 언어학에서 많은 영감을 얻었다. 몇 년 동안 특히 구조주의 언어학과 관련한 문제에 관심이 집중되었다. 이는 번역 이론에 관한 많은 연구에서 중요한 역할을 했던 등가 개념에 크게 영향을 미쳤다.[2]

이후로 언어학과 번역 이론은 사회적 맥락 안에서 언어를 연구하는 방향으로 발전해 왔다. 최근 번역학의 발전은 실제 번역 행위에서 일어나는 인지 과정 쪽으로 방향을 돌리고 있다.

번역 분야에서 새로운 과학적 진보는 그 중요성과 관련성의 측면에서 엇갈리는 평가를 받아왔다. 이론가들 사이에서 이러한 발전은 긍정적 흐름으로 여겨지지만 현역 번역가들은 이러한 이론을 활용하는 것에 확실히 회의적인 태도를 보인다. 트로스보그(Trosborg)는 현역 번역가들이 "어떤 이론화에 대해서도 늘 회의적인 경향이 있다"고 강조한다

(1994: 9). 번역 이론에 대한 번역가들의 전반적인 회의론은 상당수의 대학 및 다른 교육기관의 교사들에게서도 나타난다.[3] 따라서 번역학은 나름의 정당화가 필요하다. 다음에서 나는 번역학이 구체적 번역의 향상에 확실히 도움이 된다는 것을 보여 주고자 한다. 이 논문은 특수목적언어(LSP) 텍스트유형인 '기술 브로슈어'의 번역과 관련된다.[4] 베르너 콜러(Werner Koller 1992: 21ff.)의 입장과 반대로 나는 실무자들에게 번역학이 필요하고 방법론적 개념을 이용하면 실제 번역을 향상시킬 수 있다고 주장하며 이러한 주장에는 이유가 있음을 분명히 한다.

본고는 덴마크어와 독일어 브로슈어를 기반으로, 두 언어를 번역할 때 생기는 문제를 중심으로 썼다. 하지만 그 결과는 다른 언어들 사이의 번역과도 매우 관련성이 있다. 이 논문에서 관심은 화용론적 측면에 집중되며, 의미론적이고 통사론적인 질문은 그 주제와 관련한 아주 상세한 문헌을 참조해야 할 것이다.

2. 특수목적언어(LSP)와 번역

LSP의 목적은 현실을 기술하는 것이고, LSP는 정보적 언어 기능을 갖는다는 것이 오랫동안 LSP 연구에서 인정받아 온 관점이다(Hoffmann 1985 참조). 이에 따라 LSP 번역은 주로 지시적 등가를 이뤄내는 문제라는 관점에 이르게 되었다.

앞서 말한 LSP의 관점은 특히 그 연구가 주로 과학기술 텍스트와 관련된 반면, 다른 형태의 LSP는 대체로 무시되었다는 사실에서 비롯한다. 그와 동시에 1980년대 초까지 연구는 전문용어에 집중되었고, 적게나마 LSP 통사론도 다뤄졌지만, 화용론이나 인식론적 조건은 거의 검토되지 않았다(Göpferich 1995: 1).

그 이후로 화용론과 텍스트 언어학은 LSP 연구에서 지반을 넓히게 되었고, 번역 연구에 상당한 영향력을 미치게 되었다. 이로써 이제 LSP 번역은 단순히 지시적 등가를 이루는 것인가의 문제로 여겨지지 않게 되었다. LSP 연구에 대한 이러한 새로운 통찰은 학문적 관심이 텍스트의 기능적 측면에 치중하게 되었음을 의미한다.

LSP 텍스트유형이 달라지면 그에 따라 번역의 전략 또한 달라져야 한다는 인식이 눈에 띄게 높아진 것이다.

기술 번역이란 도착어로 객관적 세계를 정확히 기술하는 것과 관련된다는 견해가 여전히 널리 퍼져 있다.[5] 이러한 생각 때문에 기술 언어는 종종 기술적 내용이 가장 중요한 의사소통의 형태로 설명되며, 여기에서 발신자는 수신자에게 그저 한정된 관심을 기울일 뿐이다. 예를 들어 슈톨체(Stolze)가 인용한 초이머(Zeumer)의 생각에 따르면, 발신자는 메시지의 수신자를 생각하지 않는다(1992: 79). 하지만 내가 생각하기에 그러한 관점은 좀 더 엄밀히 검토되지 않고 있으며 특히 기술 브로슈어 텍스트유형의 경우가 그러한데, 이 유형에서 수신자에 대한 고려는 매우 중요한 역할을 한다.

3. 언어학과 마케팅 이론의 관점에서 본 기술 브로슈어

앞서 말한 대로 기술 브로슈어는 가장 드물게 연구되는 텍스트유형 가운데 하나다. 마케팅 관련 관점에서뿐만 아니라 언어학적 관점에서도 그렇다. 독일 마케팅 이론가 악셀 벤슈(Axel Bänsch)에 따르면 정보광고(브로슈어도 여기에 속한다)는 사실 정보(factual information)의 도움으로 상품에 대한 고객을 확보하려고 한다. 벤슈에 따르면 정보 광고는 종종 순수한 사실만을 제공한다. 하지만 그러한 광고 형태에도 암시적인 요소들이 포함된다(1991: 215).

언어학자 베르하르트 조빈스키(Berhard Sowinski)는 또 다른 근거에서 비슷한 결론에 이르는데, 정보 광고에는 상품에 관한 기술적 묘사와 사실에 기반한 품질 설명이 들어간다고 말한다. 이것이 광고의 메시지를 믿을 수 있게 만들고 생산자를 더욱 신뢰하게 만든다. 조빈스키는 종종 광고가 표면적으로 오직 객관적 성격만을 띠기도 한다고 말한다. 그러한 광고의 언어와 관련해 그는 더 이상의 설명은 하지 않는다. 카타리나 라이스(Katharina Reiss)는 광고의 어떤 유형들은 너무나 사실적이어서 분류에서 정보적인 것으로 규정되어야 한다고 말한다. 이는 수신자에게 정서적으로 호소하지 않고 사실에 근거해 호소하는 광고 종류에 해당한다(1983: 57f.). 라이스와 대조적으로 괴페리히(Göpferich 1992)는 모든 광고가 경제적 목적에 기여하므로 조작적(operative)이라고 말한다. 괴페리히는 광고에 "조작적 요소"가 포함되는 것은 기술 광고의 전형적 특성이라고 단언한다. 그러나 그는 이 개념을 어떻게 해석하는지에 대해 좀 더 정확히 설명하지 않는다. 번역에 관해 말하자면 괴페리히와 다른 학자들이 조작적 요소라는 용어를 사용하건 다른 무언가를 사용하건, 그들이 말하는 그 요소를 밝힐 수 있다면 확실히 도움이 될 것이다.[6)]

번역학자들 사이에 대체로 합의된 사실은 번역을 위해서는 출발어 텍스트를 분석할 필요가 있다는 것이다(Nord 1991). 하지만 그러한 분석과 관련한 것이 무엇인지에 관해서는 의견이 분분하다. 다음 장에서는 특히 기술 브로슈어 번역의 중요한 측면들을 추려내어 집중적으로 논의하려고 한다.

4. 기술 브로슈어의 화행(speech act)과 텍스트 기능

텍스트는 의사소통적 목적을 이루려는 목적으로 만들어진다고 여겨진다(Hatim and Mason 1993). 달리 말해, 언어를 사용하는 것은 행동하는 것이다. 문제는 이러한 측면들이 어떻게 가장 잘 기술되고 분석될 수 있느냐 하는 것이다.

여기서 다양한 개념에서 차이가 뚜렷이 나타나게 된다. 지면이 부족하기에 이 주제에 대한 상세한 논의는 자제하고 대신 하이네만과 피베거(Heinemann and Viehweger 1991:50ff)를 참조하기 바란다.

언어 행위 이론은 행위의 중요한 측면을 설명하는 데 적합해 보이지만 주제의 엄청난 복잡성으로 인해 이론에 문제가 없지 않으며, 먼저 그 부분들에 대한 논의가 필요할 것이다. 그토록 포괄적인 논의를 기대하기에는 이 글의 지면이 너무 부족하다. 이상에서 볼 때 기술 브로슈어의 분석에서, 특히 진술(representatives) 화행과 지시(directives) 화행이 관심을 끈다. 지금까지 언어 행위를 분류하기 위한 이런저런 시도가 있었다. 가장 유명한(또한 브링커(Brinker 1992: 100)에 따르면 가장 훌륭한) 분류법은 설(Searle)이 제안한 분류이다. 여기서 그의 분류를 출발점으로 삼아 기술 브로슈어의 발화수반행위 측면에 관한 논의를 시작하고자 한다.

설은 진술 화행을 이렇게 정의한다.

> 진술 범주에 속하는 것의 핵심 또는 목적은 화자가 (정도는 다르지만) 어떤 것이 그러하다고, 즉 표현된 명제가 참이라고 밝히는 것이다. 진술 행위 유형에 속하는 모든 것은 '참'이나 '거짓'을 포함하는 평가의 차원에서 평가할 수 있다(1976:10).

기술 브로슈어에는 이런 유형의 예가 많이 나온다. 한 가지 예를 들어 보겠다. Die 500er verfügen über 4 Zapfwellengeschwindigkeiten mit 540/750/1000/1400 U/min(= The 500C range tractor is fitted with a 4-speed PTO of 540/750/1000 and 1400 rpm)(= 500C 트랙터에는 540/750/1000/1400rpm의 4단 속도 PTO가 장착됩니다). 이 진술은 참과 거짓

을 쉽게 증명할 수 있다. 다음 문장도 마찬가지다. Ein Druckbehälter mit 15 Liter Inhalt speichert die Druckluft(= Air is stored in a 15-liter capacity tank)(공기는 15리터 용량의 탱크에 저장됩니다).

여기에 인용된 예문과 같은 서술은 전통적으로 LSP로 이해되었던 것에 해당한다. 특히 전문어는 종종 진술 화행의 광범위한 용법으로 특징지어졌던 용법으로 설명되었다. 여기에 더해 Zapfwellengeschwindigkeite, Druckbehälter, Druckluft와 같은 전문용어의 사용이 두드러진다. 게다가 삼인칭이 사용된다.[7)] 그러나 진술을 다른 유형의 화행과 늘 구분할 수 있는 건 아니라는 사실이 밝혀지고 있다. 이 문제는 뒤에서 다시 다루기로 한다.

지시 화행은 설에 의해 다음과 같이 정의된다.

> 이 화행의 발화수반 목적은 그것이 화자가 청자에게 어떤 일을 하게 하려는 시도(그 정도는 다르며, 따라서 더 정확히 말해, 시도하는 것을 포함해 결정할 수 있는 것을 결정하는 것이다)라는 사실에 있다. (1976: 11)

독일어 기술 브로슈어에서 명백한 지시로 분류할 수 있는 화행은 꽤 드물다. Es lohnt sich, Fendt zu wählen(= It pays to choose Fendt)(= 펜트를 선택하면 좋습니다) 또는 Wählen Sie X(= Choose X)(= X를 선택하세요)와 같은 경우를 찾아볼 수 있지만 보통 지시적인 면이 간접적으로 나타나는 방식을 선호한다.[8)] 독일어 브로슈어에서는 텍스트를 최대한 정보 제공적이고 사실에 기반한 듯 보이게 하는 데 역점을 둔다.[9)] 하지만 정보의 표면 아래 함축된 내용이 폭넓게 숨어 있다.

사료 자동공급기에 관한 브로슈어에서 하나의 예문을 들어 보겠다. Nach beendeter Futterfahrt kehrt der Wagen in seine Ausgangsposition zurück und wird automatisch wieder aufgefüllt. 이 예문은 어떻게 사료 자동공급기가 작업을 수행한 후 원위치로 돌아

가고, 다시 자동으로 채워지는지를 설명한다. 언뜻 보기에 이 문장은 그 사실을 입증할 수 있기 때문에 분명 진술 화행이다. 그와 동시에 함축된 내용으로 인해 지시적 측면도 지닌다. 간접적으로 브로슈어에 언급된 기계를 선택하면 농부의 일이 한층 쉬워진다고 말하는 것이다. 이 기계는 특정 기능을 자동으로 수행하므로 농부는 그 일에 대해 걱정할 필요가 없다.

브란트(Brandt 외. 1983) 등은 그들의 해석 모형에서, 표현된 명제 구조(= APS)와 전체 명제 구조(= PS)를 구분한다. 추론을 통해 문제의 기계를 선택하는 것이 이득이라고 주장할 수 있다. 이는 비록 저 문장이 표면적으로 진술 화행일지라도 함축된 내용을 헤아리면 지시 화행이 우세하리라는 것을 나타낸다. APS는 확연히 진술 화행이지만 지시적 측면은 주로 PS를 통해 표현된다고 말할 수 있다.

유추하면 지시 화행이 되는 지시적 발화(referential speech)의 예는 그 기계의 브레이크에 비석면 브레이크 라이닝이 장착되어 있다는 정보이다. 수신자는 해당 기계를 선택하면 석면에 노출되어 입게 될 건강상의 위험을 피할 수 있다고 유추한다. 동시에 그것은 환경을 아끼고자 하는 농부들의 바람에도 호소한다. 문장들은 처음에는 순전히 지시적(referential)으로 보이지만 다른 발화수반행위와 관련한 부수적 발화수반행위를 함으로써 또 다른 기능을 가질 수도 있다.[10] 펜트(Fendt) 브로슈어에서 예를 들어 보겠다.

Die Axialkolbenpumpe mit gleichzeitiger Druck- und Mengensteuerung arbeitet mit einem Mindestdruck von nur 20 bar. Resultat: Kraftstoffeinsparung im Vergleich zu herkömmlichen Systemen(= The axial piston pump with simultaneous pressure and volume control operates at a minimum pressure of 20 bar. Fuel savings are much greater than with other, conventional systems). (= 압력과 유량을 동시에

제어할 수 있는 축 방향 피스톤 펌프가 최소 20bar의 압력으로 작동합니다. 기존 시스템보다 연료 절감 효과가 훨씬 뛰어납니다.)

만약 글쓴이가 단지 펜트 제품이 경쟁 업체의 트랙터보다 연료를 절감한다고만 썼다면 상정한 그 특성이 수신자에게 대단히 의심스럽게 들렸을 것이다. 부수적 발화수반행위의 기술적 특성이 주장에 훨씬 더 큰 신뢰를 부여한다.[11] 다시 말해, 순전히 지시적(referential) 발화수반행위로 보이는 것에도 지시적인(directive) 측면이 있는데, 그것은 펜트를 선택함으로써 실제로 연료를 절감할 수 있다는 사실에 대한, 일종의 기록 문서의 역할을 하기 때문이다.[12]

아텔섹(Atelsek 1981)은 또 다른 화행 유형, 곧 '의견'(opinions)을 제안한다. 그의 제안은 설의 진술과 관련한 화행 유형에 바탕을 둔다. 하지만 의견은 진술처럼 검증 또는 반증할 수 없는 것이 특징이며 오히려 그것은 평가의 표현이다.

의견의 사용은 기술 브로슈어를 구성하는 주요한 특성이라고 주장해야 한다. 많은 경우 의견은 사실이 아니라 평가를 표현한다. 다음 문장들의 경우도 마찬가지다. Die verschleißfreie Turbokupplung bietet höchsten Fahrkomfort(= The wear-resistant turbo clutch offers maximum driving comfort)(= 내마모성 터보 클러치는 주행 시 최대의 편안함을 제공합니다). 이는 확실히 주관적인 판단인 것이, '주행 시 최대의 편안함'은 무엇을 의미하는가?

다음 예문도 의견을 표현한다. Nach Abnehmen des Frontgrills läßt sich der großdimensionierte Trockenluftfilter werkzeuglos, schnell und leicht überprüfen(= After removing the front grille, the large dry-air filter is checked quickly and easily, and without need of tools)(= 전면 그릴을 탈거하면 대형 건식 공기 여과기를 도구 없이 빠르고 쉽게 점검할 수 있습니다). 이 진술이 맞는지 확인할 수 없다. 뭔가를 '빠르고' '쉽게' 한다는 의미

는 무엇인가? 당연히 이것은 오직 비교를 통해서 설명할 수 있을 뿐이며 그것은 보이지 않는다.

발화수반행위 구조 이론에 따르면 이 텍스트 전체의 기능은 조작적이라고 할 수 있는데, 브로슈어에서 '이 기계를 선택하면 좋다'는 우세한 지시 행위를 추론할 수 있기 때문이다. 다른 발화수반행위들은 우세한 발화수반행위에 비하면 부수적이다. 이는 진술 화행이 지배적 발화수반행위를 뒷받침하면서 동시에 지시적 측면을 획득하는 것처럼 보인다는 뜻이다. 결과적으로 종합적 평가라는 면에서 볼 때 조작적 요소와 조작적이지 않은 요소를 구분하기란 거의 불가능하다.

위의 고려 사항들을 미뤄 볼 때, 브로슈어는 "어떤 믿음이나 생각에 대해 참 대 거짓 또는 긍정 대 부정의 평가를 수용하도록 촉진하기 위해 활용되는" 텍스트 범주에 들기 때문에, 논증 텍스트라고 말할 수 있다(Beaugrande and Dressler 1992: 184). 텍스트가 표면적으로 기술적인(descriptive) 것처럼 보일지라도 이것은 사실이다.

5. 번역의 행위적 측면

지금까지 나는 출발어 텍스트(ST)의 행위적 측면을 강조했다. 하지만 이러한 분석의 결과를 고려하기만 해서는 충분하지 않다. 번역에서는 도착어 텍스트(TT)의 목적이 주된 기준이어야 한다.[13] 텍스트는 ST에서도 TT에서와 똑같이 기능해야 한다는 조건을 바탕으로 몇 가지 고려해야 할 사항들을 말하고자 한다.

대체로 브로슈어 번역은 외연적 내용을 재생산하는 것이 중요하다는 가정 아래 이뤄진다. 하지만 기술 브로슈어의 번역은 번역자에게 보통 생각하는 것보다 훨씬 더 많은 것을 요구한다. 나는 일련의 여러 가지 조건이 고려되어야 함을 보여 주고자 한다. 가장 중요한 것은 출발어 텍스트가 특정 문화 또는 사회문화와 결부되어 있고, 그에 따라 도착어 문화에서 문화적 조건 그리고 관련한 마케팅 조건은 다르다는 점을 고려해야 한다는 것이다.

(1) 비록 덴마크어와 독일어가 밀접하게 연관되고 또 덴마크와 독일의 문화 역시 밀접한 관련이 있을지라도, 브로슈어가 언어적으로 표현되는 방식에는 차이가 있다. 두 나라말에서 발화수반행위를 표현하는 경향은 다르게 나타난다. 덴마크어 브로슈어에서 사물은 종종 좀 더 직접적으로 언급된다. 이 말은 예컨대, 지시적 측면이 좀 더 뚜렷하게 나타난다는 뜻이다. 다음 예문을 보면 분명히 알 수 있다.

Det er klogt at vælge Agrometer fra starten(= It is wise to choose Agrometer from the beginning)(= 처음부터 Agrometer를 선택하는 것이 현명합니다)

Den næste roeoptager bør også være en Tim(= The next beet digger should also be a Tim)(= 다음번 사탕무 수확기도 Tim이어야 합니다)

Derfor er Hydrema det sikre valg(= That's why Hydrema is the right choice)(= 그래서 Hydrema는 올바른 선택입니다)

Tim er de bedste(= Tim machines are best)(= 팀 기계는 최고입니다)

Køb dansk, når det er bedst!(= Buy Danish - when it is best)(= 덴마크 제품을 구매하세요, 가장 좋을 때!)

독일어 브로슈어에서도 이런 식의 매우 직접적인 화행을 찾아볼 수 있지만 훨씬 드물게 나타난다. 독일 제조사들은 좀 더 겸손한데, 대개 최고의 기계를 만든다고 명시적으로 주장하지도 않고 '올바른 선택'이라고 곧바로 말하지도 않는다. 경쟁 상대와 비교해 자신을 선명하게 부각하고 싶을 때는 특정한 기술적 조건 또는 기술적 문제와 관련해 풀어낸다. 다음 예문에서 그러한 점을 볼 수 있다.

Heute wissen wir, daß die Bodenbearbeitung häufig übermechanisiert ist. Pflügen oder Grubbern, Bearbeiten und Säen verlangen sowohl bodenbiologisch wie betriebswertschaftlich einen hohen, oft zu hohen Preis. Die vernünftige Alternative ist die Komplett-Bodenbearbeitung mit der DUTZI.

브로슈어의 영어 번역본에서 인용문은 다음과 같이 번역된다.

Today, agricultural specialists are aware of the overmechanisation of soil cultivation. Ploughing or conventional cultivation, tillage and sowing have their price, in many cases a high one. Not least as far as soil biology and economy are concerned. All-in-one soil cultivation by using the DUTZI is the sensible alternative.
(오늘날 농업 전문가들은 경작이 과도하게 기계화되고 있음을 알고 있습니다. 쟁기질이나 재래식 재배, 토양 재배, 파종은 많은 경우에 매우 높게 가격이 매겨집니다. 특히 토양생물학과 경제에 관한 한 그렇습니다. DUTZI를 활용한 올인원 재배는 현명한 대안입니다.)

DUTZI는 일어날지 모를 문제를 해결하는 데 그들의 제품이 적합한 기계라고 말한다. 텍스트에 분명히 나타나듯이 DUTZI는 특히 '그들의' 제품을 '선택하는 것은 현명'하며 DUTZI의 기계는 '최고'라고도 말하지만, 메시지는 위에서 인용했던 덴마크어 예문보다 덜 직접적인 방식으로 표현된다.

덴마크어 브로슈어에는 독일어의 경우보다 직접적인 표현이 많이 나온다.[14] 덴마크어 판매 브로슈어에는 예컨대 Save manpower(인력을 절감하라), Save fodder(사료를 절감하라) 그리고 Try us(우리 제품을 써 보라) 같은 지시 화행이 자주 보인다. 확실히 독일어 브로슈어는 같은 뜻을 말하고자 해도, 대체로 기술 언어에 전형적인 언어를 쓴다. 예컨대 독일어에서는 기계가 Verminderungen des personellen Aufwandes, 즉 reduces manpower requirements(인력 수요를 줄여 준다)는 뜻을 암시하는 말을 한다. Save fodder(사료를 절감하라)라는 말 대신 독일어 브로슈어에는 Es wird Kraftfutter gespart(= 사료가 절약된다), Das Kraftfutter wird optimal ausgenutzt(= 농축물은 최적으로 활용된다), Die Futterkosten werden gesenkt(= 사료 비용이 절감된다)라는 식의 전형적 표현이 나온다. 표면적으로 진술적인 독일어 문장들은 앞서 본 바와 같이 추론을 통해 지시를 뜻하게 된다.

덴마크어 브로슈어에는 구어적 표현이나 말장난 등을 포함한 좀 더 일상적인 언어가 사용되는 편이다.[15] 직접 호칭은 덴마크어 브로슈어에서 독일어에서보다 훨씬 자주 쓰인다. 예컨대 이런 식이다. You will not have to leave your driver's seat(당신은 운전석을 벗어날 필요가 없습니다), The well-being of your cows is important, if…(여러분 소의 복지는 중요합니다. 만약…), You will reduce your fuel consumption to about 1/3 and Did you know…?(당신은 연료 소비량을 1/3가량 줄이게 될 것입니다. 당신은 알고 있었습니까…?)

독일어 브로슈어는 일반적으로 비인칭 문체로 쓰여서 삼인칭 단수 또는 복수가 사용된다. 그래서 브로슈어는 주로 기술적 측면을 서술하고 이로 인해 어떤 '기능들은 운전석에서 바로 실행될 수 있다'라는 사실을 지적할 것이다. '여러분 소의 복지는 중요합니다. 만약 …'이라 하지 않고, 독일어 브로슈어는 '특정 기술은 더 큰 생산량으로 이어진다'고 강조하는 경향이 있다. 덴마크어 텍스트는 '당신은 연료를 절약한다'는 말을 아주 잘 사용하지만 독일어 표현으로는 '이 기계의 사용으로 연료 절감의 결과가 생길 것'이라거나 그것은 '에너지 소실이 낮다'라는 표현을 더 자주 쓴다. 덴마크어 브로슈어에는 '당신은 …을 아셨습니까'라고 써도 무방할 것이다. 그런 식의 표현은 독일어에는 흔치 않으며, 기술적 사항은 수신자가 알았는지 여부를 묻지 않고 서술된다.

덴마크어와 독일어 브로슈어 모두 일련의 긍정적 단어와 표현을 사용한다. 대체로 덴마크어 브로슈어는 독일어보다 과장된 문체를 더 많이 쓴다. 가령 덴마크어 브로슈어에는 제품이 '이상적'이라거나 '최상'이다, '매우 견고'하다, '정비하기 매우 쉽다' 또는 '대단히 전문적'이라는 말이 자주 나온다. 또한 그 기계와 일하는 것 자체가 '순수한 즐거움'이라는 정보를 얻을 수도 있다.

독일어 브로슈어에도 비슷한 표현이 나오긴 하지만 훨씬 드물게 사용된다. 가령 독일어에서는 상대적으로 sehr(매우) 같은 부사를 거의 사용하지 않는다. 그 대신 조금은 더 약한 표현인 besonders를 쓴다. 정비하기 매우 쉽다고 쓰는 대신 독일어 브로슈어는 wartungsarm(낮은 유지비) 또는 wartungsfreundlich(정비가 쉬운)을 더 자주 쓴다. 덴마크어에서 '전문적'이라는 말은 독어의 professionell보다 훨씬 더 자주 사용된다. 독일어 브로슈어에서 뭔가를 '순수한 즐거움'으로 언급하는 문장을 실제로 찾아보기는 힘들다. 덴마크어 브로슈어의 문체는 독일어보다 훨씬 수다스럽다.

독일 번역가 죌너(Soellner)에 따르면 기술 언어는 사람들의 사고방식에 의존한다(1980: 176). 한 국민의 사고방식에 대해 말하는 것은 문제의 소지가 있을지라도, 덴마크 사람은 다소 격식에 얽매이지 않는 경향이 있지만, 독일인은 좀 더 격식을 차리고 철두철미한 편이라는 사실을 브로슈어의 언어가 확인 시켜주는 것 같다고 말할 수밖에 없다.[16)]

마케팅학에 따르면 광고 언어는 이야기를 건네는 목표 집단에 잘 맞추는 것이 퍽 중요하다. 이 말은 곧 좀 더 비격식체인 덴마크어 브로슈어를 독일어로 곧장 번역하면 안 된다는 이야기다. 왜냐하면 (표면적으로) 좀 더 사무적인 문체를 선택하지 않으면 텍스트가 믿을 만해 보이지 않기 때문이다.[17)] 그러니 독일어 브로슈어의 언어적 관습에 맞게 조정하는 것이 바람직할 터이다. 이것은 종종 출발어 텍스트와 비교할 때 중요한 변화를 요구한다.[18)]

일반적으로 브로슈어는 글자 그대로 번역된다. 종종 문장 대 문장으로 번역되고, 그 정보는 출발어 텍스트와 도착어 텍스트에서 아주 비슷하다. 이 말은 간섭(interference)은 확실히 위험 요소임을 뜻한다. 덴마크어로 번역된 텍스트와 독일어로 번역된 텍스트 모두에서 출발어 텍스트의 영향을 보통 명확하게 느낄 수 있다. 바꾸어 말해, 그것이 번역이라는 것을 쉽게 알아볼 수 있다.

독일어에서 덴마크어로 번역된 브로슈어의 언어는 종종 형식적이며 지나치게 엄격한 것으로 나타날 것이다. 분명 덴마크어를 사용하지만 덴마크 사람이 독일어 원본을 보지 않고 작업했다면 나오지 않았을 방식으로 텍스트가 만들어지기 때문이다. 예를 들어 실사가 너무 많고, 일반적인 덴마크어에 비해 무척 엄격한 언어를 구사할 것이다. 예를 들면 이렇다. Generende griben efter flere andre gearstœnger, som afleder koncentrationen, bortfalder and Sparekraftudtagenes udveksling er gearet til 75% motoromdrejninger, her i konstantydelsesmotorens maximale drejningsmoment står faktisk den fulde motoreffekt til rådighed ved lavere brœndstofforbrug.

덴마크 사람에게 이러한 언어 형태는 부자연스러워 보인다. 덴마크어 텍스트에서 첫 문장은 곧잘 직접 호칭으로 바뀔 것이다. 즉 Føreren behøver ikke at··· 또는 Føreren er fri for at···와 같은 식이 될 것이다. Sparekraftudtagene가 있는 문장은 몇 개의 종속절 또는 주절을 포함해야 한다.

더 나은 번역을 위해서는 더 자유로울 필요가 있다. 번역할 때 문장 대 문장으로 다소 맹목적으로 번역하다 보면 인공 언어가 될 위험성은 더더욱 커진다. 요는 번역자가 텍스트를 특정 목표를 달성하기 위한 수단으로 여기는가 하는 것이다. 이런 견지에서는 지배적 행위의 측면을 번역의 토대로 삼게 될 것이다. 즉 문장을 번역하는 대신 메시지 또는 텍스트를 번역해야 한다. 번역자는 먼저 중심 정보를 키워드로 적어 둔 후에 도착어 텍스트를 만들기 시작하는 것이 도움이 될 수 있다. 이는 번역자가 출발어 텍스트의 표면적 구조로부터 훨씬 더 독립적이라는 뜻이며 따라서 간섭 오류의 위험성이 감소하리라는 것을 시사한다.[19] 이리하면 제대로 기능하는 번역 결과물을 얻게 될 것이다.[20]

(2) 많은 사실들은 각 나라에서 저마다 다른 의미를 갖는다. 덴마크 사람 대부분은 자국 제품을 고품질 상품으로 여긴다. 이런 사실을 이용해 덴마크 기계 제조사는 종종 기계가 덴마크에서 생산되었다는 점을 강조한다. 그들은 '덴마크의 질 좋은 제품'에 대해 말하거나 회사가 전적으로 덴마크 투자자의 소유임을 밝힌다. 어떤 경우 그들이 '덴마크 제품'이라고 쓰면 덴마크 독자는 이것이 좋은 제품이라고 추정할 것이다.

기술 제품과 관련해, 덴마크 제품에 대한 이러한 긍정적 평가를 독일인도 똑같이 공유하지는 않는다. 독일인들은 독일 기업이 기술적으로 최고의 제품을 생산하고 그 뒤를 미국과 일본이 잇는다고 생각한다 (Schwenzer and Schwenzer 1984). 그들은 기술 제품을 생산하는 덴마크 업계의 능력에 대해서는 똑같이 신뢰하지 않는다(List and Wagner 1992: 214). 그러니 이는 비록 자국 시장에서는 널리 통용될지라도, 덴마크 기업들은 대체로 원산지를 강조하는 것이 현명하지 않다는 사실을 깨닫게 될 것을 의미한다.[21] 덴마크와 독일에서 제품력이 서로 다르게 평가받는다는 사실의 실례는 콤바인에서 찾아볼 수 있다. 덴마크 농부는 덴마크에서 생산되는 Dronningborg 콤바인을 최고로 생각하지만 독일인은 독일에서 생산되는 CLAAS를 선호한다.

덴마크 제조사는 브로슈어에 회사의 위치가 유틀란트 서부 링쾨빙에서 가까운 렘이라고 적시한다. 그런 정보는 독일인에겐 아무 쓸모가 없을 것이다. 마찬가지로 '덴마크 제일의 퇴비 살포기 제조업체'라는 문장은 독일 수신자에게 별다른 인상을 주지 못할 것이다. 어떤 브로슈어는 특정 유형의 기계를 선택하면 세금 혜택과 재정 혜택을 받을 수 있다고 지적한다. 똑같은 조건이 독일 시장에선 해당하지 않기 때문에 이런 정보를 번역하는 것은 아무 의미가 없을 것이다. 어떤 회사는 신뢰도를 높이려고 자사 제품이 덴마크 기술연구소에서 테스트를 받았다는 사실을 명시하지만 그 사실은 독일 독자에게 똑같은 인상을 주지 못한다. 독일인은 덴마크 연구소에 덴마크인과 같은 신뢰를 하고 있지 않기 때문이다.

독일의 군소 기업은 예컨대 펜트 트랙터 공장처럼 질 좋은 제품으로 유명한 대기업에 물건을 공급한다는 점이 그들의 브로슈어에서 판매 포인트가 될 수 있다. 독자는 시장 주도 기업이 쓰고 싶어 하는 회사의 제품이라면 분명 품질이 훌륭하리라고 결론을 내릴 것이다. 덴마크 독자에게는 어떤 회사가 펜트의 납품 업체라는 주장이 같은 효력을 거두지 못하는데, 펜트는 덴마크에서 그에 미치는 평판을 얻고 있지 못하기 때문이다.

사회문화적 조건이 다름에도, 텍스트는 종종 그저 정보를 제공한다는 듯이 번역된다. 그러한 예를 찾자면, 기계의 치수는 스칸디나비아의 지침에 따라 만들어진다고 밝히는 덴마크 브로슈어를 예로 들 수 있다. 독일 독자가 이 정보를 사용할 수 있을지 의심스럽지만, 이 말은 독일어로 곧장 번역된다. 이 문장은 독일 독자에겐 별다른 인상을 주지 못하겠지만, 덴마크 수신인에게는 품질 보증이 될 것이다.

(3) 많은 경우, 도착어 관습에 친숙해 보이도록 단지 병렬 텍스트를 활용하는 것으로는 충분하지 않을 것이다. 특정 텍스트의 문체를 그대로 따르는 것은 문제가 될 수 있다. 그 이유는 바로 브로슈어가 상당한

변형을 나타내 보이기 때문이다. 독일에서 CLAAS와 Fendt 같은 크고 잘 알려진 회사들은 긍정적 형용사와 구어를 많이 써서 좀 더 비격식적인 문체를 사용한다. 일부 브로슈어에는 직접 화법이 강하게 나타나고, 마찬가지로 구어적 특징도 많이 보인다. CLAAS 브로슈어에서 가져온 다음 문장이 그러한 예이다.

> Wenn Sie das Schneidwerk mal zugefahren haben, dann werden Sie froh sein, daß CLAAS an eine Reversiereinrichtung gedacht hat.

CLAAS 같은 큰 기업이 이러한 구어체를 쓸 수 있다면 그것은 그 회사가 세계에서 손꼽는 기업에 들기 때문이다. 독일 농부는 누구나 CLAAS 기계가 최고에 속한다는 걸 알고 있다. 그러므로 비격식체를 사용한다고 해서 기업의 신뢰가 떨어지지 않는다. 독일에 알려지지 않은 덴마크 회사가 독일 시장에 진출하고자 한다면 훨씬 더 중립적인 문체를 선택해야 한다. 그렇지 않으면 그 브로슈어는 독일 독자에게 신뢰성이 떨어져 보일 것이다.

(4) 출발어 텍스트에 결함이 있는 경우가 자주 있다. 언어 실수와 어설픈 표현이 있을 수 있다.[22] 또 한 가지, 한층 더 큰 문제는 종종 출발어 텍스트에 화용론적 측면에서 아쉬운 점이 많다는 사실이다. 이 주제는 데이비도우(Davidow 1987)가 다루고 있다. 그에 따르면 좋은 마케팅 캠페인은 고객이 해당 상품을 선택함으로써 얻게 될 이익을 마케팅 담당자가 분명히 강조하는 것으로 시작한다.

실제로 이것은 주로 소비자 시장에서 일어난다. 생산자 시장에서는 확실히 똑같은 일이 늘 일어나지는 않는다. 데이비도우에 의하면, 하이테크 산업 종사자들은 종종 소비자가 제품을 통해 얻는 이익보다 제품 자체에 더 많은 관심을 두기 때문이다.[23] 농기계 분야에서도 가끔 볼

수 있는 그런 텍스트들의 경우에는 출발어 텍스트를 상당히 수정하는 것이 바람직하다.[24)]

화용론적으로 결함이 있는 텍스트를 번역할 때 번역자는 많은 문제에 직면한다. 무엇보다 먼저 기계의 기술적 측면에 익숙해져야 하며 장점으로 강조할 만한 특성이 무엇인지 찾아내야 한다. 이를 위한 가장 좋은 방법은 번역자가 경쟁사의 제품 또한 잘 알아서 "제" 기계가 가진 장점을 강조할 수 있도록 해야 한다.[25)] 이런 점에서, 동일한 요구 사항은 주로 출발어 텍스트의 준비에 따라 도착어 텍스트를 나타내는 데 적용된다.

여기에 더해 번역자는 해당 세분 시장(market segment)의 사고방식에 익숙해져야 한다. 그러고 나서 이 집단이 세계를 보는 방식, 즉 목표 집단의 가치관과 규범과 기대에 따라 텍스트를 구성해야 한다. 출발어 텍스트가 완전하지 못할 때 번역자가 지게 되는 부담은 상당히 크다.[26)]

발신자는 더 큰 효과를 내기 위해 그로세(Große 1976)가 말한 "gruppenindizierende Sprache(그룹인덱싱언어)"을 사용하는 것도 하나의 방편이 될 수 있다. 다시 말해 그것은 예를 들어, 삶의 공통 자질이나 목표를 강조하는 언어 사용의 일종이다. 만일 수신자가 발신자 또한 자신과 같은 집단에 속한다고 여기면, 수신자에게 영향을 줄 가능성은 더욱 커진다. 농부들이 자신을 실용적인 사람이라 여기고 이론가를 몹시 의심스럽게 보는 것처럼, 많은 기계 생산자들도 자신들이 실용적인 사람임을 강조한다. 그리고 많은 브로슈어에서 구어를 사용하는 것도 "gruppenindizierende Sprache"라고 볼 수 있다.

(5) 브로슈어는 전체 커뮤니케이션 믹스(communication-mix)의 일부일 뿐이다. 어쩌면 어떤 회사들은 국내시장보다 수출 시장에서 브로슈어의 사용을 더 강조할 것이다. 이는 출발어 텍스트보다 번역본에 더 많은 정보를 담아야 한다는 걸 의미할 수 있다. 예를 들어 출발어 텍스

트에는 빠졌더라도 번역된 브로슈어에 회사 소개를 하는 편이 더 유리할 수 있다.[27)]

6. 맺음말

앞에서 말한 대로 전문적 텍스트와 비전문적 텍스트의 구분이 기술 브로슈어 텍스트유형을 번역하는 방법에 대해 알려 주는 것은 그리 많지 않다. 기술 브로슈어가 LSP 텍스트이긴 하지만 지시적 등가를 가장 중요한 기준으로 볼 수 없다는 것은 매우 확실하다.

기술 브로슈어는 번역자에게 일정한 기술 지식을 요구한다. 게다가 번역자는 텍스트유형의 관습에 관해서도 일정한 지식을 가져야 한다. 그리고 마케팅 전문가의 자질과 문화 간 의사소통 능력 또한 아울러 갖춰야 한다.

언어권 간의 문화적 차이와 마케팅 측면의 차이는 일반적으로 생각하는 것보다 더 큰 역할을 한다. 브로슈어에는 대부분 정보가 들어 있고, 이는 도착 언어권에서는 완전히 또는 부분적으로 관련이 없는 것들이다. 이러한 정보는 적어도 다른 도착어의 조건에 맞게 조정되어야 한다.[28)]

사람들이 덴마크어와 독일어로 생각을 다르게 표현한다는 점을 번역자가 헤아리는 것은 번역의 품질을 결정지을 정도로 중요하다. 독일어 브로슈어는 사실적이고 기술적 문체를 강조하지만, 덴마크 사람은 예컨대 실사를 더 적게 쓴다든지 하여 덜 "기술적인" 방식으로 사물을 표현한다. 게다가 덴마크어 브로슈어에는 독일어보다 종속절이 훨씬 더 많이 쓰인다.

"이것은 번역"이라고 단박에 알아챌 수 있는 불충분한 브로슈어 번역이 많다.[29)] 기업 조직은 번역에 관한 한 비용에 아주 민감하다. 브로슈어는 기업이 외부와 소통하는 데 중요한 부분을 이루고, 종종 소비자와 만나는 첫 번째 접촉이라는 점을 생각하면 이상한 일이다. 그리고 당연히 나쁜 인상은 불행한 결과를 초래할 수 있다.[30)]

나쁜 번역을 좋아지도록 하려면 문장 대 문장으로 번역하는 전략을 버려야 한다. 만약 매우 직역에 가까운 형태의 번역을 선택한다면 실제 광고 대행사를 위한 출발점으로서 적합할 뿐이며 이후 도착어 문체에 맞춰 텍스트를 변경하게 될 것이다.

기술 브로슈어 텍스트유형을 번역할 때, 오늘날 일반적으로 행해지는 것보다 수신자를 훨씬 더 많이 고려할 필요가 있다. 현 상황에서는 출발어 텍스트에 너무 많은 중요성을 부여한다. 화용론적 고려 사항은 거의 무시된 채, 의미론적 측면을 지나치게 강조한다.

하이네만과 피베거에 따르면 출발어 텍스트의 발신자는 수신자에 대한 최대의 효과를 얻기 위해 더 상위의 의사소통적 목표를 고려한 일련의 언어적 결정을 내린다. 이것은 예를 들면 명제의 선택과 관련한 것이다. 브로슈어에 관해서라면 그 목적은 제품 판매를 촉진하는 것이며 이것이 그 텍스트의 주목적이다.

브로슈어 번역에서 같은 기준을 사용하는 데는 다 까닭이 있다. 번역에서 언어적 수단의 선택 역시 메시지가 소기의 목표를 달성할 수 있도록 이루어져야 한다. 이는 출발어 텍스트의 중요성이 상당히 줄어든다는 것을 의미한다.

달리 말해, 도착어 텍스트의 가장 중요한 기준은 브로슈어의 목적을 고려하는 것이다. 이는 물론 순전히 기술적인 측면을 통해서도 결정되지만, 특히 판매 심리학에 의해서 결정되는 매우 자유로운 번역을 의미한다는 것은 분명하다.

미주

1) Göpferich 1995, Burggarten 1993 참조

2) Koller 1992: 90ff 와 214ff 참조

3) 이론에 대한 이러한 회의주의는 놀랍다. 실용적 기술만을 강조하는 교육은 학문적 태도라 할 수 없다. 그러나 대학은 이제 직업 교육 또한 제공해야 한다. 문제는 이론과 실제를 연결할 필요가 있다는 것이다.

4) 이 논문은 주로 농기계 관련 기술 브로슈어에 바탕을 두지만, 주요 연구 결과는 다른 기술적 하위 언어에서 나온 비슷한 텍스트에 대해서도 시사하는 바가 있어야 한다.

5) 예를 들어, Stolze 1992: 97 참조. "Der Übersetzer im Dienste der Technik … hat keine welterschließende Aufgabe wie im Bereich der Dichtung, sondern die demonstrative Funktion der präzisen Darstellung der Objektwelt".

6) 예를 들면 뢰머(Römer, 976)는 'semantische Aufwertung'를, 묀과 펠카(Möhn and Pelka 1984)는 Aufwertende Adjektive 를 말하지만, 그들은 그 개념이 작용하도록 그것을 분명히 정의하지 않는다.

7) LSP 텍스트의 추가적인 전형적 자질에 대해서는 Fluck(1984: 73ff.)이 다루고 있다.

8) 분명 지시 화행은 브로슈어에서보다 기술 광고에서 더 자주 보이는 것 같다. 글레저(Gläser 1990: 252)는 기술 제품의 영문 광고에 쓰인 지시 화행을 간략히 다룬다.

9) 설득 커뮤니케이션(persuasive communication) 이론에서는 수신자에게 영향을 미치려는 목표를 숨기는 게 유리할 수 있다고 종종 강조한다(cf. Breuer 1974: 56ff).

10) 문장과 발화수반행위의 관계에 관한 문제는 아직 결론이 나지 않았다. 문제의 여지가 전혀 없다고 할 수 없겠지만 여기서 나는 문장들을 발화수반행위로 본다.

미주

11) 텍스트의 저자는 확실히 수신자로부터 나올 수 있는 반론을 예측하려 노력했다. 수신자 반응 예측은 기본적인 요소로서 치메르만(Zimmermann 1984)이 이에 대해 폭넓게 다루었다.

12) 슈톨체(1992: 199)를 참조. 그는 기술적인 세부 사항을 묘사하면 정확하고 효율적이며 유능한 인상을 줄 수 있다고 말한다.

13) 회니히와 쿠스마울(Hönig and Kußmaul 1982), 라이스와 페르메이르(Reiss and Vermeer 1991) 그리고 트로스보그(Trosborg 1994) 등이 이 점을 강조했다.

14) 말뭉치는 덴마크어 브로슈어 50개와 독일어 브로슈어 50개로 이루어진다.

15) 예문: Få det perfekte indeklima med lune besparelser; Os imellem er der kun varmt vand (열펌프에 대하여); Agrometer gøder jorden for et effektivt landbrug.

16) 이 문제에 대해서는 리스트와 바그너(List and Wagner 1992)가 다루었다.

17) 신뢰성은 마케팅 이론에서 가장 중요한 개념 가운데 하나이다(Schifko 1982 참조).

18) 앞서 말한 대로 독일어 브로슈어가 훨씬 객관적으로 보이는 것은 표면적 현상이다. 덴마크어 브로슈어와 마찬가지로 독일어의 경우도 분명 가치 평가적이다.

19) 간섭의 문제에 대해서는 슈톨체(Stolze 1992: 76ff)가 다룬 바 있다.

20) 죌너[Soellner(1980)] 역시 직역은 인위적이라는 결론에 도달한다.

21) 한편 덴마크 식료품은 원산지를 강조하는 것이 마케팅에 더 유리하다. 덴마크 식품은 품질이 뛰어나다고 여겨지기 때문이다(Bänsch 1991 참조).

22) 괴페리히(Göpferich)는 번역가로 지낸 5년 동안 작은 실수나마 없었던 텍스트를 보지 못했다고 말한다.

23) 폼플리츠(Pomplitz 1990)는 많은 회사가 산업 제품의 광고에 큰돈을 투자하

기를 꺼리며, 카피라이터에게 그런 텍스트를 만드는 것에 대한 특별한 권위가 없다는 사실에 주목한다.

24) 퀸(Kühn 1990) 또한 잘못된 산업광고의 문제는 수신자의 지식과 관심에 근거하지 않고 순전히 기술적 사실에 기반을 두는 것이라고 말한다.

25) USP에 대한 벤슈(Bänsch 1991:26)의 글 참조

26) 사실, 번역자가 이 글에서 말한 요구 사항에 부응하지 못하게 하는 것이 여러 가지 있을 수 있지만(Sager 1986 참조), 그렇다고 해서 좋은 번역이 이러저러한 점을 고려해야 한다는 사실은 변하지 않는다.

27) 폼플리츠(1990a)는 브로슈어와 다른 형태의 마케팅 커뮤니케이션 간의 관계에 대해 다룬다.

28) 따라서 기술 브로슈어 번역은 결코 "단순한 부호 변환 과정이 아니라… 비교문화적 사건"이라 말할 수 있다(Trosborg 1994: 25).

29) 야콥센(Lykke Jacobsen)은 산업 분야 번역가는 자연스러워 보이는 텍스트를 내놓아야 한다고 말한다. "너무 자연스러워서, 실은 번역을 원본과 분간하기 어렵다"(1993: 67). 브로슈어 번역에서 이러한 요구에 부합하는 번역은 비교적 드물다.

30) 그러나 때로는 번역이 너무 좋아서 이것이 번역이라는 사실을 알아야만 번역임을 깨닫게 되는 번역도 있다.

참고문헌

Atelsek, Jean. 1981. "An anatomy of opinions". *Language in Society* 10:217-225.

Bänsch, Axel, 1991. *Einführung in die Marketing-Lehre. 3., wesentliche erneuerte und erweiterte Auflage.* München: Vahlen.

Baumann, Klaus-Dieter and Kalverkämper, Hartwig (eds). 1992. Kontrastive Fachsprachenforschung. Tübingen: Narr.

Beaugrande, Robert-Alain de and Dressler, Wolfgang Ulrich. 1992. *Introduction to Text Linguistics.* London New York: Longman.

Brandt. Margareta, Koch, Wolfgang, Motsch, Wolfgang, Rosengren, Inger and Viehweger, Dieter. 1983. "Der Einfluß der kommunikativen Strategie auf die Textstruktur - dargestellt am Beispiel des Geschäftsbriefes". In Inger Rosengren (ed), *Sprache und Pragmatik. Lunder Symposium 1982.* Lund: Almqvist and Wiksell Interational, 105-135.

Breuer, Dieter. 1974. *Einführung in die pragmatische Texttheorie.* München: Fink.

Brinker, Klaus. 1992. *Linguistische Textanalyse. Eine Einführung in Grundbegriffe und Methoden. 3., durchgesehene und erweiterte Auflage.* Berlin: Erich Schmidt Verlag.

Bungarten, Theo. 1993. "Hinsichten zu einer Theorie der Fachsprachen. Zur Einführung". In Theo Bungarten (ed), *Fachsprachentheorie.* Tostedt: Attikon.

Davidow, William H. 1987. High Tech Marketing. *Der Kampf um den Kunden - Erfahrungen und Rezepte eines Insiders.* Frankfurt: Campus.

Fluck. Hans-Rüdiger, 1984. *Fachdeutsch in Naturwissenschaft und Technik.* Heidelberg: Groos.

Gläser, Rosemarie. 1990. *Fachtextsorten im Englischen.* Tübingen: Narr.

Große, E. U. 1976. *Text und Kommunikation. Eine linguistische Einführung in die Funktionen der Texte.* Stuttgart: Kohlhammer.

Göpferich, Susanne. 1992. "Eine pragmatische Typologie von Fachtextsorten der Naturwissenschaften und der Technik". In K.-D. Baumann and H. Kalverkämper (eds), 190-210.

Göpferich, Susanne. 1993. "Die translatorische Behandlung von Textsortenkonventionen in technischen Texten". *Lebende Sprachen* 38(2): 49-53.

Göpferich, Susanne. 1995. *Textsorten in Naturwissenschaften und Technik. Pragmatische Typologie - Kontrastierung - Translation.* Tübingen: Narr.

Hatim, Basil and Mason, Ian. 1993. *Discourse and the Translator.* London/ New York: Longman.

Heinemann, Wolfgang and Viehweger, Dieter. 1991. *Textlinguistik. Eine Einführung.* Tübingen: Niemeyer.

Hoffmann, Lothar. 1985. *Kommunikationsmittel Fachsprache. Eine Einführung.* Tübingen: Narr.

Holz-Mänttäri, Justa. 1984. *Translatorisches Handeln. Theorie und Methode.* Helsinki: Suomalainen Tiedeakatemia.

Holz-Mänttäri, Justa and Nord, Christiane (eds). 1993. *Traducere Navem. Festschrift für Katharina Reiß.* Tampere: Universitätsbibliothek Tampere.

Hönig, Hans G. and Kußmaul, Paul. 1982. *Strategie der Übersetzung. Ein Lehr- und Arbeitsbuch.* Tübingen: Narr.

Jakobsen, Art Lykke. 1993. "Translation as textual (Re)production". In Justa HolzMänttäri and Christiane Nord (eds), *Traducere Navem. Festschrift für*

Katharina Reiß zum 70. Geburtstag. Tampere: Universitätsbibliothek.

Jakobsen, Art Lykke (ed). 1994. *Translating LSP Texts: Some Theoretical Considerations.* Copenhagen: Samfundslitteratur.

Koller, Werner. 1992. *Einführung in die Übersetzungswissenschaft.* Heidelberg: Quelle und Meyer.

Kroeber-Riel, W. 1991. *Strategie und Technik der Werbung.* Stuttgart: Kohlhammer.

Kußmaul. Paul. 1990. "Die Übersetzung von Sprechakten in Textsorten". *Der Deutschunterricht* 1: 17-22.

Kühn, Jürgen M. 1990. "Mausgrau oder schmetterlingsbunt? Oder Der Investtexter zwischen Menschen und Maschinen". In Ernst Högn and Hans-Jürgen Pomplitz (eds), *Der erfolgreiche Werbetexter.* Landsberg am Lech: Moderne Industrie.

List, Pia and Wagner, Johannes. 1992. "Nationale Stereotype im internationalen beruflichen Alltag: Überlegungen anhand eines Fallbeispiels". In A. Grindsted and J. Wagner (eds), *Communication for Specific Purposes. Fachsprachliche Kommunikation.* Tübingen: Narr, 210-226.

Möhn, Dieter and Pelka, Roland. 1984. *Fachsprachen. Eine Einführung.* Tübingen: Niemeyer.

Niss, Hanne. 1994. *Made in Denmark. Nationalitetens betydning i international markedsføring.* Aalborg: Aalborg Universitetsforlag.

Nord, Christiane. 1991. 2nd edition. *Textanalyse und Übersetzen.* Heidelberg: Groos.

Pomplitz, H. J. 1990. "Viel Arbeit – wenig Ehr'. Oder: Das harte Brot der

Investtexter". In Ernst Högn and Hans-Jürgen Pomplitz (eds), Der erfolgreiche Werbetexter. Landsberg am Lech: Moderne Industrie.

Pomplitz H. J. 1990a. "Wie textet man einen Prospekt?" In Ernst Högn and Hans-Jürgen Pomplitz (eds), *Der erfolgreiche Werbetexter.* Landsberg am Lech: Moderne Industrie.

Poulsen, Sven-Olaf. 1990. "Zur Problematik des textsortenbezogenen Übersetzens". *Der Deutschunterricht* 1: 29-35.

Reinhardt, W. et al. 1992. Deutsche *Fachsprache der Technik.* Hildesheim: Olms.

Reiss, Katharina. 1983. *Texttyp und Übersetzungsmethode. Der operative Text.* Heidelberg: Groos.

Reiss, Katharina and Vermeer, Hans J. 1991. *Grundlegung einer allgemeinen Translationstheorie.* Tübingen: Niemeyer.

Römer, Ruth. 1976. *Die Sprache der Anzeigenwerbung.* Düsseldorf.

Sager, Juan D. 1986. "Die Übersetzung im Kommunikationsprozeß: der Übersetzer in der Industrie". In Snell-Hornby (ed), 331-347.

Schwenzer, J. E. and Schwenzer J. M. 1984. "Völkerimages. Selbstbild und Bilder anderer Völker bei den Deutschen". *Marktforschung* 2, 58-64.

Searle, John R. 1976. "A classification of illocutionary acts". *Language in Society* 5: 1-23.

Snell-Hornby, Mary (ed). 1986. *Übersetzungswissenschaft. Eine Neuorientierung.* Tübingen: Francke.

Soellner, Rolf. 1980. Form und Inhalt. "Betrachtungen zur literarischen und technischen Übersetzung". W. Wilss and S. O. Poulsen (eds), *Angewandte Ubersetzungswissenschaft. Internationales übersetzungswissenschaftliches Kolloquium an der Wirtschaftsuniversität Århus/Dänemark,* 19-21 Juni 1980. Århus, 165-179.

Sowinski, Bernhard. 1979. *Werbeanzeigen und Werbesendungen.* München: Oldenburg.

Splinter R. and Hartig, P. 1980. "Fachsprachliche Besonderheiten der Werbesprache, untersucht am Beispiel der Anzeigenwerbung". In *Textgattungen der Technik.* Edited by Gunter Neubert. Berlin.

Stolze, Radegundis. 1992. *Hermeneutisches Ubersetzen. Linguistische Kategorien des Verstehens und Formulierens beim Übersetzen.* Tübingen: Narr.

Stolze. Radegundis. 1994. *Ubersetzungstheorien. Eine Einführung.* Tübingen: Narr.

Sørensen, Henrik Selsøe. 1994. "Knowledge and translation. When does a translator have to be unfaithful? Some Cases of LSP Translation". In A. Jakobsen 13-31.

Trosborg, Anna. 1994. "Translation studies: Some recent developments." *Hermes. Journal of Linguistics.* 12. 1994.9-28.

Vestergaard, Torben and Schröder, Kim. 1985. *The Language of Advertising.* Oxford: Blackwell.

Wilss, Wolfram. 1979. "Fachsprache und Übersetzen". In *Terminologie als angewandte Sprachwissenschaft. Gedenkschrift für Univ.-Prof. Dr. Eugen Wüster,* edited by H. Felber u. a. München/New York London/Paris, 177-191.

Zimmermann, K. 1984. "Die Antizipation möglicher Rezipientenreaktionen als Prinzip der Kommunikation". In I. Rosengren (ed), *Sprache und Pragmatik. Lunder Symposium 1984.* Malmö: Almqvist and Wiksell International, 131-158.

법률 장르 번역

바티아(Vijay K. Bhatia)
홍콩 시티 대학(City University of Hong Kong)

1. 머리말

응용 장르 분석에 관한 최근의 연구(Swales 1981, 1990, Bhatia 1983a, 1993, Dudley-Evans 1986, Berkenkotter and Huckin 1995)는 번역을 가르치고 배우는 데에 있어서 언어적 분석이 중요하다고 거듭 강조해 왔다. 이러한 연구는 담화 분석을 그저 언어적 기술 행위라기보다 언어적 설명 행위로 보면서 '특정 담화 공동체의 구성원은 왜 그런 식으로 언어를 사용하는가?'라는 질문에 답하려고 한다. 그 해답을 구하기 위해서는 몇 가지 핵심적 정보의 출처만 살펴보아도 언어학뿐만 아니라 사회언어학과 민족지학적 연구, 심리언어학과 인지심리학, 의사소통 연구, 학제적 문화연구 등에서의 성과뿐 아니라 그러한 담화공동체 구성원들이 가지고 있는 통찰을 필요로 한다. 응용장르분석은 장르의 핵심적 자질을 의사소통의 목적이라고 보고 문제의 해결을 시도한다. 따라서 장르 분석은 최근의 언어 교육 및 학습에 중요한 영향을 끼치는 분야가 되었다. 본고에서는 범위를 확장하여 장르 분석 이론이 번역 교육과 학습에

까지 적용되는 상황을 살펴보려 한다. 논의는 다음과 같이 네 부문으로 나눠 전개된다.

(1) 첫 번째 부분에서는 특히 법적 맥락에서 번역 과정의 복잡성을 강조하고자 한다.
(2) 두 번째로는 번역의 이론과 실제에 중대한 함의를 지니는 장르 이론의 주요 특징 몇 가지를 규명하고자 한다.
(3) 세 번째로는 번역 작업에서 특별히 다뤄야 하는 법률 문서 작성의 특징에 대해 논의하고자 한다.
(4) 마지막 부분에서는 번역 작업에서 전체적인 완결성을 유지하기 위해 장르 기반 체제가 어떻게 사용되는지, 언어 내(intra-lingual) 법률 번역의 예를 들어 설명하고자 한다.

2. 번역 과정의 복잡성

번역은 단순히 언어적 전이의 문제가 아니라 그 자체가 진정한 의사소통 행위로서, 아마도 단일기호 체계 내의 의사소통보다 훨씬 복잡할 것이다. 번역은 다른 누군가의 메시지를 또 다른 언어를 통해 전달하려는 시도이다. 그게 복잡한 이유는 서로 다른 기호 체계를 통해 다양한 동기부여에 대응하여 다양한 사회 인지적, 분과 학문적인 문화의 맥락에서 이루어지기 때문이다. 요컨대 번역은 하나의 세상을 다른 세상과 소통하게 하려는 시도이다. 이를 성공적이고 효과적으로 해내기 위해서는 두 기호 체계를 동시에 이해해야 한다. 이는 다른 무엇보다 출발어 텍스트를 알고 있다는 뜻이며, 출발어의 맥락에서 작가와 독자를 알고 있고 출발어의 어휘 문법적 자원과 분과 학문적 문화의 장르적 관습을 알고 있다는 뜻이다. 또한 도착어 텍스트(번역)를 알고 있고 도착어 맥락에서 작가(번역가)와 독자를 아는 것은 물론 도착어의 어휘 문법적 자원 그리고 관련 분과학문의 문화와 연관된 장르적 관습을 알고 있다는 뜻이다. 그러므로 번역은 각각의 동기에 따라 적절한 언어적 선택을 하고 그에 따라 적절한 의사소통적 선택이 이뤄지도록 두 언어의 기호 체계뿐만 아니라 사회문화적 체계도 탐구할 것을 요구한다. 이와 더불어, 번역가는 독자이면서 또한 인지적 작업에도 관련이 된다. 따라서 아마도 아래의 고려 사항 중 일부 또는 전부를 고려해야 할 것이다.

(1) 해석(의도된 번역의 사용): 전반적 완결성의 문제
(2) 원본을 이해하기 쉽고 편하게 만들기(특히 법률 텍스트의 맥락에서)

이 두 가지 관련 사항은 번역 이론에서 몇 가지 중요한 쟁점을 불러일으키는데, 바로 다음과 같은 문제들이 포함된다.

(1) 우리는 다른 사람의 메시지를 '전달하는가' 또는 '재창조하는가'?
(2) 우리는 의사소통하고자 하는 맥락을 '만들어 내고' 또한 '명확히 하는가'?

캔들린(Candlin 1990)은 번역 과정과 얽힌 복잡성을 논하면서 아래와 같이 적절히 지적한다.

> 여기서 과정으로서의 번역이나 결과물로서의 번역에 대한 다소 무익한 논쟁은 의사소통에 관한 기호학적, 언어학적, 사회적, 문화적, 심리학적 관점을 결합하는 새로운 기회에 자리를 넘겨준다. 요컨대 그것은 이해한다는 것의 의미에 관해 좀 더 폭넓은 개념을 제공한다.

말리노프스키(Malinowski)의 '상황의 맥락(context of situation)'이라는 개념 자체는 원래 번역의 맥락에서 개발되었지만, 번역의 많은 부분은

도착어 텍스트를 생산하기 위해 출발어 텍스트에 집중하며, 출발어나 도착어에서 그러한 텍스트의 다른 맥락적 결정 요소는 상당 부분 무시된다. 그중 몇 가지는 아래와 같다.

(1) 수사적 맥락
(2) 의사소통의 목적
(3) 텍스트 구조
(4) 일반적 지식
(5) 전반적 역동성

이들 요소 중 많은 부분이 최근 스웨일스(Swales 1990), 바티아(1993) 그리고 버켄코터와 허킨(Berkenkotter and Huckin 1995) 등이 논의한 사회 인지적 장르 이론의 발전에서 두드러지게 나타났는데, 특히 의사소통 목적의 역할 그리고 전문 영역의 맥락에서 텍스트 구성, 해석 및 사용에 있어 전반적 완결성과 관련해 논의가 이루어졌다.

3. 장르 분석

장르 분석은 제도화된 학문적 또는 전문적 환경의 상황에 따른 언어 행동을 연구하는 것이다. 우리의 목적에 부합하는 중요한 특성 몇 가지는 다음과 같다.

(1) 장르 분석의 진정한 관심은 하나의 언어적 틀이나 다른 언어적 틀의 상세한 확장이나 검증에 있다기보다, 의사소통의 목표를 달성하기 위한 언어의 사용에 집중된다. 이러한 점에서 장르 분석은 언어학적 형식주의의 확장이 아니다.

(2) 장르 이론은 비언어적 목표를 달성하기 위한 언어적 의사소통의 구축, 해석 및 사용을 분석하기 위해, 분과학문 문화에 자리한 사회 인지적 지식의 모든 측면을 활용한다. 이런 종류의 일반지식은 대부분 그러한 일반적 형식에 늘 개입하는 전문가 공동체의 담화 관행에 내재한다.

이러한 일반적 형식들은 지극히 관습화되긴 했지만 고정된 것은 아니다. 그것들이 언어의 전문 사용자가 갖가지 복잡한 목표를 달성하기 위해 장르 관습을 조작하는 방식을 설명해 준다는 바로 그 사실을 통해 대단히 역동적이고 명확하다는 것을 알 수 있다. 장르 이론이 전문 담화의 이해에 가장 크게 기여하는 바는 한편으로 전문 저자가 어떻게 전반적 완결성을 유지하는지, 다른 한편으로 사회적으로 공인된 의사소통 목적의 제약 안에서 개인적 의도를 실현하기 위해 어떻게 장르 관습을 활용할 수 있는지 이해할 수 있게 한다는 점이다.

4. 번역에 대한 장르 기반 접근법

번역에서 가장 중요한 측면 중 하나지만 최근 그 주제에 관한 문헌에서 소홀했던 부분은 도착어 텍스트의 장르적 정체성을 유지하는 문제이다. 바꿔 말해, 영문 신문 보도를 덴마크어로 번역할 때는 신문 보도 장르의 대표적 특성을 덴마크어판에서 전부 또는 최소한 살려야 한다. 때로는 그러한 판단을 내리기가 꽤 복잡해지는데, 가령 두 언어의 장르 관습이 다르고 그것이 구체화하면서 변화가 생기는 경우 반드시 표현해야만 할 일반적 패턴이 무엇인지 추가로 결정을 해야 할지 모른다. 어느 쪽이든 자신이 번역하고 있는 텍스트의 장르적 실체를 무시할 수 없다. 일단 장르 정체성을 유지하도록 결정을 내렸다면 그것을 최대한 효과적이고 경제적으로 달성하는 접근법을 번역 수업에서 결정해야 한다.

내가 보기에 번역 작업, 특히 전문적 담화의 번역에서 전반적 완결성 문제를 다루기 위해 학습자는 적어도 네 가지 영역에서 역량을 길러야 하는데, 그것들은 체계적으로 연관되지만, 뚜렷이 구별되는 영역이다. 학습자들 대부분이 두 언어로 일반적인 일상의 기능을 수행하기에 충분한 언어 능력을 이미 갖추고 있다고 가정한다면, 그들은 여전히 전문가 기호(code)를 이해하는 힘을 길러야 하고, 전문 장르의 역학, 즉 수사적 형식과 내용, 그것들이 반응하는 특정 맥락과 그 반응에 따르게 되는 관습 등에 익숙해져야 하며, 마지막으로, 낯설고 새로운 긴급 상황에 대응할 수 있도록 전문 장르를 능숙하게 다루는 힘을 길러야 할 것이다.

달리 말해 학습자들은 '두 기호에 대한 이해력'을 길러야 하고, 전문적 문화와 관련한 '장르 지식의 습득'에 힘쓰며, '두 가지 전문 분야에서 전문 장르의 인지적 구조화에 대한 민감도'를 길러야 한다. 그런 다음에야 비로소 특정 분야에서 전문 담화의 유능한 번역자가 됨으로써 전문 장르의 레퍼토리에 관한 '일반 지식을 활용한다'는 희망을 품어 봄 직하다.

이제 위에서 확인했던 네 가지 단계에 관해 차례대로 자세히 짚어보기로 하겠다.

4.1. 기호(code)에 관한 지식

기호에 관한 지식은 당연히 모든 전문 담화나 일상적 담화에서 의사소통의 전문 기술을 개발하기 위한 전제 조건이다. 전 세계 어학 프로그램의 대부분은 다양한 수준의 성과를 목표로 이를 이루려고 한다. 그런데 우리 대다수가 종종 믿기 쉬운 대중적 신화가 된 듯하지만, 기호에 관한 완벽에 가까운 지식은 번역 교육에서 성공을 거두기 위한 필요조건도 충분조건도 아니라는 사실을 지적하고 싶다. 한편으로, 종종 전문화된 담화 분야의 번역 전문 지식을 비교적 짧은 기간에 개발할 수도 있는가 하면, 또 다른 한편으로, 모든 뛰어난 이중 언어자가 반드시 뛰어난 번역자가 되리라고 상상하는 것은 순진한 생각이기도 하다.

4.2. 장르 지식의 습득

특정 전문 장르를 번역한다는 것은 특정 담화 공동체의 의사소통 목표를 아는 것은 물론 그 목표를 달성하기 위한 장르의 특별한 사용과 관련된 의사소통의 목적도 아는 것을 전제로 한다. 그러므로 학습자는 어떤 의사소통 활동을 수행하기 전에 전문적 담화 공동체와 전형적으로 연관되는 적절한 수사적 절차와 관습을 알아 둘 필요가 있다. 이런 종류의 장르 지식은 '상황 인지'의 한 형태로 전문 작가의 절차적, 사회적 지식과는 뗄 수 없는 관계처럼 보인다(Berkenkotter and Huckin 1995: 13). 학습자는 장르 지식, 절차적 지식(도구와 그 사용 그리고 분과학문의 방법론과 해석 틀에 관한 지식을 포함한다) 그리고 사회적 지식(수사적이고 개념적인 맥락에 익숙하다는 의미에서)을 자기 것으로 만들어야 더 숙달된 수련생이 될 수 있다. 페어클러프(Fairclough 1992: 126)는 이렇게 지적한다. "… 장르는 특정 텍스트유형을 뜻할 뿐만 아니라 텍스트를 생산하고 배포하며 소비하는 특정 프로세스를 뜻하기도 한다."

4.3. 인지 구조에 대한 민감성

전문가 공동체의 목표를 이해하고 그들이 사용하는 전문 장르의 관습을 어느 정도 내면화했다면, 이제 학습자는 이러한 목표와 의사소통 목적을 이루기 위해 언어가 전형적으로 사용되는 방식에 대한 지식을 쌓아야 하며, 한편으로는 이러한 관습을 활용하여 때로는 도착어 문화의 특정 전문 분야의 맥락이나 어떤 새로운 상황에서 변화된 사회 인지적 요구에 대응해야 하고, 때로는 사회적으로 인식된 목적 안에서 개인적 의도를 달성하기도 해야 할 것이다. 이것은 수습 중인 학습자가 단지 장르 특정적 텍스트의 일반적 형식과 내용뿐만 아니라 두 기호 체계 내 사회적 관행의 변화에 대해 그것들이 나타내는 반응에도 예민하도록 함으로써 개발된다.

4.4. 장르 지식의 활용

학습자는 어느 정도 지식을 쌓은 후에, 더 나아가 앞서 논의한 수준의 전문 지식을 쌓은 후에야 전문 담화를 자신 있게 다룰 수 있다. 즉, 그것을 해석하고, 번역하고, 활용하거나 마음대로 바꿀 수 있게 된다. 여기서 지적하고 싶은 바는 앞의 세 단계는 주로 관습을 이해하는 것과 관련되지만, 마지막 단계에는 특정 전문 분야의 맥락에 어울리는 번역본을 통해 화용론적으로 성공하기 위해, 관습을 활용하고 마음껏 바꾸는 것이 포함된다는 점이다.

5. 법률 담화

법적 담화, 특히 법률 조항의 전형적 특징은 여러 연구에서 충분히 거론되었다(Bhatia 1982, 1983a, 1984, 1987, 1993, 1994b, Gustafsson 1975, 1984, Gunnarsson 1984, Maley 1994, White 1982를 참조). 화이트(White 1982: 423)는 법적 담화의 가장 문제 되는 자질 가운데 하나는 '보이지 않는' 것이라고 지적한다. 그는 다음과 같이 주장한다.

> 이해의 가장 심각한 걸림돌은 법률에 사용된 어휘와 문장구조가 아니라 언어가 작동하는 암묵적 관습이다.

이 말은 법적 맥락에서 언어가 작동하는 방식에 대한 기대가 있지만, 그러한 기대는 법문화(legal culture) 이외의 어디에서도 결코 명시적으로 말해지지 않으며, 단순히 그러한 맥락의 언어적 표면에 의해 추측된다는 뜻이다. 표면적 차원에서 명사화가 아주 높은 빈도로 사용될뿐더러, 복잡한 만일의 사태를 나타내기 위한 단서들이 늘 사용되는 것을 볼 수 있다. 법적 진술이 단순하고 명확하고 모호하지 않으면서도 모든 것을 포함하도록, 이러한 단서들은 법률 문장의 구문 여기저기에 끼워 넣어져 법적 진술을 효과적으로 처리하는 데 엄청난 장애가 되는 구문의 불연속성을 초래한다. 또한 이 단서들은 법률 구문 곳곳에서 정보의 과부하를 일으켜 법적 진술에서 인지 구성을 효과적으로 이해하는 데 장벽이 되기 쉽다(Bhatia 1993: 101-117 참조). 한 언어에서 다른 언어로 또는 하나의 청중에서 다른 청중으로, 법률 조항을 이해하고 어느 정도 번역할 수 있으려면 이러한 요인들 중 일부로 인해 빚어지는 전형적 어려움을 반드시 고려해야만 한다.

번역 과정은 동일 언어 내 번역이건 다른 언어 간 번역이건, 구체적 청자가 도착어 텍스트에 상대적으로 접근하기 쉬운지를 헤아려야 하는데, 여기에서 쉽게 풀어 쓰기(easification)라는 개념과 번역의 과정이 특히 관련을 맺게 된다. 쉽게 풀어 쓰기는 바티아가 소개하고(1983b), 이후에 발전시킨(1993) 개념으로, 전반적 완결성을 해치지 않으면서 텍스트 장르를 목표 독자에게 더 쉽게 다가갈 수 있도록 만드는 과정이다. 특히 법률적 진술과 관련해, 쉽게 풀어 쓰기 과정에서 가장 중요한 것 중 하나는 바티아(1993: 209)가 '인지 구성의 명확성(clarification of cognitive structuring)'이라고 부르는 것으로, 텍스트적 지도 제작 장치(Bhatia 1987)의 사용을 포함할 수 있으며, 종종 법률 구문의 다양한 지점에서 저자가 정보 부하를 줄이도록 해 준다. 지금부터 이것이 어떻게 언어 내 번역의 목적에 맞게 효과적으로 사용되는지를 출판 계약에서 발췌한 내용을 가지고 설명하고자 한다.

The author hereby warrants to the Publishers that the author has the right and power to make this Agreement and that the Work is the Author's own original work, except for material in the public domain and such excerpts from other works as may be included with the written permission of the copyright owners, and will no way whatever give rise to a violation of any existing Copyright, or a breach of any existing agreement, and that the Work contains nothing defamatory of libelous and that all statements contained therein purporting to be facts are true and that nothing in the Work is liable to give rise to a criminal prosecution or to a civil action for damages or any other remedy and the author will indemnify the Publishers against any loss, injury or expense arising out of any breach or alleged breach of this warranty. The Publishers reserve the right to alter or to insist the Author alter the text of the Work in such a way as may appear to them appropriate for the purpose of removing or amending any passage which on the advice of the Publishers' legal advisers may be considered objectionable or likely to be actionable at law without affecting the Author's liability under this Clause in respect of any passage not so removed or amended. The foregoing warranties and indemnities shall survive the termination of this agreement.

(상기 저작자는 상기 출판사에 다음과 같이 보증한다. 저작자는 이 계약을 체결할 권리와 권한을 가지며, 저작물은 저작자 본인의 원저작물이며 공유 자료와 해당 저작권자의 서면 허락을 얻어 저작물에 포함될 수 있는 다른 저작물의 발췌문은 원저작물에서 제외되며, 어떠한 경우에도 기존 저작권을 위배하거나 기존 합의를 위반하지 않으며, 저작물에는 명예를 훼손하거나 중상하는 내용이 없으며, 사실이라고 주장하는 모든 진술은 진실이며 손해배상이나 다른 구제책

과 관련해 민형사상 소송을 일으킬 소지가 있는 어떠한 내용도 들어 있지 않으며 저작자는 이 보증과 관련한 어떠한 위반이나 위반의 혐의로부터 발생하는 손실, 피해 또는 비용을 출판사에 배상한다. 출판사는 저작물의 텍스트를 변경하거나 저작자에게 변경하도록 요구할 권리를 지니며, 이는 어떤 부분을 삭제하거나 수정하는 목적이 정당해 보일 경우에, 출판사의 법률 고문의 권고에 따라 적절하지 않다고 여겨지거나 법적 소송을 당할 소지가 있다고 판단되는 내용에 대해 이뤄지며, 그렇게 삭제되거나 수정되지 않은 내용에 대해서는 이 조항에 따른 저작자의 의무에 영향을 주지 않는다. 상기 보증과 배상 조항은 본 계약의 종료 이후에도 효력을 유지한다.)

이와 같은 법률 조항은 산업 기관, 관리 및 행정기관에서 일하는 수많은 전문가들과 관련이 있을 수 있고, 그들은 법률 전문가는 아니지만 일상적인 업무 활동으로 법률 문서를 읽고, 이해하고 해석하고 번역해야 할 필요가 있다. 이러한 내용을 다루기 위해 그들은 전형적 법률 환경에서 언어를 사용하는 법을 훈련해야 할 것이다. 그들은 필요한 경우 일상생활에서 언어를 사용할 능력이 있지만, 법률 언어, 특히 법률 규칙과 규정, 법적 협의서나 계약서를 다루는 문제에 관해서라면, 그들 중 많은 이들이 불안감을 느낄 것은 당연하다. 일상적인 일의 일부로서, 그들 대부분은 특히 상사와 일반 대중에게 조례, 법적 조치, 계약서와 협의서 등을 자주 읽고 해석하고 번역하고 설명해야 한다.

일반적으로 법률적 맥락에서 그리고 특히 번역 목적에서 언어(들)를 능숙하게 사용하려면 아래의 기술 전부 또는 일부를 개발해야 한다.

(1) 법 문서가 왜 그러한 방식으로 작성되는지 이해하는 능력
(2) 이러한 법 문서가 어떻게 구성되고 해석되고 사용되는지 이해하는 능력
(3) 이러한 법 문서를 비전문가 청자를 위해 읽고 명확하게 하는 능력

그리고 무엇보다도,

(4) 자신감을 기를 것, 그리고 수사적 인식을 포함한 장르 기술을 습득함으로써 법률 장르의 이용에 예민한 감각을 개발할 것 등이 요구된다.

6. 언어 내 번역으로서의 쉽게 풀어 쓰기

학습자들이 일상 언어를 사용하기에 충분한 언어 능력을 갖췄다고 가정하면, 그들에겐 여전히 입법 규칙이 입안되고 해석되고 이용되는 맥락에 대한 배경 정보가 충분히 주어져야 할 것이다. 입법 규칙의 이중적 특성, 즉 한편으로는 명료성, 정확성 그리고 확실성에, 다른 한편으로는 포괄성에 특히 주의를 기울일 필요가 있다.

학습자는 또한 법률 문장을 분석하는 연습을 충분히 해야 하는데, 이때 유연하고 명확하게 해석하고 사용하도록 전형적으로 이용되는 어휘 문법적 장치의 사용에 특히 집중해야 한다. 법률 규칙을 분명하고 정확하며 모호하지 않게 만들기 위한 전치사구와 단서 삽입의 식별 및 사용에 그리고 그것들을 포괄적으로 만드는 이항식(binomial expression)에도 특별한 주의가 필요하다. 또한, 전형적으로 법률 문장과 관련되는 인지 구조화에도 많은 주의를 기울여야 한다. 아울러 학습자는 단서 조항의 삽입으로 인한 구문의 불연속성에서 비롯한 심리언어학적 문제를 식별하는 연습도 해야 할 것이다.

그런 다음 학습자는 '전문가 청자를 위한 쉽게 풀어 쓰기'와 '일반인 청자를 위한 단순화'라는 개념을 접하게 되는데, 이 둘은 서로 다른 의사소통 목적에 사용되고, 서로 다른 청자를 대상으로 하기 때문에 두 개의 다른 장르로 제시된다(이와 관련한 상세한 논의는 Bhatia 1994a를 참조). 번역을 하면서, 일반인을 위해 번역할지 또는 전문가를 위해 번역할지 결정을 내려야 할 수 있다. 그 결정이 내려지면, 다음 중 하나의 과제를 수행해야 할 것이다.

6.1. 과제

(1) 이 텍스트의 의사소통 목적이 출판사와 저작자 간의 미래의 법적 관계를 규정하는 것이라고 볼 때, '전문가 독자'를 대상으로 하는 이 부분을 어떻게 '더 쉬운 버전'으로 쓸 것인가?

(2) 단순히 법 조항의 내용을 알고 싶어 하는 '비전문가' 독자를 위해 이 부분의 내용을 어떻게 '단순화'할 것인가?

전문가 독자 대상의 텍스트를 더 쉽게 풀어 쓰는 과제 1에 대한 전형적인 답은 다음과 같을 수 있다.

<전문가 독자를 위한 쉽게 풀어 쓰기 버전>

(1) The author hereby warrants to the Publishers that

(a) the author has the right and power to make this Agreement, and

(b) the Work is the Author's own original work, except for material in the public domain and such excerpts from other works as may be included with the written permission of the copyright owners, and will no way whatever give rise to a violation of any existing Copyright, or a breach of any existing agreement, and

(c) the Work contains nothing defamatory of libelous, and

(d) all statements contained therein purporting to be facts are true and,

(e) nothing in the Work is liable to give rise to a criminal prosecution or to a civil action for damages or any other remedy, and

(f) the author will indemnify the Publishers against any loss, injury or expense arising out of any breach or alleged breach of this warranty.

(2) The Publishers reserve the right to alter or to insist the Author alter the text of the Work in such a way as may appear to them appropriate for the purpose of removing or amending any passage which on the advice of the Publishers' legal advisers may be considered objectionable or likely to be actionable at law without affecting the Author's liability under this Clause in respect of any passage not so removed or amended.

(3) The foregoing warranties and indemnities shall survive the termination of this agreement.

(1) 상기 저작자는 상기 출판사에 다음과 같이 보증한다.

(a) 저작자는 이 계약을 체결할 권리와 권한을 가지며,

(b) 공유 자료와 해당 저작권자의 서면 허락을 얻어 저작물에 포함될 수 있는 다른 저작물의 발췌문은 원저작물에서 제외되며, 어떠한 경우에도 기존 저작권을 위배하거나 기존 합의를 위반하지 않으며,

(c) 저작물에는 명예를 훼손하거나 중상하는 내용이 없으며,

(d) 사실이라고 주장하는 모든 진술은 진실이며

(e) 손해배상이나 다른 구제책과 관련해 민형사상 소송을 일으킬 소지가 있는 어떠한 내용도 들어 있지 않으며,

(f) 저작자는 이 보증과 관련한 어떠한 위반이나 위반의 혐의로부터 발생하는 손실, 피해 또는 비용을 출판사에 배상한다.

(2) 출판사는 저작물의 텍스트를 변경하거나 저작자에게 변경하도록 요구할 권리를 지니며, 이는 어떤 부분을 삭제하거나 수정하는 목적이 정당해 보일 경

우, 출판사의 법률 고문의 권고에 따라 적절하지 않다고 여겨지거나 법적 소송을 당할 소지가 있다고 판단되는 내용에 대해 이뤄지며, 그렇게 삭제되거나 수정되지 않은 내용에 대해서는 이 조항에 따른 저작자의 의무에 영향을 주지 않는다.

(3) 상기 보증과 배상 조항은 본 계약의 종료 이후에도 효력을 유지한다.

과제 2에 대한 전형적 답은 아래와 같다.

<일반인 독자를 위한 단순화 버전>

- The author declares that the work is author's own original work.
- Whenever the author has included extracts from other sources with the permission of the copyright owners, they do not violate any existing agreement.
- The work does not contain any thing defamatory, libelous or factually untrue.
- The work will not give rise to any criminal prosecution or civil action for damages.
- If it does any of these things, the author will be responsible for making good any losses to the publisher.
- The publisher can remove or amend any parts of the text if he finds it objectionable.

- 저작자는 저작물이 본인의 원저작물임을 분명히 밝힌다.
- 저작자가 다른 출처에서 발췌한 내용을 저작권자의 허락을 얻어 실었다면 기존의 어떠한 합의에도 위반되지 않는다.
- 저작물은 명예를 훼손하거나 비방하거나 허위인 사실을 포함하지 않는다.

- 저작물은 손해배상과 관련해 민형사상 소송을 일으킬 가능성이 없다.
- 만약 이러한 일이 발생하면 저작자는 출판사의 손실을 보상할 의무를 진다.
- 출판사는 적절하지 않다고 판단될 경우 텍스트의 어떤 부분도 삭제하거나 수정할 수 있다.

세 가지 버전을 단순히 비교해 보는 것으로 우리는 학습자가 법률 담화의 복잡성을 다루는 데에 자신감을 얻었고, 그러한 문서에 밝은 독자에게 부과되는 특정 요구에 어느 정도 민감해졌는지를 알 수 있다. 또한 다른 무엇보다 법문화와 관련한 전문화된 장르를 구성하고 해석할 때 전형적으로 사용되는 다음과 같은 능력과 전략을 체화하여 사용함을 알 수 있다. 그것은 아래와 같은 능력을 포함한다.

- 법률적 맥락에서 법률 구문의 복잡성에 대처하는 능력
- 법률 문장에서 과도한 정보 부하의 사용을 처리하는 능력
- 복잡한 만일의 사태를 표현하는 데 텍스트적 지도 구성 장치를 사용하는 능력
- 위에 사용된 두 가지 버전에서 소통의 목적을 구분하는 능력

쉽게 풀어쓰기 절차에 대한 충분한 이해는 번역 작업에서 전반적 완결성의 중요성을 입증한다. 그러한 접근법은 번역 작업에서 해석과 간편화의 중요성을 입증하는 한편으로, 번역된 작품에서 전반적 완결성을 유지하는 일의 중요성 또한 확실히 보여 준다.

번역 교육과 학습에서 이러한 장르 기반 접근법의 가장 큰 이점은 학습자들이 전문적 맥락과 동떨어진 채 언어를 배우게 하지 않고 '전문 담화 공동체의 구성원들은 왜 이런 식으로 말을 사용하는가'라는 질문을 늘 염두에 두면서 언어 사용과 의사소통의 목적이라는 두 측면을 적절히 연결하게 해 준다. 이것은 학습자가 의사소통 사건에 참여하지 않고 그저 컴퓨터가 하듯이 법률 텍스트를 번역하기보다 전문 분야 공

동체에 의식적으로 참여하려는 분명한 욕구를 가지도록 북돋아 준다. 법문화 장르의 주인이라는 이러한 참여 의식을 스웨일스(1990)는 학습자의 '수사적 의식의 고양(raising rhetorical consciousness)'이라고 부른다.

Rerkenkotter, C., and Huckin, Thomas N. 1995. *Genre Knowledge in Disciplinary Communication — Cognition/Culture/Power,* New Jersey: Lawrence Erlbaum Associates, Publishers.

Bhatia, V. K. 1982. *An investigation into the formal and functional characteristics of qualifications in legislative writing and its application to English for academic legal purposes,* a Ph.D. thesi, University of Aston in Birmingham, UK.

Bhatia, V. K. 1983a. *An Applied Discourse Analysis of English Legislative Writing.* A language Studies Unit research report. University of Aston in Birmingham, UK.

Bhatia, V. K. 1983b. “Simplification v. easification: The Case of Legal Texts”. *Applied Linguistics* 4 (1): 42-54.

Bhatia, V. K. 1984. “Syntactic discontinuity in legislative writing and simplications for academic legal purposes”. In A. K. Pugh and J. M. Ulijn, (eds), *Reading for Professional Purposes - Studies and practices in Native and Foreign Languages.* Londeon: Heinemann Educational Books, 90-96.

Bhatia, V. K. 1987. “Textual-mapping in British Legislative Writing”. *World Englishes* 6(1): 1-10.

Bhatia, V. K. 1993. *Analysing Genre — Language Use in Professional Settings.* London: Longman, Applied Linguistics and Language Study Series.

Bhatia, V. K. 1994a. “Generic integrity in professional discourse”. In Britt-Louise Gunnarsson, Per Linell and Bengt Nordberg (eds), *Text and Talk in Professional Contexts,* ASLA:s skriftserie 6, Uppsala, Sweden.

Bhatia. V. K. 1994b. “Cognitive structuring in legislative provisions”. In John

Gibbons (ed), *Language and the Law,* London, Longman, 136-55.

Candlin, C. N. 1990. General Editor's Preface to Basil Hatim and Ian Mason's *Discourse and the Translator.* London: Longman.

Dudley-Evans, Tony. 1986. "Genre analysis: an investigation of the introduction and discussion sections of M.Sc. dissertations". In M. Coulthard, (ed), *Talking about Text.* Birmingham: English language Research, University of Birmingham, U.K.

Fairclough, N. 1992. *Discourse and Social Change.* London: Polity.

Gunnarsson, Britt-Louise. 1984. "Functional comprehensibility of legislative texts: Experiments with a Swedish act of parliament". *Text* 4/(1-3): 71-105.

Gustafsson, Marita. 1975. *Some Syntactic Properties of English Law Language.* Turku, Department of English, University of Turku.

Gustafsson, Marita. 1984. "The syntactic features of binomial expressions in legal English". *Text* 4(1-3): 123-141.

Maley, Yon. 1994. "The language of the Law". In John Gibbons (ed), *Language and the Law.* London: Longman, 11-50.

Swales, J.M. 1981. *Aspects of Article Introductions.* Aston ESP Research Report No.1, Language Studies Unit, University of Aston in Birmingham, Birmingham, U.K.

Swales, J.M. 1990. *Genre Analysis – English in Academic and Research Settings.* Cambridge: Cambridge University Press.

White, J. B. 1982. "The invisible discourse of law: reflections on legal literacy and general education". *Michigan Quarterly Review*, 420-38.

John Benjamins Series

11 Text typology and translation

제 3 부

전문용어와 어휘

특수어 텍스트의 동의 관계와 등가 : 독일어와 영어 텍스트 사례 연구 - 유전공학을 중심으로[1)]

마가렛 로저스(Margaret Rogers)
서리 대학교(University of Surrey, UK)

1. 머리말

번역 과정은 언어 사이에 용어상의 등가를 확실히 하는 문제, 더 정확히는 특정 출발어 텍스트(ST)의 용어와 그것의 새로운 번역, 즉 도착어 텍스트(TT)의 용어 사이의 등가를 확실히 하는 문제에 집중한다. 그것은 또 동의 관계의 문제를 강조하는데, 번역가는 어떤 용어들이 동의어인지, 그리고 그것들이 어떤 조건에서 사용되는지 규명하려 시도하기 때문이다. 사실 번역가는 ST 내부와 TT 내부의 동의 관계에 대해서도 매번 결정을 내려야 하지만, 이 동의어들 사이의 교차언어적 관계에 대해서도 결정을 내려야 한다. 실제로 번역가들은 매일같이 동의 관계와 등가의 문제를 다루어야 하지만, 이것들은 각각 그 자체로 이론적으로 문제가 많은 개념이다. 그렇다면 동의 관계와 등가는 어떤 관계가 있을까?

2. 동의 관계와 등가

전문용어학에서 용어의 '의미'는 개념이라고 말해지는데, 이는 모든 용어상의 분석이 시작해야 하는 층위이며(Felber 1984: 98), 말하자면 그 접근법은 표현론적(onomasiological)이다. 해석론적(semasiological) 접근법에서처럼 형태와 의미를 단위의 두 가지 측면으로 보는 게 아니라 독립된 개체로 보는 것이다. 동의어는 같은 언어에서 같은 개념을 나타내는 둘 또는 그 이상의 말로 정의된다. 등가는 다른 언어 사이에서 같은 개념을 나타내는 둘 또는 그 이상의 말로 정의될 수 있다. 용어학적 관점에서 단어 사이에 직접적인 의미 관계는 없으며, 의미의 관계는 개념을 매개로 해서 맺어진다. 그러므로 우리는 용어학적 관점에서 동의 관계와 등가를 <그림 1>에서와 같은 도식으로 나타낼 수 있다.

그러나 이러한 모형을 근거로 출발어(SL)의 특정 동의어와 도착어(TL)의 특정 동의어 사이의 등가 관계에 대해서는 어떤 예측도 하기 어려우며, 다만 그것들이 각 언어 안에서 완전히 대체할 수 있고, 언어들 간에 모두가 똑같이 등가어가 될 수 있다고 추정할 뿐이다. 그러나, 경험상 그럴 가능성은 별로 없다. 개념에 기반한 접근법은 동의 관계의 사실을 정립하는 데 도움이 될지 모르지만(종종 명확한 LSP 의사소통을 위한 배제의 서막으로서), 그것 자체가 특정 개념에 대한 특정 동의어(또는 등가어) 선택의 기준을 밝혀 주진 못한다.

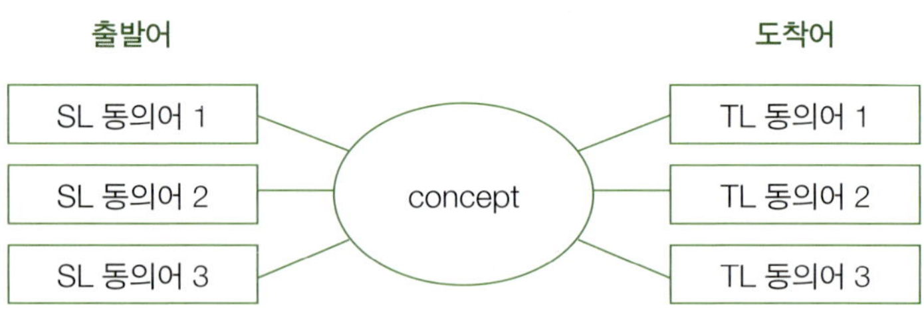

〈그림 1〉 용어상의 관점에서 본 동의 관계와 등가 관계

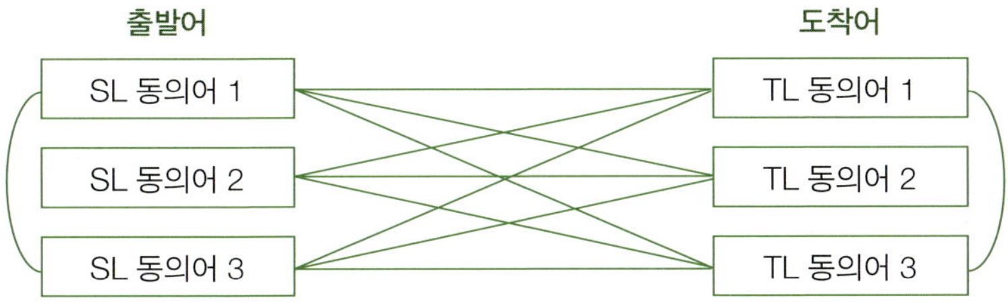

〈그림 2〉 단어 기반 관점에서 본 동의 관계와 등가

해석론적 관점은 <그림 2>와 같은 모형을 제시하는데, 여기에는 개념의 매개적 역할이 없다. 여기서 우리는 동의 관계와 등가를 동일한 외연적 의미를 공유하는 어휘소(lexeme) 간의 관계로 볼 수 있으며, 용어는 내포적 의미를 갖지 않는다고 말할 수 있다.

그러나 <그림 1>과 <그림 2>는 모두 이상화한 그림이다. 잘 알려진 대로 절대 동의 관계, 즉 모든 맥락에서 상호 대체할 수 있는 동의 관계는 LSP에서조차 찾기 힘든 개념이다. 대체 가능성이라는 개념은 외연적 의미를 넘어서는 의미의 또 다른 측면, 즉 통합 관계(syntagmatic relations) 또는 연어성(collocability)의 측면을 끌어들인다. 외연적—또는 개념적—의미에 대한 근거는 언어 외적 개체, 과정, 상태 등의 지식에서 나오고, 연어성과 관련한 근거는 언어적 가공품, 즉 텍스트에서 찾을 수 있다.

일반 언어에서 통합 관계가 동의 관계를 제약하는 역할을 한다는 것은 잘 알려진 사실이다. 예컨대 'get a letter'와 'receive a letter'는 둘 다 가능하지만 'get a cold'는 가능해도 *'receive a cold'는 가능하지 않다(Bußman 1990: 763 독일어 사례 참조). 그러니 'get'과 'receive'는 'letter'와 연어를 이룰 때는 동의어지만 'cold'와 함께할 때는 동의어가 아니다. 그런데 LSP 의사소통에서 애매모호함을 없애거나 줄이려는 바람은 다른 제약을 줄 수 있는데, 동의어의 사용은 단순히 언어 사용의 한 측면이라기보다 도움은 되지 않고 오해를 초래하기까지 하는 것으로 판단되기 때문이다. 일례가 하나의 특수어 텍스트 안에서 동의어를 번갈아 쓰는 경우로, 여기서 일반적으로 텍스트적 유형은 변화할 가능성이 없으며[2], 따라서 명확한 의사소통을 위해 용어 선택에서 일관성이 유지될 것이 기대된다. 그러나 동의어의 변이는 본문을 표준화하려는 최선의 노력에도 특수어 텍스트에서 흔히 일어나는 일이라는 것은 주지의 사실이다. 그런 경우 저자가 선호하는 하나의 용어를 쓰지 않고 동의어를 사용하는 것이 자의적이며 암묵적으로 허술하다고 추정되는 경우가 종종 있다. 그러나 이러한 추정에 관해서는 좀 더 깊이 있는 연구가 필요하다.

예를 들어, 자의적인 듯 보이는 대체 형태의 출현에 대해서는 사회언어학에서 폭넓은 연구가 이뤄져 왔다. 여러 가지 사회적 요인과 교체 형태 사이의 관계를 고찰함으로써 많은 경우에서 변화의 패턴을 규명했는데, 이는 그러한 행위의 비자의적 성격을 시사한다. 허드슨(Hudson)의 지적대로, 발화에서 변동성은 "[…] 이를테면 게으름이나 기억의 한계 같은, 일종의 일반적 '수행' 요인의 측면에서 […]" 설명될 수 없는데, 수행 요인이 같다고 해서 반드시 같은 결과로 이어지지 않기 때문이다(Hudson 1980: 181). 대신에 변화의 체계적 패턴은 설명되어야 할 필요가 있다.

동의어 변화의 자의적 또는 비자의적 성격은 번역가에게 특히 중요한데, 번역가는 ST의 어휘 변화가 TT에서도 유지되어야 하는지 여부를 결정해야 하기 때문이다. 이것으로 다시 동의 관계와 등가의 문제로 돌아가게 되는데, ST의 동의 관계가 어떤 식으로든 예컨대 화용론적으로나 통합적으로 동기부여가 되었다고 보일지라도, 이것이 TT 번역을 위한 결정에 시사하는 바는 무엇인가? TT의 변화 패턴은 ST의 그것과 어떤 식으로든 일치할 것인가? 번역자는 일대일 대응을 고려할 수 있는가? 또는 똑같이 동기부여가 될지라도, TT의 변화 패턴은 다른 양상을 보일 것인가? 이번 장에서는 등가의 어떤 일정한 패턴이 확립될 수 있는지 확인하기 위해, 하나의 넓게 정의된 텍스트유형 내에서 동의어 변화가 어떻게 교차 언어적으로 비교될 수 있는지 검토하고자 한다. 비교적 새롭고 여전히 떠오르는 분야인 유전공학을 선택했으며[3)] 예시 언어는 영어와 독일어다. 텍스트유형은 (전문가 대상이 아닌) 저널이며 코퍼스 기반 방법론을 따른다.

코퍼스에 대한 자세한 연구로 들어가기에 앞서, 어휘소가 아닌 텍스트 내의 어형으로 용어를 연구하는 함의에 대해 몇 가지 짚어 보고자 한다.

3. 용어와 텍스트

동의어와 등가어는 사전 항목에 일종의 어휘소(또는 표제어), 즉 대표형으로 실리는데, 이는 그 어휘소와 관련된 가능한 모든 어형의 추상적 표현이다(어휘소는 대문자를 써서, DESEASE와 같이 표시되고, 어형은 작은따옴표를 써서 'disease', 'diseases' 등으로 나타난다). 앞서 살펴본 바와 같이 동의 관계와 등가는 전문용어학과 언어학에서 모두 어휘소의 추상적 차원에서 정의된다. 그러나 이론적 틀과 상관없이 텍스트 분석에 이용할 수 있는 것은 어휘소가 아니라 어형이며 그것은 의의 관계뿐만 아니라 텍스트적 관계에도 개입한다. 예를 들어 텍스트 내 항목 사이의 동의 관계가 그 텍스트의 표층결속성에 기여한다는 것은 잘 알려진 사실이며(예를 들어 Halliday 와 Hasan 1976: 278-9; Hoey 1992: 6 참조), 그것은 보그란데와 드레슬러(de Beaugrande and Dressler 1981: 3)가 밝힌 텍스트성의 일곱 가지 기준 가운데 하나이다.

특수어 텍스트에서 복합명사의 점진적 '제거'를 자주 볼 수 있는데, 자동차공학에서 가져온 다음 예시에서 보는 바와 같다. 'closed loop control system(폐루프제어계)', 'closed loop control', 'control'. 여기에는 선택된 배열에서 알 수 있는 일종의 위계 구조가 있다. 그러한 동의어의 위계 구조는 특수 사전이나 전문용어에서 표현되기 어렵지만, 그 변화의 체계성은 비교적 투명하고 자의적이지 않아 보이기 때문에 그로 인해 일반적으로 텍스트 생성에 큰 어려움을 겪게 된다고는 생각하지 않는다.

그런데 동의어 변이의 다른 유형은 일반적으로 텍스트를 텍스트로 만들어 주는 것에 대한 우리의 직관에 덜 부합한다. 살펴본 대로 번역가가 맞닥뜨리게 되는 흔하고도 중대한 문제는 ST 저자가 자의적으로 보이는 방식으로 동의어를 사용하는 것이다. 사전 자료는 종종 정의상 비슷해 보이는 용어들을 재사용함으로써 문제를 악화시킨다. 레비(Levy 1995)가 언급한 용어인 DISEASE(질병)와 DISORDER(장애)를 예로 들면, 두 용어는 유전공학에 관한 영어 과학 논문에서 분명 임의대로 사용되는 듯하다.

disease

a specific disorder that features a recognizable complex of physical signs, symptoms and effects

〈그림 3〉 콜린스 의학 사전(1992)에서 'disease'의 정의

<그림 3>의 정의에 따르면 DISEASE는 사실 DISORDER의 일종, 즉 하위어임을 알 수 있다. 그런데 또 다른 증거(<그림 4> 참조)는 혼란스럽게도 DISORDER의 특정 종류가 DISEASE의 일종일 수 있다고 시사한다.

Clotting disorders and other diseases involving circulating gene products

〈그림 4〉 유전자 치료에 관한 저널 논문의 소제목(Mulligan 1993)

개별 번역가에게 그러한 용어의 가변적 사용은, 독일어 KRANKHEIT와 ERKRANKUNG(마찬가지로 레비가 잠재적 동의어로 제시했다. Levy 1995) 그리고 이에 해당하는 다른 언어들의 동의어와 마찬가지로 사실 자의적으로 보일 것이다. 그렇다면 무엇을 근거로 번역 결정을 내릴 수 있을까? 등가가 성립되었다고 가정할 때, 개념을 언급하는 것은 앞서 본 대로 어떤 해결책도 되지 않는다. 텍스트 안에서 어형 사이의 의의 관계(sense relations)를 계열 관계(paradigmatic relations)로 언급하는 것 역시 마찬가지이다. 대안의 가능성은 용어들의 언어적 맥락, 즉 변이형과 LSP 텍스트의 언어적 맥락 사이의 결합 관계를 살펴보는 것이다.

번역 결정은 ST 용어와의 관계는 물론 TT 맥락에서 잠재적 등가어의 작용도 고려해야 하므로 TT의 언어적 맥락에 따라 하나의 TL 동의어가 다른 TL 동의어보다 더 선호될 수 있다고 보는 것이 타당한 듯하다. 달리 말해, 등가는 단지 ST-TT 관계의 측면만이 아니라 TT-TT 관계의 측면에서도 이뤄져야 한다. 더욱이 특수어 텍스트에서 어휘 선택에 따르는 제약은 일반 언어 텍스트에서 작동하는 것보다 더 엄격할 가능성이 크다. 몇 가지 변이형 가운데 번역 등가어를 선택할 때 잠재적으로 영향을 줄 것으로 여겨지는 언어적 요인의 종류는 다음과 같다.

형태론적 요인

- 변이형이 합성어를 만드는 능력
- 변이형이 파생어를 만드는 능력
- 명사 변이형의 수(예컨대 단수 대 복수)
- 동사 변이형의 활용

의미론적 요인

- 명사 변이형과 특히 지배 동사, 의존 형용사 그리고 의존 한정사의 연어 관계

통사적 요인

- 변이형이 품사를 바꾸고 다른 품사의 용어와 명확하게 연결되는지 여부
- 명사 변이형의 통사적 기능(예: 주어, 목적어)과 LSP 동사와의 관계

다음에서는 그러한 변형이 분명히 화용적이거나 지시적 요인에서 연유하지 않고 직접적인 언어적 맥락에 따라 일어날 때, 동의어 및 등가어 선택에 영향을 줄 수 있는 요인들과 관련해 지금까지 제기된 몇몇 문제를 살펴보는 실증적 연구에 대해 설명하고자 한다.

4. 방법

앞부분에서 설명한 것과 같은 요인들이 실제로 특수어 텍스트의 번역에서 동의어 선택의 변동성 패턴에 영향을 미치고, 따라서 등가어 선택의 변동성 패턴에 영향을 미친다면, 이러한 패턴은 개별 텍스트보다 텍스트 코퍼스에서 발견될 가능성이 더 크며, 특히 그 선택이 절대적이라기보다 확률론적이라면, 수작업보다 코퍼스의 자동 분석을 통해 발견될 가능성이 더 높을 것이다.

이러한 이유로 유전공학 분야 텍스트의 독일어-영어 병렬 코퍼스[4)]가 구축되었으며, 이는 모두 1993-1995년 사이에 쓰인 과학 출판물에 나온 논문으로 구성된다[5)](Levy 1995를 따름). 독일어 코퍼스에는 17,057개 단어(논문 7편), 영어에는 33,872개 단어(논문 6편)가 포함되며, 영어는 대부분(5/6) 미국 영어다. 달리 말해, 선택된 텍스트는 이를테면 유전공학 전공자가 그와 대등한 청자를 위해 쓴 학술지 논문처럼 LSP 영역에서 최고 수준으로 추상화된 텍스트가 아니라, 과학 정보에는 밝지만 전문가는 아닌 독자를 대상으로 하여 쓴 것이다. 영어 코퍼스는 독일어보다 더 넓은 범위를 포괄한다. 전문용어학자들은 수준 높은 전문

용어 연구를 위해 전문가 대 전문가로 쓰인 텍스트를 근거로 삼는 것이 중요하다고 역설하지만, 이번 분석을 위해서는 좀 덜 전문적인 텍스트의 선택이 확실히 도움이 된다고 생각했다. 첫째, 저자와 독자 사이에 공유하는 지식이 더 적기 때문에 텍스트가 훨씬 더 명시적으로 쓰였을 거라 예상할 수 있었다. 그리고 둘째로, 용어 사용에서 훨씬 더 큰 변화를 보여 주며, 아마도 더 많은 동의어, 따라서 더 많은 등가 관계 데이터를 제공해 줄 것으로 예상되었다.

레비(Levy 1995)가 제시한 여러 가지 동의어 집합을 분석하고 코퍼스를 예비 분석한 결과, <표 1>에 보이는 두 개의 동의어 집합에 초점을 맞춰 분석하기로 했다.

〈표 1〉 유전공학 코퍼스에서 나온 영어와 독일어 동의어 집합[Levy(1995)를 이어서]

영어	독일어
DISEASE	KRANKHEIT
DISORDER	ERKRANKUNG
ILLNESS	MORBUS
SYNDROME	SYNDROM

이 동의어 집합을 다른 것에 우선해 선택한 이유는 단순히 분석을 위해 제공된 데이터의 양 때문이었다. 코퍼스 분석에는 서리 대학교 어휘 워크스테이션 시스템 쿼크(System Quirk)의 일부인, 텍스트 처리 도구 콘텍스트(KonText)를 사용했다(Ahmad 1995 참조).

우선 먼저 형태학적 요인, 즉 변이형이 합성어를 만드는 능력에 대해 집중하기로 했는데, 특수어 텍스트에서 용어 대다수는 일반적으로 명사 합성어이며 합성어는 일종의 연어로 볼 수 있기 때문이다. 그렇지만 이는 전문용어학계의 일반적 시각은 아니다. 수(number)는 각 언어에서 선택된 동의어의 분포에 잠재적으로 중요한 역할을 한다고 분석 초기에 판명되었기 때문에 이후 모든 분석 작업에서 늘 고려되었다. 이것들은 <표 1>에 선택된 용어 8개가 용어 그 자체 단독으로서만이 아니라 합성어로 출현하는 것을 확인하기 위한 목적이었다. 두 가지 작업, 곧 용어 색인(concordance)과 인덱스(index) 작업이 수행되었다. 첫 단계로, 가능성 있는 등가의 첫 번째 지표로서 <표 1>에 나온 용어 각각의 빈도 분포가 설정되었다. 용어 색인은 각각의 검색어를 문맥 속에서 보여 주면서 복수단어로 구성된 합성어(multiword compound) 형태를 확인하는 데 사용된다(예: 독일어 'mutationsbedingte Erkrankungen'; 영어 'coronary artery disease'). 용어의 변형된 형태는 검색에 포함되었다. 용어 색인 산출은 8개 용어가 한 단어 자체로 출현하는 것을 확인하는 데에도 사용되었다(예: 'Erkrankung'; 'diseases'). 독일어의 한 단어 합성 용어를 확인하는 데는 인덱스와 함께 검색어의 오른쪽이나 왼쪽에 와일드카드 선택권을 사용했다(예: Krankheit*는 'Krankheitsprzeß', *krankheiten은 'Autoimmunkrankheiten'과 같은 용어를 내놓는다). 선택된 용어들의 합성 패턴을 확실히 한 후에 각 언어의 동의어에 대한 제안이 이뤄졌다. 그런 다음 등가의 문제는 이들 복합 용어의 분포를 교차 언어적으로 비교함으로써 재검토되었다.

5. 결과와 분석

5.1. 어휘소와 어형

각 하위 코퍼스에서 4개 용어의 빈도 분포는 용어 색인 산출을 써서 계산되었다. 그 결과는 아래 표 2a와 2b에 나타난 바와 같고, 먼저 표제어로 처리한(lemmatized) 용어를 바탕으로 절대 빈도와 상대빈도를 모두 보여 준다.

〈표 2a〉 DISEASE, DISORDER, ILLNESS, SYNDROME의 빈도 분포 (코퍼스: N=33,872)

용어(표제어 추출)	f	f/N (%)
DISEASE	143	0.4222
DISORDER	12	0.0354
ILLNESS	8	0.0236
SYNDROME	3	0.0089

〈표 2b〉 ERKRANKUNG, SYNDROM, KRANKHEIT, MORBUS의 빈도 분포 (코퍼스: N=17057)

용어(표제어 추출)	f	f/N (%)
ERKRANKUNG	81	0.4749
SYNDROM	31	0.1817
KRANKHEIT	18	0.1056
MORBUS	2	0.0117

〈표 3a〉 'disease', 'diseases', 'disorder', 'disorders', 'illness', 'illnesses', 'syndrome', 'syndromes'의 빈도 분포

용어	수	f	f/N
disease	단수	75	0.2214
diseases	복수	68	0.2008
합계		143	0.4222
disorder	단수	2	0.0059
disorders	복수	10	0.0295
합계		12	0.0345
illness	단수	3	0.0089
illnesses	복수	5	0.0148
합계		8	0.0236
syndrome	단수	3	0.0089
syndromes	복수	0	infinity
합계		3	0.0089

빈도 분포를 보면 DISEASE와 ERKRANKUNG이 각각 영어와 독일어에서 가장 선호하는 용어임을 알 수 있다. 확실히 두 단어의 상대빈도는 비슷해서(DISEASE: 0.4222; ERKRANKUNG: 0.4749), 두 단어가 잠재적 등가 후보임을 나타낸다. <표 3a>와 <표 3b>는 <표 2a>와 <표 2b>에서 표제어 처리된 용어와 관련한 어형의 상세내용을 보여 준다.

〈표 3b〉 'Erkrankung', 'Erkrankungen', 'Syndrom', 'Syndroms', 'Syndrome', 'Syndromen', 'Krankheit', 'Krankheiten', 'Morbus'의 빈도 분포

용어	수(격)	f	f/N (%)
Erkrankung	단수	28	0.1642
Erkrankungen	복수	53	0.3107
합계		81	0.4749
Syndrom	단수 (주격; 목적격; 여격)	14	0.0821
Syndroms	단수(소유격)	8	0.0469
Syndrome	복수 (주격; 목적격; 소유격)	7	0.0410
Syndromen	복수(여격)	2	0.0117
합계		31	0.1817
Krankheit	단수	6	0.0352
Krankheiten	복수	12	0.0704
합계		18	0.1056
Morbus		2	0.0117
합계		2	0.0117

<표 3b>를 보면 복수형 'Erkrankungen'와 'Krankheiten'은 그 단수형보다 두 배 가까이 자주 발생한다. 그에 반해, 복수형 'Syndrome' /'Syndromen'은 발생 총수에서 단수형의 절반에 못 미친다. 영어 동의어 집합의 어형 분포는 <표 3a>에서 보듯이 좀 다르다. 복수인 'disorders'는 'disorder'보다 5배 더 자주 나오지만 'illnesses'는 'illness'보다 아주 약간 더 자주 나올 뿐이다(비록 절대 빈도가 낮긴 하

지만). 한편 단수형 'disease'는 복수형보다 조금 더 자주 나타난다. 사실 어휘소가 아닌 어형의 측면에서 데이터를 보면 <표 2a>, <표 2b>에서 드러난 것보다 한층 복잡한 등가의 그림이 떠오른다. 그래서 DISEASE와 ERKRANKUNG은 각각의 하위 코퍼스에서 가장 자주 나오는 어휘소지만 이들 어휘소에 속한 어형의 분포는 좀 다르다. DISEASE는 발생 건수의 절반 미만[47.55%(68/143)]이 복수형이지만 'ERKRANKUNG'은 발생 건수의 3분의 2[66.67%(64/96)]가 복수형이다. 영어 용어 중에서 복수형으로 더 자주 나오는 것은 DISORDER와 ILLNESS이다(각각 10/12, 즉 83.33%; 5/8, 즉 62.5%). 이 수치들이 시사하는 바는 원본 텍스트의 사용 패턴이 반영되려면, 어휘소 차원에서보다 어형 차원에서 등가를 살펴보는 것이 유용할 수 있다는 점이다.

5.2. 한 단어(Single-word) 용어

각 언어에서 선택된 동의어의 합성 패턴으로 넘어가기 전에, 먼저 그것들이 한 단어 그 자체로 나타나는 경우를 살펴보자. 용어 색인 산출에서 확인한 대로, <표 3a>, <표 3b>의 빈도 분포는 선택된 동의어들이 한 단어 용어 그 자체로 또는 복수단어 용어의 성분으로 나오는 경우를 모두 보여 준다. <표 4a>와 <표 4b>는 그 용어의 전체 발생에 대한 비율로서 한 단어 용어 자체의 상대빈도에 초점을 맞춘다. 독일어의 경우 <표 4b>에 나타난 데이터에는 네 가지 동의어가 'Grunderkrankung', 'Grundkrankheit', 'Krankheitsbild'와 같이 한 단어 합성어로 쓰인 경우도 포함해야 했다(아래 <표 9a>와 <표 9b>에서 별도로 살펴보았다). 이러한 형태는 용어 색인 결과에서 찾아볼 수 없었고 인덱스를 이용해 확인할 수 있었다. 용어 색인의 결과와 인덱스는 <표 4b>에서 함께 합쳐졌다. 각 용어의 빈도는 각 하위 코퍼스에서 각 용어 발생 총수의 백분율로 나타난다.[6)]

〈표 4a〉 영어 동의어가 전체 발생(N)[a]에서 한 단어 용어 그 자체로 쓰인 비율

용어	f	N	f/N
disease	36	75	48.00
diseases	24	68	35.29
합계	60	143	41.96
disorder	1	2	50.00
disorders	1	10	10.00
합계	2	12	16.67
illness	1	3	33.33
illnesses	5	5	100.00
합계	6	8	75.00
syndrome	1	3	33.3
syndromes	0	0	infinity
합계	1	3	33.33
총계	69	166	41.57

〈표 4b〉 독일어 동의어가 전체 발생(N)에서 한 단어 용어 그 자체로 쓰인 비율

용어	f	N	f/N (%)
Erkrankung	10	32[a]	31.25
Erkrankungen	18	64[b]	28.13
합계	28	96	29.17
Syndrom	0	14	infinity
Syndroms	3	8	37.5
Syndrome	3	7	42.86
Syndromen	1	2	50.00
합계	7	31	22.58
Krankheit	3	24[c]	12.50
Krankheiten	2	24[d]	8.33
합계	5	48	10.42
Morbus	0	2	infinity
합계	0	2	infinity
총계	40	177	22.60

a. 한 단어 합성어의 중심어로 쓰인 경우 4회 포함
b. 한 단어 합성어의 중심어로 쓰인 경우 11회 포함
c. 한 단어 합성어의 중심어로 쓰인 경우 2회와 한 단어 합성어의 수식어로 쓰인 경우 16회 포함
d. 한 단어 합성어의 중심어로 쓰인 경우 12회 포함

한 단어 용어 그 자체로 나올 가능성이 높은 형태들을 살펴봄으로써 합성어의 구성 성분으로 작용하는 특정 어형의 경향에 관해 미리 몇 가지 결론을 내릴 수 있다. 전체적으로, 선택된 어휘소가 그 자체로서 용어로 쓰이는 경향은 독일어(22.60%)보다 영어 데이터(41.57%)에서 훨씬 더 뚜렷이 나타난다. 바꿔 말해, 독일어에서 영어보다 합성어(복수단어 합성어와 한 단어 합성어 모두)를 쓰는 경향이 더 높게 나타난다.

<표 5>는 영어와 독일어 어형이 그 자체로서 한 단어 용어로 쓰이는 경향을 관찰해 높은 순위부터 내림차순으로 보여 준다. 가장 낮은 순위에 있는 단어들은 영어의 경우 복수단어 합성어에 들어가거나 독일어의 경우는 복수단어 및 한 단어 합성어에 들어가는 경향이 훨씬 더 높다고 유추할 수 있다.

〈표 5〉 영어와 독일어 어형이 그 자체로 한 단어 용어로 쓰이는 경향을 내림차순으로 표시

순위	영어	한단어 그 자체로 나오는 비율(%)	순위	독일어	한단어 그 자체로 나오는 비율(%)
1	illnesses	100.00	1	Syndromen	50.00
2	disorder	50.00	2	Syndrome	42.86
3	disease	48.00	3	Syndroms	37.50
4	diseases	35.29	4	Erkrankung	31.25
5	illness	33.33	5	Erkrankungen	28.13
6	syndrome	33.33	6	Krankheit	12.50
7	disorders	10.00	7	Krankheiten	8.33
			8	Syndrom	infinity
			8	Morbus	infinity

<표 5>는 어휘소보다 어형의 작용에서 야기되는 몇 가지 차이를 강조하고 또한 수와 합성어 형성 간의 상호작용을 보여 준다. 그래서 예컨대 복수형 'illnesses'는 이번 코퍼스에서 늘 한 단어 용어로 나오지만 복수형 'disorders'는 복수단어 용어의 일부로 나올 가능성이 매우 높

다. 독일어 데이터에서는 합성어에서만 나타나는 비굴절형 'Syndrom'를 제외하고 어휘소 SYNDROM과 관련한 어형이 그 자체로 한 단어 용어로 나타나는 경향이 가장 높다. 나머지 독일어 어휘소 중에서 KRANKHEIT는 합성어를 형성할 가능성이 ERKRANKUNG보다 더 높다. ERKRANKUNG과 DISEASE를 잠재적 등가어로 비교했던 원래의 논의로 돌아가면, 이제 또 하나의 차이(단수와 복수형 간의 분포상 차이에 더해), 즉 합성어를 형성하는 경향을 언급할 필요가 있다. DISEASE의 경우 그 자체로 한 단어 용어로 나타나는 비율이 40%를 넘지만(<표 4a> 참조), ERKRANKUNG은 30% 정도만이 그러하다(<표 4b> 참조). 바꿔 말해, 독일어 용어는 합성어의 일부일 가능성이 영어보다 더 높다.

한 가지 더 주목할 점은 한 단어 용어 중 일부, 예컨대 'Erkrankung', 'Erkrankungen', 'disease', 'diseases', 'illnesses'는 관형어구에서 'von', 'der'(소유격), 'of'와 함께 나타나는 경향을 보인다는 사실이다. 의미상 그 자체로 기능하는 이 한 단어 용어들은 합성어의 상위어로서 합성어 안에서 중심어 역할을 한다[예컨대 'Herzerkrankung' is a kind of 'Erkrankung'이다; 'inherited disease is a kind of 'disease'('유전병'은 '병'의 일종이다)]. 몇 가지 예를 <표 6>에서 볼 수 있다.

독일어에서는 그러한 어구에서 일반 용어를 사용하는 경향이 더 뚜렷해 보이지만 빈도수가 낮아서 더 많은 자료가 필요하다.

이제 우리가 선택한 동의어가 들어가는 실제 합성어를 살펴보기로 하겠다. 먼저 영어의 복수단어 합성어(<표 7a>와 <표 7b>)와 그 합성어 간의 가능한 동의 관계를 살펴보고(<표 8>), 그다음으로 독일어의 한 단어 및 하이픈으로 이어진 합성어로 넘어가기로 하겠다(<표 9a>, <표 9b>, <표 9c>). 마지막으로 독일어의 복수단어 합성어를 조사하고(<표 10>), 그 합성어 간의 가능한 동의 관계를 살펴보기로 한다(<표 11>). 등가의 문제는 그런 다음 합성어로 이루어진 새로이 제안된 동의어 조합

〈표 6〉 한 단어 용어 자체의 발생 건수(N)에서 한 단어 용어 그 자체로 관형어구에 쓰인 빈도수(f)의 비율

영어 어형	N	한정사구 예시	f	f/N %
disease	36	the manifestation of disease different versions of disease	5	13.89
diseases	24	this family of diseases the treatment of serious diseases	2	8.33
illnesses	5	an ever-broadening range of other illnesses inherited forms of illnesses	2	40.00
독일어 어형				
Erkrankung	10	sekundäre Flogen der Erkrankung als Ursache einer Erkrankung	6	60.00
Erkrankungen	18	Diagnostik, Therapie und Prävention von Erkrankungen eine Vielzahl von Erkrankungen	7	38.89

에 비추어 재검토할 것이다.

5.3. 영어의 합성어 형성 패턴

아래 <표 7a>와 <표 7b>는 영어의 각 동의어 집합에 기반한 영어 하위 코퍼스에서 확인된 연어 관계를 보여 준다. 확인된 후보 복수단어 복합 용어에 들어간 검색어는 각각 복수단어 용어의 중심어 역할을 하거나(다음 페이지의 <표 7a>) 그 수식어 역할을 한다(<표 7b>). 각 합성어의 빈도수는 단수형과 복수형으로 모두 표시된다.

코퍼스의 증거에 따르면 모든 동의어를 모든 조합으로 자유롭게 대체하는 것은 불가능하다. 예를 들어 이번 영어 하위 코퍼스에는 'hereditary syndrome' 또는 'hereditary disease', 'immune system illness' 또는 'residual disease' 같은 합성어에 대한 증거는 없다. 그러나 더 큰 코퍼스는 더 많은 가능성을 보여 줄 수도 있다.

영어 하위 코퍼스의 증거를 보면 네 가지 동의어 모두 복수단어 합

성어에 들어가서 중심어 역할을 하지만 오직 DISEASE만이 복수단어 합성어에서 수식어 역할을 한다는 것을 알 수 있다(<표 7b>).

〈표 7b〉 DISEASE, DISORDER, ILLNESS, SYNDROME이 합성어의 수식어로 들어간 후보 복수단어 용어

후보 복수단어 합성어	tokens(f)
DISEASE (types: N=5)	
disease progression	1
disease profile	1
disease process	1
disease transmission	1
disease strains	1
합계	5
DISORDER	
관찰되지 않음	0
합계	0
ILLNESS	
관찰되지 않음	0
합계	0
SYNDROME	
관찰되지 않음	0
합계	0

〈표 7a〉 DISEASE, DISORDER, ILLNESS, SYNDROME 이 합성어의 중심어로 들어간 후보 복수단어 용어

후보 복수단어 합성어	tokens(f)		
	단수	복수	합계
DISEASE (types: N=29)			
ACQUIRED GENETIC DISEASE	0	1	1
ACQUIRED DISEASE	0	4	4
ALZHEIMER'S DISEASE	1	0	1
ANIMAL DISEASE	0	1	1
BRAIN DISEASE	0	2	2
CORONARY ARTERY DISEASE	1	0	1
HUMAN BRAIN DISEASE	1	0	1
BULK DISEASE	1	0	1
CARDIOVASCULAR DISEASE	5	1	6
CREUTZFELDT-JAKOB DISEASE	2	0	2
DEGENERATIVE DISEASE	1	1	2
FATAL DISEASE	1	0	1
GENETIC DISEASE	5	15	20
HEART DISEASE	3	0	3
HUMAN DISEASE	5	2	7
HUMAN GENETIC DISEASE	0	1	1
INFECTIOUS DISEASE	0	1	1
INHERITED DISEASE	0	2	2
INHERITED HUMAN DISEASE	1	0	1
LIFE-THREATENING DISEASE	1	0	1
LIVER-BASED GENETIC DISEASE	0	1	1
LIVER DISEASE	1	0	1
LUNG DISEASE	0	1	1
MAD COW DISEASE	1	0	1
LESCH-NYHAN DISEASE	1	0	1
PRION DISEASE	0	4	4
RESIDUAL DISEASE	2	0	2
SCRAPIE-LIKE DISEASE	0	6	6
VIRAL DISEASE	1	1	2
합계	34	44	78

후보 복수단어 합성어	tokens(f)		
	단수	복수	합계
DISORDER (types: N=7)			
BLOOD DISORDER	0	2	2
CLOTTING DISORDER	0	1	1
GENETIC DISORDER	1	2	3
HEREDITARY DISORDER	0	1	1
HUMAN DISORDER	0	1	1
IMMUNE SYSTEM DISORDER	0	1	1
IMMUNOLOGIC DISORDER	0	1	1
합계	1	9	10
ILLNESS (types: N=2)			
HEREDITARY ILLNESS	1	0	1
VIRAL ILLNESS	1	0	1
합계	2	0	2
SYNDROME (types: N=2)			
DI GEORGE SYNDROME	1	0	1
GERSTMANN-STRÄUSSLER SCHEINKER SYNDROM	1	0	1
합계	2	0	2

<표 7a>와 <표 7b>를 보면 선택된 용어들이 영어 복수단어 합성어에서 수식어 역할보다 중심어 역할을 좀더 쉽게 맡는다는 것을 알 수 있다. 주목할 점은 <표 7b>에서 합성어의 중심어인 'progress', 'profile', 'process', 'transmission' 등이 트림블(Trimble 1985: 29) 이후에 준전문용어(sub-technical terms)로 불리기도 하는 범주에 속하는 경향을 보인다는 것이다. 왜냐하면 그 용어들은 많은 분야에 걸쳐 넓은 분포를 보이지만 어떤 특정 텍스트에서는 빈도가 상대적으로 낮기 때문이다. 여기서 좀 더 한 분야에 특화된 'strains'는 예외이다.

원래의 영어 동의어 집합을 기반으로 후보 복수단어 용어 목록을 만들었으니 이제 우리는 이 용어들이 얼마나 동의어로 여겨질 수 있는지

살펴볼 때가 되었다. <표 8>에는 영어 하위 코퍼스에서 찾은 잠재적 동의어 집합의 목록이 나온다.

〈표 8〉 단수 및 복수형의 빈도를 표시한 영어 복수단어 복합어에 대한 잠재적 동의어 집합

잠재적 동의어 집합	f 단수	%	f 복수	%	합계 100%
합성어 수식어의 변이					
CARDIOVASCULAR DISEASE HEART DISEASE CORONARY ARTERY DISEASE	5 3 1	90.00	1 0 0	10.00	6 3 1
CREUTZFELDT-JAKOB DISEASE MAD COW DISEASE	2 1	100.00	0 0	0.00	2 1
IMMUNE SYSTEM DISORDER IMMUNOLOGIC DISORDER	0 0	0.00	1 1	100.0	1 1
합성어 중심어의 변이					
HUMAN DISEASE HUMAN DISORDER	5 0	62.50	2 1	37.50	7 1
HEREDITARY DISORDER HEREDITARY ILLNESS	0 1	50.00	1 0	50.00	1 1
GENETIC DISEASE GENETIC DISORDER	5 1	26.10	15 2	73.90	20 3
VIRAL DISEASE VIRAL ILLNESS	1 1	66.67	1 0	33.33	2 1
합계	26		25		51

<표 8>에 나온 여러 묶음으로 제시된 동의 관계는 수식어(예: CARDIOVASCULAR/HEART)가 변하는 세 가지 사례 그리고 중심어(예: DISEASE/DISORDER)가 변하는 네 가지 사례에서 발생한다. 중심어 변이는 DISEASE와 DISORDER 사이에서 가장 흔하게 일어나지만 둘 다 ILLNESS로 교체할 수도 있다. 중심어보다 수식어에 변화가 일어날 때, 단수 및 복수형 간의 분포 패턴은 동의어 사이에 비교적 일관된다. 이는 번역을 하면서 동의 관계로 보이는 복합 용어의 상호교환성을 따질 때 중심어나 수식어의 변화 같은 형식적 측면을 고려해야 한

다는 뜻이다. 현재 데이터로는 수식어가 변하고 중심어가 일정한 합성어의 호환성이 훨씬 크다는 사실을 알 수 있다. 이제 독일어 하위 코퍼스로 옮겨가서 한 단어 합성어부터 살펴보기로 하겠다.

5.4. 독일어에서 합성어 형성 패턴

한 단어 합성어를 중심으로 독일어 검색 항목의 합성어 형성 패턴을 분석한 결과는 아래 <표 9a(중심어)>와 <표 9b(수식어)>에 나온다. 검색어가 중심어로 들어가서 하이픈으로 연결한 합성어(현대 독일어 단어 형성에서 점점 늘어나는 추세)는 <표 9c>에 따로 표시했다.

〈표 9a〉 ERKRANKUNG, SYNDROM, KRANKHEIT, MORBUS가 중심어로 쓰인 후보 한 단어 복합 용어

후보 한 단어 복합 용어	tokens (f)		
	단수	복수	합계
ERKRANKUNG (types: N=9)			
ADENOSINDEAMINASEMANGELERKRANKUNG	1	0	1
AUTOIMMUNERKRANKUNG	0	1	1
GRUNDERKRANKUNG	1	0	1
HERZERKRANKUNG	1	0	1
HIRNERKRANKUNG	1	0	1
INFEKTIONSERKRANKUNG	0	2	2
LUNGENERKRANKUNG	0	1	1
PRIONERKRANKUNG	0	1	1
TUMORERKRANKUNG	0	6	6
합계	4	11	15
SYNDROM (types: N=0)			
관찰되지 않음			
합계	0	0	0
KRANKHEIT (types: N=6)			
AUTOIMMUNKRANKHEIT	0	7	7
AUTOIMMUNOKRANKHEIT	0	1	1

후보 한 단어 복합 용어	tokens (f)		
	단수	복수	합계
ERBKANKHEIT	0	1	1
GRUNDKRANKHEIT	1	0	1
IMMUNSCHWACHERKRANKHEIT	1	0	1
INFEKTIONSKRANKHEIT	0	3	3
합계	2	12	14
MORBUS (types: N=0)			
관찰되지 않음	0	0	0
합계	0	0	0

표 9a를 보면 한 단어 합성어에 중심어로 나타날 때 ERKRANKUNG과 KRANKHEIT는 모두 복수형으로 나타나는 비율이 높다(각각 11/15, 즉 75.33%와 12/14, 즉 85.71%). 하지만 한 단어 합성어에서 수식어 역할을 할 때 <표 9b>에서 보는 바와 같이 KRANKHEIT가 조어 형성에서 가장 생산적인 성분임을 알 수 있다.

〈표 9b〉 ERKRANKUNG, SYNDROM, KRANKHEIT, MORBUS가 수식어로 쓰인 후보 한 단어 복합 용어

후보 한 단어 복합 용어	tokens (f)
ERKRANKUNG (types: N=0)	
관찰되지 않음	0
합계	0
SYNDROM (types: N=0)	
관찰되지 않음	0
합계	0
KRANKHEIT (types: N=6)	
Krankheitsbild	3
Krankheitsempfindlichkeit	1
Krankheitsentstehung	2
Krankheitsprozeß	4
Krankheitsyerständnis	5
Krankheitszustand	1

후보 한 단어 복합 용어	tokens (f)
합계	16
MORBUS (types: N=0)	
관찰되지 않음	0
합계	0

검색어가 수식어 역할을 하는 영어 합성어와 마찬가지로(<표 7b> 참조) 독일어 합성어의 중심어 또한 준전문용어라고 말할 수 있다. 위 표에서 'Bild', 'Empfindlichkeit', 'Entstehung', 'Prozeß', 'Verständnis', 'Zustand'가 이에 해당한다.

<표 9c>에서 다시 검색어가 합성어의 중심어로 쓰이는 경우를 보게 되는데, 이제는 합성어의 구성 요소는 철자법에 따라 하이픈으로 연결된다.

〈표 9c〉 ERKRANKUNG, SYNDROM, KRANKHEIT, MORBUS가 중심어이면서 하이픈으로 연결된 후보 합성어

하이픈으로 연결된 후보 합성어	tokens (f)		
	단수	복수	합계
ERKRANKUNG (types:N=6)			
ALZHEIMER-ERKRANKUNG	1	0	1
GSS-ERKRANKUNG	1	0	1
HERZ-KREISLAUF-ERKRANKUNG	0	2	2
JACOB-CREUTZFELDT-ERKRANKUNG	2	0	2
JC-ERKRANKUNG	1	0	1
PARKINSON-ERKRANKUNG	1	0	1
WILSON-ERKRANKUNG	1	0	1
합계	7	2	9
SYNDROM (types: N=10)			
DELETIONS-SYNDROM	0	1	1
DOWN-SYNDROM	5[a]	0	5
HYPER-IGM-SYNDROM	1	0	1
LESH-NYHAN-SYNDROM	3[a]	0	3

하이픈으로 연결된 후보 합성어	tokens (f)		
	단수	복수	합계
MARFAN-SYNDROM	1	0	1
MIKRODELETIONS-SYNDROM	2[a]	3[b]	5
PRADER-WILLI-SYNDROM	1	0	1
TURNER-SYNDROM	1	0	1
WAGR-SYNDROM	1	0	1
X-SYNDROM	1	0	1
합계	16	4	20
KRANKHEIT (types: N=1)			
PELIZAEUS-MERZBACHER-KRANKHEIT	1	0	1
합계	1	0	1
MORBUS (types: N=0)			
관찰되지 않음	0	0	0
합계	0	0	0

주 : a. 소유격 형태/s 포함
b. 여격 형태 포함

<표 9c>의 데이터를 보면 하이픈으로 연결된 합성어의 성분일 때 ERKRANKUNG과 SYNDROM은 주로 특정 질병의 이름으로 나타나며, 이때 단수형으로 쓰임을 알 수 있다. 이는 ERKRANKUNG이 한 단어 용어 그리고 뒤에서 살펴볼, 복수단어 용어로 쓰일 때 확립된 패턴과 대조를 이루는데, 두 경우 모두 복수형으로 더 자주 나타난다.

독일어 하위 코퍼스에서 확인된 복수단어 복합 용어는 <표 10>에 나와 있다. 여기에서 나타나는 패턴을 보면 ERKRANKUNG과 KRANKHEIT는 둘 다 복수단어 합성어에서 중심어로 쓰일 때 복수형으로 나온다는 사실이다(각각 33/44, 즉 75%와 10/12, 즉 83.33%). 이런 점에서 독일어 KRANKHEIT는 복수단어 합성어 내에서 영어의 DISORDER와 유사한 분포 패턴을 보인다(<표 7a> 참조). 우리는 DISORDER가 중심어인 복수단어 합성어의 90%(9/10)가 복수형으로 나타난다는 사실을 떠올릴 수 있다.

〈표 10〉 ERKRANKUNG, SYNDROM, KRANKHEIT, MORBUS가 합성어의 중심어로 쓰인 후보 복수단어 복합 용어

후보 복수 단어 복합 용어	tokens (f)		
	단수	복수	합계
ERKRANKUNG (types: N=24)			
3-CHROMOSOMENLOCUS GEBUNDENE ERKRANKUNG	1	0	1
BAKTERIELLE ERKRANKUNG	0	1	1
DEGENERATIVE ERKRANKUNG	1	1	2
ERBLICHE ERKRANKUNG	4	1	5
ERBLICHE NEUROLOGISCHE ERKRANKUNG	0	2	2
ERWORBENE GENETISCHE ERKRANKUNG	0	1	1
GENETISCH BEDINGTE ERKRANKUNG	1	2	3
GENETISCHE ERKRANKUNG	0	5	5
GERSTMANN-STRÄUSSLER ERKRANKUNG	1	0	1
HLA-DQ-ASSOZIIERTE ERKRANKUNG	0	1	1
INFEKTIÖSE ZNS-ERKRANKUNG	0	1	1
KARDIOVASKULÄRE ERKRANKUNG	0	1	1
MENSCHLICHE ERKRANKUNG	0	1	1
MONOGENE ERKRANKUNG	1	0	1
MULTIFAKTORIELL BEDINGTE ERKRANKUNG	0	2	2
MUTATIONSBEDINGTE ERKRANKUNG	0	1	1
NEURODEGENERATIVE ERKRANKUNG	0	2	2
NEUROLOGISCHE ERKRANKUNG	0	6	6
ONKOLOGISCHE ERKRANKUNG	0	1	1
PARASITÄRE ERKRANKUNG	0	1	1
PSYCHIATRISCHE ERKRANKUNG	0	1	1
VERERBTE ERKRANKUNG	0	1	1
VIRALE ERKRANKUNG	0	1	1
WILSON'SCHE ERKRANKUNG	2	0	2
합계	11	33	44
SYNDROM (types: N=4)			
GENETISCHESS SYNDROM	0	1	1
NEUROLOGISCHES SYNDROM	0	1	1
TRICHORHINOPHALANGEAL-SYNDROM TYP I	1	0	1
TRICHORHINOPHALANGEAL-SYNDROM TYP II	1	0	1

후보 복수 단어 복합 용어	tokens (f)		
	단수	복수	합계
합계	2	2	4
KRANKHEIT (types: N=7)			
FAMILIÄRE ALZHEIMER KRANKHEIT	1	0	1
GENETISCH BEDINGTE KRANKHEIT	0	4	4
GENETISCHE KRANKHEIT	0	2	2
HETEROGENE KRNAKHEIT	1	0	1
LETALE KRANKHEIT	0	1	1
NEURODEGENERATIVE KRANKHEIT	0	1	1
NEUROLOGISCHE KRANKHEIT	0	2	2
합계	2	10	12
MORBUS (types: N=2)			
MORBUS BECHTEREW	1	0	1
MORBUS ALZHEIMER	1	0	1
합계	2	0	2

<표 9a>, <표 9b>, <표 9c>, <표 10>에 나타난 데이터는 <표 11>에 나오는 것과 같은 동의어 집합을 제시한다.

〈표 11〉 독일어에서 한 단어 합성어, 하이픈으로 연결되거나 복수단어 합성어로 나타난 잠재적 동의어 집합의 단수 및 복수형의 빈도 표시

잠재적 동의어 집합	f 단수	%	f 복수	%	합계 100%
합성어 수식어의 변이					
GERSTMANN-STRÄUSSLER ERKRANKUNG GSS-ERKRANKUNG	1 1	100.0	0 0	0.00	1 1
HERZERKRANKUNG HERZ-KREISLAUF-ERKRANKUNG KARDIOVASKULÄRE ERKRANKUNG	1 0 0	25.00	0 2 1	75.00	1 2 1
JACOB-CREUTZFELDT-ERKRANKUNG JC-ERKRANKUNG	2 1	100.0	0 0	0.00	2 1
WILSON'SCHE ERKRANKUNG WILSON-ERKRANKUNG	2 1	100.0	0 0	0.00	2 1
ONKOLOGISCHE ERKRANKUNG TUMORERKRANKUNG	0 0	0.00	1 6	100.0	1 6
합성어 중심어의 변이					
INFECTIONSERKRANKUNG INFECTIONSKRANKHEIT	0 0	0.00	2 3	100.0	2 3
GRUNDERKRANKUNG GRUNDKRANKHEIT	1 1	100.0	0 0	0.00	1 1
GENETISCHE ERKRANKUNG GENETISCHE KRANKHEIT GENETISCHE SYNDROM	0 0 0	0.00	5 2 1	100.0	5 2 1
MORBUS ALZHEIMER ALZHEIMER-ERKRANKUNG ?FAMILIÄRE ALZHEIMER KRANKHEIT	1 1 1	100.0	0 0 0	0.00	1 1 1
NEUROLOGISCHE ERKRANKUNG NEUROLOGISCHE KRANKHEIT NEUROLOGISCHES SYNDROM	0 0 0	0.00	6 2 1	100.0	6 2 1
NEURODEGENERATIVE ERKRANKUNG NEURODEGENERATIVE KRANKHEIT ?DEGENERATIVE ERKRANKUNG	0 0 1	20.00	2 1 1	80.00	2 1 2
GENETISCH BEDINGTE ERKRANKUNG GENETISCH BEDINGTE KRANKHEIT	1 0	14.29	2 4	85.71	3 4
VERERBTE ERKRANKUNG ERBKRANKHEIT ERBLICHE ERKRANKUNG	0 0 4	57.14	1 1 1	42.86	1 1 5

잠재적 동의어 집합	f 단수	%	f 복수	%	합계 100%
AUTOIMMUNERKRANKUNG	0	10.00	1	90.00	1
AUTOIMMUNKRANKHEIT	0		7		7
AUTOIMMUNOKRANKHEIT	0		1		1
IMMUNSCHWÄCHEKRANKHEIT	1		0		1
합계	21		54		75

복합 용어를 위한 가능한 동의어 집합에 관한 영어 데이터와 마찬가지로(<표 8> 참조), 변화는 중심어와 수식어 역할 모두에서 일어난다. 독일어에서 중심어 역할의 형태가 변할 때 가장 흔히 교체되는 용어는 ERKRANKUNG과 KRANKHEIT이다. 수식어에 변화가 일어나는 경우를 집중해서 보면 단수와 복수 사이의 분포 패턴에 (영어에서처럼) 눈에 띄는 경향이 나타나는데, 절대 빈도수가 낮긴 하지만 그 패턴은 변이형 사이에서 유지된다. 그러나 영어 데이터와 달리, 중심어가 변하는 일부 동의어 집합 사이에도 단수-복수의 꽤 일관된 분포 패턴이 보인다. 바꿔 말하면 독일어 동의어 ERKRANKUNG, KRANKHEIT, SYNDROM은 현재 이용할 수 있는 제한된 데이터로 미뤄 볼 때, 영어의 DISEASE, DISORDER, ILLNESS보다 상호 교환이 좀 더 잘 이뤄진다.

영어와 독일어에서 제안된 합성어 동의어 집합을 통해 알 수 있는 사실은 동의 관계는 어휘소 DISEASE, DISORDER, ILLNESS, SYNDROME 사이 또는 어휘소 ERKRANKUNG, KRANKHEIT, SYNDROM, MORBUS 사이의 문제가 아니라 단수나 복수형의 합성어에서 특정 수식어와 함께 작동하는 이들 용어 사이의 문제라는 점이다.

5.5. 요약

분석을 시작하면서 어휘소의 상대빈도를 근거로 ERKRANKUNG과 DISEASE가 잠재적 후보 등가어로 제시되었다. 하지만 이들 어휘소를 어형의 관점에서 분석할 때 분포와 합성어 형성에서 서로 다른 경향을 나타낸다는 사실을 우리는 알 수 있었다. <표 12a>와 <표 12b>는 각각 영어와 독일어의 이러한 데이터를 요약해 보여 준다.

〈표 12a〉 영어 데이터 요약

	한 단어 자체 f	f/N %	복수 단어 용어 (중심어) f	f/N %	복수 단어 용어 (수식어) f	f/N %	합계 (N) 100%
DISEASE							
단수	36	48	34	45	5	7	75
복수	24	35	44	65	0	0	68
합계	60	42	78	55	5	3	143
DISORDER							
단수	1	50	1	50	0	0	2
복수	1	10	9	90	0	0	10
합계	2	17	10	83	0	0	12
ILLNESS							
단수	1	33	2	67	0	0	3
복수	5	100	0	0	0	0	5
합계	6	75	2	25	0	0	8
SYNDROME							
단수	1	33	2	67	0	0	3
복수	0	0	0	0	0	0	0
합계	1	33	2	67	0	0	3

〈표 12b〉 독일어 데이터 요약

	한단어 자체 f	f/N %	한단어 합성어 (중심어) f	f/N %	한단어 합성어 (수식어) f	f/N %	하이픈 연결어 f	f/N %	복수단어 용어 (head) f	f/N %	합계 (N) 100 %
ERKRANKUNG											
단수	10	31	4	13	0	0	7	22	11	34	32
복수	18	28	11	17	0	0	2	3	33	52	64
합계	28	29	15	16	0	0	9	9	44	46	96
KRANKHEIT											
단수	3	13	2	8	16[a]	67	1	4	2	8	24
복수	2	8	12	50	0	0	0	0	10	42	24
합계	5	10	14	29	16	33	1	3	12	25	48
SYNDROM											
단수	3	14	0	0	0	0	16	76	2	10	21
복수	4	40	0	0	0	0	4	40	2	20	10
합계	7	23	0	0	0	0	20	65	4	13	31
MORBUS											
단수	0	0	0	0	0	0	0	0	2	100	2
복수	0	0	0	0	0	0	0	0	0	0	0
합계	0	0	0	0	0	0	0	0	2	100	2

a. 단수가 기본 형태로 설정되었다.

<표 13a>와 <표 13b>는 우리의 원래 동의어가 가장 많이 그리고 가장 적게 나타날 것으로 예상되는 환경을 보여 준다.

〈표 13a〉 DISEASE, DISORDER, ILLNESS, SYNDROM의 '선호' 환경

	DISEASE		DISORDER		ILLNESS		SYNDROME	
	%	순위	%	순위	%	순위	%	순위
한단어 용어 자체	42	2	17	2	75	1	33[a]	2
복수단어 용어 (중심어)	55	1	83	1	25	2	67[a]	1
복수단어 용어 (수식어)	3	3	0	3	0	3	0	3
	100		100		100		100	

주: a. 모두 합쳐 단 3회의 절대 빈도를 나타낸다.

〈표 13b〉 ERKRANKUNG, SYNDROM, KRANKHEIT, MORBUS의 '선호' 환경

	ERKRANKUNG		KRANKHEIT		SYNDROM		MORBUS	
	%	순위	%	순위	%	순위	%	순위
한단어 용어 자체	29	2	10	4	23	2	0	2
한단어 용어 (중심어)	16	3	29	2	0	4	0	2
한단어 용어 (수식어)	0	5	33	1	0	4	0	2
하이픈연결어	9	4	3	5	65	1	0	2
복수단어 용어 (중심어)	46	1	25	3	13	3	100[a]	1
	100		100		100		100	

주: a. 단 2회의 절대 빈도를 나타낸다.

<표 13a>의 어휘소 4개 중에서 ILLNESS는 한 단어 용어 자체로 나타날 가능성이 가장 크고, DISEASE는 그보다 낮다. 하지만 이들 어휘소는 단수 및 복수형 간의 분포와 관련하면 그 작동 방식이 다르게 나타난다(<표 12a> 참조). ILLNESS는 복수형으로 더 자주 나타나지만

(5/6, 즉 83.33%), DISEASE는 단수형으로 더 자주 나타난다(36/60, 즉 60%). 앞서 밝힌 대로, DISORDER는 중심어 역할을 하는 복수단어 합성어를 만들 가능성이 가장 높은데, 이때 그 합성어는 대부분 복수형으로 나타난다(9/10, 즉 90%). DISEASE 또한 이런 환경에서 자주 나타나지만, DISORDER보다 상대적으로 정도가 덜하다. 하지만 이런 경우 복수형으로 나타나는 경향이 있으며(44/78, 즉 56.41%), 한 단어 용어일 때 단수로 더 자주 나타나는 양상과는 대조적이다(36/60, 즉 60%). DISEASE는 복수단어 용어의 수식어로 기능하는 유일한 어휘소이다.

<표 13b>의 4가지 어휘소 중에서 ERKRANKUNG은 복수단어 용어의 중심어와 한 단어 용어 자체로 나올 가능성이 가장 크다. 이 두 가지 환경 모두에서 복수형으로 더 자주 나타나는 경향이 있다(각각 33/44, 즉 75%, 18/28, 즉 64.29%)(<표 12b> 참조). KRANKHEIT는 한 단어 합성어로 나타날 확률이 가장 높은데, 중심어와 수식어 둘 다로 쓰인다. 용어의 중심어 역할을 할 때 ERKRANKUNG과 마찬가지로 복수형으로 나오는 경향이 있다(12/14, 즉 85.71%). SYNDROM은 하이픈으로 연결한 용어로 나올 가능성이 가장 큰 어휘소지만 이 경우에는 단수형이 더 흔한데(16/20, 즉 80%), 왜냐하면 우리가 기억하듯이 이 용어들은 주로 특정 질병의 이름이기 때문이다. KRANKHEIT는 용어 그 자체로 나타나는 확률이 ERKRANKUNG이나 SYNDROM보다 낮고, 따라서 이 LSP에서 '매개자'로 여겨질 수 있으며, 이는 해당 영어 LSP의 DISORDER 또한 마찬가지다.

5.6. 등가

이렇듯 복잡한 그림은 등가와 무슨 관계가 있는가? 이 문제를 바라보는 하나의 방법은, 이미 <표 5>에 나타낸 바와 같이 각각의 어휘소가 복합어 형성에 관계하는 경향을 비교하는 것이다. 이런 방식으로 비교하면 어휘소가 수행하는 역할을 <표 14>에서처럼 비교해 볼 수 있다.

〈표 14〉 영어와 독일어에서 선택된 어휘소의 병행 기능

환경	영어 선호도 (복수형 발생 비율)	독어 선호도 (복수형 발생 비율)
한 단어 용어 자체	ILLNESS (83.33%)	ERKRANKUNG (64.29%)
복수단어 용어(중심어)	DISORDER (90.00%)	ERKRANKUNG (75.00%)
한 단어 용어(중심어)	해당 사항 없음	KRANKHEIT (85.71%)
복수단어 용어 (수식어)	DISEASE	해당 사항 없음
한 단어 용어(수식어)	해당 사항 없음	KRANKHEIT
하이픈 연결어	해당 사항 없음	SYNDROM (20.00%)

<표 14>에서 대응하는 점을 보면 용어의 범위 내에서 역할에 따라 ILLNESS와 ERKRANKUNG을 어떤 의미에서 등가어로 볼 수 있으며(한 단어 용어 자체로), DISORDER와 ERKRANKUNG(복수단어 용어의 중심어) 또한 그러하며 영어 데이터에는 한 단어 복합어의 증거가 없으므로 거의 틀림없이 DISORDER와 KRANKHEIT(한 단어 복합 용어의 중심어)를 등가 관계로 볼 수 있다. 마지막으로 DISEASE와 KRANKHEIT도 둘 다 합성어(각각 복수단어와 한 단어 합성어)의 수식어로 기능하기 때문에 등가로 여겨질 수 있다. 이는 이개어사전에서 일반적으로 표제어를 규정하는 일대일 관계로는 단어들이 맺는 복잡한 결합 관계가 충분히 설명되지 않는다는 사실을 나타낸다.

마지막으로 각 언어에서 제안된 동의어 집합을 포함해(<표 8>과 <표 11> 참조), 이번 분석에서 확인된 합성어에 대한 가능한 등가 관계를 좀 더 구체적으로 살펴보기로 하겠다. 그 비교는 <표 15>에 나와 있다.

〈표 15〉 코퍼스 기반의 후보 등가 합성어(candidate equivalent compounds)

영어	f		독어	f	
	단수	복수		단수	복수
GENETIC DISEASE GENETIC DISORDER	5 1	15 2	GENETISCHE ERKRANKUNG GENETISCHE KRANKHEIT GENETISCHES SYNDROM	0 0 0	5 2 1
DEGENERATIVE DISEASE	1	1	?DEGENERATIVE ERKRANKUNG NEURODEGENERATIVE ERKRANKUNG NEURODEGENERATIVE KRANKHEIT	1 0 0	1 2 1
CREUTZFELDT-JACOB DISEASE MAD COW DISEASE	2 1	0 0	JACOB-CREUTZFELDT-ERKRANKUNG JC-ERKRANKUNG	2 1	0 0
HUMAN DISEASE HUMAN DISORDER	5 0	2 1	MENSCHLICHE ERKRANKUNG	0	1
VIRAL DISEASE VIRAL ILLNESS	1 1	1 0	VIRALE ERKRNAKUNG	0	1
HEREDITARY DISORDER HEREDITARY ILLNESS	0 1	1 0	ERBLICHE ERKRANKUNG VERERBTE ERKRANKUNG ERBKRANKHEIT	4 0 0	1 1 1
GERSTMANN-STRÄUSSLER- SCHEINKER SYNDROME	1	0	GERSTMANN-STRÄUSSLER ERKRANKUNG GSS-ERKRANKUNG	1 1	0 0
CARDIOVASCULAR DISEASE HEART DISEASE	6 3	1 0	HERZ-KREISLAUF-ERKRANKUNG KARDIOVASKULÄRE ERKRANKUNG HERZERKRANKUNG	0 0 1	2 1 0
BRAIN DISEASE	1	2	HIRNERKRANKUNG NEUROLOGISCHE ERKRANKUNG NEUROLOGISCHE KRANKHEIT NEUROLOGISCHES SYNDROM	1 0 0 0	0 6 2 1
LUNG DISEASE	0	1	LUNGERKRANKUNG	0	1
PRION DISEASE	0	4	PRIONERKRANKUNG	0	1
IMMUNE SYSTEM DISORDER IMMUNOLOGIC DISORDER	0 0	1 1	IMMUNSCHWÄCHEKRANKHEIT AUTOIMMUNERKRANKUNG AUTOIMMUNKRANKHEIT IMMUNSCHWÄCHEKRANKHEIT	1 0 0 0	0 1 7 1
ALZHEIMER'S DISEASE	1	0	MORBUS ALZHEIMER ALZHEIMER-ERKRANKUNG ?FAMILIÄRE ALZHEIMER KRANKHEIT	1 1 1	0 0 0
LESCH-NYHAN DISEASE	1	0	LESCH-NYHAN SYNDROM	3	0
INFECTIOUS DISEASE	0	1	INFEKTIONSKRANKHEIT INFEKTIONSERKRANKUNG	0 0	3 2

<표 15>에 제안된 등가 관계를 보면 동의어의 변이가 두 언어에서 모두 비교적 높게 일어난다는 사실을 알 수 있고, 이 주제 분야는 물론 비슷한 수준의 의사소통에서 번역가들이 등가어를 결정하려 할 때 부닥치는 문제에 대해 어떤 통찰을 던져 준다. 분포 데이터는 선호하는 용어와 그 등가어에 관한 표준화 결정의 토대를 형성하지만, 그 용어가 단수나 복수형으로 나타나는 경향과 같은 확률적 추세는 개념과 그것의 지칭, 즉 용어를 표준화하는 데 아무런 역할을 하지 못한다.

6. 맺음말

본고에서 나는 과학적이지만 꼭 전문가는 아닌 독자를 대상으로 한 텍스트 코퍼스를 기반으로, 유전공학 분야의 영어와 독일어 텍스트에서 두 잠재적 동의어 집합의 언어 작동을 살펴보았다. 분석을 통해 텍스트 창작자로서 번역가와 관련한 여러 가지 제약이 더욱 분명히 드러났다.

지금까지 분석한 데이터로 볼 때 동의 관계 그리고 더 나아가 등가 개념은, 일반적으로 전문용어학 연구나 실제 사전 편찬 작업에서 고려하지 않는 언어적 차원의 몇 가지 요인을 고려할 필요가 있다. 이러한 요인에는 문법 범주로서 수의 역할 그리고 복합어 형성에서 중심어나 수식어로서 결합하는 요소의 역할이 포함된다. 동의 관계의 개념은 탈맥락화한 어휘소 간의 관계라기보다 어형 간의 관계로 보면 더 제한적이며, 어떤 경우에도 논리적으로 예측할 수 없고 표준화 절차에도 따르지 않는 듯한 중복과 배제의 많은 복잡한 관계를 드러낸다. 표준화 절차에서는 경향성보다 절대적인 것을 다루며, 당연히 어형이 아닌 어휘소를 다룬다.

미주

1) 이 글은 제 10회 특수목적언어 및 전문가 의사소통에서 다중언어 사용에 관한 유럽 심포지엄(the 10th European Symposium on Language for Special Purpose, Multilingualism in Specialist Communication, Vienna)(1995.8.29-9.1)에 발표한 글을 고쳐 쓴 것이다.

2) 그러나 일부 텍스트는 유형 '변동'이 일어난다는 점에 유의해야 한다. 예컨대 전기 제품에 따라오는 고객 정보에는 제품 혜택에 관한 설득적 텍스트뿐만 아니라 보증 조건에 관한 법적 정보가 포함되기도 한다.

3) 유전공학은 1980년대에 빠르게 발전하여 꾸준히 새로운 응용 영역을 발견하는 비교적 새로운 학문이다. 생명과학의 새로운 주제 분야로, 그 전문용어는 앞으로도 계속 개발되고 관련 분야의 도움을 받아 개념 구조를 진화시킬 것으로 보인다. 흔히 새로운 생각의 출현과 관련한 현상은 동의 관계이다. 개발이 진행되는 어떤 주제 분야에서건, 한편으로 개념의 성격을 정의하는 점진적 변화 사이에 창의적 긴장이 일어날 것이고, 다른 한편으로 표준화에 대한 요구도 있을 것이다[예를 들어, 언어학 주제 분야에 관한 드 보그란데(1989)를 참조할 것].

4) 나는 코퍼스를 제공해 주고 또한 유전공학 분야의 과학 논문과 관련하여 동의어 변이에 관해 처음 문제를 제기해 준 데 대해 아이리스 레비(Iris Levy)에게 감사의 말을 전하고 싶다(Levy 1995 참조).

5) 텍스트의 출처는 다음과 같다. 영어 - Scientific American, Science, Annu. Rev. Biochem., New Scientist; 독일어 - Internist, Deutsches Ärzteblatt.

6) 'disease'가 형용사적 합성어, 예컨대 'disease-causing', 'disease-specific'와 같이 쓰인 경우 5회와 '전치 용어(pre-terms)'라고 부를 수 있는, 예컨대 'diseases of the central nervous system'처럼 쓰인 경우 2회는 제외됨.

미주

Ahmad, Khurshid. 1995. "Pragmatics of specialist communications: Workbenches and the engineering of special languages". In H. Picht and G. Budin (eds). *Biannual Conference on Terminology and (Micro) Computer Applications.* Vienna: INFOTERM/UNESCO, 5-52.

Bußman, Hadumod, 1990. *Lexikon der Sprachwissenschaft.* Stuttgart: Kröner. 2te Auflage.

de Beaugrande, Robert. 1989. "Special purpose language as a complex system: The case of linguistics". In C. Laurén and M. Nordman (eds), *Special Language: From Humans Thinking to Thinking Machines.* Clevedon: Multilingual Matters, 3-29.

de Beaugrande, Robert and Dressler, Wolfgang.U. 1981. *Introduction to Text Linguistics.* London: Longman.

Felber, Helmut. 1984. *Terminology Manual.* Paris: UNESCO and INFOTERM.

Halliday, Michael and Hasan, Ruqaiya. 1976. *Cohesion in English.* London: Longman.

Hoey, Michael. 1991. *Patterns of Lexis in Text.* Oxford: OUP.

Hudson, Richard A. 1980. *Sociolinguistics.* Cambridge: CUP.

Levy, Iris. 1995. "Das Prinzip der Gentherapie" and "Molekularbiologie in der Neorologie". A Translation with Commentary. MA Dissertation: University of Surrey, Guildford.

Mulligan. R.C. 1993. "The basic science of gene therapy". Science 260: 926-31.

Trimble. Louis. 1985. *English for Science and Technology – A Discourse Approach.* Cambridge: CUP.

번역자와 번역학을 위한 참조 코퍼스와 어휘 목록

캐럴 피터스 Carol Peters(이탈리아 피사 CNR 정보처리연구소),
에우제니오 피키 Eugenio Picchi(이탈리아 피사 CNR 전산언어학연구소)

1. 머리말

번역가, 특히 전문 번역가에게는 한 언어로 쓰인 텍스트를 되도록 능숙하게 다른 언어로 옮길 수 있게 도와주는 빠르고 유연한 도구가 필요하다. 그들은 다루는 텍스트유형에 맞게끔 주어진 맥락에서 주어진 단어나 표현에 가장 어울리는 번역 등가어를 선택하도록 지침을 제공하는, 권위 있는 참조 자료(사전과 텍스트 모두)에 신속하고 신뢰할 만한 방법으로 접근할 필요가 있다. 번역 기술과 기법을 가르치는 교사나 학자가 필요로 하는 것도 비슷하다. 텍스트의 대조·분석을 수행하기 위해서는 여러 맥락적 요인, 예컨대 어법, 문체, 언어 사용역, 분야 등에 따라 다른 언어로 개념을 구현할 수 있도록 문서화된 증거에 접근하게 하는 절차가 필요하다. 두 집단 사이의 차이는 주로 강조점 중의 하나이다. 첫 번째 경우에는 검색의 속도와 정확성이 가장 중요하지만, 두 번째 우선순위는 보통 가능한 한 완전하고 철저한 응답을 얻을 가능성에 있다.

이 논문의 목적은 번역학과 번역가의 작업 모두에서 직접적인 관심을 보이는 전산언어학 분야의 최신 성과를 알리는 데 있다. 우리의 초점은 최근 전산사전 편찬과 코퍼스언어학 분야의 발전, 즉 전산 어휘 목록과 언어 참조 코퍼스의 생성, 그리고 그것들을 분석하고 질의하는 절차를 설계하고 구현하는 것에 있다. 그러한 도구들은 자연어 처리(NLP)와 기계 번역(MT)에 중요한 데이터를 제공하지만, 여기서는 주로 기계 보조 인간 번역(machine-aided human translation) 활동에 관심을 둔다. 그래서 다음 두 절에서는 이 분야 기술의 현 상황을 간략히 보여 주고, 또한 이 책의 주제가 번역에서 텍스트 유형학을 고찰하는 데 있기에, 그중 두 번째 절에서 코퍼스 언어학의 최신 추세 중 하나인 이중언어와 다국어 참조 코퍼스 구축을 집중적으로 살펴본다. 머지않은 미래에 다양한 유형의 대조 텍스트 데이터를 대량으로 이용하는 것이 이론적 연구와 실제 응용에 어떠한 함의를 갖는지를 논의한다. 이러한 이유로 우리의 단일어 및 이중언어 통합 어휘 데이터베이스 시스템을 네 번째 절에서 제시한 후, 이중언어 텍스트 관리 시스템을 다섯 번째 절에서 설명하고 그 시스템을 이용해 어떻게 서로 다른 유형의 텍스트를 처리하고 분석하는지 또 그로부터 어떻게 교차 언어적으로 유용한 데이터를 추출하는지를 논의하고자 한다. 이 시스템은 단일어 코퍼스 관리 및 실행을 위한 시스템과 함께, 프로토타입 번역가의 워크스테이션(Translator's Workstation)의 두 가지 주요 구성 요소 중 하나이며(다른 하나는 어휘 데이터베이스 시스템이다), 피사(Pisa)의 CNR 전산언어학연구소(ILC-CNR)에서 실행되었다. 워크스테이션에 대해서는 글의 마지막 부분에서 개략적으로 설명했다.

2. 전자사전

최근까지 번역자를 도와주는 주요 도구는 종이 사전이었다. 다른 언어로 개념을 표현하기에 적절한 어구를 찾기 위해 처음으로 찾아보는 것은 보통 이중언어 사전인데, 주어진 어구에 맞는 가능한 번역 등가어 목록을 제공함으로써 도착어에 직접 접근하도록 해 준다. 그러고 나서 종종 이중언어 사전에서 제안한 번역이 정확하고 적절한지 확인하기 위해 단일어 사전이 사용된다. 단점은 분명하다. 손으로 일일이 찾아봐야 하는지라 시간이 많이 들고, 특히 몇 번씩 거듭 검색을 하다 보면 집중력이 떨어져 종종 생산되는 번역의 품질도 같이 떨어지게 된다. 더 중요한 점은 따로 있다. 종이 사전의 고정된 알파벳 순서로 인해 단일어 및 이중언어 사전에 실제로 실려 있어도 유효한 엑세스 키가 없어서 찾지 못하는 정보가 많다는 것이다. 사용자는 단지 그것을 어떻게 얻어야 할지를 모른다. 더욱이 종이 사전은 비용과 공간적 요소로 인해 실을 수 있는 정보량에 확실히 한계가 있다.

이런 이유로(다른 무엇보다), 1980년대 후반의 전산사전 편찬은 동적이고 하이퍼텍스트적 방식으로 사전 데이터에 접근하게 하는 단일어 및 이중언어 어휘 데이터베이스를 구축하는 데 집중했는데, 이는 모든 종류의 어휘 정보(음운적, 형태적, 통사적, 의미적 정보)를 그것이 어휘 목록 어디에 저장되어 있든 검색할 수 있도록 하는 것이었다. 특히 출판된 사전의 기계 판독 가능 버전에서 어휘 데이터를 전산으로 분석하고 표시하는 절차를 구현하는 데 작업의 상당 부분이 할애되었다. 이 분야의 첫 번째 성과로는 보구라에브(Boguraev 1986), 버드 외(Byrd et. al. 1987) 그리고 피키 외(Picchi et al. 1990) 등의 선구적인 연구를 예로 들 수 있다.

모든 연구의 출발점은 어휘 항목의 전산 모형에 대한 정의였다[예를 들면 칼촐라리 외(Calzolari et al. 1990)의 ACQUILEX 프로젝트(1990)

를 위해 정의된 사전 항목의 전산 모형 참조]. 이것은 채택할 형식론, 포함할 정보 유형 그리고 어휘 목록의 다양한 요소 간의 복잡한 관계망을 나타내는 가장 적합한 구조에 대한 수많은 논의로 이어졌다. 그 목표는 어휘 데이터를 항해하는 여러 경로를 구축하도록 허용하는 도구를 제공하는 것이었다. 사전 출판업계가 관심을 갖고 이러한 연구의 뒤를 따르면서, 연구 목적의 데이터를 제공하는 것 외에도 때로는 직접 연구에 참여하기도 한다. 이제 사전을 펴내는 출판사 대부분은 컴퓨터가 출판 과정의 마지막 단계에 한정되어선 안 되고, 처음에 항목 구조를 정의하고 판독 가능 텍스트 아카이브에서 인용 자료를 입수하는 것에서부터 전자적 형태의 완제품을 인쇄하거나 생산하는 데 이르기까지 전 생산 단계에 관여해야 한다는 점을 알고 있다. 그 이점은 여러 가지다. 전산 모형은 사전편찬자의 작업을 엄격하게 통제하고 데이터의 일관성과 심층 결속성을 한층 확고히 하며 수정과 업데이트를 용이하게 한다. 그러나 아마도 상업적 세계에서 가장 큰 장점은 전산화된 어휘 목록의 재사용 가능성일 터이다. 이것이 현재 주요 사전 출판사들이 사전 편찬의 토대가 되는 크고 완벽한 어휘 목록 데이터베이스를 구축하고 있는 이유다. 하나의 포괄적 데이터베이스에서 전통적 종이사전의 다양한 형태, 즉 학습자 사전, 특수어 사전, 동의어·반의어 사전 등을 출간할 수 있을 뿐만 아니라 동일한 데이터베이스에서 다양한 형태와 차원의 전자사전을 만들어 낼 수 있다.

그리하여 전산화된 사전은 시장에서 점차 보편화하고 빠르게 대중의 공감대를 얻고 있다. 데이터에 빠르고 유연하게 접근하는 것이 느긋하게 제한된 정보를 찾는 즐거움보다 훨씬 중요하다. 이렇게 전자사전의 보급이 확산한 데에는 지난 몇 년간의 놀라운 기술 발전, 특히 하드웨어 분야의 발전에서 크게 힘입은 바가 있다. 가격이 내려가서 이제 엄청난 양의 데이터를 저렴한 개인용 PC나 휴대용 PC의 경량 디스크나 시디롬에 압축해 저장할 수 있다. 이것은 사무 환경에서 고용된 전문 번역가뿐 아니라 집에서 일하는 프리랜서 번역가들도 그러한 자료를 쉽게 이용할 수 있다는 뜻이다. 많은 제작사와 출판사들이 최근에 문서 처리기에 단일어 및 이중언어 사전과 철자 검사기 접근권을 결합한 시스템을 내놓았다. 사용자는 보통 이 시스템 사전을 필요할 때마다 별도의 창에 불러와서 작성 중인 텍스트와 참조 자료 사이를 넘나들며 문서를 작성하고 편집할 수 있다. 사전 검색에 좀 더 유연한 도구를 제공하고 작업 속도를 높여 준다는 점에서 이러한 시스템이 번역자에게 여러모로 유익한 것은 분명하지만 여전히 많은 한계를 드러낸다. 이런 시스템으로 유지되는 사전은 상대적으로 규모가 작은 편이어서, 동적 접근을 위한 몇몇 기능이 지원된다고 하더라도 제공하는 어휘 정보는 통상 종이 사전이 제공하는 정보만큼으로 제한된다. 논의를 좀 더 진행한 이후, 피사에 설치한 프로토타입 단일 언어 및 이중언어 어휘 데이터베이스 시스템이 최근 이룬 진전을 설명하고, 그리 머지않은 미래에 일반인들이 이용하게 될 고급 사전 검색 도구의 유형에 대한 개념을 전달하려 한다.

그런데 최근 번역가에게 두 번째로 중요한 참조 자료가 제안되고 있다. 바로 이중언어 텍스트 코퍼스이다. 주요한 차이점으로, 이중언어 사전은 표제어로서 별개로 간주되는 어휘 항목에 대한 번역 등가어를 제공하지만(보통 많아야 특정 사례의 연관 사례 몇 가지와 함께), 이중언어 코퍼스는 특정 맥락에 따라 단어나 표현에 대한 번역을 제시한다. 그러므로 첫 번째 경우에 응답은 표제어의 형식적 수준에서 주어지고, 따라서 어휘적 가설로 여겨질 수 있지만, 두 번째 경우에 그 결과는 어떻게 한 언어의 발화 또는 텍스트 표본을, 다루는 특정 텍스트유형에 따라 다른 언어로 옮길 수 있는지에 대한 실제 세계의 문서화된 근거를 제시한다. 다음에서는 이 분야의 최신 연구에 관해 설명하고자 한다.

3. 코퍼스 언어학과 참조 코퍼스의 개발

코퍼스 언어학은 대규모의 언어를 실증적으로 연구하는 언어학의 한 분야다. 지난 십 년간 코퍼스 구축에 대한 관심이 상당히 커졌는데, 그 이유는 언어 참조 코퍼스, 즉 기계 판독이 가능한 형태로 텍스트의 대표적 사례를 수집한 자료가 단지 사전 편찬(사전 구축)을 위해서뿐만 아니라 자연 언어 처리 시스템과 관련한 지식 습득을 포함하여 다양한 유형의 언어학적 연구에도 중요한 정보의 원천이 된다는 인식이 널리 퍼졌기 때문이었다.[1] "체계적 방식으로 구축된 대용량 텍스트 코퍼스를 검토하는 능력은 예전에는 이용할 수 없었던 수준의 근거 자료에 접근할 수 있게 해 준다"는 싱클레어(Sinclair 1976b)의 견해에 대체로 동의하는 분위기가 있다. 확실히 코퍼스가 충분히 크거나 진정한 대표성이 있다면 주어진 언어 또는 하위 언어의 전 범위를 문서화하는 것이 가능하다고 느껴진다. 이런 이유로 텍스트 수집의 규모는 지난 몇 년 사이에 엄청나게 증가했다.

이런 대규모 코퍼스의 구축은 최근 광학 문자 판독기와 데이터 저장 장치 기술의 진화 덕분에 가능했으며, 위에서 언급한 대로 이는 막대한 양의 데이터를 비교적 저렴한 비용으로 빨리 획득하고 유지하며 관리하는 것이 점점 더 실현 가능해지고 있다는 의미이다. 게다가 오늘날 문서 자료의 대부분이 전산화 절차를 통해 제작된다는 것은(출판과 사무 환경 모두에서), 엄청난 양의 갖가지 텍스트유형이 기계 판독이 가능한 형태로 만들어져, 잠재적으로 코퍼스 목적에 사용될 수 있음을 뜻한다.

3.1. 단일 언어 코퍼스

80년대 초반에는 브라운 현대 미국 영어 코퍼스(Brown Corpus of

contemporary American English)(Francis and Kucera 1982)가 100만 단어 규모에도 상당히 크게 느껴졌지만, 오늘날 텍스트 수집 자료는 대부분 텍스트 샘플이 수억 단어에 달한다. 이러한 관심에 동기를 부여하는 기본 전제는 퍼스(Firth)가 일찍이 50년대에 요약한 말에서 드러난다. "단어의 주변을 보면 그 단어를 안다"(Firth 1957)라는 말에는 단어의 의미가 맥락에서 얻어진다는 뜻이 담겼다. 결과적으로 80년대에 실증에 기반한 연구가 다시 인기를 끌자, 언어를 깊이 연구하기 위해서는 구어나 문어 텍스트 데이터의 크고 대표성 있는 샘플에 접근할 필요가 있다는 인식이 생겨났다. 예컨대 코빌드 코퍼스[코빌드 사전을 만드는 데 사용된 현대 일반 영어의 기본 코퍼스로 약 2,000만 단어의 규모였으며, 추가로 2,000만 단어에 달하는 전문 텍스트가 지원되었다. Sinclair(1987a) 참조] 작업을 했던 사전편찬자들이 입증한 대로, 주어진 의미로 사용된 단어는 종종 전형적인 통사 구조뿐만 아니라 어휘적 동시 발생(co-occurrence)의 전형적인 패턴을 드러낸다. 이는 많은 언어 연구에 상당한 함의를 지니며, 당연히 제2 언어(L2)로 생산하고자 하는 번역가들에게는 대단히 중요한 의미가 있다. 그들은 아마 사전에서 찾게 될 주어진 단어의 의미론적 정보뿐만 아니라 결합적 특성, 즉 선호되는 구문 또는 구조적 패턴과 연어 관계에 관해서도 가능한 한 많은 정보를 필요로 한다. 코빌드 사전은 새로운 종류의 정의문 또는 '등식'을 도입해 어느 정도 이러한 요구를 충족했는데, 오른편에는 그 뜻(전통적인 사전의 뜻과 비슷한)을 제시하고 왼편에는 대표적 맥락 속의 표제어를 제시한다. 그러나 분명히 종이 사전은 코퍼스의 특정 항목에 대해 찾아진 광범위한 용례색인(concordance)으로부터 코빌드 사례에서 선택된, 어휘 항목의 원형적 용례 한두 가지를 제공하는 것 이상은 할 수 없는데 반해, 이상적으로 언어 학습자는 코퍼스 자체의 전체 또는 상당 부분에 자유로이 접근하는 데에서 도움을 얻을 것이다. 아래 이중언어 텍스트 시스템을 다루는 부분에서 설명하겠지만 이것은 이제 실제로 가능한 일이 되고 있다.

현재 진행 중인 대형 언어 코퍼스 생성을 목표로 한 대부분의 계획에서 중요한 작업은 수많은 텍스트에 갖가지 정보로 자동으로 주석을 달아 주는 소프트웨어의 개발이다. 우선 품사 태그 지정자(tagger: 일반적으로 확률에 기반하여 작동)와 구문 분석기(parser: 대체로 규칙에 기반)의 개발을 들 수 있으며, 이것은 텍스트의 문장을 문법적으로 분석하게 해준다. 즉 서로 다른 구성 성분(명사구, 동사구 등)과 그 성분들이 서로 어떻게 연결되는지를 밝혀낸다. 지금 진행 중인 많은 연구 또한 단어 의미 중의성 해소(word sense disambiguation)를 목표로 하고 있다. 통사적으로나 의미론적으로 태그 처리된 코퍼스의 유용성은 당연히 모든 언어학적 연구에서 그 잠재적 가치가 점점 더 커질 것이다.

3.2. 이중언어 코퍼스와 다국어 코퍼스

90년대 초반 단일 언어 코퍼스에 관한 첫 작업 이후 기계 번역 연구자(예컨대 Brown et al, 1993)와 이중언어 사전 편찬 연구자들은 이중언어 텍스트 아카이브로 관심을 돌리기 시작했다. 그러한 관심이 일어난 이유는 어떻게 한 언어로 쓰인 텍스트를 문체, 사용역, 영역 등의 맥락적 요인에 따라 다른 언어로 옮길 수 있는지에 대한 문서화된 증거의 심층 자료로서 이중언어 코퍼스의 가치를 점차 크게 인식하고, 그리하여 여러 유형의 교차 언어 비교 및 조사에 그것을 활용할 가능성 또한 점차 크게 인식하게 된 때문이었다.

이러한 코퍼스는 이중언어 사전 편찬, 번역, 언어 학습 활동에서 중요한 도구로 여겨질 수 있다. 예를 들어 이중언어 사전 편찬자는 단일어 사전 편찬자가 단일 언어 코퍼스를 참조한 것과 거의 같은 방식으로, 코퍼스를 자신의 직관에 대한 시험대로, 신뢰할 만한 예시 자료를 공급하는 원천으로 이용한다. 단일어사전은 해당 언어의 어휘 체계에서 적절한 표현을 제공해야 하지만, 이중언어 사전은 두 언어 어휘 체계 간의 복잡한 관계망을 나타내는 데 역점을 둔다. 도착어(TL)로 번역될 수 있는 서로 다른 방식을 기반으로 해당 표제어를 표현할 필요성과 TL 등가어의 선택에 영향을 주는 요인을 명시할 필요성은 출발어(SL) 항목의 형성에 영향을 미치며, 특히 등가 관계의 단일 언어 항목과 비교할 때 의미 명세를 수정할 수 있다. 이중언어 참조 코퍼스는 TL의 요구에 부응하도록 항목의 첫 번째 SL 분석의 수정을 뒷받침하는 증거를 제공할 수 있다. 심지어 주어진 두 언어 사이의 관계에 대한 새로운 가설을 위한 출발점을 제공할 수도 있다. 따라서 이중언어 텍스트 데이터에 대한 접근은 미래에 사전편찬자가 번역을 위해 더 나은 이중언어 사전을 제공하는 데 기여해야 한다.

그러나 이중언어 코퍼스는 번역가에게 중요한 직접적 영감의 원천이기도 하여, 사전에 실리지 않은 단어나 표현에 대한 번역어를 찾게 해준다. 하르트만(Hartmann 1994: 292)은 번역가에게 보여지는 이중언어 사전의 한계를 지적하면서[2] "사전 어휘 목록에 내재한 의미론적 추상화로 인해 각 단어는 그 자연스러운 맥락을 잃어버렸고, 번역자는 특히 가장 다루기 힘든 '문화적으로 특수한' 어휘 영역에서 맥락 정보의 부족분을 자신의 이중언어 담화 능력으로 채워 넣어야 한다"고 주장한다. 그러면서 그는 이런 관점에서 볼 때 대조 문서학자들은 "주어진 병렬 텍스트를 번역 생산물로 단순 비교하는 것을 넘어서, 능숙한 번역자가 맨 먼저 적절한 도착어 등가어를 '발견하도록' 허용했던 실제 코드 전환 작업을 찾기 위해" 이중언어 텍스트 아카이브를 참조하기를 원할 것이라고 덧붙인다. 사실 이중언어 코퍼스는 정보, 생각, 개념을 한 언어에서 다른 언어로 옮기는 것과 관련한 수많은 과정의 연구를 가능하게 하는 데이터의 중요한 저장소라고 봐야 한다. 위에서 언급한 대로 텍스트에 통사적, 의미론적 태깅을 하는 다양한 절차의 개발에 중점을 두고 많은 연구가 이뤄지고 있다. 일단 주석 달린 이중언어 또는 다국어 텍스트를 이용하기가 좀 더 쉬워지면, 거기에서 추출한 다양한 수준의 데이터를 평가할 방법이 개발될 것이다. 예를 들어 문체와 사용역의 변화를 조사하거나 도착어 버전과 원본 텍스트 사이의 문장구조와 담화 구성에 어떤 유사성과 차이점이 있는지를 검토하는 것 등이다. 그러한 연구는 그 자체로도 번역가의 작업을 이해하고 개선하는 데 도움이 되지만, 검토되는 두 언어 사이의 중요한 차이를 반영하는 데이터를 얻도록 함으로써 두 언어 사이의 관계를 일반화하는 데에도 도움을 줄 수 있다.

이중언어 코퍼스 분석에서 도출된 데이터는 또한 MT 시스템을 위해 가치 있는 입력 정보를 제공해야 한다. 특히 예제 기반 시스템을 위해, 나가오(Nagao, 근간)는 그러한 시스템의 변환 사전에 상세한 연어 정보를 포함하는 것이 중요하다고 강조했다. 주어진 TL에는 특정한 방식으로 번역되어야 하는 특정 표현이 많이 있고, 이런 종류의 지식은 MT 시스템의 질을 크게 향상시킨다. 그러한 정보를 얻기 위해서는 그것의 번역과 함께 수많은 연어 관계 표현이 축적되어야 하며 이중언어 텍스트는 그러한 데이터의 중요한 원천이다.

3.3. 병렬 코퍼스에서 비교 코퍼스로

지금까지 이중언어(또는 다국어) 텍스트 아카이브에 관한 연구는 대부분 병렬 텍스트를 다뤄 왔다. 이것은 간혹 전체 텍스트가 아카이브에 포함되지 않은 원본으로부터 번역될 수는 있지만, 번역상 등가 관계인 텍스트 집합을 병렬 대응시킨 코퍼스로서, 일반적으로 하나의 텍스트는 출발어 텍스트이고 다른 쪽은 도착어 텍스트이다. 번역상 등가 관계인 텍스트에 기반한 분석 결과와 관련한 하나의 주요 비판은 도착어 텍스트는 자연어의 진정한 예시가 아니라는 것이다. 번역은 항상 출발어 텍스트의 영향을 받으며, 따라서 병렬 텍스트 코퍼스는 번역 과정을 연구하는 데 있어 중요한 원천이지만 도착어 또는 L2 텍스트는 그 자체로 사용 언어의 제대로 된 표현으로 간주될 수 없다. 하르트만(1994)이 말한 대로, "번역된 텍스트(들)는 그 정의상 각각의 도착어로 생산된 진정한 텍스트의 모든 언어적 특징을 공유할 수 없다". 이런 이유로, 많은 연구자들은 어떤 유형의 연구, 즉 어떻게 특정 개념이 다른 언어로 독립적으로 번역되는지에 관한 연구를 위한 좀 더 믿을 만한 원천(출발점은 개념이지만 해당 언어로 이미 존재하는 텍스트가 아닌 것)은 이중언어 또는 다국어 비교[3] 텍스트 코퍼스여야 한다고 주장했다.

비교 텍스트 아카이브는 공통된 특징으로 인해 비교하고 대조할 수 있는 쌍으로 이뤄졌거나 여러 언어로 이루어진 텍스트의 집합이다. 그것은 "각 언어 공동체에서 독립적으로 작성되었지만 동일한 의사소통 기능을 하는 텍스트"(Laffling 1992)의 모음이라고 설명되어 왔다. 따라서 그 텍스트는 번역 등가물은 아니지만 다양한 형태의 어떤 기본적 특징, 예컨대 시기, 저자, 주제, 기능성, 문체, 장르, 사용역, 특수용어, 영역 따위를 공유하게 된다. 그러나 코라자리와 피키(Corazzari and Picci 1994)가 말한 바와 같이 그러한 특징을 공유하는 것만으로 서로 다른 텍스트의 비교 가능성을 충분히 보장하지는 못한다. 비교 가능성은 공통의 어휘가 어느 정도 존재한다는 것을 또한 의미한다. 멀텍스트(Multext) 프로젝트를 진행하고 있는 이들 연구자는 완전히 비교 가능한 코퍼스를 구축하고자 할 때 따라야 할 일련의 선택 기준을 제시한다. 그들은 영역, 주제, 시기 등과 같은 외부적 기준과 제한된 하위 언어의 미리 정의된 어휘로부터 취한 일정한 수의 핵심어가 들어간 논문의 선정과 같은 내적 기준을 결합할 것을 제안한다.

따라서 병렬 코퍼스는 어떠한 언어유형의 텍스트도 포함할 수 있지만 비교 코퍼스는 항상 제한된 하위 언어와 관련된다. 결과적으로 병렬 코퍼스는 맥락 속의 번역 등가어에 관한 데이터를 추출할 수 있는 실제 세계의 텍스트로 구성되지만, 비교 코퍼스는 주어진 영역 안에서 언어

간에 어휘적으로 등가 관계인 맥락을 얻기 위해 처리될 수 있다.

병렬 텍스트 시스템의 잠재력은 현재 널리 알려진 상태지만 비교 코퍼스는 상대적으로 새로운 개념으로서 연구자들은 이제 막 그 가능성을 탐색하기 시작했다. 자네틴(Zanettin 1994)은 특히 번역 실습생을 위해 설계된 응용 프로그램에 관해 논의한다. 그는 특정 주제와 관련한 다양한 텍스트를 번역가에게 제공하기 위해, 시중에서 시디롬으로 판매되는 신문 기사 코퍼스[《인디펜던트(The Independent)》와《일 솔레 24 오레(Il Sole 24 Ore)》 발행]에서 비교 하위 코퍼스를 구축하는 것을 설명한다. 그에 따르면 "관련된 주제로 인해 하위 코퍼스는 비슷한 사실을 표현하거나 보고하는 경향이 있다. 입증된 행위의 예시가 되어 코퍼스는 언어 사용에 대한 가설을 검증할 모델을 제시한다". 또 코퍼스의 집합은 두 언어에서 의미상 상응하는 핵심어의 선택을 기반으로 구성된다. 그의 학생들은 주어진 주제에 관한 임의의 하위 코퍼스를 만들고, 이를 번역의 자료로 이용할 수 있도록 탐구하고 분석하는 훈련을 받는다. 이를 위해 그들은 시중에서 구할 수 있는 단일 언어용례 색인 소프트웨어를 이용한다. 하나의 언어(L1)로 된 텍스트에서 발견된 주어진 단어나 표현이 다른 언어로 어떻게 옮겨지는지 알아내기 위해 학생들은 탐색 전략을 배운다. 그들은 L1 텍스트에서 단서와 중요한 핵심어를 검색해 L2 코퍼스에서 등가 표현을 찾는 데 도움이 될 액세스 키를 생성한다. 자네틴은 자신의 수업 실험이 좋은 결과를 얻었다고 보고한다. 이 방법은 쌍방향으로 이뤄지기 때문에 비교적 작은 코퍼스에만 적합하다. 하지만 학생들에게 제2 언어를 깊이 탐색하도록 자극하고 언어 용례를 비교하고 연구할 기회를 줌으로써 번역에 유용한 데이터를 추출해 번역 수행 능력을 향상하게 하는 강력한 이점이 있다.

아마도 비교 코퍼스를 지지하는 최초의 사람에 속하는 존 래플링(John Laffling)은 기계 번역(MT) 시스템의 변환 어휘 목록을 구축하는

데 코퍼스를 이용했다[래플링은 실제로 병렬이라는 용어를 이러한 이중언어 텍스트를 가리키는 데 쓴다(주석 83 참조)]. 래플링은 정치 텍스트의 독일어-영어 자동 번역 시스템을 만들었다. 이 작업을 위해 그는 독일어-영어 정치 선언문으로 이뤄진 시험용 코퍼스를 구축했다. 그는 그러한 특정 영역의 텍스트는 "…번역자가 자유로이 구사할 수 있는 풍부한 언어 목록에 견줄 만한 지식 기반을 컴퓨터에 제공한다"고 주장한다. 래플링은 (텍스트 분석에서) 의미의 중의성 해소를 위해 그리고 자연어 문장의 구성(텍스트 생성)을 위해 어휘적 연어 관계의 중요성을 인식한다. 그래서 번역(인간과 기계 모두에 의한)을 위해서는 각각의 가능한 의미에서 어휘 항목의 가장 중요한 연어 관계에 대한 완전한 정보를 갖는 것이 매우 중요하다. 이런 유형의 정보는 사전에선 찾을 수 없지만 코퍼스에서 추출할 수 있다. 어휘가 공기하는 경향은 구체적 텍스트유형에 따라 미리 조건 지어질 수 있다. 그래서 그의 변환 사전의 각 항목을 위해 래플링은 각 의미에서 선호되는 연어 관계에 관해 코퍼스에서 추출한 정보를 포함했다. 그러나 그의 코퍼스에 나타나지 않는 의미들은 그 특정 영역과 연관성이 없는 것으로 되어 어휘 목록에서 삭제된다.

그의 논지는 적절한 단어 선택을 위해서는 "두 가지 언어 코드의 잠재성 비교 절차를 포기하고 텍스트 용법의 실제를 조사하고 조정할" 필요가 있다는 것이다. 그에 따르면 "병렬 텍스트의 조정을 통해 MT 시스템이 얻는 이점은… 다음과 같이 하나씩 나누어 볼 수 있다. 그것은 중의성 해소 후 일대일 등가라는 신화를 깨트리고, 인간 번역가에게 그토록 필요한 폭넓은 독서를 컴퓨터에 제공하며 문체상 결속력 있는 도착어 텍스트를 생산하도록 촉진한다"(Laffling 1991).

우리는 언어 간에 어휘 차원에서 등가 관계인 맥락을 확인하기 위해, 비교 코퍼스를 자동으로 처리하는 방법을 연구했다. 다음에서 우리가 이 문제에 접근하는 방식을 설명하고자 한다.

3.4. 코퍼스 설계와 접근성

앞에서 살펴본 대로, 번역 또는 영역이 상응하는 텍스트의 수많은 세트로 구성된 이중언어 및 다국어 코퍼스가 다양한 종류의 교차 언어 연구에 유용하다는 인식이 널리 퍼진 것으로 보인다. 현재 이들 연구 공동체가 직면한 가장 중요한 문제는 그러한 아카이브의 생성과 관리이다. 사실 대규모 이중언어 코퍼스의 구축은 상당한 시간과 자원을 쏟아야 함을 의미하기 때문에 가볍게 착수할 만한 작업은 아니다. 그 목표는 고품질의 코퍼스를 지향해야 하며, 모형을 만들고자 하는 대상은 충분한 대표성을 띠어야 하고("전체" 어휘 목록이건 그것의 특정 부분집합이건), 광범위한 언어 연구에 유효한 데이터를 제공할 만큼 충분히 커야 한다.[4] 포함할 텍스트의 동기 부여되고 체계적인 선택과 수집은 필수이다. 언제나 사용자의 요구를 고려해야 하며 교환 가능성과 재사용 가능성을 우선으로 고려해야 한다.

어떤 결정을 내리기 전에, 코퍼스 자료를 모을 때 채택할 기준을 신중하게 평가해야 한다. 안타깝게도 아직 단일 언어 코퍼스에 대해서조차 "올바른" 설계 기준을 규정하는 데 사용할 엄밀한 기준이 없다. 고려해야 할 점은 텍스트 수집 방법, 코퍼스의 최종 규모, 표본 추출 단위의 정의, 코퍼스로 대표되는 "언어"를 구성하는 서로 다른 텍스트유형의 식별, 포함되는 각각의 비율(보장되는 대표성의 수준에 따라 다르다), 대상으로 하는 시기, 병렬 코퍼스 표본에 출발어 또는 도착어 텍스트로 명시하기(그리고 사용자가 자신이 다루는 자료의 가치를 판단할 수 있도록 도착어 텍스트 번역 상태에 대해 표시하기) 등이다. 이 단계에서 언어 전문가, 코퍼스의 잠재적 사용자와 협의하는 일은 채택한 접근법이 올바른지를 평가하는 데에 필수적이다. 최근 몇 년 간 많이 논의되었으나 여전히 큰 어려움으로 남은 또 하나의 문제는 바로 저작권 문제이다. 출판사들은 종종 업무 협약을 맺을 준비가 된 상태이고 연구 기관에 기계 가독형 텍스트 자료에 대한 액세스를 제공하는 데 인색하지 않지만 그러한 데이터를 분석해서 나온 결과물의 법적 지위가 어떠한지는 항상 분명하지가 않고, 그 결과를 연구 공동체의 다른 구성원이 자유롭게 사용할 수 있는지도 항상 분명치가 않다.

접근성의 문제는 몹시 중요하다. 연구 목적으로 구축된 코퍼스에 접근할 권한이 과학계의 다른 구성원에게 주어져야 할 뿐만 아니라 어떤 식으로든 언어를 연구하는 더 다양한 사람들이 일반적으로 그러한 자료를 이용할 수 있어야 한다. 이것은 더는 꿈이 아니라 빠르게 현실로 나타나고 있다. 예를 들어 버밍엄 대학교의 영어 뱅크(Bank of English)는 이미 현대 영어 샘플 2000만 어절을 원격으로 이용할 수 있도록 제공한다. 최근 문학 텍스트나 언어 참조 코퍼스 자료를 모아 놓은 시디롬이 몇몇 발행되었으며, 여기에는 동적 접근이나 검색 절차가 설정된다. 현재 이런 식으로 시중에서 구할 수 있는 문학 텍스트 모음의 예를 하나만 들자면, LIZ(Stoppelli and Picchi 1995)를 들 수 있다. LIZ의 두 번째 버전이 1995년 봄에 발표되었으며, 단테와 보카치오에서 피란델로와 단눈치오까지 가장 잘 알려진 이탈리아 문학 텍스트의 전집을 담고 있다. 다른 많은 문학 선집에 대해서도 비슷한 계획이 이뤄지고 있다. 전산화된 당대 텍스트의 주요 출처는 신문이며 그 가운데 많은 부분이 현재 인터넷으로 이용할 수 있거나 시디롬으로 판매되며 둘 다 가능하기도 하다. 그 예로는 이탈리아어의 《일 솔레 24 오레》와 영어의 《인디펜던트》를 들 수 있지만 다른 많은 신문도 이 두 가지 전자 형태로 나타나고 있다. 확실히 인터넷과 같은 네트워크 설비의 빠른 확산으로, 사용자는 머지않아 집에서 실시간으로 세계 모든 데이터 아카이브에 접속하고 질의해 데이터를 손에 넣을 수 있을 것이다.

이중언어와 다국어 데이터의 가용성과 관련해, 유럽 코퍼스 이니셔티브(European Corpus Initiative)는 다국어 코퍼스 1(ECI/MC1)을 이미 출시했다. 이 CD는 적어도 23개 언어, 약 1억 어절의 텍스트로 이뤄진 코퍼스에 기반하며, 대개는 유럽어지만 중국어와 일본어도 일부 들어가 있고 13개의 이중언어 또는 다국어 병렬 아카이브를 포함하며 매우 다양한 텍스트유형을 망라한다. ECI[5]는 과학적, 인문학적 연구를 위해 기계가 읽을 수 있는 텍스트를 수집해 로열티 없이 원가로 배급한다. Multext 프로젝트[6]는 현재 유럽의 6개 언어(영어, 프랑스어, 독일어, 이탈리아어, 스페인어, 네덜란드어)를 포함하는 첫 번째 대규모 주석 달린 다국어 코퍼스를 제작하는 데 공을 들이고 있다. 이 코퍼스는 세 부분으로 이뤄지게 된다. 병렬 코퍼스는 언어별 200만 어절로 구성되는데, 50%는 문장 단위로 정렬되어 표시되고 수작업으로 검증되며, 10%는 품사(part-of-speech) 태그를 달게 된다. 비교 코퍼스 역시 언어별 200만 어절이며 두세 가지 서로 다른 영역에서 가져온 비교 텍스트로 구성되는데, 10%는 POS 태깅을 하게 된다. 그리고 끝으로, 작은 음성 코퍼스가 있다. 그 취지는 브라운 코퍼스가 영어를 위해, 캐나다 국회 의사록 코퍼스(Canadian Hansard Corpus)가 영어-불어를 위해 해 온 것처럼 연구 목적의 다국어 참조 코퍼스 역할을 하는 것이다. 코퍼스와 툴은 로열티 없이 원가로 배포되며, 언어 이해와 생성, 번역 등을 포함한 매우 다양한 분과 학문의 연구자들이 직접 사용할 수 있게 된다. 국제 언어 데이터 수집 활동과 그 유용성에 관한 더 자세한 정보는 처치와 머서(Church와 Mercer 1993)의 글에서 찾아볼 수 있다.

코퍼스 설계와 관리 그리고 분석을 위한 표준의 정의가 현재 최우선 과제임은 분명하다. 우리는 EAGLES(Expert Advisory Group on Language Engineering Standards)[7]의 작업이 이 분야에서 중요할 것으로 보고, 파편화되고 조율되지 않은 계획에서 자료가 사실상 분산되고 이중으로 품이 드는 것을 피하는 데에도 도움이 될 것으로 기대한다.

지금까지 우리는 전산화된 어휘 목록 및 참조 코퍼스와 관련한 전산언어학 기술의 현황에 대해 알려주고자 했다. 논문의 후반부에서는 이 분야에서 우리가 현재 피사의 전산언어학연구소에서 하고 있는 작업에 관해 설명하고자 하며, 그것은 곧 단일어 및 이중언어 사전과 텍스트 처리, 질의와 분석을 위한 복합 시스템을 구현하는 것과 관련된다.

4. 이중언어 어휘 데이터베이스 시스템

우리의 이중언어 어휘 데이터베이스 시스템에 대해서는 피키 외(Picchi 외. 1990)에서 처음 설명하였는데, 지금은 MLDB, 즉 다국어 통합 어휘 데이터베이스(multilingual integrated lexical database) 시스템의 일부를 구성하며 이에 관해서는 마리나이 외(Marinai 외 1990)에 자세히 설명되었다. MLDB의 어휘 구성 요소에는 이탈리아어 기계사전(주로 징가렐리 이탈리아어 사전(Zingarelli Italian Dictionary)에 기반), 가르잔티 새 이탈리아어 사전(Garzanti Nuovo Dizionario Italiano)에서 파생된 어휘 데이터베이스(LDB) 그리고 콜린스 콘사이스 이탈리아어-영어, 영어-이탈리아어 사전이 들어가며, 현재 영어 LDB가 포함되어 있다. 이 장에서 우리는 사용자를 위한 시스템의 잠재력에 대해 대략적으로 설명하고자 한다. 출판사 컴퓨터 사식 조판 테이프의 구문 분석 절차를 통해 추출된 사전 데이터를 기반으로 어휘 데이터베이스가 어떻게 설계되고 실행되는지 자세히 알고 싶다면 앞서 언급한 문헌을 참고하기 바란다.

4.1. 이중언어 LDB 질의

번역가는 주로 이중언어 사전 데이터에 관심을 가질 것이다. 이중언어 LDB 시스템을 이용하면 주어진 어휘 항목에 대해 모든 층위(예를 들면 번역 등가어, 용례, 구문 정보 등)에서 전통적 사전 검색으로는 접근하기 힘든 유익한 정보를 많이 검색할 수 있다. LDB 질의 시스템은 동적 검색 절차를 제공하여 사용자가 사전 데이터를 탐색하고 표제 항목의 다른 필드 내에서 이동하게 함으로써, 질의가 작동하게 될 언어를 지정하면서 저장된 사전의 어느 부분에서든 정보에 접근해 검색할 수 있게 한다. 값으로 입력된 어떤 어휘 항목이나 항목의 조합도 항목에서 특정 기능과 관련하여 데이터베이스에서 검색되며, 그 결과(즉 항목의 발생 수)는 필드별로 표시된다. 그리고 사용자는 그중에서 관심 가는 결과를 선택하고, 보고, 인쇄할 수 있다. 시스템 응답 시간이 거의 즉각적이라는 점을 강조하는 것은 중요하다. LDB 질의어에 대한 상세한 설명과 구현된 주요 기능의 목록을 알고자 한다면 마리나이 외(1990)를 참조하기 바란다. 시스템은 IBM 호환 시스템에서 실행되며, 시스템의 최신 버전은 윈도즈 환경에서 구동된다.

다음 그림에서 사용자가 어떻게 이중언어 LDB에 질의하고 종이 사전에서는 쉬이 접근하기 힘든 정보를 검색할 수 있는지, 그 몇 가지 예를 들어 보겠다. 이탈리아어 형용사 imprudente의 적절한 번역어를 검색하고 있다고 가정해 보자.

<그림 1>은 이 단어의 검색 결과가 화면에 어떻게 나타나는지를 보여 준다. imprudente는 표제어로 한 번, 의미 표시자(Semantic Indicator) 필드에 한 번, 예제 번역(Example Translation) 필드에 한 번 그리고 번역으로 여섯 번 표시된다는 것을 알 수 있다. 검색 객체는 단어 하나가 아니라 단어+데이터 필드의 쌍이라고 볼 수 있다. 우리는 이것을 검색 단위(Search Unit, SU)라고 한다. 여기서 사용자는 시스템에 관심 가는 특정 SU의 맥락을 표시하도록 요청할 수 있다.

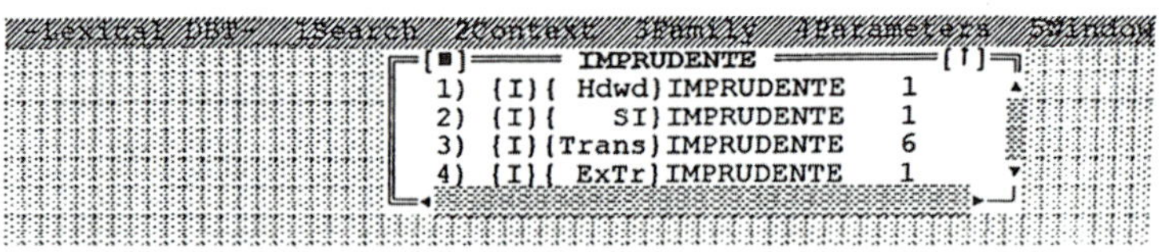

〈그림 1〉 이중언어 어휘 데이터베이스 질의: "*imprudente*" 검색 결과

<그림 2>는 세 개의 창이 열린 화면을 보여 준다. 그림 왼쪽 상단에 두 개의 SU가 선택된 것을 볼 수 있는데, imprudente가 표제어로, 그리고 번역 데이터 필드에 나타난다. 오른쪽에는 표제어에 대한 LDB 항목이 나타난다. 단순히 일반 용법을 나타내는 의미 표시자에 의해 한정되어 세 개의 번역어 careless, foolish, imprudent가 제시됨을 볼 수 있고, 또 다른 번역어 unwise는 이 단어가 osservazione에 의해 한정된 의미 맥락에서 사용될 때의 번역어로 제시된다. 화면 맨 아래에는 imprudente가 번역 필드에 나타나는 사전의 영어 편 항목 6개가 보인다. foolhardy, improvident, rash, reckless, unguarded 등은 이 단어에 대한 추가적으로 가능한 번역으로 볼 수 있으며, 사전의 이탈리아어-영어 편에는 등재되지 않아 종이 사전에서는 쉽게 찾을 수 없다.

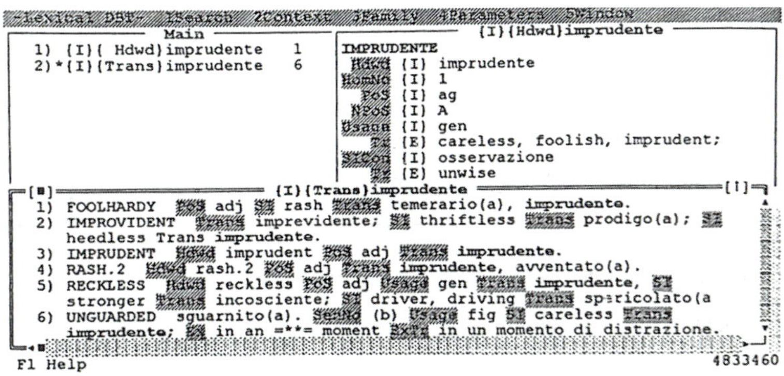

〈그림 2〉 이중언어 LDB에서 "imprudente"에 대한 맥락 표시

<그림 3>에서는 단어 조합으로 LDB 검색을 하는 예를 보여 준다. 이 경우 "rolling"과 "money"라는 단어의 동시 발생을 검색한다. 그림을 보면 "rolling in money"라는 표현이 일곱 번 나오고, 그때마다 예제 번역 필드에 나와서 종이 사전에선 찾기가 어려우며, 여섯 개의 다른 번역이 제시된다는 것을 알 수 있다.

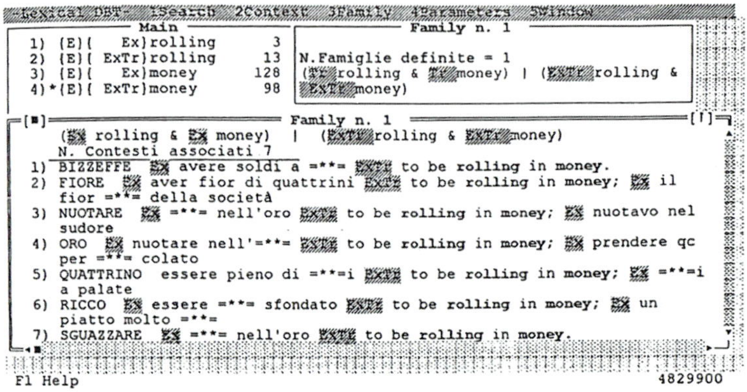

〈그림 3〉 “rolling”과 “money” 동시 발생 검색 결과 화면

물론 번역가는 시스템에 의해 관리되는 단일어 사전에 접근해서 질의할 수도 있다. 단일 언어 항목으로 제공되는 데이터에 관한 다른 시각은 이중언어 항목으로만 정보를 얻을 때보다 주어진 어휘 항목과 그 용법에 대해 좀 더 전체적으로 파악할 수 있게 한다. 그래서 이중언어 및 단일 언어 LDB 사이에 반자동 매핑을 허용하는 절차가 구현되었다. 각각의 사전에서 나온 등가 항목은 결합될 수 있고, 그 둘 사이에 반자동으로 의미 층위의 링크가 생성되는데, 이는 주로 정의, 예제, 의미 레이블에서 추출될 수 있는 정보에 기반한다. 이런 식으로 우리는 개별 사전이 담고 있는 정보의 총합을 나타내는 좀 더 완전한 복합 항목을 생성한다(Marinai 외 1994). 번역가는 이러한 절차를 이용해 서로 다른 자료 사전에서 동일한 항목에 대해 주어진 어휘 정보에 빠르게 접근하고, 비교하고, 스캔할 수 있다.

4.2. 이중언어 LDB 전문화

우리가 번역가의 워크스테이션(Translator's Workstation)에서 구현 중인 이중언어 LDB 버전에서 사용자는 자신의 정보를 이중언어 항목에 추가할 수 있게 하는 기능 또한 사용할 수 있다. 이 기능은 사전에 등재되지 않은 특정 용어나 표현의 용법에 대한 정보를 모아야 하는 특정 영역에서 작업하는 번역자에게 특히 유용할 것이다. 사용자 업데이트 절차(User Update Procedure)를 요청하면 데이터 표현 스키마가 존중되는 한, 어휘 항목에 데이터를 원하는 대로 추가할 수 있다.

그 절차는 대화형 모드로 작동된다. 사용자는 자판으로 표제어를 입력해 자신이 정보를 추가하고자 하는 어휘 항목을 호출한다. 구조화되고 태그 지정된 항목이 화면에 표시된다. 그런 다음 사용자는 도움말 기능을 불러와서 항목에 개입할 때 사용될 수 있는 다른 기능들을 표시한다. 사용자가 추가하는 모든 정보는 별도의 사용자 메모 섹션에 기록된다. 이 섹션 내에서 사용자는 데이터를 입력할 필드를 선택할 수 있다. 이 필드들은 나머지 항목 스키마(Entry schema)에 사용된 것과 비슷하며 필드 구성은 번역, 예제, 예제의 번역, 의미 표시자 그리고 여러 종류의 의미 레이블, 즉 주제, 용법, 지리 및 레지스터 코드 등으로 이뤄진다(우리가 사용하는 데이터 표현 스키마에 대한 자세한 설명은 Marinai 외 1990을 참조). 번역자의 자유 코멘트를 위한 사용자 노트(User Note) 필드 외에, 이 새로운 데이터에 대한 특별히 작성된 동적 색인화 절차가 실행되어 곧바로 다음 질의에 접근할 수 있게 된다. 이런 식으로 번역가는 자신의 경험과 활동의 결과로 얻은 정보를 활용하고 재사용할 수 있다.

5. 이중언어 텍스트 관리와 질의 시스템

앞 절에서 우리는 언어 참조 코퍼스, 특히 이중언어와 다국어 참조 코퍼스의 개발, 이용 가용성 그리고 실용성과 관련한 기술의 현황에 관해 설명하고자 했다. 이번 절에서는 우리가 실제로 포괄적인 이중언어 코퍼스 시스템을 개발하고 실행한 경험에 관해 말하고자 한다. 이 시스템은 애초에 병렬 텍스트 아카이브를 생성하고 질의하는 일련의 절차로 이뤄졌다. 병렬 텍스트 시스템 개발은 현재 발전 단계에 있으며 그 자세한 내용은 아래에 나와 있다. 우리는 현재 비교 가능한 영역별 비교 텍스트 자료를 처리하는 절차에 대해서도 작업하고 있다. 우리의 비교 가능한 시스템은 아직 초기 단계이다. 이 절의 끝부분에서 이런 유형의 이중언어 텍스트의 처리와 질의를 실행하고자 의도했던 전략에 관해 설명할 것이다.

5.1. 병렬 코퍼스 시스템

지금껏 이중언어와 다국어 코퍼스를 관리하기 위해 연구되었던 시스템은 대부분 병렬 텍스트 아카이브 작업을 수행하며 텍스트를 문장 차원에서 정렬하기 위해 통계에 기반한 절차를 이용한다. 질의의 결과는 병렬 문장으로 제공된다. 처치와 게일(Church and Gale 1991)은 이 유형의 시스템을 제시하고 단어 기반 용례색인 도구에 관해서도 설명하였는데, 이 틀에서는 두 언어 사이에 어떤 단어와 어떤 단어가 대응하는지를 보여 주는, 미리 계산된 인덱스에 기반한 코퍼스에서 해당 단어의 가능한 번역어가 찾아진다. 다른 논문들은 이전에 일치된 섹션 내에서(Brown 외 1993) 그리고 사전 정렬 없이(Fung and Curch 1994, Jones and Somers 1995), 번역 등가를 분리하고 식별하는 여러 가지 방법을 제시했다. 이 모든 연구는 텍스트 내적 증거를 사용한다. 이 문제에 대한 우리의 접근법은 상당히 다르다. 우리는 이중언어 LDB가 제공하는 외부 데이터를 이용해 텍스트 쌍 사이에 링크를 생성하는데, 여기서 하나는 다른 것의 번역이며 SL-TL[8] 번역 등가에 기반을 둔다. 그런 다음 이러한 링크는 이중언어 텍스트 질의 시스템에 의해 두 텍스트 조합 중 어느 한쪽에서 발견되는 형태 또는 동시 발생하는 형태들에 상응하는 맥락을 구성하는 데 사용된다. 검색된 용어와 그 번역 등가어의 위치가 사용자에게 표시된다. 이 시스템의 초기 버전에 대해서는 마리나이 외(Marinai 외 1991)에서 설명하고 있다.

현재 이 시스템은 여러 가지 언어 변이를 다루기 위해 선택된 이탈리아어-영어 텍스트 표본 집합에서 실행되며, 여기에는 과학 논문, 대학 및 학교 교재, 잡지 기사, 장·단편 소설 및 시 등에서 발췌한 텍스트가 포함된다. 이 텍스트 집합은 무엇보다 시스템에 대한 시험대를 제공하기 위해 수집되었지만, 우리는 이것이 유용한 경험적 데이터를 제공해 타당하고 보다 객관적인 설계 기준을 정의하는 데 도움이 되며, 이후 이러한 아카이브를 확장하는 데 사용되기를 바란다. 번역가의 워크스테이션에 구현된 시스템 버전에서 번역가는 자신의 자료로부터 참조 코퍼스를 생성하며 또한 가능하다면 새로운 텍스트를 거기에 추가할 수 있다. 사용하기 쉬운 인터페이스는 텍스트 쌍들을 시스템에 입력할 때 단계적으로 안내하도록 만들어졌다.

5.2. 병렬 아카이브 생성

"이중언어" 또는 번역 등가 텍스트의 새로운 쌍이 주어진다고 할 때 첫 단계는 DBT 절차를 사용해 그것들을 텍스트 데이터베이스 형식으로 체계화하는 것이다(DBT 시스템에 관한 정보는 마지막 절 참조). 텍스트는 그것을 구성하는 여러 요소를 인식하고 식별하도록 스캔 된다. 예를 들면 단어 형태는 구두점, 숫자, 줄 바꿈, 문단 구분 등과 같은 다른 토큰과 구별된다. 마침표와 줄임표를 구별하기 위해, 그리고 대시와 하이픈, 이탈리아어와 영어의 아포스트로피 사용법 등을 구별하기 위해 코드가 추가된다. 이 단계는 단순하고 신속하며 몇 가지 예비 지시 사항을 주면 자동으로 이뤄진다.

일단 하나의 텍스트 쌍이 DBT 형식으로 저장되면, 그것은 두 텍스트의 번역 등가 사이에 가능한 한 많은 링크를 설정하는 텍스트 "동기화" 절차에 입력되어야 한다. 이 절차는 완전히 자동이며 다음과 같이 실행된다. 출발어 텍스트로 선택된 텍스트의 각 단어 형태는 이후 이중언어 LDB에서 검색되는 기본 표제어를 식별하기 위해 해당 언어의 형태소 분석기에 입력된다. 이 표제어에 주어진 모든 번역이 읽히고 TL을 위한 형태소 생성기에 입력된다. 그러고는 생성된 모든 형태가 도착어 텍스트의 연관 영역에서 검색된다. 이 절차를 통해 주어진 형태에 대한 기본 표제어를 하나 이상 찾는다면 각각에 대한 번역은 문법적 동형이의어인 경우 번역어가 출발어의 범주를 따르지 않을 가능성이 크고, 어휘적 동형이의어인 경우 "잘못된" 표제어의 번역이 도착어 텍스트에서 대응하는 것을 찾을 가능성은 없을 것으로 추정된다.

관사, 대명사, 전치사 그리고 소수의 불용어는 이러한 검색에서 배제되는데, 매칭 절차에 거의 아무런 의미가 없고 잡음을 만들기 쉽기 때문이다. 번역 등가 형태 중 하나가 L2 텍스트의 검색된 구역에서 발견되면 링크(L1 텍스트의 등가 단어가 있는 위치를 가리키는 물리적 주소로 구성되는)가 생성된다. L1 텍스트의 단어에 대한 항목이 사전에 없으면 조사하는 단어 형태가 고유명사거나 우리의 이중언어 LDB에 포함되지 않는 극히 전문화된 어휘에서 나온 단어일 수 있다. 그래서 그런 형태를 L2 텍스트의 관련 구간에 있는 등가 문자열과 맞춰 보려는 시도가 이뤄지며, 문제의 두 언어에서 고유명사와 과학 용어는 자주 서로 닮아 있어서 형태적 변이를 고려하여 마지막 글자는 무시한다. 매칭 절차는 한 단어 한 단어, 출발어 텍스트의 끝까지 계속된다.

"동기화" 절차의 실행은 빠르고 완전히 투명하다. 동기화가 끝나면 결과는 사용자에게 출발어와 도착어 텍스트 사이의 번역 등가가 성공적으로 "일치"하는 수와 관련해 제시된다. 일치 항목의 수가 전체 텍스트의 일정 비율보다 적으면 그 절차는 "실패"한 것으로 간주한다. 이 절차는 각 이중언어 텍스트 쌍에 대해 아카이브에 추가될 때 한 번만 실행되어야 한다.

5.3. 병렬 코퍼스 질의

동기화 절차에 따라 병렬 텍스트가 처리되면 얻어진 모든 링크는 병렬 질의 시스템에 사용할 수 있도록 텍스트 아카이브에 기억된다. 사용자가 검색한 출발어 텍스트의 각 단어 또는 단어 조합에 대해, 도착어 텍스트의 병렬 용례색인이 실시간으로 구성되어 화면에 표시된다. 출발어 맥락은 검색된 단어와 함께 중앙에 구성된다. 이 단어는 강조 표시되며, 맥락이 생성되는 동안 맥락 속의 다른 단어와 관련된 도착어 텍스트에 대한 번역 링크는 무엇이건 읽어 낸다. 검색된 단어 자체에 관련 링크가 있으면 바로 도착어 텍스트에서 대응하는 단어를 확인하는 데 사용되며, 이 또한 강조 표시가 되고 TL 맥락을 구성하기 위한 중심점으로 사용될 것이다. 쌍을 이루는 맥락에서 링크된 다른 단어들은 선택적으로 다른 색깔로 보이게 된다.

검색 중인 SL 단어에 대해 바로 링크된 TL 형태가 없으면 출발어 맥락에서 찾은 단어에 대한 모든 링크는 상대적 TL 맥락이 구성될 중심점을 확인하는 "평균"값을 계산하는 데 사용된다. 이 "평균"값의 계산은 맥락 안에서 일치하는 단어의 고르지 않은 집중 가능성을 허용한다. 도착어 텍스트 맥락의 중간으로 계산된 지점에서 가장 가까운 두 개의 링크된 형태는 다른 색으로 나타나 번역 등가어가 있을 법한 위치를 가리키는 표지가 된다. 맥락 계산을 방해하는, 잘못 인식되었을 수도 있는 번역 등가 사이의 "잘못된" 링크는 질의 시스템에 의해 확인되고 삭제된다. 생성된 각각의 직접 링크를 위해, 절차는 또한 주변 텍스트에 만들어진 다른 링크를 바탕으로 하여 SL 형태의 TL 등가에 대한 가능한 값을 추정한다. 추정값이 실제 값과 차이가 크게 나면 질의 절차는 이 직접 링크를 신뢰할 수 없다고 보고 폐기하며, 유효하다고 인식된 링크를 바탕으로 병렬 맥락을 다시 계산한다.

사용자는 단 하나의 단어 형태를 찾을 수도 있고, 형태소 생성기를 사용해 주어진 표제어의 모든 형태를 찾을 수도 있다. 관심 가는 병렬 용례 색인은 나중에 참조하기 위해 인쇄하거나 별도의 파일에 저장할 수 있다. <그림 4>는 제임스 조이스의 『더블린 사람들』을 기반으로 한 시험 코퍼스에서 표제어 "glance"(glance, glances, glancing의 형태로 발견된다)가 발생하는 병렬 용례 색인의 검색 결과를 예로 보여 준다. 그림에서 검색되고 있는 단어와 병렬 맥락에서 그 단어와 직접 링크된 단어는 굵게 표시되는 데 반해, 번역 등가어의 위치는 밑줄로 표시된다.

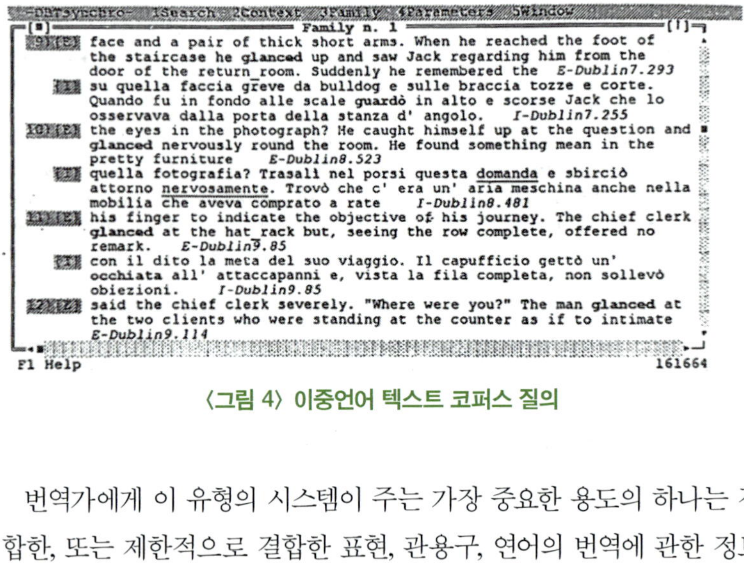

〈그림 4〉 이중언어 텍스트 코퍼스 질의

번역가에게 이 유형의 시스템이 주는 가장 중요한 용도의 하나는 결합한, 또는 제한적으로 결합한 표현, 관용구, 연어의 번역에 관한 정보를 추출하는 것이다. 사전은 공간적 요인 때문에 그러한 광범위한 정보를 담을 수가 없다. 코퍼스는 중요한 원천 자료가 될 수 있다. <그림 5>는 영어 표현 "time being"을 검색한 결과에 대한 병렬 용례 색인, 즉 "being"과 이웃한 "time"의 동시 발생을 지정해 질의한 결과를 보여 준다.

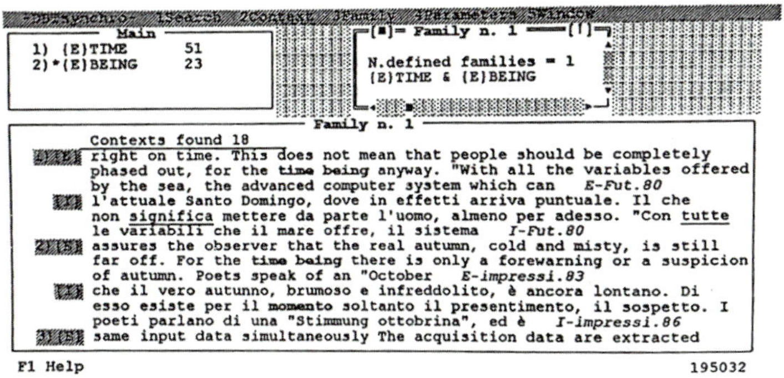

〈그림 5〉 "time"과 "being"에 대한 병렬 용례색인의 예

곧 출시될 시스템의 새 버전에는 결과에 대한 예비 통계 분석을 제공하는 기능을 삽입했다. 질의한 SL 단어에 대해, 병렬 텍스트에서 발견된 TL 등가어는 직접 링크가 생성된 단어의 출현 횟수에 따라 내림차순으로 열거되고, 뒤이어 도착어 텍스트의 검색된 단어에 대한 직접 링크가 없는 병렬 맥락의 숫자가 따라 나온다. 그러면 사용자는 전부 다 훑어볼 필요 없이 원하는 특정 맥락을 선택할 수 있다. 결과가 어떻게 표시되는지에 대한 예시가 우리의 이중언어 코퍼스에서 "time"의 출현을 보여 주는 <그림 6>에 나온다.

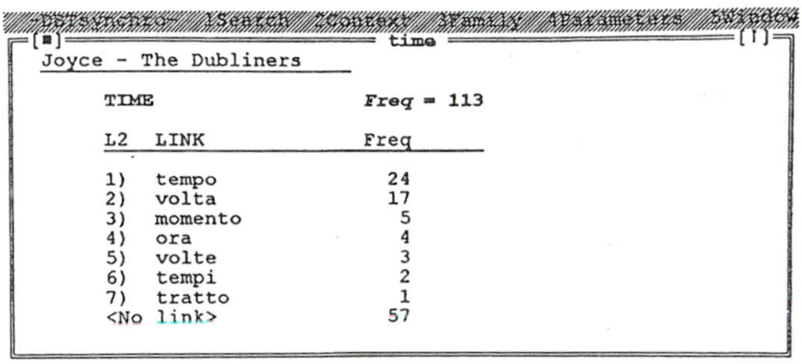

〈그림 6〉 "time"의 병렬 용례 색인 검색 결과에 대한 빈도

5.4. 응용 - 사전 편찬

지금까지 우리의 병렬 코퍼스 시스템이 어떻게 번역가나 언어 학습자에게 유용한 자료를 제공할 수 있는지 설명했다. 이러한 시스템의 응용을 위해 앞으로 중요해질 가능성이 있는 또 하나의 영역이 이중언어 사전 편찬이다. 종종 실세계 근거를 기반으로 한 코퍼스 데이터는 사전이 다루는 범위의 불일치나 간극을 드러내기 때문에 사전편찬자의 직관을 보완할 중요한 자료를 제공할 수 있다.

예를 들어 우리의 이중언어 어휘 데이터베이스(앞부분 참조)와 종이 사전에 이탈리아어 표제어 animo와 anima를 조회해 얻은 번역 결과는 다음과 같이 요약된다.

animo, sm(a) (mente) mind(마음); (b) (coraggio) courage(용기)
anima, sf(a) (gen) soul(영혼); (b) (persona) soul(영혼), (abitante) inhabitant (주민)

여기서 단순히 mind 또는 courage로 풀이되는 animo와 인간의 비물질적 부분, 더 나아가 인간 자체를 뜻하는 anima 사이에 뚜렷한 차이가 있음을 알 수 있다. 그런데 우리의 단일 언어LDB를 찾아보면 anima의 세 번째 뜻(sede degli affetti e dei sentimenti)이 animo의 첫 번째 뜻(sede e principio degli affetti e della volontà)과 일치함을 알 수 있다(참고. 코빌드 사전의 soul 1.2 "… where the person's true nature and deepest thoughts and feeling are believed to be" 사람의 본질과 깊은 생각과 감정이 깃들어 있다고 여겨지는 곳"). 그러고 나서 우리의 이중언어 텍스트 아카이브가 제공한 증거를 살펴보면 두 표제어의 뜻 사이에 의미가 겹침을 확인할 수 있다. anima는 확실히 대부분의 예제에서 "soul"로 번역되었고 몇몇 경우에는 직접 번역이 제공되지 않았지만, animo 또한 많은 문맥에서 soul로 번역된다. 그러므로 이중언어 코퍼스에서 찾은 증거는 이중언어 사전에서 animo와 anima 사이에 뚜렷하게 (그러나 오해의 여지가 있게) 구별을 두었던 것과 상충하며 단일어 사전의 분석을 확증한다.

현재 우리 LDB의 영어 명사 "air" 항목에 포함된 데이터를 고려하면 불완전한 정보의 또 다른 예를 찾을 수 있다. 이 정보는 다음과 같이 요약될 수 있다.

air n (a) aria (이것이 "기체의 혼합물"이라는 의미의 공기임을 분명히 하는 예시와 함께)
(b) (Radio, TV) 직접 번역은 없이 용례만 제시
(c) (appearance)(겉모습) aria, aspetto

우리의 코퍼스에는 세 가지 뚜렷한 의미가 또한 분명히 나타난다(하지만 라디오, TV의 뜻은 아마도 아카이브의 규모가 작아서인 듯 등록되어 있지 않다).

(1) "air"가 위 (a)항에 나오는 뜻으로 쓰이는 경우는 약 60%이며 항상 aria로 번역된다(직접 번역이 나오는 경우).
(2) "air"가 겉모습의 의미로 [위의 (c)항을 보라] 쓰이는 경우는 약 25%에 해당하며 항상 aria로 번역된다.
(3) "air"가 음악적 의미로 쓰인 경우는 대략 15%이며 motivo, motivetto, melodia, canzone 등으로 번역된다.

이것은 "air"의 상대적으로 중요한 의미가 이중언어 LDB에서(그리고 그것이 기반하고 있는 사전에서) 간과되었음을 시사한다. 사전 데이터의 이러한 누락이 실수 때문인지 또는 의도적으로 그 의미가 당연히 기록해야 할 만큼 자주 쓰이지 않는다고 보는 것인지는 알기 어렵다. "air"를

이런 의미로 번역하고자 하는 번역자나 언어 학습자는 사전에서 제공하지 않는, 여러 가지 가능성 있는 답을 코퍼스에서 찾게 될 것이다. 코퍼스 증거를 고려하는 이중언어 사전 편찬자라면 아마도 "air"에 해당하는 기존의 이중언어 항목을 수정하거나, 만약 새로운 것을 쓰게 된다면 음악적 의미의 "air"를 포함하도록 주의를 기울일 것이다.

5.5. 비교 코퍼스 시스템 구축

현재 우리는 비교 코퍼스를 구축하고 질의하는 절차를 연구하고 있다. 비교 코퍼스 시스템 역시 이중언어 LDB와 형태론을 활용하지만 그 접근법은 상당히 다른데, 우리가 작업해야 할 직접적인 번역 등가어를 가지고 있지 않기 때문이다. 대신 우리는 한 언어의 특정 영역 코퍼스에서 추출한 어휘적, 언어적 지식을 사용해 다른 언어의 비교 코퍼스에 그것을 투영한다. 즉 한 언어(L1)의 텍스트에서 특정 용어나 용어의 집합이 주어지면, 그 목표는 다른 언어(L2)의 텍스트에서 등가나 관련 표현을 포함하는 맥락을 확인할 수 있도록 하는 것이다. 이를 위해 우리는 어휘적으로 등가인 용어는 L2의 비슷한 어휘와 연관되리라는 가설을 세우고, L1 코퍼스의 그 용어와 관련된 어휘를 분리하고자 시도한다. 상호정보량 인덱스(Mutual Information Index)(Church and Hanks 1989)를 적용해 L1 용어의 가장 중요한 연어를 산출하고, 이중언어 LDB를 이용해 번역 등가어를 찾고, L2 코퍼스를 탐색해 등가를 이루는 L2 맥락을 확인하고 검색한다. 이러한 절차들은 여전히 실험 단계에 있지만, 이탈리아어-영어 의회 토론 모음에 관한 첫 번째 결과는 아주 고무적인바, 현재 주어진 표현에 대한 알려진 번역 등가어의 필요 없이도 해당 표현(용어 또는 용어의 집합)이 L1으로 표출된 특정 논의를 가리키는 맥락을 검색할 수 있다. 이 시스템의 초기 버전은 (Peters and Picchi 1995)에서 자세히 언급되었다. 지금은 개정판을 작업 중이며 사용자 친화적 인터페이스로 실행하려고 한다. 이런 종류의 데이터는 하위 언어의 주어진 L1 표현에 대한 제2 언어의 (번역 등가어가 아니라) 자연어 데이터를 제공하기 때문에 고급 언어 학습자에게 매우 흥미를 불러일으킬 것이다.

따라서 병렬 시스템은 모든 유형의 번역 등가 텍스트로부터 정보를 추출하는 데 사용될 수 있지만, 그것이 완전히 구현되면, 비교 시스템은 특수 영역(즉 전문용어 분야)의 교차 언어적 등가에 관한 정보를 원하는 사용자의 요구를 충족해야 한다. 또한, 병렬 시스템과 함께 이러한 유형의 시스템에 대한 중요한 적용은 이중언어 사전 편찬 그리고 특히 특수어의 어휘 목록과 유의어 사전 구축에서 이뤄져야 한다.

6. 워크스테이션

앞서 두 절에 걸쳐 이야기했던 어휘 및 텍스트 관리 시스템은 <그림 7>과 같이 프로토타입 워크스테이션(Workstation)으로 통합되었다. 워크스테이션에 포함된 모든 요소는 PiSystem의 일부를 구성한다. PiSystem은 개방형 모듈식 도구 세트로서 문학과 언어 텍스트의 처리 및 분석에 관한 다양한 요구에 부응하기 위해 설계되고 개발되었다. 이 시스템의 핵심 구성 요소는 DBT, 즉 특정 텍스트 및 사전 처리 작업을 수행하기 위해 서로 다른 구성으로 구현된 텍스트 데이터베이스 시스템이다. 다른 구성 요소는 특정 응용프로그램의 필요에 따라 이 시스템 커널에 통합할 수 있다(DBT에 대한 상세한 설명을 원하면 Picchi 1991을 참조). 본고에서 설명했던 응용프로그램에는 번역자가 자신의 텍스트 아카이브를 생성하고 자신의 어휘 데이터를 사전 데이터베이스에 추가하도록 허용하는 특정 모듈이 포함되었다.

사용자는 하나의 구성 요소에서 추출한 정보를 이용해 다른 요소에

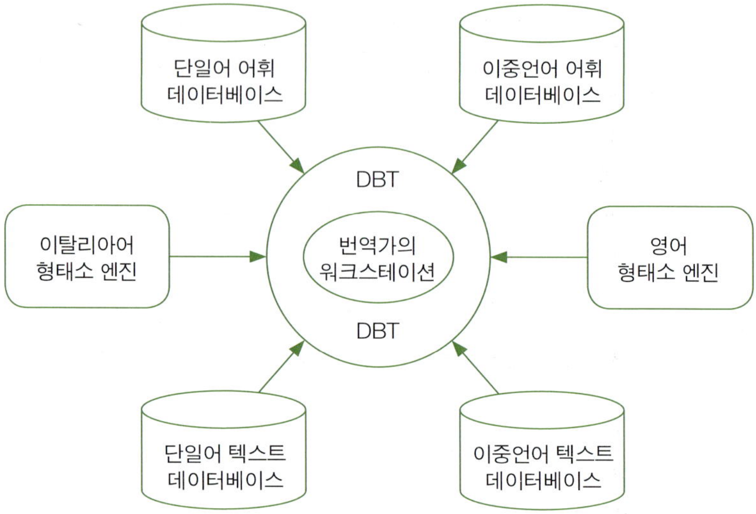

〈그림 7〉 프로토타입 워크스테이션

포함된 정보를 질의하거나 보충하도록, 자유롭고 빠르게 한 요소에서 다른 요소로 이동할 수 있다. 텍스트 데이터베이스와 LDB 사이의 링크는 텍스트에서 발견된 모든 어휘 항목에 대한 형태적, 통사적, 의미적 정보를 사전에서 자세히 검색할 수 있게 한다. 게다가 사전적 정의 파싱(parsing) 작업에서 얻어진 분류 데이터와 같은 의미 정보 또한 코퍼스 데이터를 검색하기 위해 호출할 수 있다(이런 종류의 텍스트 질의에 관한 예시는 Picchi ani Calzolai 1985를 참조). 워크스테이션은 IBM 호환 개인용 컴퓨터에서 실행되며 윈도즈에서 구동된다. 각 명령어의 기능을 설명하기 위해 상황별 도움말을 호출할 수 있다.

이 워크스테이션은 많은 유형의 활동에 사용될 수 있다. 우리가 언급한 번역가와 사전편찬자, 언어 학습자뿐만 아니라 사전과 텍스트 데이터베이스에 들어 있는 다양한 언어 정보에 역동적으로 접근해서 읽고 추출할 수 있는 가능성을 최대한 활용하는 데 관심 있는 사용자라면 누구나 이를 사용할 수 있다.

1) 예를 들어, 코퍼스에 기반한 사전 프로젝트의 주요 성공 사례인 코빌드(COBUILD)나 프랑스어 보고사전(Trésor de la Langue Française)을 보라. 그리고 EU의 후원 아래 유럽 코퍼스 네트워크(NERC Consortium, 1991)를 구성하여 유럽의 다양한 언어 공학적 요구에 부응하도록 결정한 사실을 보라. 코퍼스 자료와 일반적인 효용에 대해 알고 싶다면 RELATOR, 즉 피사에서 조직된 CEU의 언어 연구 및 공학 프로그램을 참조하라(RELATOR 웹사이트 주소는 http://guagua.echo.lu/langeng/en/lre2/relator.html).

2) 최근 새로운 유형의 사전, 곧 이중언어화 사전(bilingualised dictionary)이 제안되었다. 이는 얼마간 전통적인 이중언어 사전과 단일어사전 사이의 "간극을 메우는" 것이다. 이 사전은 번역 등가어를 제시하기 때문에 단일어사전과 다르고, 원본의 의미론적 등가어(정의)를 제공하기 때문에 이중언어 사전과도 다르다. 현재까지 이용 가능한 것은 일반적으로 영어 단일어 학습자 사전의 "이중언어화" 버전인데, 번역 등가어는 사용자가 자신의 제2 언어의 정의가 무엇인지 해석하는 데 도움이 되는 열쇠를 제공한다.

3) 우리는 여기서 두 종류의 이중언어 및 다국어 텍스트를 구별하기 위해 전산언어학자들이 주로 사용하는 '병렬(parallel)'과 '비교(comparable)'라는 용어를 사용한다. 하지만 다른 연구자들은 번역으로 연결된 텍스트에 대해서는 이중-텍스트(bi-text) 그리고 상황적 동기와 수사적 구조에서 기능적으로 유사한 텍스트에 대해서는 병렬 텍스트로 구별할 것을 제안했다(Hartmann 1995 참조).

4) 코퍼스의 대표성은 차후 분명한 목표지만, 사용자는 자신이 분석하고 있는 데이터 유형을 인식하고 있는 한 균형이 맞지 않는 자료로부터 여전히 중요한 결과를 얻을 수 있다. 예를 들면, 캐나다 국회 의사록 데이터베이스와 같은 텍스트의 가용성은 그토록 막대한 양의 데이터에 접근하지 못했더라면 불가능했음 직한 불어-영어 이중언어 텍스트의 통계적 처리에 관한 다양한 실험을 가능하게 했다(더 많은 예시는 Church and Gale 1991을 참조).

5) ECI는 자발적인 활동으로 전산언어학협회(Association for Computational Linguistics) 유럽 지부의 후원을 받아 에든버러 대학교의 HCRC(Human Communication Research Centre), 제네바 대학교의 ISSCO(Institut Dalle Molle pour les etudes semantiques et cognitives)가 수행했

으며, ELSNET(European Network in Language and Speech)와 NERC(Network for European Reference Corpora)의 추가 지원이 있었다.

6) MULTEXT 프로젝트는 유럽 연합의 LRE 프로그램의 일부다. 이 프로젝트는 몇몇 유럽어로 어휘 목록과 다국어 코퍼스와 함께 텍스트 코퍼스를 조작하고 분석하는 데 일반적으로 사용할 수 있는 소프트웨어 도구 모음을 개발했다. 코퍼스 인코딩을 위한 규칙을 설정하고 전산 어휘 목록의 세부 사항을 일치하도록 하여, 관련된 국제 및 유럽 표준화 작업을 위한 예비 권고안을 구축하는 데 기여했다. 모든 프로젝트 결과는 자유롭고 공개적으로 이용할 수 있다(MULTEXT 웹사이트 http://guagua.echo.lu/langeng/en/lre2/multext.html).

7) EAGLES는 EU가 주도하는 LRE(언어 연구 및 엔지니어링) 프레임워크 프로그램에 속하며, 1993년 1월에 시작되었고 피사의 ILC-CNR에서 조정되었다. EAGLES의 목적은 다음 사항들에 대한 표준을 마련하는 일을 가속하려는 것이다. (1) 대규모 언어 자료 (2) 전산언어학적 형식, 마크업(mark-up) 언어와 다양한 소프트웨어 도구를 활용하여 그러한 지식을 작동하는 방법 (3) 자료, 도구, 결과물을 사정하고 평가하는 수단. EAGLES 가이드라인은 EAGLES 웹사이트(http://www.ilc.pi.cnr.it/EAGLES/home.html)에서 확인할 수 있다.

8) 우리는 각 텍스트 쌍에 대해 어떤 언어로 쓰였건 또는 원본인지 번역본인지와 상관없이, 이중언어 텍스트 "동기화" 및 질의 절차에 의해 입력으로 간주되는 텍스트를 나타내는 데 출발(Source)이라는 용어를 쓰며, 그러한 절차들은 도착어 텍스트(Target text)로 나타내는, 다른 텍스트의 상응하는 번역 등가어 또는 맥락을 확인하거나 구성하기 위해 작동한다. 이 절차에서 두 텍스트 쌍 중 하나는 출발 또는 도착어 텍스트로 무감각하게 처리될 수 있다.

Boguraev, B.K. 1986. "Machine-readable dictionaries and research in computational linguistics". In Proceedings of the Workshop *"On Automating the Lexicon"*. Grosseto, Italy, 1986.

Brown, P., Della Pietra, S., Della Pietra, V. and Mercer, R. 1993. "The mathematics of machine translation". *Computational Linguistics* 19(2).

Byrd, R.J., Calzolari, N., Chodorow, M.S., Klavans, J.L., Neff, M.S.. Rizk, O.A. 1987. "Tools and methods for computational lexicography". *Computational Linguistics.* 13(3-4), 219-240.

Calzolari, N., Peters, C. and Roventini, A. 1990. "Computational model of the dictionary entry: Preliminary report". ACQUILEX, Esprit BRA 3030, Six Month Deliverable, ILC-ACQ-1-90, Pisa, 90p.

Church, K.W. and Gale, W. 1991. "Concordances for parallel text". In *Using Corpora*, Proc. 7th Annual Conference of the UW Centre for the New OED and Text Research. Oxford: OUP, 40-62.

Church, K.W. and Hanks, P. 1989. "Word association norms, mutual information and lexicography". In *Proceedings 27th Annual Meeting of ACL,* Vancouver, B.C., 76-83.

Church, K.W. and Mercer, R.L. 1993. "Introduction to the special issue on computational linguistics using large corpora". *Computational Linguistics* 19(1), 1-24.

Corazzari O. and Picchi, E. 1994. "A Proposal for the Construction of Comparable Multilingual Corpora". Working paper for the Multext Project, ILC-CNR, Pisa.

Firth, J. 1957. "A synopsis of linguistic theory 1930-1955". In *Studies in Linguistic Analysis,* Philological Society, Oxford; reprinted in F.Palmer (ed.). *Selected Papers of J.R.Firth.* Longman. 1968.

Francis, W. and Kucera, H. 1982. *Frequency Analysis of English Usage.* Houghton Mifflin.

Fung, P. and Church K.W. 1994. "K-vec: a new approach for aligning parallel texts". In *COLING 94 – The 15th International Conference on Computational Linguistics,* Kyoto, Japan, 1096-1101.

Hartmann, R.R.K. 1994. "The use of parallel text corpora in the generation of translation equivalents for bilingual lexicography". In *Euralex 1994 Proceedings.* Amsterdam, 291-297.

Hartmann, R.R.K. 1995. "From contrastive textology to parallel text corpora: Theory and Applications", paper for Jacek Fisiak Festschrift.

Jones. D.B. and Somers, H.1995. "Bilingual vocabulary estimation from noisy parallel corpora using variable bag estimation". In *JADT'95. Proceedings of the Third International Conference on Statistical Analysis of Textual Data,* CISU, Rome, 255-262.

Klavans, J., and Tzoukermann, E. 1990. "The BI-CORD system". In *COLING-90 Proc.,* 15th International Conference on Computational Linguistics, 174-179.

Laffling, J. 1991. "Towards high-precision machine translation. Based on contrastive textology". *Distributed Language Translation,* 7. Berlin: Foris.

Laffling, J. 1992. "On constructing a transfer dictionary for man and machine". *Target* 4:1, 17-31.

Marinai, E., Peters, C. and Picchi, E. 1990. "The Pisa multilingual lexical database system". Esprit BRA 3030, Twelve Month Deliverable, ILC-ACQ-2-90, Pisa, 61p.

Marinai, E., Peters, C. and Picchi, E. 1991. "Bilingual Reference Corpora: A System for Parallel Text Retrieval". In *Using Corpora,* Proc. of 7th Annual

Conference of the UW Centre for the New OED and Text Research. Oxford: OUP, 63-70.

Marinai, E., Peters, C. and Picchi, E. 1994. "A prototype system for the semi-automatic sense linking and merging of mono- and bilingual LDBs". In N. Ide and S. Hockey (eds.), *Research in Humanities Computing.* Oxford: OUP, 88-108.

Nagao. M. Dictionaries for Machine Translation, *Linguistica Computazionale,* 8, forthcoming.

Peters. C. and Picchi, E.1995. Capturing the comparable: A system for querying comparable text Corpora, in S.Bolasco, L.Lebart, A.Salem (eds), JADT'95 - *3rd International Conference on Statistical Analysis of Textual Data,* CISU, Rome. 255-262.

Picchi E. 1991. "D.B.T.: A textual data base system". In L. Cignoni and C. Peters (eds). *Computational Lexicology and Lexicography. Special Issue dedicated to Bernard Quemada. II, Linguistica Computazionale,* 7, 177-205.

Picchi E. and Calzolari, N. 1985. "Textual perspectives through an automatized lexicon". In *Proceedings of the XII International ALLC Conference*, Slatkine, Geneva.

Picchi E., Peters, C. and Calzolari, N. 1990. "Implementing a bilingual lexical database system". In T. Magay and J.Zigány (eds), *BUDALEX '88 Proceedings,* Budapest, 317-329.

Sinclair, J. 1987a. "Introduction". In J.M. Sinclair (ed), *Looking Up: An Account of the COBUILD Project in Lexical Computing.* Birmingham: Collins COBUILD, vii-ix.

Sinclair, J. 1987b. "Grammar in the dictionary". In J.M. Sinclair (ed),

Looking Up: An Account of the COBUILD Project in Lexical Computing. Birmingham: Collins COBUILD, 104-115.

Stoppelli, P., Picchi, E. (eds) 1995. *LIZ. Letteratura Italiana Zanichelli,* CD-ROM, Zanichelli Editore, Bologna.

Zanettin, F. 1994. "Parallel words: Designing a bilingual database for translation activities". In Andrew Wilson and Tony McEnery (eds), *Corpora in Language Education and Research: A Selection of Papers from TALC 94.* Lancaster University, UK, 99-111.

Dictionaries

Collins Concise English-Italian, Italian-English Dictionary. 1985. Collins, London and Glasgow.

Il Nuobo Dizionario Italiano Garzanti. 1984. Garzanti, Milano.

Sinclair, J., Hanks, P., Fox, G., Moon, R. and Stock, P. (eds). 1987. *Collins COBUILD English Language Dictionary*, Collins, London and Glasgow, 1987.

Zingarelli N. 1970. *Vocabolario della Lingua Italiana*, Zanichelli, Bologna.

제 3 부

텍스트 유형과 매체적 제약

구어 발화를 위해 쓰인 텍스트 : 오디오 매체적 텍스트 번역

메리 슈넬-혼비(Mary Snell-Hornby)
빈 대학교(University of Vienna)

1. 머리말

'I wish to speak to you today about the tragedy of Europe. This noble continent, comprising on the whole the fairest and the most cultivated regions of the earth, enjoying a temperate and equable climate, is the home of all the great parent races of the western world. It is the fountain of Christian faith and Christian ethics. It is the origin of the culture, arts, philosophy and science both of ancient and of modern times. If Europe were once united in the sharing of its common inheritance, there would be no limit to the happiness, prosperity and glory which its three or four hundred million people would enjoy. Yet it is from Europe that have sprung that series of frightful nationalistic quarrels, originated by the teutonic nations which we have seen even in this twentieth century and in our own lifetime wreck the peace and mar the prospects of mankind.'

'오늘 저는 여러분에게 유럽의 비극에 대해 말하고 싶습니다. 온화하고 한결같은 기후를 누리고, 지구에서 가장 아름답고 가장 문명화된 지역으로 이뤄진 이 고귀한 대륙은 서구 세계 모든 위대한 선조들의 고향입니다. 기독교 신앙과 기독교 윤리의 원천입니다. 고대와 현대의 거의 모든 문화, 예술, 철학 그리고 과학의 기원입니다. 유럽이 공동의 유산을 공유하면서 하나가 된다면, 3억에서 4억 명에 달하는 사람들은 영원히 행복과 번영과 영광을 누리게 될 것입니다. 하지만 바로 여기 유럽에서 끔찍한 민족주의적 싸움이 게르만 민족에 의해 잇따라 일어났고, 우리가 사는 이 20세기에 평화가 파괴되고 인류의 미래가 망가져 가는 것을 목도했습니다.'

이것은 윈스턴 처칠이 1946년 9월 19일 취리히 대학교에서 '세계의 젊은 학자들'에게 들려준 유명한 연설의 첫머리다. 떨쳐 일어날 것을 호소하는 연설의 마지막 문장, 'Therefore I beg you, let Europe arise!(그러니 간절히 바랍니다. 유럽이여 일어나라!)'는 명판으로 새겨져 기념되고 있다. 유럽은 그때 폐허 상태였고, 저 연설은 요컨대 처칠이 꿈꾸던 '유럽 합중국(United states of Europe)'을 통찰력 있게 묘사한 것인데 그는 그것을 시대의 질병을 고쳐 줄 치료제로 보았고, 이는 실제로 오늘날의 유럽 연합(European Union)과 몹시 흡사하다.

그러나 지난 50년간의 정치적 발전에 관해 논의하는 것은 이 논문의 목적이 아니다. 여기서 우리의 흥미를 끄는 점은 영어 수사학의 대가로 정평이 난 처칠이 메시지를 전달하는 데 사용한 언어다. 그의 언어는 오늘날 우리가 보기에 강렬하지만 확실히 구식으로 느껴지는 산문 문체이다. 구조('if Europe were once united in the sharing Europe', 'let Europe arise!')와 어휘 항목('fairest', 'mar') 등의 측면에서 1990년대 정치인이 행하는 연설의 텍스트유형 관습에는 잘 맞지 않는다. 그러나 심지어 오늘날에도 그 언어는 대단히 직접적이고 강렬해 보인다. 사실 그 힘은 어휘의 밀도나 정확성뿐만 아니라, 말의 리듬과 유표적 구문 패턴의 흐름, 다시 말해 말하기 좋은 특성에서도 나온다. 이것은 단지 수사적 산문에서 그치는 것이 아니라 본질적으로 들려주기 위해 쓴 연설문이므로 그것은 그 나름의 규칙을 따른다.

2. 텍스트유형과 번역 방법

텍스트유형과 번역 간의 복잡한 관계를 처음으로 살펴본 사람은 카타리나 라이스(Katharina Reiss 1971)였다. 영어 단어 text-type은 독일어 Texttyp과 Textsorte 둘 다를 아우르는 말이다. Textsorten은 텍스트의 일정한 형식적이고 언어적인 특성 그리고 텍스트가 기능해야 하는 특정한 상황으로 정의될 수 있는데 요리법, 사용 설명서, 업무용 편지나 홍보용 전단 등이 그러한 예에 속한다. Texttypen은 카를 뷜러(Karl Bühler)의 1934년(1965: 28) 언어 모형에 기반을 둔 기본적 기능으로 구분되며, 이 모형에서 세 가지 언어 기능은 Darstellung(representation)(서술), Ausdruck(expression)(표현), Appell(appeal)(호소)에 있는 것으로 나타난다. 라이스는 바로 이러한 의미를 사용해 번역 방법의 이론적 준거틀을 개발했다(1971, 1976). 그는 뷜러의 세 가지 언어 기능으로부터 각각에 대응하는 세 가지 '언어의 차원'(논리적, 미학적, 대화적 차원)과 그에 상응하는 세 가지 텍스트유형(Texttypen), 즉 정보적(가령 과학 보고서), 표현적(가령 서정시), 소구적(가령 광고) 유형을 끌어냈다. 그리고 각각의 텍스트유형에 따라 번역 기준을 개발했다.

그런데 라이스는 더 나아가 1971년에 자신이 '오디오 매체적(audio-medial)' 유형이라고 정의한 네 번째 텍스트유형을 구분했다. 그러한 텍스트는 말하거나 노래 부르기 위해 쓰였고(1971: 34), 따라서 완벽한 구현을 위해 비언어적(기술적) 매체나 다른 시청각적 표현 형식에 의존한다. 여기서 언어는 다양하고 복잡한 구성 요소 가운데 일부일 뿐이다(1971: 49, 1976: 15). 이러한 견해는 독일 번역학자들 사이에 뜨거운 논쟁을 불러일으켰고, 얼마 후 라이스는 자신의 입장을 수정했다. 베른트 슈필너(Bernd Spillner 1984: 211)의 제안에 따라, '오디오 매체적'이라는 용어를 '다중 매체적(multi-medial)'이라는 말로 바꾸어 시각적이지만 청각적 요소는 없는 텍스트(예컨대 만화)를 포함했으며, 1990년대에는 그러한 텍스트들이 그가 원래 얘기한 의미의 네 번째 텍스트유형을 형성하진 않지만, 자신의 세 가지 텍스트유형 중 어느 하나에 속하는 요소를 포함한다고 인정했다. 다중 매체적 텍스트의 예로는 노래, 무대극, 영화 각본 및 가극 대본 그리고 시청각 요소를 포함하는 만화와 광고물 등을 들 수 있다.

그사이 라이스의 원래 용어인 오디오 매체적이라는 말은 '다중 매체적'[1]이라는 말로 완전히 대체되었고 논의에서 사라졌다. 나는 여기서 그 말을 엄격히 제한된 의미에서 되살리는 사례를 만들고 싶다. 즉 내가 설명하는 오디오 매체적 텍스트는 들려줄 목적으로 쓰인(또는 선택된) 텍스트이며 따라서 직접 활자화된 단어를 통하지 않고 사람의 목소리를 통해 최종 수신자에게 도달하도록 의도된 텍스트라는 의미로 쓰인다. 예컨대 처칠이 했던 1946년 9월 19일의 연설, 원고를 읽는 학술강연, 종교의식에서 읽어 주는 성경 구절과 전례(liturgy)의 다른 요소 등과 같은 공식적 말하기가 이에 속한다. '다중 매체적'이라는 말은 완벽한 구현을 위해 이런 청각적 매체 한 가지보다 더 많은 매체에 의존하는 텍스트에 적용되며, 따라서 시각적 요소, 음악, 화면이나 무대 소도구 등이 포함되면 바로 이에 해당한다. 오디오 매체적 텍스트와 다중 매체적 텍스트 사이의 경계는 유동적이며 텍스트가 실제로 어떻게 사용되느냐에 따라 달라진다. 성경의 텍스트는 오라토리오와 드라마에 사용되어 왔고, 그렇다면 그때는 다중 매체적이며, 라디오극에 사용되어 배경음악과 음향효과가 포함될지라도 오디오 매체적 텍스트가 되는 경우가 있을 수 있다. 마찬가지로 TV 뉴스 원고는 역시 들려주기 위해 썼다는 점에서 비록 이후에 시각매체가 추가될지라도 오디오 매체적 텍스트다. 경계선에 놓였을 때 사소한 점을 따지는 것은 별 의미가 없다. 여기서, 특히 번역에 관한 한 중요한 문제는 언어의 유형과 텍스트유형 관습의 특성인데, 이는 텍스트가 속으로 읽기 위해서가 아니라 청중에게 큰소리로 들려주기 위해 의도된 부분과 관련된다. 한편, 이러한 텍스트는 추가적인 극적인 대화의 차원이 없으며(Snell-Hornby 1993 참조), 이를테면 오페라에서 음악(Kaindl 1995)이나 영화 더빙에서 다양한 코드의 상호작용(Manhart 1995)과 같은, 다른 다중 매체적 텍스트에 부과된 제약을 받지 않는다.

두 가지 기본 요소는 당연히 수사학과 말하기 좋은 특성이다. 자발적 구어 담화나 일상 회화와 달리, 그러한 요소들이 계획되고 고안된다는 점이 오디오 매체적 텍스트의 특징이다. 이는 문학 텍스트를 특징짓는 것과 같은 수단과 장치로 오디오 매체적 텍스트를 분석할 수 있다는 뜻이다. 예를 들어 앞서 인용한 처칠의 연설에서 도입부의 수사 구조는 몹시 선명하고 투명하다. 단문과 복잡한 통사 구조가 번갈아 나오며, 이 문장들은 병렬 구조를 쌓아 올려 문미 비중과 문미 초점(end-weight and end-focus)의 클라이맥스로 나아가는 것이 그 특징이다('This noble continent, comprising…, enjoying…, is the home of all… of the western world'). 다른 병렬 구조는 이를테면 대조에 의해 반박되고('It is the fountain… It is the origin… If Europe were once united… Yet it is from Europe…'), 이것은 다시 또 하나의 엄청난 클라이맥스에서 해소된다('wreck the peace and mar the prospects of mankind'). 이 마지막 예에서 보듯이 추상적 용어와 생각을 환기하고 반향을 불러일으키는 단음절어의 상호작용이 특히 눈에 띈다. 이러한 상호작용, 리듬, 대조, 클라이맥스 등은 오디오 매체적 텍스트에 생명을 불어넣는 수사적 장치다.

카타리나 라이스의 이론적 접근법의 핵심은 바로 번역 방법을 결정

짓는 것은 텍스트유형이라는 가설이다(1976: 1). 일반적 원칙으로서 이것은 논란의 여지가 있는데, 텍스트는 사실 대부분 하이브리드 형태이며 때로는 상충하는 듯 보이는 특징이 혼합된 다차원적 구조이기 때문이다(Snell-Hornby 1988: 31). 그렇지만 오디오 매체 텍스트의 경우 번역 전략이 인간의 목소리에 내재한 표현의 가능성에 기대야 한다는 것은 확실히 논쟁의 여지가 있다. 이는 수사학과 말하기 좋은 특성이라는 원칙이 문화에 따른 기대와 언어에 따른 텍스트유형 관습과 상충하는 문제로 발전할 수 있다. 독일어와 영어에서 가져온 다음 예시를 통해 이를 알아보고자 한다.

3. 시적 텍스트: 라디오극과 전례로서의 성경

딜런 토머스(Dylan Thomas)는 1954년 1월 25일에 라디오극으로 처음 방송됐던 자신의 <밀크 우드 아래서(Under Milk Wood)>를 '목소리극(play for voices)'이라 불렀는데, 그것은 이처럼 오디오 매체 텍스트의 경계 선상에 있는 사례이다.[2)] 하지만 이 글의 주제를 위해 청각 매체의 예술적 잠재력에 주목하는 것은 흥미롭다. 1974년 그의 두 번째 서문에서 편집자 다니엘 존스(Daniel Jones)(의미심장하게도 음성학자)는 이렇게 선언한다. '… 마음에서 들려오건 무대에서 들려오건, 이 극은 귀를 위한 것이며 눈과 달리 귀로 듣는 것에는 상상의 한계가 없다.'(1975: xii) 이는 번역에 관한 그의 언급과 무관하지 않은 말이다.

> <밀크 우드 아래서>의 번역이 성공한 것은 의미가 깊다. 말의 미묘함, 말장난, 시의 리듬과 본질 그리고 '산문'(이 작품을 이렇게 부를 수 있다면)의 매우 독특한 문체와 같은 모든 것들은 번역 과정에서 사라졌다. 무엇이 남았나? 유머, 성격 묘사, 이미지, 구조, 극의 전개('플롯'이라고 차마 말하기 어렵다) 그리고 강인

함이다. 번역이라는 시련을 겪고 이 작품을 살아남게 한 자질을 한마디로 묘사할 단어를 골라야 한다면 나는 '생명력'을 꼽겠다.

존스는 자신이 어떠한 번역을 가리키는지 언급하지 않지만 이 글 주제와 관련하면, '강인함'이나 '생명력' 같은 막연한 자질은 살아남았으나, 그가 사라졌다고 보는 것은 정확히 청각적 자질이라는 점이 중요하다. 이로써 번역가들은 텍스트의 내용에 충실히 하려고 했으나 그것이 실제로 목소리와 귀를 위해 만들어졌다는 사실을 간과했음을 알 수 있다. 그러나 이를 모든 번역에 일반화할 수는 없으며, 하물며 딜런 토머스의 다른 오디오 매체적 작품조차도 그러하다. 그의 또 다른 텍스트 <웨일스 어린이의 크리스마스(A Child's Christmas in Wales)>[역시 1945년 12월 20일 BBC 웨일스 <어린이의 시간 (Children's Hour)>에 방송된 라디오 대본의 각색]를 에리히 프리트(Erich Fried)가 독일어로 번역한 버전을 보면 산문의 유표적 리듬과 많은 음향효과와 같은 요소를 번역에 정확히 살려냈음을 볼 수 있다. 첫 단락과 관련한 논의에서 (Snell-Hornby 1988: 128) 나는 '구문 패턴은 어구들과 난해하지만 전혀 혼란스럽지 않은 종속절이 복합적으로 쌓여, 리듬의 모든 축적된 효과와 함께 설득력 있게 독일어 문장구조에 재현되었다'라고 강조했다.

소리 내어 읽고 또 들려주기 위해 (실로 명확한 스코포스) 쓴 오디오 매체적 텍스트(그리고 그 번역)를 말하기 좋은 특성과 메시지의 관점에서 소리를 통한 감각 패턴으로 평가하는 것은 분명 가치 있는 일이다. 영어 번역에서 몇 세기에 걸쳐 숭앙받는 언어의 걸작(실제로 주된 스코포스와는 별개로)으로 살아남은 작품은 킹제임스 또는 흠정역 영어 성서이다. 개역 성경(1952: v)의 서문에는 다음과 같이 쓰여 있다.

1881년에 성경 개역자들은 '단순함과 위엄, 힘과 멋진 표현…, 음악적 운율과 절묘한 리듬감'에 경탄을 표했다. 다른 어떤 책과도 다르게, 그것은 영어권 사람들의 개별 특성과 공공 기관 형성에 바탕이 되었다.

이 시적이고 청각적인 자질('음악적 운율과 절묘한 리듬감') 덕분에, 오늘날 교회 신자에게는 새 번역본이 더 이해하기 쉽고 투명할 것이라는 주장에도 불구하고 흠정역 영어 성경은 탁월한 전례서로서 그 위치를 지켰다.[3] 카타리나 라이스의 텍스트유형론에서 성경은 소구적 텍스트의 성격이 우세한 것으로 설명될 수 있는데, 기나긴 역사적이고 서사적인 이야기, 따라서 정보적인 텍스트를 기반으로 신자들에게 특정 양식의 믿음과 행동을 권고한다. 그러나 표현력이 강한 부분도 많은데, 예언자 이사야의 희망과 권고에서 몇몇 훌륭한 예시를 찾아볼 수 있다. 다음과 같은 유명한 구절을 보도록 하자(40장부터).

9. O Zion, that bringest good tidings, get thee up into the high mountain, O Jerusalem, that bringest good tidings, lift up thy voice with strength; lift it up, be not afraid; say unto the cities of Judah, Behold your God!
10. Behold the Lord God will come with strong hand, and his arm shall rule for him, behold, his reward is with him, and his work before him.
11. He shall feed his flock like a shepherd; he shall gather the lambs with his arm, and carry them in his bosom, and shall gently lead those that are with young.

(한글 킹제임스 흠정역 성경)

9. 오 좋은 소식을 가져오는 시온이여, 너는 높은 산으로 올라가라. 오 좋은 소식을 가져오는 예루살렘이여, 힘써 네 소리를 높이라. 두려워하지 말고 소리를 높여 유다의 도시들에게 이르기를, 너희 하나님을 보라! 하라.

10. 보라, 주 하나님께서 강한 손과 더불어 임하실 것이요, 그분의 팔이 그분을 위해 다스리리라. 보라, 그분의 보상이 그분께 있고 그분의 일이 그분 앞에 있도다.

11. 그분께서는 목자같이 자기 양 떼를 먹이시고 어린양들을 자기 팔로 모아 품에 안아 옮기시며 어린 것들과 함께하는 어미들을 부드럽게 인도하시리로다.

이 단락에서 수사적 호소는 주로 꽤 단순한 장치에 기반한다. 가장 분명해 보이는 것은 리듬과 반복으로, 이로 인해 소리 내어 말하기 좋을 뿐만 아니라 음악적 잠재력이 부여된다(9절과 11절은 헨델의 <메시아>에서 메조소프라노 솔로가 부르는 두 개의 아리아를 위한(일부가 수정된) 가사임을 알 수 있다). 9절의 통사 구조는 세 부분으로 나뉜다. 처음 두 부분은 동일한 삼중 구조, 즉 호격과 이를 수식하는 관계사절 그리고 권고로 이뤄진다. 명령법('lift up thy voice')은 추가로 명령문이 보태지면서 확장되어 힘찬 구절 'Behold your God!'로 끝이 난다. 비슷한 원칙은 11절에서도 보이지만 짧고 간단한 동사를 바탕으로 한결 부드러운 병렬 구조로 나열되며('he shall feed', 'he shall gather', 'and carry', 'and shall gently lead'), 그 각각은 비슷한 길이의 목적어 및 전치사구와 함께 쓰여 시의 단순한 스탠자(stanza)와 같은 효과를 낸다.

이제 1961년에 나온 새 영어 성경(New English Bible)을 보도록 하자.

You who bring Zion good news, up with you the mountain-top:
lift up your voice and shout,
you who bring good news to Jerusalem
lift it up fearlessly;
cry to the cities of Judah, Your God is here.
Here is the Lord God coming in might,
coming to rule with his right arm,

His recompense comes with him,
he carries his reward before him.
He will tend his flock like a shepherd
and gather them together with his arm;
he will carry the lambs in his bosom
and lead the ewes to water.

특히 놀라운 점은 이 구절들 중 첫 번째 절(9절)에서 수사학, 리듬 그리고 실제 음악성이 크게 떨어진 것이다. 이는 주로 형태와 길이 면에서 통사 구조가 일정하지 않아 리듬의 힘이 약해진 데 기인한다. 특히 마지막 클라이맥스 구절인 'Behold your God'은 God에 초점을 두는 강한 문미 초점의 구조인데 새 영어 성경에서는 'Your God is here'라는 힘없는 문장으로 끝나 버린다. 다음으로, 흠정역 성경은 문체가 일관되고 조화롭지만 새 성경은 'you who bring'과 같은 낡은 구문과 'up with you'와 같은 구어체 표현을 함께 써서 문체 역시 일정하지 않다. 세 번째로, 문장 사이의 표층결속성이 약하다. 4행의 it은 그 지시 대상이 명확하지 않다(엄밀히 말해 저 앞 2행의 voice가 아니라 직전에 언급한 명사 Jerusalem을 지시해야 한다).

성경의 의미를 표현하는 가장 정확한 어구 전환에 관해 논하는 것은 신학자와 고전 문헌학자의 일이며 오늘날 자라나는 세대를 위한 가장 투명한 표현을 결정하는 것은 교육 전문가의 일이지만, 예배 의식인 전례의 일부로서(서신, 복음서나 교훈으로서), 흠정역 성경의 언어는 여전히 많은 이에게 문학 번역과 '말하기에 좋은' 번역의 전례 없는 걸작으로 남아 있다. 그 속에 간직된 신성한 진리의 현대적 버전이 그에 걸맞게끔 만들어질 수 있을지는 여전히 질문으로 남는다.

4. 학술강연

몇 년간 내가 가장 자주 맡은 번역은 독일어 사용자 동료들의 학술 논문과 강연을 영어가 국제어로 사용되는 국제회의의 발표를 위해 영어 버전으로 제공하는 것이었다. 이것은 모국어 사용자가 아닌 (종종 영어 전문가가 아닌) 사람이 소리 내 읽기에 적합하고, 또 대부분이 모국어 사용자가 아닌 청중이 이해할 수 있도록 말할 수 있는 텍스트를 제공해야만 했다는 것을 의미한다. 독일어 학술어의 관습에 익숙한 사람들은 알겠지만 이것은 그러한 목표에 거의 도움이 되지 않는다(Clyne 1991[4] 참조). 학술적 표준은 고도로 추상적인 언어, 긴 전치 수식어로 가득한 복잡한 문장, 종속절이 주렁주렁 달린 문장 등과 곧잘 연결된다. 이는 독일어 학술어의 기본적인 특징이지만, 분명 영어와 완전히 관계가 없지는 않다는 점을 아래 언어학의 고전에서 임의로 뽑은 구절을 보면 알 수 있다.

> Given alternative formulations of a theory of grammar, one must first seek to determine how they differ in empirical consequences, and then try to find ways to compare them in the area of difference. It is easy to be misled into assuming that differently formulated theories actually do differ in empirical consequences, when in fact they are intertranslatable - in a sense mere notational variants. Suppose, for example, that one were to modify the standard theory, replacing condition (3) by the condition that lexical items are inserted just prior to a transformation affecting the configuration in which they appear. Making this notion precise, we could devise an apparent alternative to the standard theory which, however, does not differ at all in empirical consequences, although the notion 'deep structure' is not defined, at least in anything

like the sense above. Given the central character of this notion in the standard theory, the alternative would appear to be significantly different, though in fact it would be only a notational variant. (Chomsky in Sternberg and Jakobovits 1971: 187)

이것은 오디오 매체적 텍스트가 아닌 학구적 정독을 위해 쓴 언어학 논문의 일부지만 학회 발표 논문에서 드물지 않게 (특히 독일어권에서) 사용되는 언어 유형이라는 점이 강조되어야 한다. 위에 나온 구절을 큰 소리로 읽어 보면 누구나 확실히 알게 되듯이, 이런 종류의 언어는 높은 수준의 추상화, 복잡한 구문 그리고 일련의 비강세 음절이 들어간 딱딱한 말(Hard Words)의 밀도로 인해 또렷이 말하기가 어렵다. 오디오 매체 번역자의 과제는 바로 그러한 언어를 강세와 초점의 패턴이 있는 리드미컬한 산문으로 만들어 또렷이 소리를 내기 쉽게, 그리하여 이해하기 쉽게끔 하는 것이다.

그러나 여기에 관련된 것을 분명히 보여 주기 위해 나는 하나의 추상적 전문용어가 아니라 특수어와 묘사가 합쳐진 단락, 따라서 라이스의 유형론에서 말하는 정보적 텍스트를 사용하려 한다. 이것은 1989년에 동료인 취리히 대학의 루돌프 슈나이더(Rudolf Schnyder) 교수가 실제로 내게 맡긴 번역 과제의 일부였는데, 그는 스위스 국립박물관의 큐레이터이자 국제도자협회의 회장이기도 했다. 텍스트의 주제는 '현대 유럽 도자의 경향'이었고, 호주 시드니의 세계학술대회에서 했던 첫 기조 강연에 해당했다. 따라서 청중은 영어를 국제어로 사용하는 전문가로 이뤄질 것이었다. 강연은 여러 슬라이드를 곁들여 설명되었고(모든 슬라이드는 번역자에게 제공되었다), 따라서 부분적으로 시각 매체에 기대는 다중매체적 텍스트였다. 그러나 여기서 선택한 단락은 도입부에 속하며 순전히 오디오 매체적이다. 우리가 집중할 문제는 번역자가 어순과 통사론의 특별한 전략을 통해 만들 수 있는 초점과 강세 패턴 중 하나이다.

Soviel zur Zeit vor 200 Jahren, zum Jahr 1788, dem Vorjahr zur französischen Revolution. Die französische Revolution aber wird dann das grosse Ereignis, in dem die sozialen Probleme der Zeit in einer gewaltigen Massenbewegung zum Ausbruch kamen. Sie brachte mit den für alle geforderten persönlichen Freiheitsrechten auf dem Kontinent auch die Einführung der Handels- und Gewerbefreiheit, brachte damit letztlich dem Unternehmertum mächtigen Auftrieb und leistete einer Entwicklung Vorschub, die auch auf dem Gebiet der Keramik rasch zu einer weiteren Technisierung der Arbeitsabläufe, zum Einsatz von Maschinen an Stelle der Hand, kurz, zu weiterem Fortschritt in der Industrialisierung führte.

Diese Entwicklung wurde durch einen mit grossem Einsatz betriebenen Ausbau der Verkehrswege und der Transportmittel unterstützt und vorangetrieben; vor allem der Bau der Eisenbahn zeitigte in der Folge wirtschaftliche Auswirkungen von unabsehbarem Ausmaß. Auf dem billigen Schienenweg erreichten die Preisgünstigen Produkte von immer leistungsfähigeren Grossunternehmen bald die entlegensten Absatzmärkte. Damit schlug auch die Stunde für viele jener in lokaler Tradition verwurzelte Kleinbetriebe, die sich bis dahin noch recht und schlecht durchgebracht hatten; manch einem gelang es nun nicht mehr, unter den veränderten Konkurrenzverhältnissen von seiner Hände Werk zu leben. Wer in seinem gelernten Beruf kein Auskommen mehr fand, musste nach andern Möglichkeiten suchen, sich durchzubringen. Viele suchten ihr Glück in der Ferne, wanderten aus.

문장을 길어지게 만들고 발표자를 곤란하게 하는 갖가지 종속절과 표현들뿐 아니라 특히 첫 번째 단락의 기다랗고 구문론적으로 복잡한 문장(1. 4-11)과 반복되는 전치 형용사구(예컨대 1. 5, 11, 18-19)로 인해 어려움이 발생한다. 이러한 점에 특히 집중하면서 나는 다음과 같은 번역에 도달했다.

So much for the time 200 years ago, so much for 1788, the year before the French Revolution, that great turning-point which was to make the social problems of the time erupt in a gigantic mass revolt. It led, not only to the civil rights and liberties demanded for all citizens on the Continent, but also to freedom of trade and competition; thus it boosted free enterprise and encouraged a development which even in the field of ceramics meant further mechanization of production, the use of machines instead of labour - in short, increased industrialization.

Further impetus was provided by a massive expansion in transport and communications; the railways in particular had an immeasurable effect on the economic development. Cheap rail transport meant that the inexpensive products of ever-expanding commercial enterprises soon reached the remotest markets. That was the death-knell for many of those small local businesses which up to then had just managed to keep going; under the changed conditions many people could not get a living from the work of their hands and had to look elsewhere. Some tried their luck in distant lands - and emigrated.

눈에 띄는 것은 번역문이 독일어 원문보다 훨씬 짧아졌지만(24줄에서 19줄로), 어떠한 정보도 빠지지 않았다는 점이다. 그 방법은 첫째, 불필요한 반복(예: 'French Revolution in 1.2., 독일어 텍스트의 1.19-20 참조)과 동어 반복을 피하고(예: 1.14 'unterstützt und vorangetrieben'), 둘째, 독일어의 구로 이뤄진 표현을 간결한 어휘로, 가능하다면 강한 단음절어로 대체한 것이다(예컨대 'zum Ausbruch kamen'을 'erupt'로, 'brachte… mächtigen Auftrieb'을 'boosted'로, 'von unabsehbarem Ausmaß'를 'immeasurable'로). 이런 식으로 불필요한 '군더더기'를 피할 수 있었기 때문에 비모국어 사용자가 소리 내 읽기에 한결 수월한 텍스트가 되었다. 특히 독일어 첫 단락의 긴 문장(1.4-11)은 비슷한 영어 구문에서 호흡과 억양의 양 측면에서 부담이 될 터인데, 어느 정도 짧아진 영어 문장에서 세미콜론과 그에 따라 생긴 약간의 틈으로 인해 둘 다 완화된다고 해도 그렇다. 특별한 문제는 특수목적 독일어의 공통점이라 할 수 있는 전치 수식 형용사구에서 발생하는데('mit den für alle geforderten persönlichen Freiheitsrechten', 'durch einen mit grossem Einsatz betriebenen Ausbau', 'für viele jener in lokaler Tradition verwurzelte Kleinbetriebe'), 강세 없는 단어와 음절들의 무리로 인해 이러한 통사 구조는 더욱 '말할 수 없다'. 이럴 때는 통사 구조의 변화, 특히 후치 수식을 통해 강세를 이동하거나('the civil rights and liberties demanded for all citizens on the Continent'), 단지 부차적인 정보를 줄인 좀 더 간결한 표현으로 압축하는 것도 전략이다('a massive expansion', 'small local businesses'). 기본 문형에서 리듬과 강세는 반복 심화('So much for the time 200 years ago, so much for 1788'), 강력한 문미 초점(예컨대 'gigantic mass revolt') 그리고 강화 패턴의 활용('inexpensive products…ever-expanding commercial enterprises…remotest markets') 등을 통해 고조되었다. 여기에서도 말할 수 있음은 추상적 용어와 울림 있는 단음절어 간의 상호작용 그리고 간결하고 정확한 표현에 기반한 강세 및 초점 패턴이 생성한 문장 흐름의 지원을 받는다.

5. 오디오 매체적 텍스트와 동시통역

앞서 설명한 대로 오디오 매체 번역은 의도적인 전략을 바탕으로 의식적이고 신중하게 계획된 과정이다. 그러므로 이를 좀 더 자발적인 작업인 통역과 비교하기는 어려운데, 비록 통역 또한 오디오 매체적 행위라 해도 그렇다.[5] 그러나 통역 자료를 글로 옮긴 것을 검토하면 전문 통역사들이 구어적 매체에 얽매이고 극도의 시간 제약 속에서 일하기 때문에, 자연히 앞서 논의한 전략들(예컨대 복잡한 구문의 표현과 불필요한 중복 자제, Strolz 1992: 155 참조) 중 몇 가지를 활용하는 경향이 있음을 확인할 수 있다.

흥미로운 예시 하나가 이러한 점을 잘 보여 준다. 1991년 빈에서 열린 옛 동유럽 국가 출신 동료들을 위한 '중부유럽심포지엄(Central European Symposium)'에서 오페라 번역에 관한 논문(Kaindl 1992)이 독일어를 알아듣지 못하는 참석자를 위해 동시통역되었다. 전문적 표현의 밀도가 높아서 통역사로서는 특별한 도전이었다. 다음 단락을 예로 들어 보겠다.

> Wenn wir nun wie Fritz Paepcke davon ausgehen, daß nicht Wörter oder Sprachen, sondern Texte übersetzt werden, dann müssen wir zunächst die Oper als Ganzheit untersuchen. Die Tatsache allein, daß an der Textkonstitution mehrere Medien beteiligt sind, hat wenig Erkenntniswert für die Erfassung der eigentlichen Textgestalt, die sich erst aus den Relationen der einzelnen Teile zueinander ergibt. (...) Wesentlich für unsere Zwecke ist daher die Feststellung, daß die am Gesamttext beteiligten Medien nicht nebeneinander ablaufen, sondern sich durch simultane Wahrnehmung zu einer Ganzheit fügen. Durch das Aufeinandertreffen von musikalischen, sprachlichen und

szenischen Zeichengestalten entsteht etwas qualitativ Neues, das nicht mit der Summe seiner Teile ident ist. Wenn sich die eigentliche Textgestalt erst aus der Wechselwirkung der in unterschiedlicher Gewichtung am Gesamttext beteiligten Medien ergibt, so kann das Schwergewicht der Analyse nicht auf den einzelnen Teilen liegen, sondern muß das Relationsgefüge, die Beziehungen der einzelnen Elemente zum Gegenstand haben. (Kaindl 1992: 60)

이제 이것을 동시통역한 내용과 비교해 보자.

If we agree with Fritz Paepcke that we do not translate words of languages but texts, then I think we should view opera as a holistic entity. The fact that opera as text is constituted by various media tells us little about the actual gestalt qualities of the text, hich are derived from the relationships between the various elements. What is important for us here is the realization that the media involved in the text do not run parallel but rather are perceived simultaneously and do constitute a coherent whole. The combination of music, language and scenic action leads to the emergence of something that has adifferent quality and is more than just the sum of its parts. If the gestalt like nature of the text is derived from the interaction among the components and their varying emphasis, then our analysis must not focus on isolated parts but rather must look at the network of relations among the constituent parts.

이 두 버전을 분석해 보면 도자기에 관한 강연 내용의 영어 번역과 마찬가지로 비슷한 전략이 사용되었다는 결론을 내리게 된다. 간결한 구절로 압축한다든지('hat wenig Erkenntniswert für die Erfassung'을 'tells us little' 로, 'musikalischen, sprachlichen und szenischen Zeichengestalten'을 'music, language and scenic action'으로), 독일어 버전에선 설명의 기능을 하지만 불필요하다고 여겨지는 반복을 피하고('das Relationsgefüge, die Beziehungen der einzelnen Elemente'을 'the network of relations'로), 강력한 문미 초점을 쓰는 경향이 두드러진다. 그리고 이러한 것들은 적어도 영어 오디오 매체 텍스트에 관해서는 말하기에 좋은 성질을 강화하고 이해를 돕는 특성들이다.

최근 번역 연구는 텍스트의 특성과 관습에 이전보다 더 많은 관심을 기울이고 있는데, 그것들을 언어의 정적 표본이 아닌 개개의 언어 외적 상황 속에서 그리고 의도된 특정 목적을 위해 기능하는 것으로 바라본다. 별자리만큼 광범위한 텍스트와 텍스트유형들 속에서 오디오 매체적 텍스트(또는 오디오 매체적 목적으로 사용된 텍스트)는 학문적으로 주목받을 만한 가치가 있다. 현재 그 부족한 부분은 종종 국제회의를 통해 확연히 드러나는데, 비모국어 사용자가 무심히 영어로 낸 논문 중에 단지 일부밖에 이해할 수 없는 논문의 수가 이를 보여 주는지 모른다. 여기서 결정적인 요소는 인간의 목소리라는 매체에서 초래된 가능성(그리고 한계)이며, 이 경우에는 텍스트가 표현적이거나 소구적이거나 정보적이거나 간에 다른 시청각적 요소와 결합하지 않은, 직접적 의사소통의 수단으로서의 목소리를 가리킨다. 지금껏 우리는 영어 표현의 직접성과 명확성을 높이기 위한 전략에 집중해 왔는데, 다른 언어에는 다른 전략과 관습이 적용될 터이고, 다른 문화에는 말하는 이와 듣는 이 또는 화자와 청중 간의 상호작용을 지배하는 다른 규범이 존재할 터이기 때문이다. 구어를 통한 의사소통이 계속 증가하는 시대에, 오디오 매체적 텍스트는 되살려낼 만한 가치가 있는 주제임이 분명해질 것이다.

미주

1) 컴퓨터 맥락에서 사용되는 multimedia와 혼동을 피하고자 독일어 multimedial을 영어에서 그대로 받아들였다.

2) 그것은 물론 극적인 대화에 가깝다. 실제로 1956년 에든버러 축제(Edinburgh Festival)에서 무대에 올려졌고 발췌되어 텔레비전으로 방영되었다. 1971년에는 영화로 각색되어 베네치아 페스티벌(Venice Festival)의 개막작으로 상영되었다. 하지만 여기서 우리의 관심은 오로지 목소리를 위한 텍스트의 청각적 차원에 집중된다.

3) 극적이고 격식을 갖춘 상황이나 감정적 반응을 끌어내는 데에도 흠정역 성경이 더 많이 사용된다. 1995년 5월 7일 하이드파크에서 열린 2차 세계대전 종전 50주년 기념식(최신 경향이 반영된 현대적 스타일의 단연코 '대중적'인 행사)에서 낭송할 성경 구절을 현대적 번역이 아닌 흠정역 성경에서 뽑았다는 것은 중요한 의미가 있다.

4) 아직 출간되지 않는 원고를 사용하게 해 준 취리히 대학교에 감사한다.

5) 둘의 기본적 차이는 오토 카데(Otto Kade)가 Übersetzen과 Dolmetschen을 대조하여 정의한 것을 보면 명확해진다(1968: 35). 전자와 관련한 텍스트는 영구적이며 따라서 통제가 가능하고 계속 수정이 가능하다. 반면 후자는 담화나 (주로 구두로 표현된) 텍스트 자료와 관련되어, 실질적인 이유(예를 들어, 시간 부족)로 통제나 수정이 거의 이루어지지 않는다.

참고문헌

Source texts

Bible Translation: 2

The Holy containing the Old and New Testaments, translated out of the original tongues; and with the former Translation diligently compared and revised, by His Majesty's special command, appointed to be read in churches, Cambridge: CUP (Authorized Version).

The Holy Bible, Revised Standard Version containing the Old and New Testaments, translated from the original tongues, being the version set forth A.D.1611, revised A.D. 1881-1885 and A.D. 1901, compared with the most ancient authorities and revised A.D.1952, London: Nelson (Revised Version).

The New English Bible with the Apocrypha, Oxford: Cambridge UP, 1970.

Churchill, Winston, Ansprache an die akademische Jugend der Welt, Zürich, 19. September 1946.[5]

Kaindl, Klaus, '...weil ich innig liebe'. Stimme und Gestalt in der Oper 'Carmen' von G. Bizet, in: M.Snell-Hornby (ed.) *Translation in Mitteleuropa,* Prague: Charles University 1992, p.60.

Schnyder, Rudolf, 'Tendenzen in der europäischen Keramik von heute', unpubl.ms.

Secondary literature

Bühler, Karl. 21965. Sprachtheorie. Stuttgart: Fischer.

Clyne, Michael. 1991. "The sociocultural dimension: The dilemma for the German scholar". In Hartmut Schröder (ed), *Subject-oriented Texts.* Berlin: de Gruyter, 49-68.

참고 문헌

Jones, Daniel. 1975. Second Preface to Dylan Thomas, *Under Milk Wood.* London: Everyman.

Kade, Otto. 1968. *Zufall und Gesetzmäßigkeit in der Übersetzung.Beiheft zur Zeitschrift Fremdsprachen I.* Leipzig.

Kaindl, Klaus. 1995. Die Oper als Textgestalt. Perspektiven einer interdisziplinären Übersetzungswissenschaft. Tübingen: Stauffenburg.

Manhart, Sibylle. 1995. Zum übersetzungswissenschaftlichen Aspekt der Filmsynchronisation in Theorie und Praxis: Eine interdisziplinäre Betrachtung. Vienna, unpubl. diss.

Pöchhacker, Franz. 1994. *Simultandolmetschen als komplexes Handeln.* Tübingen: Narr.

Reiss, Katharina. 1971. *Möglichkeiten und Grenzen der Übersetzungskritik. Kategorien und Kriterien für eine sachgerechte Beurteilung von Übersetzungen.* München: Hueber.

Reiss, Katharina. 1976. Texttyp und Übersetzungsmethode. Der operative Text. Kronberg: Scriptor.

Reiss, Katharina, 1990. "Brief an den Herausgeber". *Lebende Sprachen* 4, 185.

Reiss. Katharina and Vermer Hans J. 1984. *Grundlegung einer allgemeinen Translationstheorie.* Tübingen: Niemeyer.

Snell-Hornby, Mary. 1988. *Translation Studies. An Integrated Approach.* Amsterdam: Benjamins.

Cell-Homby, Mary. 1993. "Der Text als Partitur: Möglichkeiten und Grenzen der multimedialen Übersetzung". In Justa Holz-Mänttäri and Christiane Nord (eds), *Traducere Navem. Festschrift für Katharina Reiss zum 70.*

Geburtstag, Tampere: Univ. Press.

Spillner, Bernd. 1980. "Semiotische Aspekte der Übersetzung von Comics-Texten". In Wolfram Wilss (ed), *Semiotik und Übersetzen.* Tübingen: Narr, 73-86.

Strolz, Birgit. 1992. Theorie und Praxis des Simultandolmetschens. Argumente füreinen kontextuellen Top-down-Ansatz der Verarbeitung und Produktion von Sprache. Vienna, unpubl. diss.

더빙과 더빙 텍스트-문체와 표층결속성 : 특수 번역 형태의 텍스트적 특성

토마스 헤르프스트(Thomas Herbst)
에를랑겐-뉘른베르크 대학교(Universität Erlangen-Nürnberg)

1. 머리말

가장 널리 자리 잡은 영화 번역의 두 형태는 더빙과 자막 번역이지만, 성격이 크게 다르고 어느 한쪽이 더 낫다고 말하기는 결코 쉽지 않다. 연구 결과에 따르면 시청자 사이에 둘 중 어느 쪽을 지지하는가에 대한 선호는 뚜렷한데, 그 양상은 나라마다 다르다. 소위 자막 국가로 불리는 네덜란드나 스칸디나비아 나라들의 시청자는 자막 번역 형태를 선호한다고 말하지만, 프랑스, 이탈리아, 독일 같은 소위 더빙 국가의 시청자는 확실히 더빙을 선호하는 경향을 보인다. 그리고 그러한 선호의 강도는 사회계층, 학력, 개인의 외국어 구사 능력에 크게 영향을 받는 것으로 나타났다.[1)]

어느 정도 원어를 구사할 줄 아는 시청자에게 자막이 유리하다는 것은 분명하다. 또한 자막 번역의 관행은 자막 국가의 전반적인 외국어 수준에 매우 긍정적인 영향을 미치는 듯하다. 그렇지만 번역적 등가라는 개념과 관련하면 자막 번역은 발화된 텍스트를 글말로 번역한다는 점에서 매체 전환이라는 내재적 문제를 전제로 한다는 점을 부정할 수 없다.

더빙은 다른 유형의 제약을 받는다. 한 가지 큰 문제는 원본 영화에 나오는 인물의 목소리와 어울리는 적절한 목소리를 찾는 일에서 드러난다. 실은 언뜻 보기에 어려울 것 같지만 생각만큼 힘든 일은 아닌 것이, 원래 배우와 더빙 배우의 목소리가 비슷할 필요가 전혀 없다는 사실이 연구를 통해 드러났기 때문이다. 시청자는 특정 목소리를 해당 배우의 목소리로 받아들이는 경향이 있으며, 단지 TV 시리즈에서 특정 인물의 목소리를 더빙하는 배우가 이런저런 이유로 교체되어야 하는 상황에서만 새 목소리가 부자연스럽고 인위적이라고 불평할 뿐이다. 전반적으로 성우 캐스팅이 잘되었다면 특정 캐릭터의 더빙 목소리가 TV나 영화 시청자에게 자연스러워 보이는 것은 원본 영화를 본 시청자에게 원래 배우의 목소리가 자연스러워 보이는 것과 같다. 단지 캐릭터의 실제 목소리에 익숙한 사람들에게만 더빙 목소리가 부자연스럽게 느껴진다(마찬가지로 더빙 목소리에 익숙한 사람에게는 실제 목소리가 부자연스럽게 여겨진다). 이런 이유로 잘 알려진 배우는 늘 같은 성우로 더빙되어야 한다. 성우가 부족해서 같은 성우가 여러 외국 배우의 역할을 맡게 된다는 점을 차치하면 목소리 캐스팅 그 자체로 번역된 영화의 품질에 부정적 영향을 끼칠 만한 큰 문제는 일어나지 않는다.

2. 더빙의 제약으로서 립싱크와 음절핵(nucleus) 동기화

목소리 캐스팅보다 훨씬 더 중요한 문제는 (노래 번역을 제외하고) 더빙이 번역본과 원본 텍스트의 길이가 같아야 하는 유일한 번역 형태라는 사실에서 나온다. 더욱이 더빙 텍스트는 원본 영화의 어떤 시각적 특징과도 잘 맞아야 하는데, 이로 인해 다른 번역 형태보다 더빙 번역에 훨씬 더 큰 제약이 따른다. 번역적 등가와 관련해 고려해야 할 요소의 목록에 가장 중요한 기준 두 가지를 덧붙여야 한다.[2)]

(1) 립싱크, 곧 원래 배우의 입술 움직임과 더빙판에 감지된 소리의 상관관계. 정량적 립싱크(눈에 보이는 입술 움직임의 처음 및 끝과 소리의 상관관계와 관련)와 질적 립싱크(실제 입술 움직임이나 입 모양과 더빙된 소리 품질의 상관관계와 관련)로 구분할 수 있다.

(2) 음절핵 동기화, 곧 몸짓이나 머리의 특정한 움직임(눈썹 치켜세우기와 같은 것)과 음절핵, 즉 더빙판에서 악센트가 두드러지는 음절의 상관관계.

이 두 형태의 동기화는 더빙된 대화를 만드는 데 심각한 제약을 주긴 하지만, 그 중요성이 과대평가되어선 안 된다. 이러한 요인들이 실제 번역에 영향을 끼치는 정도는 오프신(off-scene), 클로즈업 등의 수에 따라 영화마다 또는 영화 내에서도 상당히 달라지기 때문에 작동에 상당한 여지가 있다. 예를 들어 영국 TV 시리즈 <예스 미니스터(Yes Minister)>의 한 에피소드를 어림잡아 보면 립싱크와 음절핵 동기화가 텍스트의 4분의 1가량에 대해서는 상당한 주목을 받아야 하겠지만, 텍스트의 33% 정도는 거의 무시될 수 있다는 계산이 나온다. 게다가 일반적 제작에서 요구되는 동기화의 수준은 실제로 한계가 있다. 사실 완벽한 동기화는 이루기가 불가능할뿐더러 완전히 불필요한 일이기도 하다. 연구에 따르면 시청자는 확실히 꽤 심하게 동기화가 어긋나더라도 전혀 불편해하지 않는다. 이것은 질적 립싱크뿐만 아니라 정량적 립싱크에도 해당한다. 입술이 움직이기 0.56초 전에(사진 14장) 더빙 텍스트가 시작하거나 0.84초(사진 21장) 지난 후 더빙이 끝나도 시청자는 알아차리지 못하는 듯하다. 더욱이 and I have를 ich weiß, wovon ich rede로 번역한 경우처럼 저모음 자리에 입술소리가 와도 알아채지 못하는 것 같다. 따라서 일정 범위 안에서 동기화의 요건에 관한 한 상당한 자유가 있으므로 번역 과정에서 텍스트적으로 손쓸 여지가 있어 보인다.

3. 분석 범위

이 분석의 목적은 번역에 대한 맥락적 제한과 더빙의 다른 내재적 요소들이 더빙 텍스트의 특징이라 여겨질 수 있는 특정한 자질로 어느 정도까지 이어지는지 밝히는 데 있다. 더빙 관습은 나라마다 다르다(독일은 대체로 립싱크에 더 치중하고 이탈리아는 자연스러운 대화에 더 치중하는 듯하다). 따라서 더빙된 언어의 본질에 관한 어떤 일반적 결론은 이 글의 목적이 아니며, 오직 독일어만이 도착어로 고려될 것이다. 그뿐만 아니라 독일어 더빙에서 사용되는 접근법의 전반적 특성이 그 안에서 상당히 차이가 나기 때문에 아래에서 파악한 특징들이 독일어로 더빙된 모든 영화에서 발견된다고 말할 수는 없을 것이다. 예를 들어 BBC 셰익스피어 프로덕션의 독일어 더빙은 상당히 다른 성격의 문제를 제기한다는 점에서 예외적이다.[3] 그러나 아래에 열거한 특성은 독일 텔레비전 방영 프로그램의 상당 부분을 차지하면서 최고의 시청률을 거두는 특정 장르의 더빙에서 나타나는 전형적 특성이라고 주장할 수 있다.[4]

4. 구어로서의 영화 언어: 텍스트유형학적 고려 사항

더빙 텍스트는 다른 형태의 영화 대사나 드라마와 마찬가지로 문어와 구어 사이의 중간 지점에 있다. 그레고리(Gregory, 1967), 엘람(Elam, 1980), 죌과 하우스만(Söll and Hausmann, 1985)의 구분에 따르면 영화 언어를 다른 텍스트와 구분하는 세 가지 기준은 다음과 같다.

(1) 의도된 인식 경로: 읽지 않고 듣도록 의도되었으며, 이런 점에서 소설이나 신문 기사(읽히도록 쓴) 또는 시와 어쩌면 희곡(읽힐 수도 있고 들려질 수도 있는)과도 구별된다.

(2) 준비의 정도: 치밀하게 준비되었고, 이는 자발적 대화나 어떤 비공식 대화 유형에는 적용되지 않는다.

(3) 의사소통의 진위: 자발적 대화와 달리 대화 상대 간에 일어나는 의사소통은 진짜가 아니다. 실질적 차원의 의사소통은 영화 작가와 시청자 사이의 의사소통이기 때문이다.[5]

이러한 이유로, 영화(그리고 드라마) 언어는 여러모로 자발적 대화의 언어와 다르다. 보통 자발적 대화에서 수행 관련 요인(예컨대 휴지 또는 머뭇거림 현상[6])이나 오버랩에서 생기는 모든 특징들이 일반적으로 영화 대사에선 존재하지 않는다.

5. 더빙 텍스트의 부자연스러움

위에서 알아본 변수와 관련하면, 원본 영화 대사와 더빙 텍스트 사이에 유형학적 차이는 없다. 하지만 일반적 관찰에 따르면, 원본 영화 대사는 몇 가지 두드러진 면에서 더빙된 대사와 달라야 한다. 이를 보여주는 한 가지 지표는, 사람들 대부분이 (화면을 보지 않은 채) 테이프 녹음에 근거해 자신이 듣고 있는 게 자발적 대화의 녹음인지 영화의 사운드트랙인지 구별할 수 있듯이(수행 요소의 부재라는 측면에서 설명이 가능하다), 그것이 원본 영화의 사운드트랙인지 아니면 더빙된 영화의 것인지도 쉽게 구별할 수 있다는 것이다.

이를 설명할 수 있는 한 가지 요인[7]은 많은 더빙 프로그램의 어조와 발화 스타일이다. 더빙 영화에는 전폭적인 악센트 대비와 높낮이 변화가 부족한 경향이 있는 듯하다. 대사 전달에 나타나는 어떤 단조로움은 영화를 소위 테이크 단위로 여러 번 잘라서 녹음하는 기술로 인해 더빙이 모두 별개로 이뤄지기 때문에, 더빙 배우가 자연스러운 어조를 구사하고 음도 범위(pitch range)를 최대한으로 활용하기가 매우 어려운 데에 기인한다.

더빙 영화를 다소 부자연스럽게 만들고, 많은 경우 원래 프로그램과 구별하게 하는 또 하나의 요인은 표준어가 널리 쓰인다는 점이다. 적어도 독일에서는 모든 영화를 표준어로 더빙한다. 이것은 번역 과정의 필연적 결과인데, 왜냐하면 코믹하거나 이상한 효과를 내지 않으면서 번역에서 도착어의 다양성을 나타내기 위해 지역 악센트나 사회적 악센트(표준어는 제외)가 사용되는 경우는 거의 없기 때문이다. 설령 악센트 대비(영국 영어와 미국 영어 사이 또는 영국 영어의 특정 사회적 변이형들 사이)가 원본 영화의 중요한 요소를 이룰지라도, 도착어로 그와 비슷한 악센트 대비를 표현하기는 어렵다. 악센트에 담긴 어떤 사회적 함의가 비슷하거나 지역 대비의 개념이 이런 식으로 전달된다고 하더라도, 표준어를 제외한 모든 변이형은 도착 문화 내에서 지역적으로 유표적 표현이기 때문에 사용할 수가 없다.

더빙에서 표준어를 사용한 결과는 크게 다음 두 가지다. (1) 리치(Leech, 1981)의 사회적 의미 범주에 속하는 의미 요소의 상실, (2) 더빙 버전에서 다양한 발화 스타일을 구분하게 하는 요소의 결핍. 이것은 영화에서 다양한 인물의 차별화라는 측면에서 상당히 불리하다. 더 나아가 언어 대비가 사라지면서 어쩔 수 없이 표현은 다소 단조로워진다.

독일어의 경우, 표준어의 사용으로 인한 문제는 한 가지 더 있다. 그것은 독일어권에서 표준 악센트인 호흐도이치(Hochdeutsch, 고지독일어)는 자연 발화에서, 적어도 비공식 대화에서 거의 쓰이지 않는다는 사실에서 비롯한다. 영어의 표준 발음(Received Pronunciation)과 달리, 호흐도이치는 (아무런 지역적 영향을 드러내지 않는다는 의미에서) 사회적 악센트라기보다 그 사용이 주로 상황적 요인으로 결정되는 독일어의 한 변종이다. 표준어의 증가된 사용은 일반적으로 자연스러운 대화와 영화 언어를 구분하는 특징으로 볼 수도 있지만, 비슷한 독일 작품은 (수정된) 지역 악센트와 사회적 악센트를 쓰는 경향이 있어서 (보통 예기치 못한 상황에서) 지역색이 없는 중립 발음을 사용하는 것은 더빙 영화의 주요 특성으로 봐야 한다.[8)]

6. 더빙 텍스트의 문체적 특징

표준어 사용에서 이러한 후자의 측면은, 텍스트가 문체적으로 인식되는 방식과 관련하여 큰 영향을 미친다. 왜냐하면, 독일어권에서 발음에 지역적 형태가 없음은 상당히 공적인 행사 및 발화 스타일(텔레비전의 뉴스 읽기나 대부분의 무대극의 형태 등)과 일치하는 경향이 있기 때문에, 같은 독일 영화에서라면 더 큰 지역별 변이형이 예상되는 더빙 영화에서 인물들이 유일한 종류로서 표준어를 사용하는 것은 문체의 측면에서 재할당될 수 있다.

사실 영어에서 독일어로 더빙한 영화의 주요 특징 중 하나는 대사에 형식적 요소가 상당히 많아 보인다는 점이다. 앞서 지적한 대로 언어 수행 관련 특성을 제외하면 영화 언어는 구어의 특성을 가지는 경향이 있지만, 더빙 프로그램에 대해서는 그리 말할 수 없다. 오히려 독일어 더빙 프로그램에서 전형적으로 문어에 나타나는 특징을 많이 볼 수 있다.

(1) 구어에 전형적이지 않은 말의 삽입

1)	Ich möchte keine Wunden arfreißen, aber du hast selbst, <u>wenn auch nur für kurze Zeit</u>, erfahren, was es heißt, ein Kind zu haben. Du kannst dir sicher vorstellen, was ich empfinde.	I don't want to bring up sad memories ... but you were a father ... even for only a few minutes of that poor baby's life ... you can understand how I feel, cant' you?
2)	<u>Wie du weißt</u>, wurde ich aber nicht von ihm gerettet, weil so ein Mörder nicht existiert.	Except he didn't get me out, did he?

(2) 가정법의 사용

3)	Chippie sagte mir, er <u>hätte</u> dir <u>erzählt</u>, daß es mir nicht besonders gut <u>ging</u>.	Chippie said he'd seen you and told you I had muddled through.
4)	Ich hörte, du <u>hättest</u> einen Unfall gehabt .. du bist vom Pferd gefallen.	I ... oh I heard you had an accident, thrown from a horse. Are you all right?
5)	Und ich <u>wünschte</u>, ich könnte dabeisein.	I just hope I'm around to see it.

(3) 문어에 어울리는 종속절

6)	<u>Sollte das die Wahrheit sein</u>, ...	If that's it, Krystle ...
7)	Die Polizei sagt, <u>wäre ich in der Zeit zu Hause gewesen</u>, hätte man mich getötet.	The police told me that had I been there during that robbery, I could have been killed!

(4) 분사 구문의 사용

8)	<u>Deinem Vorschlag folgend</u> hatte ich Fallon geberten, das Kind zu mir zu bringen, aber das wollte sie nicht.	So I did what you suggested. I went to Fallon and I asked her to bring the child to me. but she wouldn't agree.

(5) 명사구의 긴 전치 수식어

9)	Ich habe <u>die bisher noch bruchstückhaften Fakten dieses Falles überprüft</u>.	I've reviewed the basics of this case-sketchy as they are for the moment.

(6) 명사적 문체

10) Ich habe nämlich das Gefühl, daß Ihr Ärger über den verlust von Stevens Zuneigung nur die Spitze eines Eisberges ist.	Well I happen to think that your loss of Steven's affection is only the tip of the iceberg here.

(7) 현재완료 시제 대신 과거 시제의 잦은 사용

더빙 텍스트를 더욱 형식적으로 만드는 요소는 지난 시간을 표현하기 위해 과거 시제를 자주 사용하는 것인데 많은 독일 방언에서는 현재완료형을 더 선호한다. 확실히, 이런 점에서 독일 내 지역적 차이가 상당하고 과거 시제의 사용과 결부된 문체 연관성은 독일어 공동체 안에서 다소 다를 수 있지만, 오리지널 독일 작품과 독일어로 더빙한 프로그램에서 과거 시제와 현재완료형의 사용을 통계적으로 비교하면 오리지널 독일 작품에서 현재완료형의 비율이 더 높다는 점을 알 수 있다(69% vs. 57%).[9] 아주 다양한 독일어에서 일반적으로 과거 시제는 문어체에 쓰이기 때문에 더빙된 대화에서 과거 시제의 잦은 사용은 그런 텍스트의 또 다른 형식적 요소가 된다.[10]

11) Und an dem Abend, in dem Restaurant, ... ist da noch irgend etwas, äh, besonderes passiert ... das Sie ärgerte?	Now on the night in question, did anything else in particular happen to upset you?
12) Vor einer halben Stunde rief ich an, wie lange dauert es, bis Sie ein Pferd satteln?	I phoned down here one hour ago. How long does it take to get one horse ready?
13) Als du mich gestern anriefst, Adam, und sagtest, du hättest einige Papiere, die ich unterzeichnen müßte ... dachte ich, du bringst sie mir ins Büro.	When you phoned me last night, Adam, and told me that you had some routine papers form me to sign, I assumed that you'd bring them to the office.

문법적 특징 외에도, 어휘는 더빙된 텍스트 특유의 형식적 문체를 형

성하는 데 중요한 역할을 한다. 따라서 더빙에서 사용되는 일부 어휘는 비형식적 대화에 나타날 가능성이 거의 없다.

14) Ich hab' gesehen, wie mein Vater Sie angeblickt hat, Sie haben ihm Angst eingejagt.	I saw how my father looked at you. You frightened him.
15) Und selbst wenn Ich mit irgendwelchen Menschen Probleme habe, verglichen mit deinen, sind sie geringfügig.	And, if I have any problems in my life, believe me, they're minor compared to yours.
16) In meinem Bestreben, das Beste für dich zu wollen ... habe ich wohl eure Gefühle füreinander falsch eingeschätzt.	Well, in my desire to want the very best for you ... I think I've ... a ... misjudged your feelings for each other.
17) Nur keine Sorge, ... ich versichere Ihnen, nichts wird Blake Carrington widerfahren, für das ich nicht persönlich verantwortlich bin.	Don't worry. I'll make certain nothing happens to Blake Carrington that I'm not personally responsible for.

사용된 단어들을 그렇게 항상 형식적이라고 여길 필요는 없지만, 그러한 어휘 선택은 더빙된 영화에 형식적 문체라는 인상을 한층 강하게 심어 준다. 이러한 맥락에서 매우 중요한 것은 죌과 하우스만(Söll and Hausmann, 1985)이 프랑스어에서 문체 가치(style value)의 변동이라고 설명했던 현상인데, 이 접근법을 바르니켈(Barnickel, 1980: 146)은 영어에 적용하였고, 그는 다음과 같이 그 원칙을 설명한다.

> Danach gehört ein bestimmtes Wort im *code parlé* einer höheren Stilebene an als im *code écrit* und umgekehrt, d.h. beim *code*-Wechsel verschiebt sich die Stilzugehörigkeit eines Wortes um eine Stufe.

매체 의존적 문체 가치의 원칙을 언어의 모든 어휘 항목에 똑같은 방식으로 적용할 수는 없겠지만, 문어 매체에 쓰면 문체상 유표적으로 여겨지지 않을 단어들이 구어에서는 형식적으로 보일 수 있다는 사실을 안다는 것은 대단히 중요하다. 개별 단어의 문체 분류가 어떤 문제를 제기할지도 모르지만, *Bestreben, anblicken, widerfahren* 등과 같은 단어, 즉 독일어 문어에선 문체상 무표적인(혹은 적어도 그리 형식적이지 않은) 단어들이 더빙된 대화가 보통 보여 주는 구어 형태에서 훨씬 더 형식적으로 보인다는 것은 분명하다. 따라서 이러한 점에서 (구어 대화로) 부적절해 보이는 어휘의 사용은 더빙된 텍스트에 문어체적 차원을 더해 준다.

그런데 문어-구어 이분법과 상관없이, 문체상 부적절한 경우를 몇 가지 볼 수 있다. 예를 들어 다음에 나오는 연어 관계와 표현들이 이에 해당하는데, 자연스러운 대화로 보기엔 확실히 너무나 형식적이다.

18)	Ich glaube, daß Sie mich angreifen ... weil Ihnen der Fall auch noch Krystles Zuneigung entzogen hat.	I think you're attacking me because this suit has obviously cost you her affection as well.
19)	Nachdem ich Dir meine heimlichen Absichten enthüllt habe, enthüll' mir deine.	I've told you my ulterior motives, now let's hear yours.
20)	Du bist nicht nur clever ... und sexy ... ... sondern auch noch im Begriff, mich zu einem sehr glücklichen Mann zu machen.	Not only are you smart ... and beautiful ... and sexy ... but you are also about to make me a very happy man.
21)	Ich bin nur um meines Kindes willen hergekommen und wechsle nicht die Seiten wie du.	I'm here for my baby's sake. I don't keep changing sides the way dou did.

따라서 독일어로 더빙한 영화 언어의 주요 특징 중 하나가 구어의 영화 대사로 보기엔 지나치게 형식적인 문체 수준을 목표로 하는 경향이 있다는 데에는 의심의 여지가 없다(앞서 지적한 대로, 여러 측면에서 자발적 대화와는 다를지라도). 더욱 전형적인 것은 이러한 형식적 문체 수준이 대

체로 일관된 특징이 아니라, 오히려 형식적 요소들이 무작위적으로 텍스트에 나타난다는 점이다. 따라서 일반적으로 더빙된 언어는 분명한 이유 없이 문체 변화가 수시로 일어나는 것이 특징이다.

22) Okay, okay, Fallon, würdest du bitte mal einen Moment die Luft anhalten? Bevor wir jetzt ins Haus kommen, wo dein Bruder ist und Krystle und all das Durcheinander, sollten wir die Gelegenheit zu einem Gespräch nutzen.	La, la, la ... Fallon, would you wind down for a minute, please? We go back to the house, with your brother there and Krystle and all that confusion and may not get another chance to talk.

7. 더빙 텍스트의 표층결속성

더빙된 언어의 문체적 특성은 또 다른 변수, 즉 텍스트의 표층결속성과 연관이 있다. 이런 맥락에서 엔크비스트(Enkvist, 1964: 34-35)의 문체 표지(style marker) 개념을 고려하는 것이 도움이 된다.

> 우리는… 문체 표지를 일정한 맥락에서만 나타나거나, 가장 자주 또는 가장 드물게 나타나는 언어 항목으로 정의할 수 있다. … 문체 표지가 아닌 요소가 문체적으로 중립적이지는 않다. 이것은 다시 이렇게 말할 수 있다. 문체 표지는 오직 다른 맥락에서 나타나거나 영으로 나타나는 다른 항목들과 상호 배타적이거나, 그런 항목들과 현저하게 다른 빈도를 나타낸다.

이 관점을 받아들이면, Haus 같은 단어는 문체상 선택의 여지가 없기 때문에 중립적 문체 가치를 지니지만, anblicken이나 widerfahren 같은 단어는 구어에서 문체적으로 유표적이며, 이러한 맥락에서 문체를 관련성 있는 요소로 간주한다면 텍스트의 표층결속성에 기여하는 것은 이러한 단어들이라고 주장할 수 있다(Brown and Yule 1983: 194

참조). 형식적이라는 유표성을 지닌 요소(위 예문에서 die Gelegenheit zu einem Gespräch nutzen 같은 경우)와 비형식적이라는 유표성을 지닌 요소(wo dein ... ist, und all das ...)가 동시 발생해 텍스트적 표층결속성에 지장을 주는 문체 불일치가 생겨난다.

비슷한 불일치는 텍스트의 표층결속성을 이루는 데 일조하는 다른 요소들과 관련해서 일어난다. 예를 들어 대용형(pro-form)의 부적절한 사용은 마찬가지로 전형적이다.

23)	A: Du hast doch wohl nicht etwa Angst? B: Angst? ... Nein die habe ich natürlich nicht.	A: Well, you're not afraid, are you? B: Afraid? No. Of course, I'm not afraid.
24)	A: Kein Kommunique entspricht jemals dem, was Sie wirklich sagen! B: Und warum gibt's die?	A: Well no communique ever bears any rela tion to what you actually say. B: Then why have one?

이것은 선행 명사구를 가리키는 대용형에 적용될 뿐만 아니라 선행절의 경우에도 적용된다.

25)	A: Gäbe es Jeff nicht, wären wir vielleicht noch Freunde, so wie früher, aber ich ... B: Fallon, ich habe jetzt wirklich keine Lust, mit dir darüber zu sprechen. A: Aber ich möchte es.	A: I mean, maybe if Jeff weren't here, we could still be friends like before. But -- B: I don't want to have this conversation, Fallon. A: Well, I do.

부적절한 대용형은 의문문에서 매우 흔하다.

26)	A: Ihn zu verstecken, ist keine Lösung. B: Welche ist es dann? Sie weitermachen zu lassen, so wie Sie ihn verteidigt haben?	A: Look, hiding him is no answer. B: Well then, what is? Letting you handle it, like you handled his defense?
27)	A: Hast du wirklich keine Beschwerden? B: Nein, keine.	A: Are you sure there's nothing wrong? B: No. Nothing.

비슷하게 비정상적인 사용은 할리데이와 하산(Halliday and Hasan 1976:143)에 의해 확인된, 텍스트의 표층결속성을 이루는 또 다른 특징적 수단인 생략에서도 찾아진다. 생략은 더빙 영화에서 비전형적인 방식으로 사용되는데, 가령 아래와 같이 생략된 의문문은 독일어에서 다소 이상해 보이기 때문이다.

28)	Jeannette, irgendeine Nachricht von meinem Vater, während wir weg waren?	Jeannette, has there been any word from my father while we were out?
29)	Es hat sich nichts geändert. Schon eine Entscheidung?	Nothing's changed. Any verdict yet?

어휘적 표층결속성 내에서 원본 및 더빙된 텍스트는 때로 서로 다른 형태의 반복을 사용한다(Halliday and Hasan 1976: 278 참조). 예를 들어 원본의 되풀이되는 말을 유사동의어를 사용하는 것으로 대체하면 표층결속성에 영향을 주지 않을 수 있으나, CGEL(The Cambridge Grammar of the English Language: 19.23)이 "현상의 확인(confirmation of a phenomenon)"이라고 부르는 것이 사라지기 때문에, 수사적 영향력의 측면에서는 부정적 효과가 일어날 수 있다.

30) A:
Soll ich dir was verraten, Steven ... Wann ich das erste Mal gemerkt habe, daß ich dich liebe? Als du in meiner Küche einen Teller zerschmissen hast... weißt du noch?
B:
Ich erinnere mich.

A:
You know what, Steven, you know the first time that I knew I loved you? It was when you dropped that dish on my kitchen floor. Do you remember?
B:
I remember.

또 하나 주목할 점은, 할리데이와 하산(1976)이 말한 형식적 표층결속성에 관해서는 설명이 쉽지 않지만(연어 관계라는 그들의 다소 흐릿한 개념을 더 확장하고 싶지 않다면), CGEL(19.20)이나 프레임 이론(van Dijk 1977: 99)에서 "화용론적 또는 의미론적 함축"과 같은 개념으로 다루어지는 텍스트 내의 관계이다.

의미론적 표층결속성의 중요한 '인지적' 조건은 관련된 세계에 대한 '가정된 정상성(ASSUMED NORMALITY)'이다. 즉 담화의 의미론적 구조에 대한 우리의 기대는 일반적으로 세계의 구조에 대한, 특정한 상황이나 사건의 진전에 대한 우리의 '지식'에 따라 결정된다.

그러나 그러한 현실 세계 관련성의 텍스트적 성격은 그것이 어떤 식으로든 텍스트에서 명백한 경우에만 실현될 수 있는데, 더빙된 텍스트에서는 항상 그렇지는 않다.

31) A:
Sieht so aus, als hättest du deine Chance verpaßt.
B:
Mich interessiert keine Wette.

A:
Looks you've missed your chance.
B:
Look, I ... I'm not interested in placing a bet.

32)	
A: Oh, oh! Wie heißt es so schön in Romanen? Wir dürfen uns so nicht mehr treffen. B: Dramatisch klingt das.	A: Oh, oh. What is that saying? We've got to stop meeting this way. B: Something like that.

32)와 같은 발화는 독일 시청자에게 아무 의미가 없는데, 왜냐하면 Wir dürfen uns so nicht mehr treffen이라는 문장은 절대 소설에서 온 인용문이나 표준 문구로 연관될 수 없기 때문이다. 또 다른 차원으로, 대용형 das의 지시 대상은 아래 예시에서 식별할 수 없다.

33)	
A: Mach mir doch gleich was mit ... ich esse alles, was du ißt. B: Ich bin nicht richtig hungrig.... Ich weiß gar nicht, warum ich hier bin. A: Nein, nicht, Fallon, ich finde, wir sollten <u>das</u> klären.	A: Cold ham on mine - I'll take whatever you're making. B: I'm not really hungry. I don't even know why I came down. A: Come on, Fallon. Let's clear the air, okay?

이러한 예에서 도출되는 결론은, 독일어로 더빙된 자료에서 할리데이와 하산(1976)이나 브라운과 율레(Brown and Yule 1983)가 확인한 바와 같은 결속 요소의 사용은 아래와 같은 두 가지 특징을 드러냈다는 것이다.

- 생략이나 대용형이 부적절하게 사용될 경우, 표층결속성의 실현이라는 측면에서 언어 규범의 위반
- 대용형의 참고 지점이 불분명하거나 텍스트에서 전혀 찾을 수 없는 경우, 결속 장치의 전반적 감소

텍스트의 형식적 표층결속성의 정도를 측정하기는 어려울지라도, 독일어 더빙 자료에는 원본에 명시된 어떤 결속 장치가 부족하다는 점이 그 특징으로 보인다. 시청자에게 더빙된 영화가 오리지널 작품보다 더 따라잡기 어렵다는 징후는 전혀 보이지 않기 때문에, 이로써 텍스트의 텍스트성과 관련한 명시적 결속 장치의 역할에 대한 흥미로운 결론을 내릴 수 있다. 이는 확실히 형식적 실현에 의존하기보다 해석의 의미론적(또는 내용 중심의) 전략이 중요하다는 점을 시사하는데, 예컨대 보그랑드와 드레슬러(Beaugrande and Dressler 1981: 88) 그리고 브라운과 율레(Brown and Yule 1983:196)가 다음과 같이 지적한 대로이다.

> 그렇다면 의미론적 관계의 명시적 실현이라는 의미에서, '텍스처(texture)'는 텍스트의 식별과 상호 해석에 중요한 기준은 아닌 듯하다.

8. 앵글리시즘(Anglicisms)

여기서 자세히 논의하긴 어렵지만(Herbst 1994, 1995 참조), 영어에서 독일어로 더빙한 텍스트의 또 하나의 특징은 특정 유형의 앵글리시즘이 많이 나타난다는 점이다. 이와 관련해서 특히 중요한 점은 독일어 텍스트에 영어 단어를 사용하는 것이 아니라, 광고나 라디오의 대중음악 프로그램 등과 같은 독일어의 많은 영역에서 앵글리시즘의 주요 원천이 된다는 것이다. 그런데 더빙 영화에서 많은 비율을 차지하는 표현에는 어원적으로 관련된 영어 단어에서 의미 요소를 이어받은 의미 차용(예컨대 kontrollieren - control, lernen - learn, sehen - see), 번역 차용(küstenlinie – coastline), 관용구 차용(der frühe Vogel fängt den Wurm - the early bird gets the worm) 또는 문법 차원(reden von이 들어맞을 상황에 사용된 reden über)이나 화용론 차원의 앵글리시즘 등이 있으며, 특히 인사

말이나 Mir geht es gut 같은 유형의 표현에서 두드러지는데, 적절하지 않은 맥락에서 사용된다.[11)]

9. 독일어로 더빙한 영화의 텍스트적 특징

앞서 강조했듯이, 검토된 자료에 대한 분석이 영어에서 독일어로 더빙한 모든 영화에 반드시 적용되는 일반적인 결론을 끌어낼 수는 없겠지만(영화의 유형과 번역의 품질이 몹시 중요한 변수이다), 독일과 오스트리아 텔레비전에서 방영되는 영어로부터 더빙된 프로그램의 상당 부분을 규정하는 어떤 특징이 확인된다고 결론 내릴 수 있다. 그러한 특징들 가운데 가장 중요한 것은 다음과 같다.

(1) 앵글리시즘(앞 절에서 제시한 유형)의 높은 발생 빈도
(2) 문체적 요소 - (영화) 대화에 어울리지 않고 종종 독일어 구어보다 문어에 더 전형적인 문체
(3) 표층결속성을 이루는 요소의 부적절하거나 불완전한 실현

10. 더빙 텍스트의 특징과 번역 과정

유념해야 할 것은 분석된 영화들이 어떤 특징을 공유한다는 사실이 우리가 이를 근거로 더빙된 영화의 텍스트유형을 설정할 수 있다는 의미라고 받아들이면 안 된다는 점이다. 왜냐하면 그러한 특징들은 작가에 의해 의식적으로 선택되었거나 관습적으로 확립된 것으로 볼 수 없고, 다른 번역 형태보다 좀 더 심한 제약을 받는 번역 과정의 (의도하지 않은) 결과로 볼 수 있기 때문이다.

물론, 문제는 이러한 특징들이 어디까지 더빙의 불가피한 결과인가 하는 점이다. 위에서 설명한 특징 중 일부에 관해서는, 더빙된 텍스트는 번역된 텍스트라는 사실에서 비롯되었음은 분명한 사실이다. 다소 형식적 문체의 함의를 사용하고 인물들 간의 언어적 차이를 없애는 등의 부정적 영향을 미치긴 하지만, 특히 표준어의 사용은 독일어로 하는 모든 번역에선 불가피한 일이다.

그러나 적어도 실제로 많은 더빙 영화에서 발생하는 정도로, 더빙된 텍스트의 다른 주요 특징들(앵글리시즘, 형식적 문체에 전형적인 어휘 및 문법적 항목, 약화한 표층결속성)을 더빙 번역의 자동적이고 피할 수 없는 결과로 보는 것은 잘못일 것이다. 오히려 더빙에 대한 특별한 접근법의 결과로 봐야 한다.

영화 번역에서 두 가지 단계를 거치는 것은 독일의 일반적 관행인 듯하다(Whitman-Linsen 1992: 104-22). 첫째는 일종의 초벌 번역의 단계로 원본 영화의 대본을 토대로 (하지만 종종 원본 영화를 보지 않은 채) 이뤄진다. 이 초벌 번역은 더빙 대본 작성을 위한 토대로 사용되며, 많은 경우에 더빙 감독이 직접 수행한다. 이 더빙 대본은 스튜디오에서 실제 더빙을 위해 나뉜 테이크를 기반으로 한다. 더빙 대본은 종종 립싱크 등이 더 잘 이루어지도록 더빙을 하는 과정에서 수정된다.

이는 어느 단계에서도 어떤 번역 이론의 핵심 요구 사항에 맞춰 번역이 만들어지지는 않는다는 뜻이다. 즉 텍스트를 텍스트로 보지 않으며, 상응하는 등가 기준을 헤아리지도 않는다는 의미다. 초벌 번역의 주요 기능은 더빙 대본을 위한 일종의 의미론적 채석장 역할을 하는 데 있기 때문에, 이 단계에서는 자연스러운 대화나 독일어다운 독일어를 만들려고 시도하지 않는다. 이러한 초벌 번역의 분명한 기능(그리고 비교적 낮은 보수)을 고려해 볼 때, 그러한 접근법은 아마도 정당화될 수 있을 것 같다. 하지만 실제 초벌 번역의 표현이 상당 부분 최종 텔레비전 버전에 흘러 들어가기 때문에 그 위험은 아주 분명해진다.

대본 작가가 가장 많이 신경을 쓰는 부분은 동기화의 요구에 부합하는 대사를 만들어 내는 것이다. 따라서 이 단계에서 개별 문장, 또는 대체로 한두 문장을 넘지 않는 개별 테이크에 주의가 집중되는 것은 전혀 놀라운 일이 아니다. 그 결과, 등가 관계를 합리적으로 달성할 수 있는 유일한 차원인 번역의 텍스트적 차원은 사실상 더빙 과정의 어느 단계에서도 고려되지 않는다. 문장 대 문장(또는 테이크 대 테이크) 수준에서 등가 관계를 보면, 도착어에서 어휘와 문법에 따른 선택이 너무나 제한적이고, 그리하여 출발어의 개념적이거나 지시적인 의미(Leech 1981)와는 일치하나 문체적 의미로는 영화 대사에 어울리지 않는 단어와 구조가 사용될 수밖에 없다는 것은 꽤 자명해 보인다. 마찬가지로, 표층결속성과 관련한 결함(즉, 대용형, 생략 등의 부적절한 실현)은 텍스트를 절대 텍스트 전체로 간주하지 않는 접근법에 비춰 볼 때 쉽게 설명될 수 있다.

그런데 더빙된 텍스트의 품질은 더빙에 화용론적으로 접근함으로써 상당히 향상될 수 있으며(Herbst 1987, 1994, 1995 참조), 그 방식은 등가 기준에서 장면의 의미(특히 플롯을 끌고 가는 요소의 면에서) 그리고 번역 대사의 자연스러움과 어울림(립싱크의 핵심 요구사항과 함께) 등을 아주 높게 평가하는 것이라고 말해야겠다. 더빙에 이런 식으로 접근하는 데에 비용이 더 들지도 시간이 더 걸리지도 않는다. 비록 립싱크와 음절핵 동기화가 영화의 개별 사례에 엄청난 어려움을 줄지라도, 그것이 일반적으로 독일어로 더빙되는 작품 대부분이 갖는 텍스트적 결함에 대한 변명은 되지 못한다는 점을 강조하고 싶다. 그리고 화용론적 접근법의 원칙에 매우 부합하면서 립싱크와 번역 양쪽에서 매우 높은 수준을 성취한 더빙 작품들이 존재한다는 사실 또한 강조하고 싶다.

동시에, 독일의 시청자(그리고 영화 평론가)는 더빙 품질에 그다지 비판적이지 않은 듯하다. 설령 더빙된 대사에서 결함이 발견되더라도 립싱크의 제약에 따른 불가피한 결과로 여긴다. 따라서 상업적인 견지에서는 현재 관행을 바꿀 필요가 없다. 그리고 이는 앞서 설명한 특징들이 영어에서 독일어로 더빙한 작품의 상당수에서 여전히 유효할지 모른다는 사실을 뜻한다. 그러나 시청자가 더빙 영화에 이러한 특징이 들어갈 것을 예상하고, 영화에 앵글리시즘과 무의미한 문체 전환이 없고, 결속 장치가 느슨하지 않은 자연스러운 영화 대사가 들어가면 실망할 것이라고 해서, 이러한 특징들이 특정 텍스트유형을 설정하는 데 기여한다는 것을 의미하는지는 매우 의심스럽다.

미주

1) Luyken(1991: 111-128) 참조

2) 더빙 번역 이론에 대해서는 Herbst(1994: 219-275) 참조

3) Rabanaus(1882) 참조. 셰익스피어 희곡의 더빙 분석에 관해서는 Herbst(1994: 263-273)를 보라.

4) 아래와 같은 결론을 끌어내고 예시를 가져온 코퍼스는 50시간 분량의 미국과 영국 텔레비전 시리즈(소프 오페라, 탐정 시리즈, 풍자 코미디)로 구성된다. Herbst (1994: 4-6) 참조

5) Elam(1980: 39)이 제시한 모형.

6) Brown and Yule(1983: 4-19) 또는 Barnickel(1980: 84-151) 참조

7) 이 맥락에서 언급하게 될 하나의 요인은 같은 더빙 배우의 겹치기 출연과 관련되며 이는 독일에선 흔한 관례이다. 하지만 이것은 독일 시청자보다 외국인에게 더 큰 혼란을 초래하는데, 독일 시청자는 이러한 관행에 익숙하며 대개 원래 배우의 목소리를 잘 모르기 때문이다. 흥미롭게도 사람들은 대체로 특정 캐릭터의 목소리를 받아들이는 경향이 있다.

8) 이것은 단지 지역 악센트가 일반적으로 사용되는 상황에만 해당할 뿐이며, 당연히 고전극과 같은 여타의 텍스트에는 해당하지 않는다. 표준어 문제와 관련한 더 자세한 논의를 알고자 하면 Herbst(1991, 1995)를 보라.

9) Herbst(1994: 139) 참조 그런데 과거 시제 형태의 69%는 매우 형식적인 언어가 쓰여서 예외적으로 많은 수의 과거형이 들어간 독일 데릭 프로덕션(Derrick-production)의 한 에피소드를 제외함을 알아두기 바란다.

10) 어느 정도 과거 시제의 빈번한 사용은 앞서 논의한 표준어 사용에 따른 결과이기도 하다.

11) Gellerstam(1996: 56)의 번역 투 예시 참조

참고문헌

Barnickel, Klaus-Dieter. 1980. *Sprachliche Varianten des Englischen. Band 2: Register und Stile* (Hueber Hochschulreihe 45/1). München: Hueber Verlag.

de Beaugrande, Robert-Alain and Dressler, Wolfgang Ulrich. 1981. *Einführung in die Textlinguistik* (Konzepte der Sprach- und Litraturwissenschaft). Tübingen: Niemeyer.

Brown, Gillian and Yule, George. 1983. *Discourse Analysis* (Cambridge Textbooks in Linguistics). Cambridge: Cambridge University Press.

van Dijk, Teun A. 1977. *Text and Context. Explorations in the semantics and pragmatics of discourse* (Longman Linguistics Library). London/ New York: Longman.

Elam, Keir. 1980. *The Semiotics of Theatre and Drama.* London, New York: Methuen.

Enkvist, Nils Erik. 1964. "On defining style. An essay in applied linguistics". In N.E. Enkvist, J. Spencer and M.J. Gregory (eds), *Linguistics and Style.* London: Oxford University Press, 1-56.

Gellerstam Martin. 1996. "Translations as a source for cross-linguistic studies". In K. Aijmer, B. Altenberg and M. Johansson (eds), *Languages in Contrast. Papers from a Synposium on Text-based Cross-linguistic Studies. Lund 4-5 March 1994.* Lund: Lund University Press, 53-62.

Gregory, Michael. 1967. "Aspects of variety differentiation". *Journal of Linguistics* 3: 177-198.

Halliday, M.A.K. and Hasan, Ruqaiya. 1976. *Cohesion in English* (English Language Series). London: Longman.

Herbst, Thomas. 1987. "A pragmatic translation approach to dubbing". *ebu-review* XXXVIII/6: 21-23.

Herbst. Thomas. 1991. "Neutralisation als Kriterium zur Bestimmung von Standardsprache". *ZAA* 39 (3/4): 201-208.

Herbst. Thomas. 1994. *Linguistische Aspekte der Synchronisation von Fernsehserien. Phonetik Textlinguistik, Übersetzungstheorie* (Linguistische Arbeiten). Tübingen: Niemeyer.

Herbst Thomas. 1995. "People do not talk in sentences. Dubbing and the idiom principle" *Translatio – Nouvelles de la FIT - FIT Newsletter. Nouvelle série* XIV (1995) 3-4. *Communication Audiovisuelle et Transferts Linguistiques. Audiovisual Communication and Language Transfer. International Forum Strasbourg,* 257-271.

Herbst. Thomas. 1996. "Why dubbing is impossible" (forthcoming).

Leech, Geoffrey. 1981. *Semantics. The study of meaning.* Harmondsworth: Penguin. (2nd edition)

Luyken, Georg-Michael (with Herbst, Thomas, Langham-Brown, Jo, Reid, Helen and Spinhof, Hermann). 1991. *Overcoming Language Barriers in Television. Dubbing and subtitling for the European audience.* Media Monograph 13, The European Institute for the Media.

Quirk, Randolph, Greenbaum, Sidney, Leech, Geoffrey and Svartvik, Jan. 1985. *A Comprehensive Grammar of the English Language.* London: Longman. [CGEL)

Rabanus, Gert. 1982. "Shakespeare in deutscher Fassung. Zur Synchronisation der Inszenierungen für das Fernsehen". *Jahrbuch Deutsche Shakespeare-Gesellschaft West,* 63-78.

Söll, Ludwig and Hausmann, Franz Josef. 1985. *Geschriebenes und gesprochenes Französisch.* Berlin: Erich Schmidt Verlag. (3rd edition)

Whitman-Linsen, Candice. 1992. *Through the Dubbing Glass. The*

Synchronization of American Motion Pictures into German, French and Spanish. (European University Studies) Frankfurt: Peter Lang.

품질 재고 : 덴마크 텔레비전 자막 vs. 출판 번역에서의 영어 관용구 번역

헨릭 고틀리프(Henrik Gottlieb)
코펜하겐 대학교(University of Copenhagen)

1. 머리말

번역의 텍스트유형별 특성을 강조하는 논문집에서 첫머리에 해당 주제를 보여 주는 것은 필수 요소다. 당연히, 이번 연구에서는 기본적으로 다음 두 가지를 구분하여 다룬다.

(1) 정적이고 오직 언어적 매체를 통해 표현된 담화: '인쇄된 텍스트', 픽션 또는 논픽션
(2) 다수의 의사소통 채널을 동시에 사용하며 순간적 매체를 통해 표현된 담화: 시청각 텍스트. TV의 막판 인터뷰에서부터 잘 준비된 드라마와 장편 영화에 이르기까지 다양한 범위를 포함

그러므로 텍스트유형에 관해 말하자면, 그 구별은 상호작용하는 의사소통 채널의 수와 관련된다. 책은 '단일기호적(monosemiotic)'이며 전적으로 인쇄된 단어에 의지하지만,[1] 영화와 TV 프로그램은 '다중기호

적(polysemiotic)'이며 여러 채널, 즉 그림 + 대사 + 음악 & 효과음이 모두 합쳐져서 전체 의사소통의 효과를 거둔다.

'기호학적 복합성(semiotic complexity)'이라 부를 수 있는 이러한 텍스트유형에 더해, 텍스트가 번역되는 순간 또 하나의 구분이 생겨서 추가된다. 바로 '물리적 상태'이다. 단일기호적인 원본의 번역은 물리적으로 독립된 작품으로 나타나지만, (드라마나 노래 같은 라이브 다중기호 독립체의 번역판과 함께) 시청각적 다중기호 텍스트의 번역은 종속적 작품이며, 그것은 원본의 모든 비언어적 요소를 간직한다는 점에서 원본의 수정이고 물리적 의미에서 이를 포함한다. 따라서 그것을 '포괄적' 번역이라고 부를 수 있으며, '배타적' 번역과 대조된다. 어떤 경우, 원본의 언어적 메시지까지 남아 있는데, 바로 자막 번역은 포괄적 번역의 극단적 형태이다. 영화나 TV 프로그램에 자막을 추가할 때 번역가의 작업은 빵을 굽는다기보다 웨딩 케이크에 프로스팅을 입히는 작업에 더 가깝다.

2. 역사적 관점에서 본 자막 번역

영상 번역의 수단으로서 자막은 1929년, 새로운 유성영화가 세계의 관객에게 당도했던 때로 거슬러 올라간다. 활동사진에 대사 몇 줄을 추가하는 방법은 후시녹음이나 더빙보다 더 값싼 대안으로 고안되었다. 자막 번역에서 원본의 대사는 영화의 필수 요소로 남지만, 더빙에서는 거의 입술 움직임에 맞춘 도착어 대사로 대체된다.

1930년대에는 세계의 거대 시장을 형성하는 언어공동체에서 더빙을 영화 번역 방식으로 선호하게 되었고, 자막은 유럽의 몇몇 작은 언어공동체, 즉 핀란드, 노르웨이, 스웨덴, 덴마크, 네덜란드 그리고 플라망어를 사용하는 벨기에 등에서 쓸 수 있는 유일한 기술임이 판명되었다.

자기 나라말이 없는 작은 나라들, 예컨대 스위스와 오스트리아는 이웃 나라의 더빙 선호를 공유하는 경향이 있었다.

규모가 크고 더빙을 선호하는 언어공동체와 작고 자막을 선호하는 언어공동체의 구분은 텔레비전 역사가 40년이 넘은 오늘날에도 유효하다. 이탈리아, 독일, 스페인 그리고 러시아는 여전히 음성 대체 기술을 선호하지만, 북유럽 국가들, 네덜란드, 벨기에, 포르투갈, 슬로베니아, 크로아티아 그리고 그리스는 자막 달린 외국어 영화와 TV 프로그램을 선호한다. 유럽 바깥에서 프랑스어와 스페인어를 쓰는 국가들은 더빙을 좋아하는 경향이 있지만, 그 사이 자막은 다른 지역으로 진출하고 있다. 양쪽에 걸친 영국은 예전부터 일반 대중을 대상으로 한 외국어 영화와 텔레비전 프로그램은 더빙하지만, '예술 영화'는 영어 자막과 함께 상영된다. 그보다는 덜하지만 이러한 경향은 미국과 프랑스에서 발견되며, 지적인 관객은 더빙보다 자막을 선호하는 경향이 있다.

오늘날 영상 번역의 두 라이벌 간의 균형은 서서히 자막 쪽으로 이동하고 있으며, 여기에는 경제적인 이유가 어느 정도 존재한다. 영화와 TV 프로그램의 제작과 교환이 증가하는 데다, TV 채널 수가 TV 가구 수보다 많아지면서 더빙보다 더 빠르고 저렴한 번역 방식이 요구된다. 그러나 자막 국가의 시청자에게 자막의 경제적 이점은 둘째 문제이며, 원본 작품의 진정성을 간직하는 것이 가장 중요하다. 한때 성가시거나 필요악으로 여겨졌던 자막 방식은 이제 전 세계에서 글을 읽고 쓸 줄 아는 영화 및 텔레비전 관객에게 선호되는 언어 전환 방식이 되고 있다.

그러나 자막은 정의상 언어들 '사이에' 운용되지 않는다. 미국, 일본, 독일 같은 나라에서 가장 흔한 자막 유형은 하나의 언어, 일반적으로 우세한 자국어 '안에서' 운용된다.

따라서 자막의 두 가지 주요 유형은 다음과 같다.

(1) 언어 내 자막(원어로)

1) 청각 장애인과 청력이 저하한 사람을 위한 국내 프로그램의 자막

2) 언어 학습자를 위한 외국어 자막

(2) 언어 간 자막(원어로부터)

이 유형의 특성은 '사선(diagonal)'으로 가로지는 데 있다. 언어 간 자막에서 자막 번역가는 구어체인 외국어 대사를 해석하는 것에서 스크린에 문자 언어로 자국어 번역을 제시하는 것으로 '넘어 간다'. 이후로 '자막'이라는 용어는 오직 언어 간 자막을 가리킨다.

3. 자막 번역의 정의

자막 번역은 다음과 같이 정의될 수 있다. (1) 문자 언어로 (2) 추가되어 (3) 동시에 일어나는 (4) 순간적이고 (5) 다중기호적인 텍스트유형의 번역.

(1) '문자 언어'(구어에 반대되는 개념으로서)의 본질은 자막 번역이 다른 모든 시청각 번역과 구별되는 점이다.

(2) '추가적'이란 의미는 출발어 담화를 간직하고 있는 원본에 언어적 자료가 덧붙여짐을 나타낸다.

(3) '동시성'의 의미는 원본(원래 대사가 있건 없건)과 그 번역이 동시에 제시된다는 것을 가리킨다. 통역자가 늘 뒤처지는 '동시' 통역과는 다르다.

(4) '순간적'이라는 의미는 영화적 매체에서 모든 담화는 수용자의 통제 범위를 벗어나 흐르듯이 제시된다는 사실을 나타낸다.

(5) 이미 알고 있듯이, '다중기호적'이라는 용어는 도착어 번역이 번역본에서 몇몇 상호작용하는 의사소통 채널 중 하나만 담당한다는 사실을 말해 준다.

아래 표에서는 자막 번역을 정의하는 다섯 가지 특성을 매개변수로 삼아 번역의 주요 유형을 여섯 가지로 구분했다.

〈표 1〉

	형식 문어	역할 추가적	제공 동시성	수용 순간적	구성 요소 다중기호적
자막	+	+	+	+	+
더빙	-	-	+	+	+
동시통역	-	-	-	+	-
번역된 드라마	-	-	-	+	+
만화 번역	+	-	+	+	+
문학 번역	+	-	-	-	-

4. 제약, 장점 그리고 내부텍스트성(intra-textuality)

많은 점에서, 위에서 말한 자막 번역의 특징들은 자막 번역가의 언어적 자유를 제한하는 제약으로 봐야 한다. 그리고 당연히 영화나 TV 에피소드의 자막 번역가는 단일기호 작품의 번역자가 누리는 것과 같은 자유를 누릴 수 없다. 시청각 매체의 시공간적 제약 외에도 번역자가 피해 갈 수 없는 점은 대부분의 경우 화면에서 오가는 대화를 아주 잘 이해하는 시청자가 소수지만, 무시할 수 없는 수로 늘 존재한다는 사실이다. 따라서 언어 조합이 많은, 예를 들어 영어-덴마크어 같은 경우에 자막 달린 TV 프로그램(어쨌든 자막과 그림의 상호작용에 기반한)에 대한 시청자의 수용은 또 하나의 요인에 크게 영향을 받는데, 바로 원 대사의 '피드백'이다.

많은 경우, 이러한 폭로(tell-tale) 효과는 자막을 다는 이나 시청자 모두에게 부정적으로 느껴진다. 가령 풍자 프로그램의 말장난이 출발어의 특정 동음이의어나 관용구, 또는 원천 문화의 사람, 장소, 사건에 대한 세밀한 지식을 전제한 농담을 가리키는 경우가 그러하다.

그런데 다른 상황에서 원본이 주는 피드백은 긍정적 성격의 면이 있다. 다중기호적 매체로서 (의사소통의 짐을 여러 채널이 분담하는) 영화와 텔레비전은 번역가에게 어쩌면 모호할 수도 있는 말에 지시적 해결책을 제공한다. 자막 번역가는 실제로 특정 구절이 어떻게 해석되어야 하는지를 보거나 들을 수 있으며, 이러한 특혜는 관객에게 전달된다. 그리고 물론 이런 상호작용하는 '내부텍스트성'을 평론가와 학자들 또한 고려해야 한다.

이번 연구에서 나는 그럴 수 있도록 노력하겠지만, 아쉽게도 논문이라는 매체는 철저히 단일기호로 표현되어 소리를 전부 지우고, 쓰인 기호로 시야를 제한한다. 그러므로 독자뿐 아니라 글쓴이에게도 일정한 추상화의 힘이 요구되는 책이라는 매체를 통해, TV 번역과 책 번역을 비교해 보고자 한다. 양쪽 모두 성공하기를 바란다.

5. 관용구에 관하여

여러 세기에 걸쳐 '관용구'라는 개념은 다양한 의미를 지녀 왔으며, 그 공통분모는 '표현법'이라고 이름 붙일 수 있는 것으로, 예컨대 '음악', '예술 양식', '방언'처럼 이질적인 현상을 포함한다. 1925년, 최초의 영어 '호기심 수집가' 중 한 사람인 로건 퍼잘 스미스(Logan Pearsall Smith)[2]는 '관용구'라는 말을 다음과 같은 의미로 사용했다. "좁은 의미에서 우리 언어의 특이성, 그리고 무엇보다 언어적 변칙에 해당하는 어구, 다시 말해 문법 규칙이나 논리의 규칙 중 어느 하나를 위반하는 어구를 뜻한다." (Smith 1928: 168)

오늘날 관용구는 종종 "실제 단어의 조합으로는 '의미를 짐작할 수 없는', 특수한 뜻을 나타내는 '굳어진' 어구"(롱맨 현대 영영사전, 1981)로 간주한다. 비슷한 정의에 따르면, 관용구는 "구성하는 단어들을 따로 떼어서 보면 '의미에 도달할 수 없는' 구문 '단위'"이다(Balint 1969: 3). 따라서 관용구는 일반적으로 '불투명한 의미를 지니는 굳어진 다단어 단위(multi-word units)'이다. 그런데 '굳어진'이란 얼마나 '굳어진' 것이고, 관용구는 얼마나 불투명한가? 다음에서는 이러한 현대적 관용구 개념의 기초에 관해 논하고자 한다.

6. 관용구는 얼마나 굳어진 것인가?

기념비적인 저서 『사전편찬 매뉴얼(Manual of Lexicography)』에서 라이슬라프 즈구스타(Ladislav Zgusta)는 다단어 어휘 단위(multi-word lexical unit)의 경우 "기본적 기준이 되는 전체 뜻을 완전히 바꾸지 않고 일부를 대체하기는 불가능하다"라고 했다(Zgusta 1971: 145). 하지만 관용적 다단어 단위의 일부 요소는 기능적 동의어 집합에 속하므로 곧잘 대체된다. 자주 쓰이는 관용구를 아래와 같이 행렬로 표시하면, 최대 여섯 개의 단위로 이루어진다.[3)]

'(drive*/hammer*/etc) a(nother) nail in(to)…'s coffin /the coffin of…'
(...의 관에 못을 박다, 명을 재촉하다)

이 중 두 개만이 '핵 성분[4)]('nail'과 'coffin')이며, 하나는 '선택적 보조(동사)' 역할을 하고, 둘은 '토글(toggle)'로서 한정된 수의 잠재 요소 사이에서 번갈아 쓰인다.

마지막 단위는 '조커'로서 행렬에서 세 점으로 표시된다. 여기에는 어떤 살아 있는 (또는 의인화한) 대상이라도 넣을 수 있다. 조커는 개방형 요소지만 보조와 토글은 폐쇄형 요소다.

우리의 관용구를 도식으로 나타내면 다음과 같다.

상태	용례(B)	기능/ 식별
1. 보조:	knocked	이동 동사, 활용 가능
2. 토글:	the last	관사, 변경 가능
3. 핵 1:	nail	죽이는 것(killer)의 은유
4. 토글:	into	안으로 움직임을 나타내는 전치사
5. 핵 2:	the coffin of	죽음의 은유
6. 조커:	the Keynesian boom	죽음의 대상

아래의 실제 예문을 보면 이 관용구의 융통성을 알 수 있다.

A. "we drive another nail into our own coffin."
(우리는 우리의 관에 못을 박는다.)

B. "it knocked the last nail into the coffin of the Keynesian boom."
(그것은 케인스 붐의 관에 마지막 못을 박았다.)

C. "the nail in the coffin of the (second) international,"
((제이)인터내셔널의 관에 박힌 못)

D. "the first nail in the coffin of doctrinaire Marxist thinking."
(교조적 마르크스주의 사상의 관에 박힌 첫 번째 못)

E. "The final nail was hammered into the coffin of psychiatry."
(정신의학의 관에 마지막 못이 박혔다.)

F. "another nail will be driven into the coffin of colonialism."
(또 하나의 못이 식민주의의 관에 박힐 것이다.)

이 예문들은 1991년 8월에 내가 버밍엄 대학교에서 영어 관용구의 빈도와 변이형을 조사할 때 4430만 단어 규모의 코빌드 코퍼스에서 찾은 문장들이다. 이 경우에는 퀵(KWIC) 색인으로 'nail(s)'과 'coffin(s)'이 들어간 문장을 요청했고, 컴퓨터는 관용구의 용례 여섯 개와 원래의, 문자 그대로의 의미를 지닌 하나의 예를 모두 100단어의 문맥에서 제시했다.[5)]

(부족한) 관용구 유연성의 문제에 대한 답을 찾는 과정에서 우리의 'nail과 coffin' 관용구가 증명하는 것은 (전체) 관용구에 흔히 붙는 '굳어진 단위'라는 꼬리표는 적어도 오해의 소지가 있다는 점이다. 우리가 정리한 용례에서 유연성은 여러 차원에서 나타난다. 관용구 행렬에서 허용되는 모든 계열적 자유에 더해, 결합에 따른 변이형도 문장의 수동태화라는 형태(예문 E와 F)로 코퍼스에서 발견된다.[6)] 그러므로 나는 관용구를 규정할 때 '굳어진'이라는 용어 대신 식별할 수 있지만, 유연한 관용구 전체를 가리키는 '유표적(marked)'이라는 단어를 쓸 것을 제안한다. 오직 관용구의 핵 또는 핵들만이 '굳어진' 것으로 일컬어질 수 있다. 사실 관용구 행렬은 매우 생산적이다.

7. 관용구는 얼마나 불투명한가?

'nail과 coffin'의 예에서 설명했듯이, 관용구는 일반적인, 문자 그대로의 표현으로 읽힐 수 있지만, 핵 요소만은 은유로 작동한다. 영어에서는 'needs must/must needs'나 'dog eat dog'에서 보는 것과 같은 통사적 변칙은 거의 없다. 더 많은 수의 관용구는 '고유한 요소', 곧 언어적 또는 형태론적 화석으로 구성되는데, 이는 'spick and span'(말끔한) 또는 'up hill and down dale'(도처에)'에서 보듯이 예전에는 널리 분포했으나 지금은 고립된 맥락에서만 쓰이는 요소이다(Fleischer 1982: 42~53 참조). 대다수의 관용구는 그저 잘 알려진 몇몇 단어로 이루어지고 정상적인 방식으로 배열되지만, 겉으로 비정상적으로 보이는 맥락에서 나타난다. 이처럼 '제대로 된' 관용구는 '순수해' 보이지만, 문자 그대로 해석하면 말이 된다는 바로 그 이유로 '순진한' 독자와 청자 그리고 그야말로 번역자에게 문제를 야기할 수 있다. 그러한 '디코딩'의 문제는 대체로 관용구를 (비은유적) 연어와 구별하는 것이라고 말하지만, '인코딩'의 측면에서는 관용구도 연어도(예를 들면 'take a walk' 또는 'a single mother) 모두 자명한 방식으로 이루어지지 않는다.

사실 현대적 정의에 따르면, 관용구는 단지 구성 요소의 일반적 의미를 안다고 해서 정확히 디코딩하기가 (불가능하지는 않지만) 어렵다. "관용구는 각 단어의 의미를 모두 합해도 전체 의미를 알 수 없는 어구이다." 정말 모든 것을 포괄하면서 감탄스러울 정도로 간결한 정의다.[7] 그러나 관용구를 완전히 불투명하다거나 짐작이 불가능한 것으로 판단하는 것은 지나친 듯하다. 물론 어떤 관용구는 뜻을 추측하기 어렵지만, 대부분은 우리의 'nail과 coffin' 모형과 같은 모양새다. 즉 명백한 함의를 지닌 은유적 어구이다. 관용구는 비유적 산물이지, 추상적 산물이 아니다. 정확한 인코딩은 독자나 청자의 생각을 벗어날 수 있지만, 단일기호적 텍스트유형에서도 텍스트적이고 화용론적인 맥락은 많은 것을 설명한다. 우리가 새말의 뜻을 알고, 오래된 말과 표현의 새 뜻을 아는 것도 그러한 맥락을 통해서이다.

따라서 실생활에서 어떤 관용구의 의미를 이해하기란 그다지 문제가 되지 않을 수 있지만, 단순히 "투명한" 연어 관계조차 어려움을 야기할 수 있다. 예를 들면 'single mother'는 다음 중 어떤 의미인가?

(1) the only mother among a larger group of people
(많은 사람들 중에서 유일한 어머니)

(2) just this one mother (바로 이 한 어머니)

(3) a divorced woman without her children (자녀가 없는 이혼한 여성)

(4) a divorced woman with her children (자녀가 있는 이혼한 여성)

이 예시들이 보여 주는 것은 연어와 관용구 사이에 명확한 경계가 없으며, 따라서 디코딩의 '가능성' 대 '불가능성'이라는 면에서도 절대적 차이는 없다는 점이다. 오히려 전면적이거나 부분적인 투명성에서부터 확립된 은유의 단계를 통해 (거의) 불명료한 상태로의 점진적 이행을 볼 수 있다. 그리고 그것은 상호주관적 상대성의 문제일 뿐만 아니라 각 개인의 주관성의 문제이기도 하다. "모든 화자가 모든 관용구를 똑같이 이해하는 것은 아니다." 조지 레이코프(Lakoff 1987: 451)의 이 말 다음에는 관용구 디코딩의 상대성에 대한 또 다른 증언이 뒤따른다.

"문법 규칙의 세부 사항에서 화자에 따른 적잖은 차이가 있고, 어휘에서 상당한 차이가 나는 것처럼 관용구와 관련한 심상(image)에도 차이는 존재한다. 내가 조사했던 심상이 그려지는 관용구에는 대부분 하나 내지 세 개의 지배적인 관련 심상이 있는 듯하고, 때에 따라서는 여섯 개에서 열두 개 사이의 심상이 있기도 하다. 이것은 어휘 변이에서 결코 미미한 수가 아니다. 사실 관련 심상은 의식적으로 가르치거나 배우기가 거의 힘들기 때문에 어떤 일관성이 존재한다는 사실이 놀랍다." (같은 책)

우리의 '코퍼스 관용구'로 다시 돌아가서, 영어의 "순진한" 화자들은 실제 'nail과 coffin' 표현을 사용하는 상황에 부딪히면, 그것이 화자나 저자가 만든 말인지 아니면 이미 영어 관용구로 자리 잡은 표현인지 모를 수 있다. 그러나 그들은 분명히 글자 그대로의 의미를 이해하고 이를 예문 (A)에서 (F)까지 예에서 언급된 (사회적) 맥락으로 전환할 것이다.[8)]

8. 관용구 번역하기

대조적 관점에서 보면, 예로부터 독특한 언어로 여겨지는 관용구를 '한 자 한 자 번역할 수 없는 표현'으로 정의하는 것은 유혹적일지 모른다. 하지만 영어와 덴마크어(두 게르만어)처럼 비슷한 언어 쌍을 보면 이러한 정의는 버려져야만 한다.

예를 들어 라틴어의 유산을 공유하는 많은 표현은 정말 "순진하게" 번역될 수 있다. 이런 관용구 종류의 대표는 'look* for a needle in a haystack(건초 더미에서 바늘 찾기)'인데, 이것을 (심지어 형태소 대 형태소로 옮겨) 'lede* efter en nål i en høstak'로 번역한다. 더구나 덴마크어 관용어는 상당수가 영어 모델에 기반을 둔 번역차용어(calque)인데, 예컨대 'ikke min kop te' [not my cup of tea(내 찻잔이 아닌=내 취향이 아닌)] 또는 게으른 신문 기사 투로 새로이 등장한 'skeletter i skabet' [skeletons in the closet/cupboard(벽장 속 해골=숨기고 싶은 비밀)] 등이 있다.[9)]

다른 어원을 가진다는 점 이외에, 이 세 가지 예시는 각각 관용적 표현이 어떻게 동사구, 형용사구 또는 명사구의 역할을 하는지를 보여 준다. 다른 관용어는 예컨대 'like a snowball in hell(지옥의 눈뭉치처럼)'과 같이 부사적 기능을 하거나, "No way!(말도 안돼!)"에서처럼 (종종 생략되어) 표현적 표지(expressive marker) 역할을 한다. 그러나 관용구는 완전문의 역할을 하기도 하는데 예컨대 "Kysten er klar"과 같은 문장이다. 이 문장을 때로 익살스럽게 영어로 "The coast is clear!(해안가에 아무도 없다=들킬 위험이 없다)"와 같이 표현하는데, 덴마크인들은 영어를 모국어로 쓰는 사람 누구도 그리 말하지는 않을 거라고 확신한다. 하지만 알다시피 그럴 수 있다! 이것은 놀랄 만큼 흔한 언어 간 현상인 가짜 '가짜 친구(false friends)'의 예이다.

9. 큰 갈래: 번역의 세 가지 방식

언어들은 등가 관계에 있지 않기 때문에 모든 번역가(그리고 모든 번역학자)는 그 과정에서 일찌감치 근본적 결정을 내려야 한다. "나는 번역의 단어 선택과 관련하여 원문의 표층구조 및 구성 요소를 고려하는가?"

'예'라고 답한다면 당신은 "독자를 텍스트 쪽으로 데려오고" 싶어한다. 이는 당신이 원본에서 발견한 문화 특성적 참조 사항과 언어 특성적 요소(예컨대 관용구)를 모두 '이식'해야 한다는 것을 의미한다. 이러한 '형식적 충실성'은 곧잘 기이하고 어색한 번역으로 이어진다. 한편으로 그 연원은 분명하다. 번역자는 원본을 국내 입맛에 맞추어 각색하는 것에 대한 환상을 갖지 않는다. 형식적 번역은 번역으로 읽힌다. 번역을 만들어 낼 때 당신은 텍스트를 개조하기 위해 분해하지 않으며, 그저 옮겨 놓을(transfer) 뿐이다.

(현재) 논란이 많은 이러한 전략의 옹호자로서 캐나다 국무장관 통역사인 브라이언 모섭(Brian Mossop)은 이렇게 주장한다. 소수 언어를 주요 언어로 번역할 때 "그런 번역의 핵심은 바로 독자가 '바깥'의 원본을 깨닫게 하는 것이다".

그러나 저 물음에 '아니오'라고 말한다면, 당신은 "텍스트를 독자에게 가져오려고" 한다. 이러한 접근법에 따르면 어느 정도의 언어적 수정은 불가피하며, 특히 이 글의 관심사인 관용구는 설령 관용구로 옮겨진다고 하더라도 그대로 따라가선 안 된다. 원본의 자구에 매달리지 않기로 하는 데에는 두 가지 대안적 전략이 있다. 원본의 의미에 초점을 맞추거나 독자에게로 의도된 효과에 초점을 맞추는 것. 첫 번째 경우는 '문체적 충실성'을 선택해 원본의 언어적 분위기를 되살리려는 것이다. 두 번째 경우는 '개념적 충실성'을 좇아 원본을 새로운 의사소통 상황에 맞게 고치는 것을 목적으로 한다. 아래에 몇 가지 기본적 구분이 간략히 설명되어 있다.

번역 접근방식

방식	전환 (TRANSFER*)	변환 (TRANSMUTATION)	각색 (ADAPTATION)
이상	온전성	관용성	생존력
충실성	형식적	문체적	개념적
수혜자	저자	메시지	독자

* : 이 세 갈래의 용어에 대해, 콜린스 코빌드 영어 사전(Collins COBUILD English Language Dictionary, 1987)은 다음과 같이 정의한다. "If you transfer something, you move it to a different place or position." ('transfer', 정의 1). "When information is transferred, it is copied from one type of storage to another." ('transfer', 정의 3). 두 번째 용어의 정의는 이렇다. "If something is transmuted into a different form, it is changed into that form; a formal word." 마지막은 다음과 같다. "Adaptation is the changing of something so that it becomes suitable for a new purpose of situation." ('adaptation', 정의 2)

또한 우리는 절대적인 것이 아니라 (인문학 내부에서 늘 그렇듯이) 경계가 불분명한 개념과 한계를 다루고 있다. 하지만 위의 분류 방법은 분리된 세계가 아닌, 번역자가 사용할 수 있는 일련의 선택지에 대한 개요의 역할을 한다. 모섭은 다음과 같이 말한다.

> "번역의 단어 선택에 관해 말하자면, 일반적으로 모든 텍스트에 유효한 접근법은 없으며, 어느 특정 텍스트 전체를 위한 하나의 올바른 접근법도 없다. 짧은 한 단락 안에서 최신 프랑스식 표현과 옛 관용구를 동시에 쓰고, 원본에서 꽤 길게 설명될지라도, 원본의 각 어휘 항목에 가까운 근사치를 통해 하나의 생각을 옮기고 나서, 다른 하나는 오직 은연중에 이해되도록 하는 것이 적절할 수 있다. 번역가는 언제나 하나의 번역 방식에서 다른 번역 방식으로 전환할 준비가 되어 있어야 하며 제대로 된 번역 원칙은 이를 고려해야 한다." (Mossop 1989: 19)

10. 유형론과 전략

관용구 번역을 위한 전략을 논하면서 우리는 개념적 역설과 마주하게 되었다. 번역에서 관용성(idiomaticity)은 때로 관용구를 관용구로 옮기면 안 된다는 것을 의미한다. 형식적 상응 관계를 목표로 하는 강제적 '관용구 대 관용구' 전략은 전환에서 발견되며, 변환에서는 찾아볼 수 없다. 종종 도착어 관용구를 찾는 일은 헛수고로 돌아간다. "영어에서 어떤 개념이 관용 표현을 갖거나 갖지 않는다는 사실은 […] 결코 해당 도착어에서 비슷한 표현을 찾게 된다는 것을 암시하지 않는다." (Makkai 1972: 180)

또는 만약 도착어 관용구가 존재하는 경우라면, 번역(또는 이개어사전)에서 이를 사용한다는 방침은 "다소 환상에 지나지 않는 문체의 등가를 달성하기 위해 […] 종종 시대에 뒤떨어진 표현이 되거나 의미상 등가가 이뤄지지 않는 결과가 되고 만다."(Healey 1968: 96)

그렇다면 관용구 번역을 위한 선택지는 무엇인가? 이러한 쟁점에 관해 서유럽에서 처음으로 논의한 사람 중 하나인 에카르트 로오스(Eckhard Roos)는 대조언어학의 틀 안에서 작업하면서 다음과 같은 유형론을 내놓는다(Roos 1981 참조).

(1) SL 관용구[10)]와 TL 관용구가 일치

1) 일치(단어 차원에서 동일)

2) 등가(단어 차원에서 다름)

(2) SL 관용구와 다른 TL 어휘소가 일치

3) 한 단어 일치

4) 공식(즉 비은유적 다단어 단위 일치)

5) 자유 형식(즉 백과사전적 번역)

보 스벤센(Bo Svensén)은 이개어사전 제작자를 대상으로 한 『Handbok i lexikografi』에서 다음과 같은 네 가지 범주를 제시한다(Svensén 1987 참조).

(1) SL과 TL에서 동일한 은유가 있는 관용구
(2) 관련된 은유가 있는 관용구
(3) 다른 은유가 있는 관용구
(4) 은유적 대응어가 없는 SL 관용구

끝으로 모나 베이커(Mona Baker)는 번역에 관한 교과서(1992)에서 다음과 같이 전략을 구별한다.

(1) 의미와 형태가 비슷한 관용구의 사용
(2) 의미는 비슷하나 형태는 다른 관용구의 사용
(3) 바꾸어 말하기에 의한 번역
(4) 생략에 의한 번역

마지막 범주를 논하면서 베이커는 보상 전략을 언급한다. "요컨대, 출발어 텍스트에서 관용성과 같은 특성이 나타나는 지점에서 그것을 빼거나 무시하고서, 이를 도착어 텍스트의 다른 부분에서 알려줄 수 있다는 것을 의미한다."(Baker 1992: 78)

이러한 세 가지 전략을 종합하여 다음과 같은 유형론을 수립할 수 있다.

전략	과정
1) 일치(Congruence)	SL 관용구 > 동일한 TL 관용구

2) 등가(Equivalence)	SL 관용구 > 비슷한 TL 관용구
3) 상응(Correspondence)	SL 관용구 > 다른 TL 관용구
4) 축소(Reduction)	SL 관용구 > TL 단어
5) 바꾸어 말하기(Paraphrase)	SL 관용구 > TL 구절
6) 확장(Expansion)	SL 관용구 > TL 에두른 표현
7) 생략(Omission)	SL 관용구 > Ø(공)
8) 보상(Compensation)	SL 비관용구 > TL 관용구

이 여덟 가지 전략은 네 가지 범주로 나뉜다.

충실	(1, 2, 3 :	은유적으로 옮겨진 관용구)
문자적 해석	(4, 5, 6 :	비은유적으로 옮겨진 관용구)
삭제	(7 :	생략된 관용구)
관용어화	(8 :	은유적으로 옮겨진 비관용구)

11. 예비 연구

지금껏 관용구가 어떻게 '번역될 수 있는지' 살펴보았으니, 이제는 다음과 질문을 던져야 할 때다. "관용구는 어떻게 '번역되는가'"? 전문 번역가들은 관용구를 어떻게 다루며, 얼마나 성공하는가?"

아래와 같이, 앞서 세웠던 유형론을 수정한 버전을 이용하여 이러한 질문에 대답해 보려 한다. 여기서 연구 대상은 작은 이중언어 텍스트 코퍼스[11)]이며 여기에는 영어로 번역된 10개의 현대 도서와 영화 그리고 9개의 해당 원본이 포함된다.

두 권의 영국 소설과 그 번역

한 권의 북미 소설, 두 개의 다른 번역본
두 편의 영국 TV 에피소드, 덴마크어 자막
두 편의 미국 TV 에피소드, 덴마크어 자막
한 편의 미국 장편 영화, 덴마크어 (TV) 자막
한 편의 미국 다큐멘터리, 덴마크어 자막

나는 문학 번역가와 텔레비전 자막 번역가가 제각기 취할 수 있는 언어적 선택의 사용역을 비교하기 위한 열쇠로 관용구의 번역을 이용한다. 아니, 더 정확히는 이 두 지배적 유형[12)]의 언어 간 전달에 '이용된' 전략들이라고 할 수 있겠다.

여기서 질문은 이렇다. 매체별 특성은 동적 텍스트(TV 프로그램)와 대립되는 정적 텍스트(책)에 선택된 전략을 어느 정도로 결정하는가? 하지만 이 질문에 가능한 답을 보기 전에 대상과 방법을 명확히 할 필요가 있다.

11.1. 경계 설정, 고려할 사항 그리고 가설

자료, 번역 내 관용구의 범위는 다음을 포함한다.

(1) 영어에서 덴마크어로의 번역. 즉 목표 문화의 구성원 대부분이 부분적으로 이해하는 언어로부터 번역한 것. 이 방향의 번역은 소수 언어에 대한 영향력 때문에 그리고 소수 언어에서 다수 언어로의 전달보다 훨씬 더 일반적이기 때문에 선택된다.

(2) 적어도 한 개의 명사적 요소가 들어간 관용어구(idiomatic phrase). 예를 들면 'head over heels'와 'put one's foot down'. 따라서 다음의 경우는 배제된다.

1) 하나 이상의 요소가 은유적 의미를 얻은 복합 명사. 예를 들면 'head hunter', 'jet leg'.
2) 은유적 의미를 가진 단순 구동사. 예를 들면 'put down', 'put up with'.

(3) 모든 텍스트 쌍에서 발생하는 모든 관용구[13] 토큰(token). 즉 문체적 가치와 상관없이 파생어와 신조어는 물론 자리 잡은 관용구까지, 덴마크어는 물론 영어까지. 소설과 번역은 즉석 대조 없이 별개의 텍스트로 읽혔지만, 자막은 영화를 보고 원래 대사를 듣는 동안 화면에서 읽혔다. 그러고 나서야 모든 관용구 토큰은 SL 또는 TL 대응어와 짝을 지었다. 컴퓨터 스캔이나 다른 전자적인 손쉬운 방법은 사용되지 않았다. 모든 유형과 토큰을 찾아 계속해서 의미적 판단을 내려야 했기 때문에 독자-시청자로서의 학자적 접근법이 유일하게 실행 가능한 방법인 듯 보였다.

이 예비 연구에서 나는 다음에 중점을 둔다.

(4) 문학 번역과 TV 픽션 자막 번역의 차이점과 유사점, 특히 인쇄 매체와 텔레비전의 "비슷한" 장르에 주안점을 둔다. 후자의 매체와 관련하면 시청각적 피드백 효과[14] 그리고 영어와 덴마크어의 구조적 유사성 때문에 꽤 많은 앵글리시즘이 (자막에) 나올 것으로 예상된다. TV 자막의 시공간적 제약으로 인해, 삭제 전략은 문학 번역보다 자막에서 더 빈번할 수밖에 없을 것이다. 관용구는 대화의 압축이라는 점에서 처리되어야 할, 공간을 차지하는 "사치품"으로 보일 수 있다.

(1)과 (4)의 중점 사항들에 이어, 각각 텍스트 외적 그리고 텍스트 내적 의사소통 상황을 다루며,

(5) 이 연구의 번역 데이터에 대한 나의 평가는 이상적 관용성을 기반으로 한다. 따라서 검토된 텍스트유형과 전달 방향 안에서 변환을 번역의 적절한 '디폴트 모드'로 간주한다.

11.2. 방법과 용어

관용구 번역 전략의 '구조적' 유형론으로 돌아가서, 우리는 이제 이를 '의미적' 차원으로 확장할 것이다.

출발어 텍스트와 도착어 텍스트 관용구 사이의 네 가지 구조적 관계를 포함한 행렬을 설정하면서 시작한다. 이 행렬에서 관용구는 플러스(+)로, 비관용구는 마이너스(-) 그리고 "빠진" 표현은 공(Ø)으로 표시한다.

	관계	출발어 텍스트	도착어 텍스트
A)	충실	+	+
B)	문자적 해석	+	-
C)	삭제	+	Ø
D)	관용어화	-	+

검토한 10 + 9 텍스트에서 발견된 어떠한 관용구도 반드시 이 네 가지 구조적 범주에 들어갈 것이다. 하지만 텍스트 코퍼스 내에서 관용구 목록의 이러한 분류는 겨우 중간까지 온 것이다. 의미적, 문체적 '품질'을 판단하기 위해서는 아래와 같은 행렬이 필요하다.

	효과	번역의 품질
1)	상응	+
2)	불충분	-

3)	결함	Ø

물론 본 연구의 관용구 데이터를 이 세 가지 "등급"으로 나누는 데는 다소 용기가 필요하다. 구조적 객관성이라는 서늘한 그늘을 벗어나면, 뜨거워지고 주관적으로 될 수 있다. 그리고 당연히 "품질"은 쉽게 정량화할 수 없다. 번역학자나 비평가가 분석된 텍스트의 표현과 개인적 질적 판단 사이에 아무리 많은 요인이나 차원을 끼워 넣더라도, 늘 자신의 (바라건대 미세 조정된) 직관이 최종 심판관이 될 것이다.[15)]

"어떻게"("어떤 관계?")와 "얼마나 성공적으로"("어떤 효과?")의 차원을 나타내는 두 행렬을 결합하여 이제 아래와 같은 전략[16)]의 분류체계를 만들 수 있다.

관계	원문	번역	품질	전략
충실	+	+	+	치환
			-	모방
			Ø	변조
문자적 해석	+	-	+	바꾸어 말하기
			-	축소
			Ø	손상
삭제	+	Ø	+	제거
			-	누락
			Ø	잘라 내기
관용어화	-	+	+	정교화
			-	복잡화
			Ø	소외

본 연구에서 이러한 열두 가지 잠재적 전략 유형은 관용구 번역의 유형과 타당성 정도를 설명하기 위해 개발되었다. 하지만 이 유형론은 다른 현상, 즉 언어 내적일 뿐만 아니라 언어 외적인 예컨대 문화특정적 요소 같은 현상의 대조 분석에도 이용될 수 있다. '예비 코퍼스' 분석을

위해 이러한 유형론을 설정한 이유는 코퍼스 데이터를 정량화할 수 있고, 따라서 간텍스트적(inter-textual) 비교 방법을 확실히 하기 위해서였다.

말했다시피 코퍼스의 핵심적 특징은 정적 텍스트와 동적 텍스트를 나란히 두는 데 있다. 따라서 일반적인 코퍼스 데이터에 관해 논하기 전에, 조사된 코퍼스에서 비교 가능한 두 개의 텍스트 쌍 사이에 관용구의 유사점과 차이점을 살펴보려고 한다.

(1) "소설": 영어 탐정 소설 & 그 덴마크어 번역

(2) "영화": 그 소설의 TV 각색물 & 덴마크어 자막 버전

12. "우드스톡행 마지막 버스(Last Bus to Woodstock)": 하나의 제목, 네 개의 텍스트

이 두 쌍에서 우리는 하나의 저자, 하나의 줄거리, 두 가지 매체(책과 텔레비전), 두 (대본) 작가, 두 번역가 그리고 두 개의 전송 방향, 즉 '수평적'(SL 글에서 TL 글로) 방향과 '사선'(SL 말에서 TL 글로) 방향을 볼 수 있다.[17)]

12.1. 소설

이 (몹시) 영국적인 추리소설의 저자인 콜린 덱스터(Colin Dexter)는 1930년에 태어나서 다소 늦은 나이에 작가로 데뷔했다. 1975년에 쓴 첫 소설 『우드스톡행 마지막 버스』는 11편의 '모스 경감 시리즈'의 첫 번째 작품이 되었다. 『우드스톡행 마지막 버스』의 덴마크어 번역본은 1991년에 나왔으며, 당시 '모스 경감' 캐릭터는 덴마크 TV 관객에게 확

실히 자리매김하고 있었다.

12.2. TV 영화

1988년에 BBC는 <모스 경감> 에피소드의 첫 번째 시리즈를 방영했다. 이 탐정 영화는 영국 시청자들 사이에서 최고의 시청률을 기록했으며, 1993년까지 30편 이상의 에피소드가 만들어졌다. 가장 최근 에피소드는 스크린 각색물이 아니라 그저 "콜린 덱스터의 캐릭터를 기반으로 한" 작품이었다. 여기서 논의되는 에피소드는 진정한 덱스터 각색이지만 마이클 윌스(Michael Wilcox)가 시나리오 작가로 인정받고 있다. (예비 코퍼스에서도 덱스터 에피소드가 아닌 새 에피소드가 발견된다.)

모든 에피소드는 덴마크에서 자막과 함께 방영되었다. 각 에피소드의 방영 길이는 105분이며 일반적인 TV 픽션의 두 배에 달하는 길이로, "모스 경감"에게 이 복잡한 서사의 플롯을 전개하는 데 필요한 장편 영화 길이를 제공한다.

12.3. 소설과 TV 영화에서 발견된 관용구

번역된 소설과 덱스터의 원본을 비교하면 관용구의 번역에서 하나를 뺀 모든 전략이 나타나는 것으로 확인된다. 병치된, 두 권의 책에서 227개의 '관용구 단위(idiom units)', 즉 한쪽 또는 양쪽 텍스트에서 발견된 사례가 모아진다. 원본 텍스트는 176개의 관용구를 포함하지만, 번역판은 165개에 이른다. 그러나 다음 표에서 알 수 있듯이, 이러한 숫자의 차이는 덴마크어 번역에서 단지 11개의 관용구가 구조적으로 손실된다는 것보다 훨씬 많은 것을 포함한다.

영화 대사의 번역에서는 "단지" 9개의 전략이 자료에서 발견된다. 영화 대사에서 53개의 관용구, 자막에서 단지 28개가 발견되어 순손실은 더 극적이지만 관용어 트래픽은 꽤 복잡하다.

전체적인 구조적·문체적 그림은 다음과 같다.

〈표 2〉

	소설		영화	
	번역 vs. 원본		자막 vs. 대사	
1. 상응하는 번역				
치환	84건	37.0%	15건	23.4%
바꾸어 말하기	46건	20.3%	25건	39.1%
제거	1건	0.4%	1건	1.6%
정교화	42건	18.5%	11건	17.2%
	173건	**76.2%**	**52건**	**81.3%**
2. 불충분한 번역				
모방	23건	10.1%	2건	3.1%
축소	10건	4.4%	3건	4.7%
누락	0건	0.0%	2건	3.1%
복잡화	4건	1.8%	0건	0.0%
	37건	**16.3%**	**7건**	**10.9%**
3. 결함 있는 번역				
변조	7건	3.1%	0건	0.0%
손상	3건	1.3%	1건	1.6%
잘라내기	2건	0.9%	4건	6.3%
소외	5건	2.2%	0건	0.0%
	17건	**7.5%**	**5건**	**7.9%**
합계	227건	100.0%	64건	100.1%

이 수치를 보면 TV 자막은 출판 번역보다 관용구를 더 성공적으로 옮기는 듯하다. 하지만 결함 있는 번역의 비율은 대략 같다. 그런데 소설 데이터의 3/4에 해당하고 영화 데이터의 4/5에서 발견되는 (네 가지) 상응하는 번역으로 돌아가 보면 몇 가지 중요한 차이를 쉽게 찾을 수 있다.

(1) 치환과 바꾸어 말하기 사이의 비율이 소설에서 영화로 가면서 뒤

바뀐다. 문학 번역가는 (자막 같은 시공간적 제약이 없기에) 더 많은 관용구를 관용구로 옮겼다. 하지만 그렇다고 해서 책 읽는 독자에게 TV 시청자가 받는 것보다 더 관용 표현이 많은 텍스트를 독자에게 남겨 주진 않는다. 왜냐하면

(2) 이 소설에서 번역가는 구조적 번역차용어(calque)를 영화 자막 번역가보다 세 배 더 자주 사용한다. 모방 전략은 소설에서 네 번째로 자주 보이지만, 자막에서는 미미하게 사용될 뿐이다. 이는 여전히 충분히 들리는 대사가 자막의 단어 선택에 영향을 미치리라는 우리의 가설에 어긋난다. 다음 세 가지 중 적어도 하나 이상으로 이를 설명할 수 있다.

1) 자막 번역가가 소설 번역가보다 더 재능 있다.
2) 소설 번역가는 관용성이 아닌, 온전성을 목표로 한다.
3) TV의 제약으로 인해 자막 번역가는 단순히 구성 요소를 바꾸어 놓는 것이 아니라 다시 구성해야 한다.

이 특별한 경우, 나는 3)과 1)의 요인이 작용한다고 생각한다. 아무튼 전자 매체에서 일하는 재능 있는 번역가는 당면한 제약에도 불구하고 발전하는 게 아니라, 그 제약들 '때문에' 발전한다. 창의성은 진공상태에서 생기지 않는다.

(3) 매체의 특정한 제약으로 인해, 누락과 잘라내기 같은 과감한 전략은 (이) 자막 번역에서 (유사한) 출판 번역보다 10배 더 자주 나타난다.

이 세 가지 차이점을 요약하면, 관용구는 종종 '문자그대로의' 해석 구문보다 공간과 시간을 더 많이 잡아먹기때문에 자막 번역가는 예상대로 관용구를 희생하고 높은 '상응 점수'를 얻었다. 그러나 눈에 띄는

'유사성'에 주목해야 한다.

(4) 예상과 달리, "우드스톡행 마지막 버스"에서 정교화 전략은 문학 부문만큼 TV 쪽에도 자주 나타난다. 덴마크어 자막에서 관용구 목록의 주된 부분은 영화 대사의 비관용구 대응어다. 아래에서 보는 바와 같이 보상 전략(관용어화)은 삭제보다 더 자주 보인다.

〈표 3〉

	소설		영화	
	번역 vs. 원본		자막 vs. 대사	
충실	114건	50.2%	17	26.6%
문자적 해석	59건	26.0%	29	45.3%
삭제	3건	1.3%	7	10.9%
관용어화	51건	22.3%	11	17.2%
합계	227건	99.8%	64	100.0%

13. 소설 번역과 TV 자막에 나타난 전략의 예

아래에서, 내 품질 판단의 품질에 대해, 그리고 내가 관용구 단위를 각각의 전략으로 나누는 기준에 대해 판단을 내릴 수 있다. 소설 데이터와 영화 데이터에서 발견된 전략에 맞는 예를 각각 하나씩 들어 보겠다. 그런데 '치환' 범주에는 두 개의 예시가 주어진다. 하나는 단위 내의 '어휘적 유사성'을 나타내고, 다른 하나는 '어휘 교체'를 보여 준다.

스칸디나비아 언어에 익숙하지 않은 사람들을 위해 나는 선택된 모든 구절을 약간의 영어 구문과 함께 "순진하게" 역 번역(back-translation)했다. 하지만 어떤 경우에는 이렇게 역 번역된 구문이 너무 이상해 보여서 "있을 수 없는" 표현에 독자가 당황할지도 모르겠다. 그러나 그것은 바로 관용구에 예민한 집단[18]이 실제 관용구를 처음 접할 때 반응하는 방식이다. 하지만 나는 독자가 불필요하게 낯설어하지 않도록, 관용구의 일부가 아닌 덴마크어 자막의 "재밌는" 역 번역을 삼가도록 노력했다.

인쇄된 자료는 글자 그대로 옮긴 것이다. 줄 바꿈은 "시각적 표현"의 구성 요소이므로, 모든 자막은 방송 그대로 옮겼다. 영화 대본에 대한 접근 권한이 없었기 때문에 영화 대사는 들리는 대로 옮겨 적었다.[19)]

"LAST BUS TO WOODSTOCK": 소설

영어 원문 (Colin Dexter 1975)	덴마크어 번역 (Gerd Have 1991)	역 번역
1.	상응하는 번역	
	치환	
It's high time I had a try.'	Det er på høje tid, jeg gør et forsøg."	It is on high time I make a try.
, and I saw Palmer myself on Friday Friday night when I had it all out with him.	, og jeg mødte selv Palmer fredag aften og fik kortene pa bordet."	and I met Palmer myself Friday night and got the cards on the table.
	바꾸어 말하기	
'Do you usually drink on your own?'	"Er det almindeligt, at De drikker alene?"	Is it common that you drink alone?
	제거	
'I've often heard, sir, that when a couple are hitching the girl shows a leg, as it were, and the man keeps out of the way.	"Jeg har tit nok hørt, at når det er et par, der tomler, lader de pigen stå og vise ben, mens fyren holder sig af vejen."	I have often enough heard that when it is a couple who hitch, they let the girl stand and show legs, while the guy keeps out of the way.
	정교화	
Why were both these people anxious to keep quiet?	Hvorfor var det dem begge livet om at gøre at holde mund?	Why was it to them both the life about to do to shut their mouths?

2. 불충분한 번역

모방

Morse reluctantly reined back the wild horses. 'Yes. She wrote it.'	Det lykkedes med besvær Morse at få styr over sine vilde heste. "Jo. Hun skrev det selv."	Morse had trouble succeeding to gain steering over his wild horses. "Yes. She wrote it herself."

축소

'The children have been waiting no end of a time.'	"Børnene har stået og ventet meget længe."	The children have stood and waited very long.

누락

(없음)

복잡화

; and I reckon it's odds-on she got out in the front nearside and into the back nearside and that he did the same on his side.	Og som udgangspunkt mener jeg, det nok vil have en del for sig at gå ud fra, at hun stod ud foran til venstre og ind bagi til venstre, og at han gjorde det samme på højre side.	And as a starting point I think that it probably will have a lot for it to go out from that she stood out in the front leftside and into the back leftside, and that he did the same on the right side.

3. 결함 있는 번역

변조

For the next hour the two officers exchanged notes on the afternoon's interrogation,	De to politimænd sad i de næste par timer og udvekslede noter vedrørende eftermiddagens forhør,	The two policemen sat for the next couple of hours and exchanged notes on the afternoon's interrogation,

손상

The confident head of the murder inquiry, if ever invited to take his eight discs to a desert island would have answered 'Committees' to the inevitable question about what he would be most glad to have got away from.	Den selvtillidsfyldte leder af mordundersøgelsen ville, hvis han nogen, sinde blev anmodet om at vælge, hvad han ville tage med til en ødeø, have svaret 'udvalgsmøder' på det uundgåelige spørgsmål om, hvad han helst ville slippe væk fra.	The confident leader of the murder inquiry would, if he ever was asked to choose what he wanted to take with him to a desert island, have answered 'committee meetings' to the inevitable question about what he most wanted to get away from.

잘라내기

For standing no more than four feet away from him, ostensibly checking the times of the next programme, but keeping himself carefully and unobtrusively out of the limelight, was the sergeant seconded to Detective Chief Inspector Morse for the inquiry into the murder of Sylvia Kaye.	For dér, i en afstand af ikke over en meter og femogtyve stod den kriminalassistent, der samarbejdede med kriminalkommissær Morse om efterforskningen af mordet på Sylvia Kaye.	For there, at a distance of no more than one metre and twenty-five stood that detective assistant who collaborated with detective commissioner Morse on the inquiry into the murder of Sylvia Kaye.

소외

In the BBC she might have been accorded the distinguished title of 'continuity girl'; but she was in a dead-end job with the local radio station.	I BBC ville man måske have tildelt hende den fornemme stillingsbeteg tegnelse "script girl"; men hun var fanget i en blindgyde på lokalradioen.	In BBC they would maybe have accorded her the distinguished title "script girl"; but she was caught in a dead-end alley at the local radio.

"LAST BUS TO WOODSTOCK": 영화

영어 대사 (Michael Wilcox 1988)	덴마크어 자막 (Jane Bierbum 1991)	역 번역
1.	상응하는 번역	
	치환	
Coded messages, murder ... Right up my street. It's not a bad way to start the day.	Kodebreve og mord ... Det er lige mig! Dagen starter godt.	Code-letters and murder ... That's just me! The day starts well.
Looks like we're in the same boat now.	Nu er vi i samme båd.	Now we're in the same boat.
	바꾸어 말하기	
- If it's the wretched professional chair, it's in the bag. - Is it?	- Dit professorat er jo hjemme. - Er det?	- Your professorship is indeed home. - Is it?
	제거	
You must know something about the letter. Tell me what the hell is going on, for God's sake.	Du *må* vide noget om brevet. Hvad fanden er det?	You must know something about the letter. What the devil is it?
	정교화	
- Max? What are you doing here? - I could ask the same of you, Morse.	- Max ... hvad laver du her? - I lige måde, Morse.	- Max ... what do you do here? - In equal fashion, Morse.

2. 불충분한 번역

모방

Hang on ... More news from the home front.	Vent ... Nyt fra min front.	Wait ... News from my front.

축소

- Anyway, I've bent over backwards to keep you out of this. - Thanks.	Men jeg har gjort alt for at holde dig udenfor.	But I've done everything to keep you out.

누락

- We should know one way or another, in a week or two. - Oh, talk about something else for God's sake, will you?	- Vi får besked senest om 14 dage. - Vil du ikke godt skifte emne?	- We get a message at the latest in 14 days. - Won't you please change the subject?

복잡화

(없음)

3. 결함 있는 번역

변조

(없음)

손상

You'll do well out of me, dammit! That's what you wanted, wasn't it?	Du tjener på det. Var det ikke det, du ville?	You make money on it. Wasn't that what you wanted?

잘라내기

- Cunning old buzzard ... - What's up, sir?	Den snu gamle grib.	That cunning old buzzard.

소외

(없음)

예시가 스스로 말해 주기를 바라기에, 한 가지 간단한 설명으로 충분할 것이다. “문맥 속 관용구”의 두 목록이 상당히 다르다는 사실은 의도한 것이 아니다. 나는 “Last Bus to Woodstock”에서 소설과 영화 양쪽에 공통된 관용구를 단 하나 발견했다. 책과 TV 각색 사이의 차이는 매체에 따라 결정되는 소설의 변경 범위를 넘어서며, 구어 영역 안의 대화(의 일부)만을 남겨 둔다. TV 영화에서 줄거리는 상당히 수정되었으며, 소설에서 볼 수 없는 대화가 늘어난다.

나는 자막 번역가[20]로서 시간과 공간의 제약이라는 채찍을 겪었고, 논문의 저자로서도 일정한 한계를 받아들여야 한다. 그러므로 나는 이 예비 연구의 남은 데이터를 제시하면서 독자가 텍스트 예시 없이도 잘 해낼 것을 믿는다.

〈표4〉 번역된 소설과 TV 프로그램에서 관용구의 번역

구조적·문체적 유형론: 사용된 전략

	BOOKS				FILMS					
1) Writer	Greene	Gibson	Gibson	Dexter	Wilcox	Cullen	Towne	Lynch	Voxpop	Star
2) Translator	Vesterholt	HPM	Herløv	Have	Bierbum	Bierbum	Dannow	HPM	Eskelund	Tonboe
3) Title	Fischer	Neuroma	Neuroma	Woodst	Woodst	Serpent	Chtown	TwPeaks	Deceive	Beverly
4) ST/TT	1980/80	1984/89	1984/92	1975/91	1988/91	1990/91	1974/90	1989/90	1991/92	1990/92
5) Size, ST	132 p.	173 p.	173 p.	200 p.	105 m.	105 m.	125 m.	90 m.	57 m.	94 m.
6) Idiom frequency	0.4 i/p	0.4 i/p	0.4 i/p	0.9 i/p	0.5 i/m	0.6 i/m	0.5 i/m	0.5 i/m	0.2 i/m	0.6 i/m
7) Idiom units	78	115	103	227	64	64	71	51	26	61
8) Correspondence	68•87.1	90•78.2	80•77.7	173•76.2	52•81.3	48•75.0	56•78.9	35•68.6	19•73.1	50•82.0
9) Transposition	23•29.4	22•19.1	21•20.4	84•37.0	15•23.4	12•18.8	21•29.6	12•23.5	5•19.2	8•13.1
10) Paraphrase	20•25.6	35•30.4	36•35.0	46•20.3	25•39.1	31•48.4	22•31.0	13•25.5	3•11.6	35•57.4
11) Elimination	·	·	·	1• 0.4	1• 1.6	·	·	1• 2.0	·	·
12) Elaboration	25•32.1	33•28.7	23•22.3	42•18.5	11•17.2	5• 7.8	13•18.3	9•17.6	11•42.3	7•11.5
13) Insufficience	10•12.9	17•14.8	18•17.5	37•16.3	7•10.9	14•21.9	13•18.3	10•19.6	5•19.2	7•11.5
14) Emulation	8•10.3	1• 0.9	4• 3.9	23•10.1	2• 3.1	·	3• 4.2	·	·	·
15) Reduction	·	11• 9.6	12•11.7	10• 4.4	3• 4.7	7•10.9	7• 9.9	8•15.7	5•19.2	6• 9.8
16) Lacuna	·	1• 0.9	·	·	2• 3.1	7•10.9	3• 4.2	2• 3.9	·	1• 1.6
17) Complication	2• 2.6	4• 3.5	2• 1.9	4• 1.8	·	·	·	·	·	·
18) Defection	0• 0.0	8• 7.0	5• 4.9	17• 7.5	5• 7.9	2• 3.1	2• 2.8	6•11.8	2• 7.7	4• 6.6
19) Falsification	·	1• 0.9	1• 1.0	7• 3.1	·	·	·	·	·	·
20) Lesion	·	5• 4.3	4• 3.9	3• 1.3	1• 1.6	·	·	·	·	·
21) Amputation	·	1• 0.9	·	2• 0.9	4• 6.3	2• 3.1	2• 2.8	6•11.8	1• 3.8	4• 6.6
22) Alienation	·	1• 0.9	·	5• 2.2	·	·	·	·	1• 3.8	·

23) Adherence	31•39.7	24•20.2	26•25.2	114•50.2	17•26.6	12•18.8	24•33.8	12•23.5	5•19.2	8•13.1
24) Literalization	20•25.6	51•44.7	52•50.5	59•26.0	29•45.3	38•59.4	29•40.8	21•41.2	8•30.8	41•67.2
25) Deletion	0• 0.0	2• 1.8	0• 0.0	3• 1.3	7•10.9	9•14.1	5• 7.0	9•17.6	1• 3.8	5• 8.2
26) Idiomatization	27•34.7	38•33.3	25•24.3	51•22.5	11•17.2	5• 7.8	13•18.3	9•17.6	12•46.1	7•11.5
27) Words, ST	39,200	50,000	50,000	78,000	c.9,500	c.9,500	10,400	c.9,000	5,300	9,850
28) Words, TT	40,100	53,700	54,200	87,000	c.7,000	c.7,000	7,850	c.6,000	4,725	7,000
29) Volume change	+2%	+7%	+8%	+12%	-26%	-26%	-25%	-33%	-11%	-29%
30) Average change	BOOKS: +7%				FILMS: -25%					
31) Idioms, ST	51• 1.3	77• 1.5	78• 1.6	176• 2.3	53• 5.6	59• 6.2	58• 5.6	42• 4.7	14• 2.6	54• 5.5
32) Idioms, TT	58• 1.4	62• 1.2	51• 0.9	165• 1.9	28• 4.0	17• 2.4	37• 4.7	21• 3.5	17• 3.6	15• 2.1
33) Density change	+11%	-25%	-40%	-16%	-28%	-61%	-16%	-25%	+36%	-61%
34) Average change	BOOKS: -18%				FILMS: -26%					
35) Idiom pairs	2.0	2.3	2.1	2.9	6.7	6.7	6.8	5.7	4.9	6.2
36) Aver. frequency	BOOKS: 2.3				FILMS: 6.2					

앞에서 모든 10개의 텍스트 쌍과 관련한 결과물을 압축해 놓았으며, 여기에는 지금껏 논의했던 "모스 경감"의 두 버전도 포함된다. 다음에는 이 표의 데이터를 한 줄씩 설명하는 목록이 나온다. 참조하기 쉽도록, 모든 수치는 자료에서 발견된 관용구 및 전략의 상대 빈도를 보여주는 백분율로 제공된다.

〈표 4 해설〉

1) 저자와 각본가: Graham Greene, William Gibson, Colin Dexter, Michael Wilcox, Alma Cullen, Robert Towne, Mark Frost & David Lynch, people of Reno (Nevada), Darren Star

2) 번역가와 자막 번역가: Ole Vesterholt, Hans Palle Mortensen, Arne Herløv Petersen, Gerd Have, Jane Bierbum, Jesper Dannow, Jacob Eskelund, Dorte Tonboe.

3) 제목: "Doctor Fischer of Geneva or The Bomb Party" /"Doctor Fischer i Genève"; "Neuromancer" /"Neuromantiker"; "Last Bus to Woodstock" /"Sidste bus til Woodstock"; "The Infernal Serpent" /"Den djævelske slange"; "Chinatown"; "Dream Deceivers" /"Sangen til døden"; "Beverly Hills, 90210".

4) ST와 TT는 각각 Source Text(출발어 텍스트)와 Target Text(도착어 텍스트)의 준말이다. 책의 출판 연도는 따로 설명이 필요 없다. 개별 프로그램의 식별에 필요한 덴마크 TV 방송 날짜는 다음과 같다. 'Woodst' 1991년 9월 9일(DR-TV), 'Serpent' 1991년 11월 1일(DR-TV), 'Chtown' 1990년 9 월 1일(TV2), 'TwPeaks' (에피소드1) 재방송 1991년 1월 2일 (DR- TV), 'Deceive' 1992년 3월 16일(TV2), 'Beverly' (에피소드1) 1992년 3월 23일(TV2).

5) 출발어 텍스트의 크기는 책 페이지 수와 TV 프로그램 방영 시간(분)으로 표시된다. 모든 작품은 전체 분량이 조사되었는데, 다만 첫 번째 섹션 세 개를 분석한 'Neuroma'은 예외이다.

6) 빈도는 '페이지당 관용구 수 또는 분당 관용구 수'를 말한다.

7) 관용구 단위: 관용구가 하나 또는 양쪽 텍스트 모두에서 발견되는 사례.

8-26) 전략의 3×4 분류체계에서 관용구 단위의 분포. 각 열의 왼쪽 숫자: 관용구 단위의 수. 오른쪽 숫자: 총수에 대한 백분율. 진하게 표시한 숫자는 누적 수량을 나타내므로 8행은 9-12행, 13행은 14-17행, 18행은 19-22행을 한데 합한 것이다. 따라서 23행은 9+14+19, 24행은 10+15+20, 25행은 11+16+21 그리고 26행은 12+17+22를 나타낸다.

27-30) 전자 계산이 불가능해, 수치는 표본을 통해 계산되었다. 영어 정관사 'the'는 하나의 단어로 간주해, 덴마크어의 한정적 명사 접미사 '-en'이나 '-et'와 대조된다. 한편, 덴마크어에서 찾아볼 수 없는 'she'll' 이나 'don't' 같은 축약형은 철자와 발음으로 나타날 때마다 한 단어로 계산된다. 이 두 가지 사소하지만 통계적으로 중요한 요인은 꽤 좋은 균형을 이루기 때문에 텍스트 분량에 기록된 변화들은 확장/압축에 대한 타당한 그림을 제공해야 한다.

31-32) 각 열의 왼쪽 숫자: 각 텍스트의 관용구 토큰 수. 오른쪽 숫자: 관용구 밀도(연속한 단어 1000개당 관용구 수).

33-34) 번역/자막의 관용구 밀도 변화. 플러스(+)/마이너스(-) 분포에 주목하라.

35-36) 연속한 단어 1000개당 관용구 단위의 수. 대화뿐인 TV 담화의 관용구 밀도는 소설의 다목적 텍스트보다 거의 세 배나 높게 나타난다.

14. 사실과 해석: 개별 텍스트

<표 4>에서 대비되는 열 개의 텍스트 쌍을 살펴보면 몇 가지 흥미로운 차이점과 유사점이 눈에 띈다.

14.1. 유사점

(1) 상응 수치는 단지 적당한 변이를 보여 준다. 책은 76.2~87.1%, 영화는 68.6~82% 범위에 있다.
(2) 두 책은 유사한 분석 내용을 보여 준다. Mortensen과 Herløv는 치환, 바꾸어 말하기, 축소 그리고 손상 전략에서 비슷한 면이 있다. 그리고 구조적 차원에서 이 두 권의 소설 번역은 충실/문자적 해석 비율이 영화와 거의 같다는 점에서 이례적이다. 즉 둘 다 관용구를 비관용구로 표현하는 경향이 있다. 아마도, "공유된" (사이버펑크) 소설의 관용구를 덴마크어로 표현하기가 쉽지 않을 것이다.
(3) 모든 자막 극영화는 치환보다 바꾸어 말하기를 '선호'하고, (앞서 언급한 대로) 모든 영화는 문자적 해석을 선호한다.
(4) 복잡화와 변조의 비(非) 상응 전략은 어떤 자막 영화에서도 발견되지 않는다.

14.2. 차이점

(1) 불충분함의 수치는 영화마다 다르며, 결함의 수치는 자료 전체에 걸쳐 달라진다.
(2) 유일한 경우로서, Vesterholt의 번역에는 결함의 해법이 없다.
(3) TV 다큐멘터리('Deceive')는 독특한 분석을 보여 준다. 바꾸어 말하기가 3위인 가운데 정교화 전략이 1위를 차지하는데, 다른 어

떤 영화와도 다른 점이다.

(4) 두 편의 <모스 경감> 영화의 경우, 각본가는 다르지만 자막 번역가는 동일한데, 상당히 다른 분석 내용을 보인다. 'Woodst'에는 바꾸어 말하기와 불충분 전략이 'Serpent'에서보다 더 드물게 사용되었다.

14.3. 사실들: 책 vs. 영화

<표 4>의 중심 데이터는 다음과 같은 방식으로 요약할 수 있다.

〈표 5〉

전략	책	영화	상대차이
상응	79.8	76.5	-4%
치환	26.5	21.3	-20%
바꾸어 말하기	27.8	35.5	+28%
제거	0.1	0.6	+500%
정교화	25.4	19.1	-25%
불충분	15.4	16.9	+10%
모방	6.3	1.2	-82%
축소	6.4	11.7	+83%
누락	0.2	4.0	+1900%
복잡화	2.5	0.0	-100%
결함	4.9	6.7	+37%
변조	1.3	0.0	-100%
손상	2.4	0.3	-88%
잘라내기	0.5	5.7	+1040%
소외	0.8	0.6	-25%
충실	**33.8**	**22.5**	-33%
문자적 해석	**36.7**	**47.5**	+29%
삭제	**0.8**	**10.3**	+1188%
관용어화	**28.7**	**19.8**	-31%

15. 맺음말

품질의 측면에서 영화와 책의 관용구 번역은 동일한 통계적 패턴을 보여 준다. 두 매체 모두 해법의 3/4 이상이 상응하는 전략이며, 보통이거나 낮은 품질의 번역은 각각 자료의 약 16%와 6%를 차지한다.

자막에서 발견되는 전략의 상대적으로 높은 품질은 시간과 공간을 절약하는 문자적 해석, 특히 바꾸어 말하기와 축소를 통해 이뤄진다. 자막에서 관용구가 '관용구'로 번역되는 경우는 더 적지만, 다른 한편으로 비-관용적인(non-idiomatic) 모방 전략은 소설에서 다섯 배 더 자주 발견된다.

삭제의 전략이 출판 번역보다 자막에서 11배 더 자주 나타나는 것은 놀랍지 않지만, 예상과 달리 덴마크어 자막에서 발견되는 관용구 다섯 중 하나는 영어 대사에 관용구 대응어가 없다.[21] 따라서 시간과 공간 그리고 덴마크어 문법이 허용하는 한, 자막 번역가는 영어 구어에서 덴마크어 문어로 사선으로 이뤄지는 번역 과정에서 관용구의 명백한 손실을 보상하려는 것처럼 보인다. 그러나 그 자막이 영어 영화의 대사보다 더 관용어법에 맞는지 아닌지를 판단하는 것은 본 연구의 범위를 벗어난다.

16. 관용구: 추운 곳에서 돌아오다
(고립 상태를 벗어나다_옮긴이)

이 연구에서 나는 번역의 전략을 밝히기 위해 어법의 빙산의 일각인 관용구에 초점을 맞추고 그것을 "남용했다". 나는 관용구를 고정되고 모호한 표현으로 보는 전통적 관점을 완화하려고 노력했지만, 관용구는 일반적 현상의 극단적 예라기보다는 예외에 속한다는 기본 개념에 충실했다.

그런데 현대 텍스트 코퍼스 연구는 우리가 "언어의 변종"이라는 관용구의 이미지를 버려야 한다는 것을 보여 준다. 언어학 서커스의 괴이한 존재가 아니라, 정상 문법과 어휘로부터 안전거리에 위치한 관용구는 (궁극적 다중 어휘 단위로서) 고립된 단어와 같은 것은 없다는 사실을 상기시키는 존재이다. 맥락이 전부이고, 의미는 언제나 맥락에서 나온다. "일상용어 대부분은 독립적인 의미 또는 의미들을 갖지 않고, 텍스트를 이루는 풍부한 다중 어휘 패턴의 목록을 구성하는 요소들이다."(Sinclair 1991: 108) 자연과학에서처럼 연구 대상은 끊임없이 상호작용하며, 논의의 초점이 된 단위들은 상호 의존적인 존재이지, 고고하게 혼자 떨어져 살아가는 원자론적 독립체가 아니다. 존 싱클레어(John Sinclair)는 코퍼스언어학 분야의 저명한 인물 중 한 사람으로, 이러한 언어의 상호 의존성을 '관용구 원리'라고 부르면서, 이 개념에 대해 다음과 같이 설명한다. "언어 조직의 주요 원리 중 하나는 한 단어의 선택은 인접한 다른 단어의 선택에 영향을 미친다는 것이다."(Sinclair 1991: 173)

따라서, 미래의 관용구 연구는 결코 "정상적" 문법과 어휘에 대한 믿음을 유지하기 위해 "호기심 수집"을 하는 것이 아니라, 그것의 자생지에서 관용구를 연구함으로써 우리가 언어를, 때로는 한 단어로 여기저기서 놀라움을 주지만, 반복적이고 유연한 다단어 행렬의 복잡한 그물망으로 이해하는 데 도움을 줄 것이다.

미주

1) 이 맥락에서는 삽화가 들어가지 않는 책, 일반적으로 성인 독자를 겨냥한 책을 가리킨다. 어린이 책은 (전 연령층을 위한 몇몇 논픽션 장르처럼) 보통 'bisemiotic'으로 분류된다. 언어 정보의 표현력은 그림에 의해 강화된다.

2) 저서 『Words and Idioms』 서문에서 퍼잘 스미스는 이렇게 결론 내린다. "… 나는 가능한 한 완벽하게 호기심을 수집하고 싶은 유혹에 서슴없이 빠져들었다. 내가 만약 페이터(Pater)가 말한 "집시의 표현"을 수집하는 새로운 악덕(마니아 또는 내가 '관용어 마니아'라고 부를 수 있는)을 조장하거나 만들었다는 이유로 비난을 받게 된다면, 나는 적어도 완전히 구제 불능의 피해자 중 하나가 되는 벌을 받았다."

3) 이 경우 나는 '소유격 + coffin' 요소를 하나의 단위로 본다. 이 관용구의 일반적인 단어 수는 7~8개에 이르며, 아래 예문 B의 경우는 11개나 되는 단어로 이루어진다. 별표(*)는 해당 요소가 문법적으로 변형이 가능함을 나타낸다.

4) 나의 관용구 요소의 범주화는 고틀리프(Gottlieb 1992a)에 기반한다.

5) 실제 관용구 유형과 빈도에 관한 더 자세한 논의는 Gottlieb 1994a를 참조. 코빌드 코퍼스 수집에 관한 자세한 설명은 Sinclair (ed.) 1987을 참조

6) 여러 연구를 통해 관용구(그리고 그것의 심리적 처리과정)의 범위는 완전히 굳어진 표현에서 다양한 수의 문법적 변형을 받아들이는 느슨한 행렬까지의 연속선상에 있다는 점이 밝혀졌다. (Fraser 1970; Swinney & Cutler 1979; Gibbs & Gonzales 1985를 보라.)

7) 『Learner's Dictionary of English Idioms』(McCaig & Manser 1986: iii)의 서문에 나온다.

8) 아이러니하게도 이 예문 가운데에서 독자는 비은유적 조커를 찾아봐야 할 수도 있다. 예컨대, 'Keynesian boom'은 무엇인가?

9) 확고히 자리 잡은 표현인 'lig i lasten'(corpses in the cargo)는 사용 빈도가 줄어들고 있다. 가장 큰 원인은 아마도 덴마크 언론인들이 영어 출처를 너무 많이 사용해서 그들의 덴마크어 어휘와 관용구 목록이 영향을 받아서일 것이다.

미주

10) 다음에서 SL은 출발어를 나타내고, TL은 도착어를 의미한다.

11) 10권의 베스트셀러 책과 그 덴마크어 번역본 그리고 이 주 분량의 자막 달린 덴마크 텔레비전이 포함된 좀 더 크고 균형 잡힌 코퍼스는 1994년에 구축되었다. 이 코퍼스에 대한 설명은 Gottlieb 1996b를 참조

12) 서유럽의 소수 언어공동체에서 자막은 문학 번역보다 더 많은 독자를 가지며, 사람들은 책보다 자막을 읽는 데 더 많은 시간을 보낸다. Gottlieb 1992b, 1994b, 1994c: 137-157, 1996a 참조

13) 다음에서는 앞서 정의한 대로 '관용어구(idiomatic phrase)'라는 말 대신 관용구(idiom)'라는 용어를 쓸 것이다. 따라서 이 연구에서 다루는 '관용구'는 모두 앞서 말한 정의를 따른다.

14) 사운드트랙과 이미지의 영향으로 텔레비전 자막 번역가는 좀 더 관용적(idiomatic) 해법보다는 SL 대화를 좇아서 형식상 상응하는 번역을 내놓을 수 있다. Gottlie 1994b 참조

15) 번역의 질적 평가를 위한 정교한 체계가 줄리언 하우스(House 1977/1981)에 의해 만들어졌다. 세 명의 언어 사용자와 다섯 개 언어 사용 차원에 따라 출발 텍스트를 분석하고, 통사적, 어휘적, 텍스트적 상관물을 확립함으로써 텍스트 프로파일이 확립된다. 그러고 나서 도착 텍스트에 대해 동일한 절차를 실행한다. 최종 판단은 이처럼 도출된다. "TT의 프로파일과 기능이 ST의 그것과 일치하거나 일치하지 않는 정도는 TT가 질적 측면에서 얼마나 적절한가 하는 정도이다."(같은 책: 245). 그러나 제2판의 서문에서 저자는 다음과 같은 사실을 인정한다. "그 모형이 현역 번역가와 번역 평가자를 위한 작업 툴로서는 다루기가 힘들고, 교육에 사용하기에는 비교적 기술적으로 복잡하다는 측면이 제기되어 왔다…."

16) '전략'이라는 말은 번역자의 마음속에서 의식적 결정을 의미하는 경우는 거의 없다. 대개 관용구는 (언어의 다른 요소와 마찬가지로) 번역자가 구조적 상태나 자신이 선택한 것의 화용론적 효과를 고민하지 않고 옮기게 된다. 그것은 맞게 '들리기도', 임시방편 같기도 혹은 최악보다는 나은 선택으로 여겨지기도 할 것이다.

미주

17) 수평적(horizontal), 사선(diagonal), 수직적(vertical) 번역(SL 말에서 SL 글로)이라는 범주는 Gottlieb 1994b에서 논의된다.

18) 그러한 세 집단(관용어 사전의 주 고객)에는 (모국어 화자) 어린이, 언어 습득기 이전의 청각장애인 그리고 해당 외국어의 (성인) 학습자 등이 포함된다.

19) 그러나 대본은 청각적으로 힘든 구절에 관해서는 종종 신뢰성이 떨어지기 때문에, 실제 말한 것을 부정확하게 옮긴 것보다 대본이 더 나을 것은 없다.

20) 1981-1992년에 나는 전문 프리랜서 자막 번역가로 DR-TV, 덴마크 TV2와 함께 일했다.

21) 몇 안 되는 주요 경험적 번역 연구 중 하나(Kjär 1988)는, 놀랍게도 독일어에서 스웨덴어로 번역한 소설에서 동사 은유의 15% 정도가 원본에서 비은유적 대응어를 가졌다는 것을 발견했다(Kjär 1992: 200). 원본의 은유 중 67%는 은유로 옮겨지고, 30%는 "중화"되며, 3%는 지워졌다(Kjär 1988: 120-121).

참고
문헌

Baker, Mona. 1992. "Idioms and other fixed expressions". In *In Other words: A Coursebook on Translation.* London: Routledge, 63-81.

Balint, Andras. 1969. "Sector analysis and idioms". *Kivung (Journal of the Linguistic Society of the University of Papua New Guinea)* 2(1): 2-12.

Collins COBUILD English Language Dictionary. 1987. John Sinclair (Editor in Chief) London and Glasgow: Collins.

Fleischer, Wolfgang. 1982. *Phraseologie der deutschen Gegenwartssprache.* VEB Leipzig.

Fraser, Bruce. 1970. "Idioms within a transformational grammar". *Foundations of Language* 6(1): 22-42.

Gibbs, R.W. and Gonzales, G.P. 1985. "Syntactic frozenness in processing and remembering idioms". *Cognition* 20: 243-259.

Gottlieb, Henrik. 1992a. "Idioms into Danish. Principles and design of a bilingual dictionary of current idiomatic English usage: The English-Danish idiomatic dictionary". In J.E. Nielsen (ed) *Words that Teem with Meaning. Copenhagen Views on Lexicography.* Copenhagen: Museum Tusculanum Press, 56-81.

Gottlieb, Henrik. 1992b. "Subtitling – A new university discipline". In Cay Dollerup and Anne Loddegaard (eds), *Teaching Translation and Interpreting.* Amsterdam Philadelphia: John Benjamins Publishing Company, 161-170.

Gottlieb, Henrik. 1994a. "Idioms in corpora: Types, tokens, frequencies, and lexico graphical implications". In K. Hyldgaard-Jensen and V. Hjørager Pedersen (eds) *Symposium on Lexicography VI. Proceedings of the Sixth International Symposiun on Lexicography May 7-9, 1992, at the University of Copenhagen* (Lexicographica Series Maior, Band 57). Tübingen: Max Niemeyer Verlag, 85-91.

Gottlieb, Henrik. 1994b. "Subtitling: People translating people". In Cay Dollerup and Annette Lindegaard (eds) *Teaching Translation and Interpreting* 2. Amsterdam/Philadelphia: John Benjamins Publishing Company, 261-274.

Gottlieb, Henrik. 1994c. *Tekstning – Synkron billedmedieoversættelse* (Danske Afhandlinger om Oversættelse 5). University of Copenhagen, Center for Translation Studies.

Gottlieb, Henrik. 1996a. "Tekstning, et polysemiotisk puslespil". In Finn Frandsen (ed) *Medierne og sproget.* Aalborg Universitetsforlag, 151-171.

Gottlieb, Henrik. 1996b. "Idiomer: Oversatte eller oversete? Et punktnedslag i oversættelse af litterære tekster". In *Subtitles, Translation and Idioms.* Ph.D. thesis, Tiniversity of Copenhagen, Center for Translation Studies.

Healey, Alan. 1968. "English idioms". *Kivung (Journal of the Linguistic Society of the University of Papua New Guinea)* 1(2): 71-108.

House, Juliane. 1977/1981. *A Model for Translation Quality Assessment.* Tübingen: Gunter Narr Verlag.

Kjär, Uwe. 1988: *"Der Schrank seufzt". Metaphern im Bereich des Verbs und ihre Übersetzung.* Göteborg: Acta Universitatis Gothoburgensis.

Kjär, Uwe. 1992. "Die Übersetzung von Verbalmetaphern". *Babel* 37(4): 193-202.

Lakoff, George. 1987. *Women, Fire, and Dangerous Things: What Categories Reveal about the Mind.* Chicago: University of Chicago Press.

Longman on Dictionary of Contemporary English. 1981. Paul Procter (Editor in Chief). and Robert Ilson (Managing Editor), London: Longman.

Makkai, Adam. 1972. *Idiom Structure in English.* The Hague & Paris: Mouton.

참고
문헌

McCaig, Isabel and Manser, Martin H. 1986. *A Learner's Dictionary of English Idioms.* Oxford: Oxford University Press.

Mossop, Brian 1989. "Write idiomatically and translate ideas not words:' Three defects of the prevailing doctrine of translation". In Candace Séguinot (ed), *The Translation Process.* School of Translation, York University (Toronto): H.G. Publications, 7-20.

Roos, Eckhard. 1981. "Contrastive analysis and the translation of idioms: Some remarks on contrasting idioms". In Wolfgang Kühlwein, Gisela Thome and Wolfram Wilss, (eds) *Kontrastive Linguistik und Übersetzungswissenschaft. Akten des internationalen Kolloquiums Trier/ Saarbrücken* 25-30.9.1978. München: Fink, 230-238.

Sinclair, John (ed). 1987. *Looking up. An account of the COBUILD Project in lexical computing.* London and Glasgow: Collins ELT.

Sinclair, John. 1991. *Corpus, Concordance, Collocation.* Oxford: Oxford University Press.

Smith, Logan Pearsall. 1928. "English idioms". In *Words and Idioms. Studies in the English Language.* London: Constable's Miscellany, 167-278.

Svensén, Bo. 1987. *Handbok i lexikografı - Principer och metoder i ordboks-arbetet.* stockholm: Esselte Studium. (English edition: *Practical Lexicography. Principles and methods of Dictionary Making.* Oxford University Press 1993).

Swinney, D.A. and Culture, A. 1979. "The access and processing of idiomatic expressions". *Journal of Verbal Learning and Verbal Behavior* 18, 523-534.

Zgusta, Ladislav. 1971. "Combinations of words". In *Manual of Lexicography.* Prague: Academia/ The Hague, Mouton, 138-165.

존 벤자민스 통번역 총서 11

텍스트유형론

Text typology and translation

초판 인쇄	2021년 10월 15일
초판 발행	2021년 10월 22일

편저자	Anna Trosborg
기　획	정호정(존 벤자민스 통번역 총서 기획위원장)
옮긴이	이혜승 · 권영교
발행인	윤성우 Director, University Knowledge Press
편집장	신선호 Executive Knowledge Contents Creator
도서편집	이근영 Contents Creator
	장혜정 Contents Creator
재무관리	조아라 Managing Creator
	정윤경 Managing Creator
전자책 · 사전	장지혜 Contents Creator
발행처	한국외국어대학교 지식출판콘텐츠원
	02450 서울특별시 동대문구 이문로 107
	전화 02)2173-2493~7
	팩스 02)2173-3363
	홈페이지 http://press.hufs.ac.kr
	전자우편 press@hufs.ac.kr
	출판등록 제6-6호(1969. 4. 30)
디자인 · 편집	(주)이환디앤비　02)2254-4301
인쇄 · 제본	네오프린텍(주)　02)718-3111

ISBN 979-11-5901-875-6　94700　　정가 34,000원
978-89-7464-914-2　(세트)

*잘못된 책은 교환하여 드립니다.

HU:iNE은 한국외국어대학교 지식출판콘텐츠원의 어학도서, 사회과학도서, 지역학 도서 Sub Brand이다. 한국외대의 영문명인 HUFS, 현명한 국제전문가 양성(International +Intelligent)의 의미를 담고 있으며, 휴인(携引)의 뜻인 '이끌다, 끌고 나가다'라는 의미처럼 출판계를 이끄는 리더로서, 혁신의 이미지를 담고 있다.